三余

冬者岁之余

夜者日之余

阴雨者时之余

群氓的狂欢

[法] 塞奇·莫斯科维奇（Serge Moscovici）著
许列民、薛丹云、李继红 译

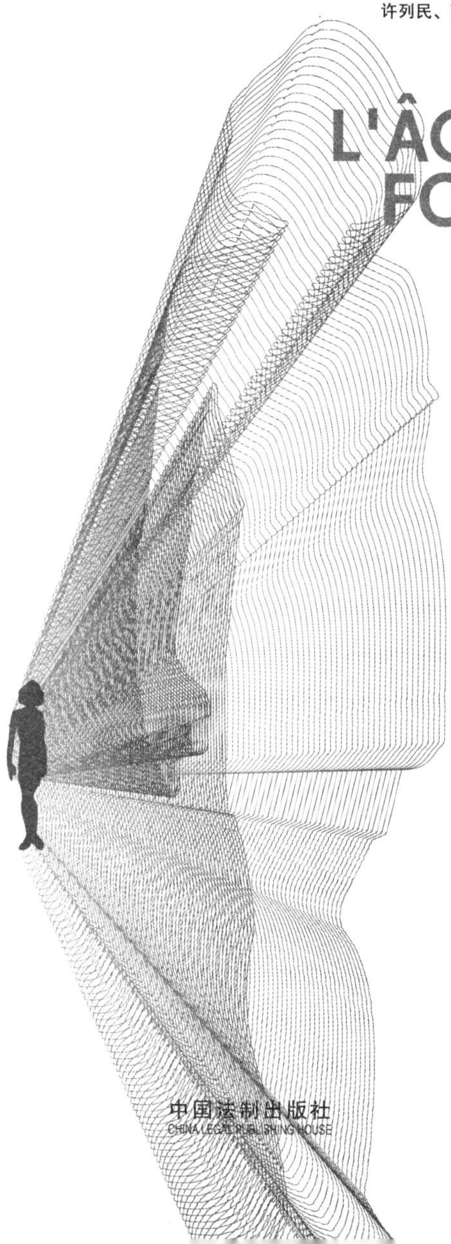

L'ÂGE DES FOULES

中国法制出版社
CHINA LEGAL PUBLISHING HOUSE

群体是无名氏。

导 论

我最初想到写一部群体心理学著作是在我无奈接受了某个事实之后。无论好坏，这个事实让其余的事实黯然失色。那就是，在20世纪初，我们都肯定民众将会取得胜利，而到了该世纪末，我们又发现自己都是领袖们的囚徒。剧烈的社会动荡一场接着一场，震撼了世界上大多数国家，并使得一个个由魅力型领袖掌控的政权横空出世，而民众则以狂热的崇拜回应他们。让我们收缩视野，去观察不再是国家层面的情况，而是放低到政党、教会、宗派或者思想流派的层面，我们会看到，此类现象的模仿在社会机体中俯拾即是，而且似乎没有遇到任何抵制。

革命取得了胜利，旧制度分崩离析，新旧政权频繁更迭，领袖们的崛起势不可挡。他们在历史上无疑总是扮演一个角色，但从来都没有像那时那样重要，人们也从来没有那样狂热地需要他们。可以这样来表述这个问题：领袖的这种崛起与平等原则（它是文明国家所有政府的基石）相协调吗？它与民众力量的增强、大众文化的发展，以及科学知识的传播相协调吗？人们认为这种崛起与现代社会是不协调的，那么它是现代社会中上述特征的不可避免的结果吗？当权力被多数人夺取以后，就暂时被转移到少数人手里，直到某个杰出人物把它从其他人手上夺走。他一个人就代表了法律，能够领导大众进行英勇的斗争，让他们从事巨大的建设工程。他们为他牺牲了自己的切身利益、日常需要，甚至自己的生命。领袖会命令他的一群群追随者去大肆破坏，犯下滔天罪行，而他们总是毫不犹豫地服从。行使这样一种权威难免会剥夺个人的责任和自由，要求人们无条件地忠诚。我们对这些矛盾的结果已经太习以为常了，不再能感到它们日益沉重的压力。尽管如此，在探寻了它们产生的各种原因以后，我们仍然感到十分惊讶，有时甚至是震撼。

因此，我们认为这是不证自明的公理：法律作为个人意志的事情已经是过眼烟云，只有在道听途说中才会知晓。它已经注定成为人们的猎奇对象，就像古书中记载的英雄崇拜或者女巫追捕。但是，对于这个问题，这个世界上最古老的问题之一，我们在研究时却感到难以创新。事实是，我们远远没有创新，反倒是把别的时代刚刚孕育的胚芽，连同它们的恺撒和暴君，美化到了极致。我们把例外情况当成了范例，把经验性草案变成了完整的体系。现在我们看到，通过文化、社会和群体的多样性，一种看得见的权力已经产生。它激励鼓舞周边的一切，重申它的人格力量，也就是领袖的权力。但是，随着领袖而来的还有一种新的政治成分，以及由此而来的新文化特征。这种特征存在范围之广，影响力之大，都是史无前例的。到历史上去寻找类似情况显然于事无补。

上述这种新颖性还只是第一点。第二点是，历史学家和社会学家都教导我们去发现隐藏在历史事件和人类行为后面的非个人原因。他们向人们说明了经济技术的客观规律是怎样支配我们的。他们还向人们展示了，在所谓伟人的机制后面，还有人民的劳作以及控制工业和金融的人们的创造性活动。他们让我们警惕有关英雄的神话，即认为英雄是上帝派来的，其出现足以改变历史的进程。但结果怎样呢？我们如果放下他们的著作，把目光投向历史舞台，就会看到这种神话至今还大有市场。庆典、游行和演讲等仔细排演的礼仪正在使英雄的神话死灰复燃。人们在露天运动场，或者阴森的大型建筑物中参加规模巨大的集会，其场面要远远超过古罗马皇帝组织的庆典。理智告诉我，这种壮丽辉煌是一种幻觉，即使在电影院或者电视荧屏上看到整个世界都在场，也是如此。但是，就像世人一样，我也相信眼见为实的道理。这些引人注目的礼仪和壮观场面已经成为我们文明的一个内在组成部分。就像古罗马的竞技场一样，它们都满足了某种需要。它们对于民众心理和社会生存都有重要意义。在历史舞台上，发生的每一件事都有个人的原因，都被归因于伟人的杰出才能和素质。不管是成功的革命、科学的进步、史无前例的生产记录、降雨或者疾病的治愈、士兵的英雄行为，还是艺术灵感，都是如此。天才的主观规律解释了社会现象和历史趋势。人们都在叹息词语的贫乏，叹息如此多的最高级修辞方式仍然不足以表达天才们的无限伟大。

在多数情况下——我刚才提到的那些情形也绝非罕见——领袖们都被赋予特殊的使命。他们被认为是人们期待已久的救世主，将把人民带往上帝允诺的乐土。尽管有一两个头脑清醒的人士的警告，民众依然通过那些所谓的领袖来理解自己、发现自己、认清自己的本质。他们敬仰并崇拜那些人，好像那些人是全知全能的超人，能够通过人格的支配力量来利用人。在迷乱和敬畏之中，他们把这些现代的琐罗亚斯德[①]变成了半神人，认为他们的每个判断都正确无误，每种行为都公平合理，每句话都真实不虚。这些半神人的力量最初在环境的压力下产生，然后在玩弄权术中增长。这种力量后来又具备了一种制度的形式，自动地获得了普遍的应用。结果，在整体社会中，一个有威望的指挥官（或者是有魅力的领袖，如果你喜欢这个词的话）的社群就形成了。它比那个更广阔的社会要小，但是却具有更大的动力和更强的意志。它可以毫不费力地操纵世界，而这个世界对此甚至一无所知。

这种现象，单就其规模而言，就已经足以让社会科学的大多数学科和理论惊讶不已。当它在欧洲产生时，或者更准确地说，在意大利和俄罗斯第一次产生时，思想家们都不能接受他们目睹的事实。有些人认为这是人的思想的一种病态的失常，有些人则认为这是发展过程中转瞬即逝的身心失调。但是，它更主要的还是被视为一种必需的权宜之计，对于维持

① 琐罗亚斯德：伊朗先知。琐罗亚斯德教创始人。——编者注

资本主义世界的社会秩序，或者在社会主义社会中催生新秩序，它都不可或缺。它似乎是一种酵母，因为正如柏拉图所说，专制独裁被称为更容易产生急剧变化的政府形式。当然，没有独裁者就没有独裁统治，甚至连多数人的独裁也不会有；而没有滥用权力和犯罪行为，就不会有独裁者。很快就有人指出，这种事情是为实现某个目标而产生的偶然错误或者偶然事件，它们总体上还是促进了人类进步和民族解放，并将继续如此。

只有一门学科从一开始就是专门研究领袖权力这个棘手课题的。事实上，这门学科产生的目的就是要把对领袖权力的研究作为其唯一的课题。这门学科就是大众心理学或者叫群体心理学。远在人们想到此类事情之前，群体心理学就已经预见了它们的出现。它有时候也不情愿地为领袖权力的增长提供了实践的以及知识性的工具；等到领袖的权力胜利之后，群体心理学就起而与它进行斗争。在领袖权力的这种崛起及其表现中，群体心理学看到了现代社会的一个特征，看到了人类新生活的一个预兆。令人惊讶的是，甚至在今天，我们依然相信我们可以无视这些思想观点，将它们弃置一旁。它们当然是有价值的，因为正是有了它们，我们才能够描述和阐明其他学科甚至从未觉察到的现象。因为他们认为这种现象是不可思议的，所以对此也就熟视无睹。然而，综观全书，我们将看到它们的影响是非常可观的。我会毫不犹豫地说，群体心理学以及经济学是两门为人类历史的创造提供了观念思想的学科。我的意思是说，它们以具体的方式在我们时代的历史进程中留下了印记。而与此相比较，社会学、人类学以及语言学不过是被历史所创立的科学。

群体心理学认为，经济或者技术的因素无疑增强了领袖的权力。但是有一个具有魔力的词，它本身就表明了权力的真正原因，那个词就是民众（foule），或者更准确地说，就是群体（masse）。自从法国大革命以后，它在流行的演讲中就一再出现。但是一直要到20世纪，我们才能说出它的准确含义，并赋予其公认的科学性。民众就是由平等的、无名的以及类似的个人组成的变化中的集合体，其中每个个体的思想和情感都会同步地表达出来。

一个群体或者一群民众就是摆脱了束缚的社会动物。道德的禁忌松弛了，人与人之间的差别消失了。人们通常都在暴力行为中表达他们的梦想、情感，以及所有的英雄主义、野蛮残暴、稀奇古怪和自我牺牲。一个骚动的、情绪高昂的群体，就是人群的真正特点。它也是一股盲目的不可控制的力量，能够移山倒海，克服任何障碍，甚至摧毁人类几个世纪所积累的成就。

随着社会纽带的瓦解、通讯交往的迅捷、人口的不断混杂，以及城市生活不断加快的、令人疲惫的节奏，人群的聚合体也在不断地形成和瓦解。它们一般被分解还原到原子构成的层次，然后又被重新组成不稳定的，甚至更加庞大的群体。这也就解释了为什么它在历史上绝对是新生的事物，也解释了为什么在群体发生重要作用的文明中，个人会失去他存在的理由及其自我感觉。他成了一个局外人，在其他个人组成的机器上发挥一颗无足轻重的螺丝钉的作用，而他与其他个人的关系完全是机械的、非人际的。结果，每个人心中都产生了不确定性和没有目标的焦虑感，觉得自己成了未知的、充满敌意的势力的玩物，由此还产生了对理想和信仰的追求，以及对一个榜样的需要，以便帮助他获得自己渴望已久的完整性。弗洛伊德所说的民众心理的悲惨景象在全世界都是一样的。正是在这种背景下，有威望的，或者是有魅力的领袖在他们中间构建了强有力的联系。他们的使命就是把人群聚集起来。他们做出了一个榜样，提出了一种理想，并且回答了生活怎样才能有意义的问题。在我们这样一个时代里，人们不再有整体的自然观，也不再有任何一个社会榜样或者那些正在消逝的宗教，有效地解释我们为什么要活着这样一个简单的事实，而这却是一个非常突出的问题。

总之，一种集体生活形式的诞生总是伴随着一种新类型的人的出现。相反地，一种集体生活形式的衰亡也总是伴随着某种类型的人的消逝。我们生活在一个大众社会和群体人的时代里。每个必须指挥、管理其伙伴的人都具有一些共同的素质，而领袖必须把这些素质与其他更有魔力的先知的素质结合起来，去唤起羡慕和热情。民众就像是一堆码好的砖块，略经风雨就会坍塌，因为没有任何东西把它们黏合起来。领袖让每个人都感到他们与他有一种个人的关系，使他具有人们已经认同的思想和世界观。这样，他就有一种人为的与人同在、团结一致的感觉，以及一种面对面的人际关系的幻觉。而要做到这些，只需要一两幅给人留下深刻印象的图像，一两个动听的、充满激情的信仰表白，或是让人想起某个伟大的集体信念。这就是团结个人，支撑民众大厦的黏合剂。壮观的庆典、频繁的大会、力量和信念的显示、一致通过的计划，等等，所有这些都组成这样一种机制，以确保所有力量都被集中起来，确保集体意志至高无上，并且创造了一种喜剧性的欢乐气氛。

领袖就从这人海中涌现出来，接受他们的奉承和效忠。他的形象让人疯狂，他的话语充满魅力，他唤起的敬畏感能感染每一个人。在一个由孤独的、原子化的个人重新组成的群体中，对于其中大多数人来说，领袖就是体现为个人的民众。他使这个群体有了他的名字、他的形象，以及他的积极有为的意志。

拿破仑就为法国革命军队中的士兵贡献了这种出色表演。他为民众提供了榜样，并且确保民众对他无限忠诚。把一个庞大的人群转变成为一个单一实体，这给了领袖一种可见而又不可理解的吸引力。从那种结合中，出现了一个完整的、具有强烈感染力的人格。一旦领袖说话或行动，它就会屏息驻足。但是，为取得这种效果而使用的技能首先是心灵，然后是信仰，最后还有希望。理智只起着非常次要的作用。在这个民众组成的社会中，只要仔细看看动员民众的艺术，我们就会明白，政治乃是被复兴的宗教。

现在，我们要用群体心理学来考察，是什么东西把领袖与他的民众联结得就像一个人与其影子一样。毫无疑问，那就是权力。人民从掌权者手中夺取了权力，把它掌握在自己手里。领袖对权力的贪婪就像一个信徒对永生的贪婪一样。事实上，他对权力的追求开始于一种奉献的精神。他想消除历史上所有的不公正，重建国家的权威，获得一些手段来矫正低效浪费的经济，为没有特权的人提供福利，以免他们陷于悲惨的境地。等到一个充满危机、战争或者革命的时期结束时，这样的规划将需要效率，以及对公共事务更加娴熟的管理技能。

人们通常认为，哪里出现了无政府状态，哪里就会混乱一片。在此，无政府的准确含义就是缺乏权威，无论是一个人的权威，还是一个政党的权威。但是，这是一种对事物的错误观点，因为，无论哪一类领袖，都会利用无政府状态来增强自身的权力，并借此削弱他的竞争者。他运用的手段就是把社会制度和社会生产重建在更加坚实的基础上。这方面的成功使他能够聚集民众，使他们把他的奋斗视为自己的奋斗，并且作出必要的牺牲。

第一种牺牲就是放弃对权力的控制，放弃自由所带来的满足，以便帮助他自己、他的亲信以及追随者，能够更好地发号施令，而民众则更加俯首帖耳。这样做也是用了最简捷的方式达到目的。领袖就是这样通过使用权宜之计以及一些非法手段来加快夺取权力的步伐。而民众滥用信任，对监视、怀疑以及压迫等非正常的程序予以授权和赞同。同样的事情也发生在其他领域中。最初，原则得到了尊重，但随后就被弃之一边。开始看起来，这好像只是权宜之计，但最终领袖却永远地抛弃了职责。就像历史已经见证的那样，拿破仑抛弃了立法大会。

与所有这些阴谋诡计紧密相关的，就是以领袖为核心，刻意地宣传并贯彻那些把他带上权力顶峰的思想理论。没有这些思想理论，所有的权力也都不过是昙花一现。每一场选举，日常生活中的所有活动，如工作、恋爱、追寻真理、阅读报刊，等等，都变成了投给领袖的无数信任票。结果，领袖的权力，无论是来自民众的同意，还是得之于军事政变，似乎都依赖于普遍的选举权。换句话说，就是都具有某种民主的形式。我们应该记得，甚至希特勒成为政府首脑也是通过了适当的选举，但他们随后就诉之于政变。总之，在此类情况下，社会无政府状态被消除了，取而代之的是暴力和服从。

东方人所谓的人格崇拜以及西方人所谓的权力人格化，尽管差异巨大，但都不过是同一种交易的极其不同的变种而已。人们每天都在放弃他们行使主权的职责，并在每一个民意测验和每一次选举中批准领袖们的行动。而对于领袖而言，他们所争取的就是每天都可以行使其自以为拥有，但却从来没有被明确赋予的权力。勒庞（Le Bon）所谓的“民众的领袖们”都能娴熟地进行这种交易，并确保其条款被人们诚心诚意地接受。民众的这种做法，结果是完全印证了政治社会的一个基本原则，那就是民众治而不理。

关于民众，还有一个难解之谜。当代社会思想的谨慎压制了我们的好奇心，而阅读经典作家的著作又使其得以存活。我们能够心照不宣地忽视这种奥秘，可以使它变得软弱无力，甚至把它逐出我们的头脑，但是我们不能永远消除这种奥秘，或者把它摧毁。群体心理学的先驱们向每个人提出了一系列问题，这个学科也随之诞生了。领袖们是如何对民众行使这样一种权力的呢？群体人是由不同于个体人的材料制成的吗？他真的需要一个领袖吗？群氓的时代是什么样的呢？对这些问题的回答是成功的，而且这种成功的程度令人惊讶，甚至在今天我们都难以想象。心理学的这个分支在政治、哲学甚至文学中都非常有影响，并且还在继续取得进展。当然，它也采纳那些已经为人所知的事实，以及已经被诗人、政治思想家和哲学家广为传播的思想。但是，群体心理学却给它们以新的视野，揭示了人性中令人震撼的方面。它所提供的分析逐渐地堆砌出一个我们今天所知道的群体社会的轮廓。或许今天也是它衰落的开始。

勒庞、塔尔德（Tarde）以及弗洛伊德是这门学科的三个创建者。为了解释民众现象这个谜团，他们做了范围极其广泛的分析研究。对此我是再怎么强调也不过分的。无论怎样，在刚刚开始撰写这部著作时，我和其他所有人一样，对他们很无知。我最初阅读他们的著作时，就好像自己是个博学的古董收藏家，想要证实它们，重新确认它们的作者，并且为它们的写作环境确定日期。尤其是对于勒庞和塔尔德的许多著作，我抖落了大量的灰尘。也就是说，我弥补了我们知识中的某个空缺，或者说，是填补了这个空缺。然而，随着工作的深入，我意识到自己追随广为人知的观点是走上了一条错误的道路。很显然，我所研究的并不是一些会被时间淘汰的著作残片，或者是什么历史遗物，人们有理由选择更新近的著作来取代它，就像他们所说的那样，以为新近的著作总是对人类知识做出了更重要的贡献。

事实上，差不多一个世纪以来，我们所做的几乎都不过是重复或者解释他们三位的理论，只是语言少了些粗糙，多了些精致，因而也就相对地更加虚假。当然，我们在这期间也开阔了视野，取得了一些进展。但是仍然是在他们已经提出的纲要和框架之内。对于群体心理学的问题及其答案的共同基础，以及他们三人的工作之间深刻的内在联系，我已经有了清醒的认识。我知道必须对他们三人都进行研究，而且他们中的每个人都是理解另外两人的起点。一旦有了这种认识，我也就有了研究他们的方法。我觉得自己就像是一个旅行者，来到一个陌生的城镇，先是走街串巷地参观一栋栋房子和一条条街道，然后突然意识到自己已经看完了整整一个街区，并且在一刹那间看到了建设这个街区所依据的规划蓝图。

因此，我的计划是描绘出群体心理学的整个领域。我必须说清楚，这并不是要解释每个作者的思想，而是要寻找他们之间的联系，并且追踪他们思想的渊源。我首先反思了整个学科可能的传统框架，以及它已经规划的科学材料的可能价值。然后，我就要有逻辑地重建每一种理论，表明其阐述者在回答前人未能回答的问题方面所取得的进展。我必须指出，这种进步象征着理论体系前后的逻辑一致性。这种理论你可以接受，也可以拒绝，但是你不能简单地否认它的存在。为了建立这样一种理论，我最后考察了群体心理学这门学科的影响，以便让它具有当下的真实性。这种真实性尽管只是一些表象，但是，群体心理学却从来都没有失去过它们。

我必须以这种方式来进行研究，因为勒庞、塔尔德以及弗洛伊德在群体心理学领域的每一部著作都各不相同，都是零散、重复和不完整的。他们没有一个人完成了自己的全部计划。其中原因或者是由于他们所遇到的困难，或者是因为在完成工作之前就去世了。通常我们首先遇到的不是严谨的概念，而是闪光的构想。有逻辑地进行理论重建总是一种创造性活动。为了更好地完成此任务，我简化了一些基本的原则。这意味着我把每个著作者的推理思路演绎到了逻辑的极限，并且使它们之间的联系比实际的更加和谐。在某些情况下，我也不得不创造一些可以从他们思想中推演出来的概念。如果不这样做的话，这个理论就会显得有所欠缺。我始终都试图使群体心理学成为一门分析学科（从来还没有人作过这种尝试，缺乏有关资料也是进行这种尝试时会遇到的困难），就像人们曾经尝试把机械学或者经济学建设成完全的分析学科那样。因此，与勒庞、塔尔德和弗洛伊德共同创立的这门学科的构架相比，读者在这里发现的他们本人的思想会比较少。

这样就到了我必须说明的最后一点，也就是我自己的立场。尽管有着丰富的材料，但是建立群体心理学体系仍然不是一件容易的事。相反，这是一件让人深感痛苦的工作。在每一个环节，我们都会发现有关公共生活、领袖以及民众的让人不敢恭维的情形。当然，那只是一种委婉的说法。群体心理学不可避免地描绘了所有那些使权力不可忍受的特征：它对理智的蔑视、它的暴力、狡诈以及专横。而这幅图景中所包括的民众的情形，其让人伤心失望的程度也毫不逊色。他们总是很愿意服从。他们是自身冲动的牺牲品；或者更准确地说，是自己的无意识的牺牲品。此外，人们熟悉的经济、历史和技术因素决定了权力的内涵，并解释了社会发展的原因和过程，而群体心理学的理论假设并没有把这些因素考虑在内。因为，不管他们各自的政治立场如何，群体心理学家都坚持心理因素在集体生活中的首要地位。

你可能会疑惑，我们是否距离一门学科中应有的虔敬态度还很遥远，而通常这种虔敬源自启蒙哲学的激励，以及对当下事件之喜剧性结局的胸有成竹。确实，即使在对群体心理学的基础进行了苦苦反思之后，我仍然发现它们非常难以理解，而其中原因恰恰在于我强烈反对这门学科提出的有关人和社会的观点。它们与我在其他多部著作中阐述过的信念迥然不同。

当然，我也很清楚，我们必须避免对人和社会抱有理想主义的观点，而且，从我们最近的历史来看，砸烂我们的梦幻工厂是一件大有裨益的事。无论如何，我不会坚持认为某些民主和自由的理想是不必要的，或者是没有社会力量的。因为正是有了这些理想，才总是有人愿意为实现这些理想和改变现状而奋斗。而维持这种现状，也就是这种领导者高高在上、被领导者匍匐在下的状况，似乎已经成为我们这个物种的根本命运。

那也就是真正的困难所在。一个人对群体心理学研究得越多，他就越清楚地意识到，群体心理学的力量正是在于它拒绝以传统道德视野来考察人，在于它一贯坚持这样一个信念，即按照我们目前的状况，要实现我们的理想还为时尚早。我们可以批评群体心理学的学科创建人观察世界的那种方法，我们也可以拒绝他们公然如此保守的观念。但是，这意味着把这些最早的阐述者视为平庸之辈，认为他们对于他们自己阶层以外，以及他们自己生活的时代之外的事情一无所知。然而，我们不能忘记的是，他们的理论来自对他们所支持的自由民主的反思，来自对他们在20世纪目睹的革命历程的反思。这种反思也吸收了这个世界的主人及其民众都非常了解的古老常识。群体心理学的吸引力就在于它与常识的一致性。而这种一致已经到了这样的程度，以致让人感到它研究的是人类社会的某些永恒趋势。

然而，群体心理学最让人困惑的方面仍然是其实践问题，也就是它的思想在实际应用中所获得的成功。有时候它们也许相当简单，有时候又接近荒诞。无论如何，在晚近的，甚至是在现代的一系列事件中，它们都得到了极其成功的证明。某些明察秋毫的阐述者也强调了这个事实。

这种成功意味着，我们的文明中有太多的事情可以追溯到它，以致我们无法忽视它的存在。对于解释我们那个时代中领袖们所拥有的权力，群体心理学至少掌握着其中一把钥匙。如果你不去努力搞清楚怎样才能减少此类权力的数量，以及这种权力为什么会产生，而是在民主还没有孵化出来的情况下就去清点它们的数量，这显然是一种非常不慎重的做法。本书的意图就是要努力揭示其中的因果关系。我要尽量深入地探讨群体心理学这门学科。长期以来，这门学科冷峻地考察了我们生存的那个时代，研究了人对人的无情统治，并且指出了领袖在大众社会中行使这种权力的手腕。我拒绝其历史观，也怀疑其真理性，但是我承认并接受此类现象。

我的方法是这样的：本书的第一部分将探讨一门关于群体的学科得以产生的原因以及它所研究的主题。第二和第三部分涉及勒庞是怎样创建这门学科的。首先是他对民众以及领袖的描述，然后是他建议的治理民众的方法。现代的宣传机构以及宣传活动已经使这些方法得到了广泛应用。在第四和第五部分，我阐明了塔尔德是如何归纳总结这些描述，来涵盖社会生活方式的整个领域，并且分析了领袖凌驾于民众之上的权力。塔尔德对这门学科的最关键贡献就是其大众传播理论。这在今天看来依然是有效的。随着这个部分的进展，法国人文科学中一张躲躲闪闪的面孔也就显现出来了。最后，在几易其稿的基础上，我用余下的四个部分重新阐述了弗洛伊德对群体现象的解释。这对于前人的工作既是一种综合，也是最后的发展。但是，通过运用一种新的视角，弗洛伊德把他们的假设变成了从某种理论的演绎推导。事实上，这也是我们唯一拥有的对群体心理学的阐述，因此也可以被视为经典阐述。

目录

Chapter 1

第一章

群体研究

第一节　个人与群体

如果要问，什么是近代社会最重要的创造？我会毫不犹豫地说：个人。道理明摆着。自从我们人类在地球上出现，直至文艺复兴时期，人类的视角总是“我们”，也就是让他们承受重大义务的他的群体或他的家庭。但是，自从大航海、贸易和科学支离了人类社会的单个原子——那些有思想和感情、有权利和自由的单个生物——以后，人们就把自己的视角变成了“我”。他的境况也绝非轻松自如。我们相信，一个名副其实的个人，言行举止必定符合理智，看人断事必定冷静客观，行动时必定胸有成竹，接受他人观点时也必定深思熟虑，科学公正地反复考虑正反两方面的影响，而不是屈从于权威或者多数人的判断。我们期望每个人都三思而行，期望他无论作为单个人，还是与其伙伴同在时，都能受到理智及其利益的指导。

但观察结果表明，事情根本不是这样。每个人都时不时地被迫服从其主管和上级的决定。他往往不假思索地接受其朋友、邻居或者政党的观点，还常常采纳周围人的态度、语言和品味格调。更糟的是，一个人一旦加入一个群体，深陷一群民众之中，就可能变得过分暴躁、惊惶、热情或者残忍。他的行为举止与道德良心相抵触，与其利益也相违背。在这种情况下，他似乎已完全变成了另一个人。那就是不断困惑和惊扰我们的难解之谜。英国心理学家巴特利特（F. Bartlett）[①]在他的一部经典著作中引述一个政治家的言论，对此做了清楚的表述：“社会行为是所有行为中最大的奥秘。我为此不得不研究一辈子。但我仍然不敢假装全部

① 弗雷德里克·查尔斯·巴特利特：英国心理学家，以对记忆的研究而著名，强调描述或个案研究的方法，主要著作有《记忆：试验研究和社会心理学》。——译注

都理解了。我可能对一个人已经了如指掌，但我仍然不敢说，他在一个群体中首先会做些什么。”[注1]

这种不明确的原因何在呢？一个朋友或者亲人，如果作为陪审团或者群体的一员，他在专业会议和政治集会上又会怎样表现呢？这是我们无法预测的。为什么会这样呢？对此，人们总是说，在社会环境中，个人举止并不完全符合他们的道德良心，或者表现出他们的最好方面。事实常常与此相反，他们的良好品质趋于减少和败坏，而不是得到集中和升华。事实上，人类群体的水准降到了其最差成员的层面。也就是说，每个人都可以参加集体行动并感到他们都是平等的。因此，不能说行为和思想在这种情境下会趋向“平均值”。实际上，它们是最小公分母的平均值，也就是说，群体中的人的思想行为会接近那些最低水准的人的平均水平。数量法则就是中值定理。地位最低的人的标准被用来判断非常普通的事情。总之，在一个群体中，第一名会成为最后一名。

我们很容易就能编出一部厚厚的文选，来证明这是一种普遍观点。比如，梭伦就坚持认为单个的雅典人精明得像狐狸。但是，当他们聚集在普尼克斯（Pnyx）①时，却又无知得像一群羊。腓特烈大帝②在和他的将军们个别交谈时总是高度尊敬他们。但是，他又说，当他们参加战争会议时，简直就像一群白痴。奥地利剧作家、诗人格里尔帕策（Grillparzer）坚持认为，单个的、分开的人还是可以忍受的。但是，在一个群体中，他们与动物王国中的动物就相差不远了。席勒（J. Schiller）③对此也深表同意。他说，每个个人都是非常有智慧的，非常通情达理的，而在一个团体中，他

① 普尼克斯：位于雅典卫城西面开阔的山坡上，自公元前6世纪克利斯提尼改革以来，就是雅典公民大会的所在地。——译注

② 腓特烈大帝：普鲁士国王、军事家、作家、作曲家，18世纪欧洲最开明专制君主。在其铁腕统治下，普鲁士迅速跃居欧洲强国之列。——译注

③ 约翰·克里斯托夫·弗里德里希·冯·席勒：德国诗人，剧作家，历史学家，文艺理论家，文学史上“狂飙突进运动”代表人物。——译注

们就变成了一群笨蛋。

表达这种观点的不仅仅是德国的诗人。远在他们之前，罗马人就发明了一句广为流传的谚语：元老们都是好人，但罗马元老院是邪恶的野兽。这句谚语解释和比照了两种情况，一方面是各个元老可能都具有良好品质，另一方面是元老院缺乏智慧、同情和道德活力。这种匮乏玷污了每年 8 月召开的元老院联合审议大会，而这个会议是那时整个古代世界和平的依赖。对于这个谚语，爱因斯坦曾有如此感叹："这个事实给人类带来多少苦难！它是所有战争和每一种压迫的根源，使得世界充满痛苦、叹息和怨恨。"[注2]

意大利哲学家葛兰西（Gramsci）有着丰富的人生阅历。他长期深入研究民众的本性，并做出了准确阐述。他认为，支配群体中个人的因素是各自的切身利益，或者当时各种事件所引发的情感影响，那些被不假思索地口口相传的事件。这些因素会导致作出符合最低本能的错误的集体决定。他认为这个观察对于偶尔聚集的群体是正确的。他们相聚在一起"就像在拱廊中躲避阵雨的人群一样"。组成这种群体的每个人，对其他的人或者人群，或者具体的经济实体，都不负责任。在葛兰西看来，这些都标志着个人的退化和消逝。[注3]

这种解释强调了一个梦萦般的事实的两个方面。就个体而言，我们每个人最终都是理智的。但就总体而言，作为群体的一部分，我们在参加政治集会，甚至朋友聚会时，都会作出最疯狂的举动。

当个体聚集到一起，群体就诞生了。他们混杂、融合、突变，获得一种共有的、窒息自我的本性。他们抹杀自己的意志，而屈从于集体的意志。这种压力是真正的威胁，许多人有被淹没的感觉。

当他们看到这只社会动物成形，人们成群地到处乱转时，有些人在猛然投身其中之前犹疑不决，有些人则感到极其恐惧。这些反应都证明了群体的力量，它所引起的心理回响以及我们这种心理回响的可能后果。对此，莫泊桑的描述令人称道。在准确性方面，这个领域的专家几乎没人能与之匹敌。他说：

由于另一种理由，我对群体有一种恐惧。我不能进电影院，或者观看公共集会。它们让我有一种奇怪的、无法忍受的不安全感，一种极度的痛苦，似乎我在尽全力搏击一种不可抵挡的神秘力量。其实我是在抵挡群体的灵魂，它正在试图进入我的头脑。我多次注意到，当一个人独处时，智慧就会增长，就会上升。而当一个人与其他人混杂在一起时，智慧就将减少并衰弱。交往、广为传播的思想、所有说出的话、被迫去听的话、听到并作出反应的话，所有这些都会对一个人的思想产生影响。思想潮起潮落，从一个人到另一个人，从一个家庭到另一个家庭，从一个民族到另一个民族。在这个过程中，形成了一个思想平面，也就是每一大群个人的平均智慧。每个人都成了由他的伙伴组成的群氓的一部分。而这时，他自身特有的素质——如智力的主动性、自由的意志、聪明的反思，甚至还有洞察力——都随之全部消失了。[注4]

上述无疑只是罗列了莫泊桑的先入之见，他对群体的偏见以及对个体的并不总是靠谱的高度评价。也许我甚至还应该列出一份清单，罗列他那个时代和阶层在这方面的观点。但无论如何，莫泊桑描述了个人与集体（或者是艺术家与民众之间）交往的三个阶段，包括本能的恐惧、震颤和焦虑；随后是不可抗拒的被剥夺感，最后是反复回荡的，那种即使看不见、也几乎可以触摸到的巨大神秘影响。所有这些都回响着真理的声音。

莫泊桑的描写也显示了个人被人群淹没的可能后果。那就是智力的平均化、创造力的停顿，以及群体灵魂对个体灵魂的吞并。上述后果当然还不是全部，而只是人们经常提到的那些内容。莫泊桑的恐惧感帮助他认清了他焦虑的两个原因，一个是他相信自己的理智正在失去用处；另一个是他感到他的情感反应是过分的、极端的。这就迫使他提出了一些问题。后来反思这种现象的科学家也提出了完全相同的问题。莫泊桑说：

一个流行的观点是，群体“并不推理”。但是，如果其中每个个人都推理，为什么群体就不推理呢？为什么一个群体会不假思索地去做组成它的所有个体成员都不会去做的事呢？为什么一个群体会屈从于强烈的欲望和不可遏制的愚蠢冲动呢？为什么一个群体中的成员会如此受到群体的裹挟支配，并做出其作为单个成员不会去做的事情呢？一个陌生人大声喊叫，然后突然间，所有人都被一种狂热支配，都陷入了同一种不假思索的活动。没有人想要拒绝。一种相同的思想在人群中迅速地传开，并支配着大家。尽管人们属于不同的社会阶层，有着不同的观点、信仰、风俗和道德，但是，他们都会向他猛扑过去，都会屠杀他、淹死他，不需要任何理由。而他们中的任何一个，如果是独自一人，那就会飞奔向前，冒着生命危险去拯救那个他现在正在杀害的人。[注5]

这些文句的思想和语调准确无误，不需要进一步的解释。这位小说家已经表述得这么好，我们不可能再做得更好了。然而，莫泊桑犯了一个错误，在否认集体和人群的推理能力方面，并非只有流行的辞藻。正如下面的例子所说明的，哲学家们对他做出了回应，他们也表达了这种广为流传的观点。季诺维也夫在《开裂的高地》（*Les Hauteurs béantes*）中写道：“准确深刻的思想只有个人才有，而肤浅错误的思想则都来自民众。在一个群体中，人们追求盲目和刺激。”[注6]法国哲学家西蒙娜·魏尔（Simone Weil）① 的道德热情是众所周知的，她佐证了季诺维也夫的观点：

至于思想，关系就倒过来了。在这种关系中，个人比群体伟大，就像重要的东西总比微不足道的东西伟大一样，因为思想是由个别的头脑与它面对面地形成的，而集体是不思考的。[注7]

---

① 西蒙娜·魏尔：犹太人，神秘主义者、宗教思想家和社会活动家，对战后的欧洲思潮有深刻影响。主要著作有《重负与神恩》《哲学讲稿》等。——译注

此类观点清楚地表明，人们普遍认为，人群和群体的生活受到强烈感情和极端情感活动的支配。由于他们没有足够的智力来控制他们基本的情感状态，所以情况就更加如此。单个的个人如果成为群体的一员，他就会发现自己的人格按照这种规则发生了深刻的变化。虽然他并不总是能意识到这一点，他还是变成了另一个人。集体的“我们”借着个体的“我”而开口说话。

我花了大量的时间，同时也花了读者大量的时间，来强调这些思想的重要性。因为我们一般都会忽略这些普通的思想。我们经常无视它们，而事实上，它们是许多社会关系和社会行为的基础。

这样就产生了问题，因为现在只有个人存在。那么一个人是怎样从这些社会原子出发而得到一个集体的整体的呢？他们中的每一个人是怎样采纳并表达外来观点的呢？事实是，个人不自觉地把外来的态度和感情内在化。他沉溺于暴行，纵情于享乐，却并不知道其原因或目的，还自以为很了解。他甚至相信看到了不存在的东西，相信任何传入他耳朵的未经核实的谣传。无数的人就是这样沉迷于社会的一致性之中。他们错把总体的一致当成了由每个人的理智所确立的真理。

正是暗示或影响产生了这种奇特的蜕变。我们真正看见的是对人民意识的一种驾驭和控制。只消一个命令或一句话，人们就会像接受一些信念似的接受某种思想、感情或行为，而这些人又没有合理的理由这样做。个人幻想他们正在自己做决定，却没有意识到是受到了影响或暗示的支配。

弗洛伊德很好地描绘了这种现象的特有本质：

我应该提出一种观点，来区分暗示和其他的心理影响，比如一条命令，或者是发出一条消息或指令。它们的区别是，就暗示而言，当一种想法在另一个人的头脑中被唤起时，它随即就被接受了，好像它是从自己头脑中自发产生的，而对它的出处却没有予以考究。[注8]

随后的颠倒也是这个谜的一部分。每个人都以为自己是某事物的原因，而不是后果；是声音，而不是回音；都幻想自己能够独自拥有，而实际上只是与其他人分享。此外，他还分裂，还变化。当他与其他人同在时就不再是一人独处时的他，他的公共行为和私下行为是两个不同的事物。

我要打个比方来总结这个综述。集体层次的暗示和影响就如同个人层次的神经症。两者一方面都假定抛弃或回避逻辑思维，偏爱非逻辑思维；另一方面是其外在生活和内在生活的分裂，以及个人理性和非理性的分离。在这两种情况下，个人都失去了与现实的联系，失去了自信。结果是，个人急切地屈服于群体或者领袖（很可能就是那个治疗专家）的权威，顺从地接受别人对他的言行举止的指点。在他的内心，个人的人格与社会的人格进行着斗争。他是这种斗争的牺牲品。当他独处时，他服从对真理的尊重，知道什么是理智和道德，而当他作为群体的一员时，其所作所为就完全背道而驰了。我们能够作进一步的比较。正如外在影响能够侵入并吞没个人，使他成为清一色的群体的一员，而他在其中只是一些模仿行为的堆积，同样，神经症侵蚀着他思想的意识层面，直至他的话语和行为仅仅成为对童年生活痛苦的、一再重复的生动回忆。

但是它们的影响显然是非常不同的。前者使得个人生存在群体中，并最终使得他不能独自生活；后者阻止他与其他人共处，把他从群体中分离出来，使他囚禁于自身之中。总之，暗示使人社会化，而神经症使人非社会化。从这两种相互对立的倾向中产生了无数的紧张关系。现代社会进一步加剧了这种现象，并使他们极端化。有一件事很明显，必须牢记在心：我们所谓的“集体疯狂”与“个人疯狂”本质上并不相同。轻易得出一种疯狂来自另一种疯狂的结论是不恰当的。根据我刚才的阐述可以看到，“集体疯狂”源自过分强调个人经过交往完全融入一个集体，而“个人疯狂”则是由于他不能与别人共处，在社区生活中不能作出必要妥协的结果。

这些对比当然不是偶然的。自一开始，研究暗示或影响和神经症的就是同一个人。暗示和集体歇斯底里有关，影响和个人歇斯底里有关。我们必须再一次认识到勒庞和弗洛伊德令人羡慕的勇气。他们给这些现象赋予了一种科学的观念。勒庞大胆地把暗示放到了群体心理学的核心，而弗洛伊德则把歇斯底里放到了个人心理学的核心位置。

没有人想严格地证明这些关于暗示或者影响的假设。然而我们相当肯定，在社会生活中，较低层次的心理接管了较高的层次，炽热的本能替代了冷静的理智。这就像自然界中最高的能源形式，如引力和电力，分解到了其最低的形式，即热。这种信念与一种广为传播的信念密切相关。那种信念认为，在理智和情感的斗争中，情感总是赢家，其原因就在于我们都是社会动物。

几千年来，世界上的人们都有着类似的思想。他们都想要解释，为什么个人的行为是合乎逻辑的、协调一致的，而一旦他们成为群体的一员，就失去了这些特性。然而，如果我们要想创建一门科学，就必须对原因和结果进行严格的分析。只有这样，才能在世人的智慧，以及诗人和哲人的智慧少有进展的领域内取得成功。至于我们好奇的对象，它依然诱惑着我们，就像它曾激起我们前人的兴趣一样。

第二节　民众的反叛

几千年来，我们一直都知道我们现在研究的这种群体心理现象。这种现象很怪异，曾经引起了某些喜欢猎奇的学者的兴趣。但是，对于一门学科的诞生来说，仅仅知道一种现象的存在是不够的，仅仅是发现了这种现象的怪异也是不够的。这种现象必须退去其偶发性和无害性，必须得到充分的强调，以致成为我们所有人夜不能寐的原因，成为我们不得不加以解决的一个问题。在我们的社会变成一系列的市场之前，又有谁会为用商品换钱的事情烦心呢？同样，在精神病人被关押隔离之前，或者精神病广为传播之前，又有谁为歇斯底里烦心呢？实际上谁都不会。同样，暗示或影响有力量把个人转变成为群氓之一。它并不是从常识的黑暗中发掘出来、得到强调，并成为群体心理学的核心主题，直到群体在数量和规模上都得到增长。当个人在街道、办公室、工厂和政治集会等场所投身于群体时，我们注意到了这些个人的变化。我们还以为我们在所有地方都会看到这种现象。一系列的危机在社会中产生了巨大的变化，结果是，到19世纪末叶，暗示真的变成了一种普遍的现象。下面我们来看看其征兆。

首先是，在资本和革命的不断冲击下，资本主义时代之前的旧制度崩溃了。随之而崩溃的还有传统的宗教和政治结构，以及精神方面的风俗习惯。由家庭、邻里和农村组成的稳定世界变得支离破碎，而扩大和发展中的城镇组成了一个不稳定的世界。人们被从他们的土地和教堂里驱赶出来，被大量地吸入这个不稳定的世界。从传统到现代的这种变化把无数的无名小卒抛入市场。他们是彼此没有联系的社会原子。德国社会学家滕尼斯（F. Tönnies）[①] 对于从社区或公社演变到社会的过程做了广为人知的描述。更准确地说，这是从一个温暖、自然和自发的集体演变为一个无情、人为、使人拘谨的集体的过程。前者的基础是宗族、乡邻生活和共同的信仰，而后者的基础则是盈利动机、相互的好处，以及科学逻辑。这种描述从一个重要的方面解释了过去社会和现代社会的断裂，因而赢得了广泛的赞同。

蒸汽机以及男女老幼的汇聚集中体现了工业领域迅猛的机械化。这些人被工厂敲打成型，服从机器的规则。他们把城镇变成了战场。在那里，新产生的穷人和新产生的富人相互对抗。在每个国家，这些后果都表现为庞大的工人阶级愤怒的崛起。工人阶级把罢工之类的新行为方式作为武器，并获得了迄今为止闻所未闻的组织形式，比如工会和政党。所有这些引导了人潮，给了它形式和方向，并改变了政治游戏的规则。在那些日子里，当人们涌上街头时，不再是为了庆贺某个保护神，或者参加某个狂欢饮宴，或者是举行农民起义。人们是在向他们的雇主宣战。他们的声音盖过了他们那些并不圣洁的雇主。他们要求属于自己的权益。霍布斯鲍姆（E.

① 斐迪南·滕尼斯：德国社会学家，把社会有机说与社会契约说融为一体，认为社会学是研究人及其心理、生理和社会本质的实质科学，其对“社区”和“社会”的区分在美国社会学界具有深远影响。——译注

Hobsbawm）① 已经指出了他们的要求的持久性：

传统的民众不会为了抗议而闹事骚乱。他们希望通过闹事骚乱能够有所收获。他们认为当局会关注他们的动向，并可能马上就会作出让步或妥协，因为民众不只是为了某个目的而随意聚集起来的一群人。他们虽然很少被持久地组织起来，但却是一个持久的实体。对此，大家都是承认的。[注9]

这段文字强调了群氓或暴民的存在，指出了他们集会的场所（街道），以及为达到自己的要求而采取的行动。尤其是，他明确指出了整个现象的危险性。仅仅是这种现象的存在就已经足以使当局让步。

法国1789年大革命后的一个特点就是在过分拥挤的城镇中形成的一种新人。波德莱尔（C. Baudelaire）② 曾经说到过“一个拥挤的城市，一个充满梦想的城市”。但是，对于工人阶级来说，那却是一个充满失望和沮丧的城市。它的一系列的市场导致了文化和消费习惯的大规模形成。集体的官僚、集体的知识分子，以及集体的消费者一个接一个地在社会舞台上亮相。思想和感情都被标准化了。所有这些社会粒子加速器都把个人分离成了更加细微的粒子，把他们判为无名的、朝生夕死的存在物。大众新闻机构正充当着传播工厂的作用。它们把个人的思想和感情注入统一的模子，以确保每个个人都与预先确定的模子相一致。葛兰西注意到了这种发展并指出：“在当代世界，从众倾向比过去更为普遍，更为深入。思维和行为模式的标准化已经遍及全民族，甚至是整个欧洲大陆。”[注10]

他同时也指出了一种新群氓的诞生。这种群氓完全依赖于其他的人。他们受到各种不同寻常的广为流传的从众潮流的影响，并且在实际上屈从

---

① 霍布斯鲍姆：伦敦大学经济学和社会学名誉教授，西方马克思主义者。其著作《极端的年代：短暂的20世纪》具有广泛的影响。——译注

② 夏尔·皮埃尔·波德莱尔：法国诗人和评论家，法国象征派诗歌的先驱，现代主义的创始人之一，主要作品为《恶之花》。——译注

于两种从众行为：一种来自上层的少数人；一种来自下层的多数人。他看到了两者之间的斗争。这是一场两种从众行为之间的斗争、一场争霸天下的战斗、一场平民社会的危机。[注11]

如果循着葛兰西的思想进行最终的阐述，我们就会被迫得出这样的结论，在一个群氓活跃的时代里，在导致社会动荡的冲突中，真正处于危机之中的并不只是权力，或者说并不主要是权力。权力的获得或放弃依赖于力量的相对强弱。真正处于危机之中的是影响。因为影响之获得或失去，取决于两种从众行为之中是否有一种对另一种取得了支配地位。

19 世纪留给我们的印象是很清晰的。在那个时代中，奔走善变的、爱好暴力的人群是可以塑造的，但也是不可遏制的。局外的观察者从中看到，乱七八糟的人类事务聚集在一起。它们淹没并肢解每个个人，使他们成为某种社会狂乱的牺牲品。福楼拜这样描写他的男主人公弗雷德里克，说他在 1848 年革命的集体迷乱的冲击下，就像是“被情绪高昂的人群的磁力吸引住了”。[注12]

奔走的人群就像是披着集体外衣的弗兰肯斯坦（Frankenstein）①。它制造出一种春风得意的气氛，而正是这种得意扬扬使得人们神魂颠倒、烦躁不安。福楼拜描述了人群冲进皇宫的情景，说他们“在不可预见的冲动的影响下，不断地向上涌来，吼叫声此起彼伏，就像在春分和秋分海潮推动下溯流而上的河水”。[注13]

这些深刻的印象让常人难以忘怀。人们像社会动物一样聚集在一起。他们沉醉于从过度兴奋的人群中迸发出来的神秘力量，然后又逐步进入易受暗示影响的状态，就像那种由药物和催眠术引发的状态。只要在那种状

① 弗兰肯斯坦，作法自毙者，毁灭创造者自己之物。原为一个著名的电影怪物角色，最初出现在科幻小说中。书中的弗兰肯斯坦是个学生，他制造了一个怪物，却被这个怪物杀死。后来弗兰肯斯坦就成了怪物的名字。——译注

态中，别人说什么，他们就相信什么；别人要他们做什么，他们就去做什么。他们甚至会接受最没有意义的劝告和训导。人们总是强调个别人的反应，就像在朝圣、爱国游行、音乐节以及政治集会中发生的事情那样。福楼拜在他的男主人公身上揭示了同样适用于群体状态的症状。福楼拜描述他的男主人公说："一股巨大的爱流，一种至高无上的普遍的温柔传遍全身，好像整个人类的心都在他的胸中跳动，使得他浑身颤抖。"[注14]

然而，直到近代之前，这种人群只是偶尔才出现。他们所起的作用也相当有限。所以他们没有真的成为一个问题，也并不呼唤某个特定学科的出现。然而，一旦他们变得随处可见，情况就不同了。也许我们该相信勒庞的话：群体通过选举或者反叛，有力量影响事件的进程。这是一种新的历史现象，也是社会正在发生变化的象征。事实上，社会中群体的团结正在不断遭到瓦解，传统的纽带正日渐松弛，宗教信仰也不断遭到破坏。个人就像是被分离的原子，处于与世隔绝的状态。在我们的城镇丛林里、工厂沙漠中，以及我们办公室的阴郁氛围里，个人成了他们自身需要的牺牲品。这些不同的原子，大众中的颗粒，汇集起来，成为爱好暴力的不稳定的混合物。它们形成了一种可以燃烧的空气，会在没有权威和价值的社会真空中爆炸。它的爆炸力会随着其体积的扩大而增强。这样的空气现在随处可见。勒庞是一个对此感兴趣的旁观者。他说：

我们所有的陈旧信念都处于风雨飘摇之中。社会的古老支柱也正在一个个地倒塌。群体的力量成了唯一没有受到任何威胁的力量，而且它的权威正处于不断的上升之中。我们将要进入的时代真的将是一个群氓的时代。[注15]

我们总能在这幅图画上再描绘几笔。也许为了使其更符合实际，这样的几笔甚至还是必需的。但是，人们普遍认为这种群体象征着一种新的社会状态，也就是指一场来自底层的、威胁社会组织方式的反叛。然而，对现状的一致观点并不意味着他们对其产生的原因也达成了一致的观点。所以，历史上的剧烈变化常常被用来支持两种完全相反的观点，一种是关于大众社会的观点，另一种是关于阶级社会的观点。

马克思和韦伯对阶级社会进行了理论阐述。他们为此都运用了政治经济学。在这门学科中，群体被认为是一种新社会形式的惊人象征。这种新群体尤其体现在背井离乡的穷困民众身上。他们被鼓动起来，反对官僚和资本的压迫。资本把人和机器大量地集中起来，把生产力社会化，把社会变成了一个巨大的市场。其中所有的事物，包括劳动都可以自由买卖。在这个过程中，它创造了一个全新的阶级——无产阶级。我们可以接受或者反对这种思想，但是这种思想无疑是把阶级看作历史舞台上的演员，其中无产阶级这个特定阶级的诞生预告了近代社会的产生，也是即将来临的革命的信号。民众们蜂拥着进入城镇，参加内战和每个起义。他们被看成是原材料，是劳动民众的原型。他们的意识水平参差不齐，有的是被动的半无产阶级，有的则是被欢呼为英雄的真正积极有为的无产阶级。

与此相应，群氓的规模越是庞大，他们对于自身力量及其目标的观察就愈加清晰，而他们对于社会演变的影响也更加巨大。他们告别了过去，切断了把他们与宗教、民族和主导阶级的迷信相联系的无数微妙纽带。他们迈步踏向一个科学和技术的新世界，而让旧世界自行衰亡败落。在历史阳光的照射下，这种社会模式给集体行为赋予了一种意义。它也解释了这些行为是怎样在第一次尝试性斗争以后产生的。其他所有的一切都不过是某种异化思想的沉渣废物。

关于第二个概念，有几个相继产生的理论版本。它们都以最早的版本为基础，或出现在群体心理学之中，或与群体心理学一起问世。我们先暂时把泰纳（H. Taine）[①] 和托克维尔（A. Tocqueville）[②] 等前辈放到一边，但是对于勒庞和塔尔德，我们却不能这样做，因为他们最早使这门学科成型。

---

① 伊波利特·阿道夫·泰纳：法国文艺评论家、历史学家、哲学家，实证主义的领袖人物之一。其《艺术哲学》在现代西方美学历史上有较大影响。——译注

② 亚历克西斯·德·托克维尔：法国政治学家、历史学家和政治家。代表作有《美国的民主》和《旧制度与大革命》等。——译注

正如一个社会学家在说到大众社会的假设时指出的："这也许是今天西方世界最有影响的社会理论。"[注16]

在这样的社会中，沉渣废物到处都是。其中，聚集起来的个人被剥夺了他们所有的纽带，以及他们由出身和职务所带来的特权，不断的社会变化使他们迷失了方向，他们给我们所谓人类星云的出现提供了不寻常的动力。当然，总有一些群体是我们不曾耳闻目睹的。但正如人们所说，现在历史正在加速发展。他们也挣脱了锁链，使我们能够看到并听到他们的反叛。他们有一种混合所有事物并使之标准化的倾向。如此，他们甚至威胁到了个人和阶级的存在。一旦他们的面具被摘下，我们就能看到他们最简单的形象。正如卡内蒂（E. Canetti）① 所写的那样：

> 自从法国大革命以来，这些突发事件都带有我们感到很现代的形式。民众们引人瞩目地抛弃了传统宗教的教义。这使我们更容易看清他们的本来面目，也就是人们通常所谓的生物学状态，其中没有了人们谆谆教诲的超越性理论和目标。[注17]

我们只要看一下我们周围：街道上、工厂里、议会大会上、兵营里，甚至是度假场所，我们看到的都是要么驻足不前，要么奔走忙碌的人群。有些个人从与他们的接触中显现出来，就像是来自炼狱的灵魂。其他的人则永远地被湮没了。没有什么能更好地说明这样一个事实，即当代社会首先是，也主要是一个民众社会。从父母与子女、朋友与邻居之间纽带的数量和不稳定性，我们就能看到这一点；从每个新的无名个人经历的蜕变中，我们也能感受到这一点。因为存在于他身上的欲望、情感和利益的实现都取决于大量其他的人。他将受到社会痛苦情绪和社会

① 埃利亚斯·卡内蒂：保加利亚出生的小说家、戏剧家、评论家，1981年诺贝尔文学奖获得者，其作品全部在德国出版，主要描写现代世界中民众行为的强大影响力。——译注

压力的影响，被迫接受某种集体模式并与之保持一致。

根据这种思想，变化的产生既不是一个人无产阶级化的结果，也不是经济社会化的结果。我们真正看到的是民众化，是社会各阶级和各阶层的混杂与融合。他们是无产者还是资本家，是受过教育还是没有学识，这些都无关紧要，因为相同原因产生相同结果。各种各样互不相同的部分组成了一个同质均一的人类混合物，也就是由大众组成的大众社会。他们是历史的演员，我们时代的英雄。出现这种状况的原因就隐藏在大众传媒、报刊电台等通讯手段以及影响这种现象中，而不是像阶级社会理论所认为的，是由于生产和交换手段的集中。所有这些因素都进入了每家每户。它们甚至出现在工作场所和夏日海滩上，引导着公共舆论并使它们标准化，把个人的思想变为民众的思想。通过一种社会感应术，成千上万的个人都被施加魔法似的形成了相同的思想和影像。这些东西就像无线电波一样，从一个人传播到其他的人。当这样的事情真的发生时，我们所看到的景象是令人担忧、让人难以忘怀的。其中一大帮彼此素不相识的人，被同样的情感本能地支配着。他们就像一个人那样对一条标语，或者一个口号作出反应，并且自发地融为一个集体性实体。

莫斯（M. Mauss）[①] 详细地描述了这种深刻变化。他说：

整个社会机体都受到同一种运动的激励。不再有任何个人，因为他们事实上都变成了一部机器的零件。或者用一个更恰当的比喻来说，就是他们都变成了一个车轮的轮辐。他们在迷乱中旋转，载歌载舞。这恐怕是最理想的象征了，这种现象的起源可以追溯到远古社会。但是，在我们自己的时代中，在我们已经提到的场合以及其他一些地方，它们仍然在重演着。这种有节奏的、一致的、持续不断的运动，直接表现了这样一种精神状态，其中，一种单一的感情、单一的思想，以及那种关于共同目标的萦绕不去

① 马塞尔·莫斯：法国社会学家、民族学家，涂尔干的学术继承人。——译注

的念头占据了每个个人的意识。每个躯体都做着相同的摇摆，每一张脸上都戴着相同的面具，每个声音都发出相同的喊叫。此外，从节奏、音乐和歌曲声中还产生了同样深刻的印象。每个人都从其他人的脸上看到他自己欲望的影像，从其他每个人的嘴里听到他自己信念的证明，并且不由自主地追随着普遍的信念。所有的人都步调一致，都卷入了那场舞会，被激动焦躁的情绪搞得神魂颠倒。他们变成了一个单一的躯体，一个单一的灵魂。正是在这个意义上，我们才能说社会机体真的变成了现实。因为只有在这个时候，它的细胞，也就是组成它的个人，就像单个有机体中的细胞那样，彼此紧密相连。在这种情况下（这种情况在我们社会中从未出现过，即使在民众处于最亢奋状态时也是如此。但是在其他地方我们还能看到），赞成就能创造现实。[注18]

这段文字无疑是震撼人心的。

现在我们该来看看后果和影响了。发明这种思想的知识分子做了一个简单而又大胆的学术手术。群氓是挣脱了锁链的民众，他们没有良知，没有领袖，也没有纪律。他们是本能的奴隶。当他们站在街垒上时，在社会贤达看来，就像一个巨大可怕的魔鬼在歇斯底里地吼叫。用弗洛伊德的话来说：

就好像是出现了这样一种问题：有大量的人，虽然还不能说是数百万人，他们身上所有的个人道德素养都被湮没了，剩下的只有最原始、最古老和最粗糙的精神意向。[注19]

我们也许还应该再补充一点，那就是，有时候发生的事件刚好相反。成千上万的人为了正义和自由的最高伦理价值而做出了闻所未闻的牺牲，并且献出了他们的生命。

但是，一旦我们开始从他们身上寻找我们文明的标志，群氓就不再是以往制度崩溃的产物，不再是社会阶级和阶层的化身，也不再是社会生活中形式壮观的插曲。他们不需要神魂颠倒的旁观者，更不需要充满诗意的多姿多彩的描绘。他们是我们社会中无处不在的一个方面。他们提供了理解政治和现代文化的一把钥匙，并解释了我们社会经常遭遇的不满情绪。学术视角如此剧烈的变化已经把群氓真正放到了整个20世纪历史景观的核心。它也提供了一种与阶级社会理论相匹敌的新理论。迄今为止，还没有任何人能够调和这两种理论，或者取缔群体心理学这种理论上的新选择。

我在前面试图表明，从至今依然发生的类似现象出发，我们已经假设了两种对立和彼此排斥的解释。这是一种在科学中常见的二元论方法。我承认，对于群体社会这个概念，上述对比不只是简单，而且还有些过于简单了。这种思想假定个人是一个无法攻破的堡垒，而其他的人则用暗示的方法偷偷地进入，然后，他们就用冲击性的、无意识的集体浪潮的积淀来对它进行破坏和清洗。这种思想在我们看来好像很陈旧，也没有充分意识到当代社会的复杂性。但是，简单而又陈旧的思想往往会向我们展示出人意料的真理，这已经不是第一次了。

让我们再看看这两种解释的后果。其中之一是阶级反叛，代表了对未来的希望；而另一种则是民众的反叛——西班牙哲学家加塞特（José Ortega y Gasset）[①]的话已经被普遍接受——它关注并预告了一个危机重重的时代的来临。群体心理学家相信这场反叛将有决定性意义，因为它把政治权力转入了大众手里，而他们并不知道如何运用这种权力，甚至还害怕这种权力。这种恐惧已经足以唤醒人们了解民众的愿望，这既是为了要驱除他们的那种权力，也是为了要科学地研究他们。人们往往容易看到邻居

① 何塞·奥尔特加·伊·加塞特：西班牙著名哲学家、文学家。其思想对20世纪西班牙文化和文学复兴有重大影响，代表作有《堂吉诃德的冥思》《没有主心骨的西班牙》《群众的反叛》等。——译注

眼中的灰尘，而看不到自己眼中的梁木[①]。同样，他们誓不两立的敌人对他们严阵以待，并且正竭尽全力地想要发现他们力量的源泉，以便顺利地打败他们。那些最支持他们的人不过是满足于对他们唱唱赞歌，笼统抽象地谈论民众而已。这些人并没有真正理解民众。

群体心理学家冒着让读者震惊的风险，毫无顾忌地否认民众曾经声称，或者拥有能力去改变世界和治理国家。更明确地说，他们既没有推理的能力，也没有维持生存和文化所必需的自我约束的天资，因为他们在很大程度上是一时冲动的奴隶，很容易受到那些想要影响他们的人的影响。在我们的时代，我们正在经历着个人衰亡以及民众崛起的关键时刻。他们受到非理性和无意识力量的支配。而这种力量正从他们的潜意识巢穴中显现出来，展露自己的面目。借用勒庞的金口玉言："民众的无意识行为取代了个人的有意识活动，这是当今时代最根本的特征之一。"[注20]

现在还有谁会去做如此断然、如此概括性的宣言呢？经验告诫我们，要更加小心谨慎。然而无论怎样，那个宣言已经产生了，并将继续产生不可磨灭的历史影响。此外，它的意义已经得到了普遍的理解。它认为，解决民众反叛问题的关键有赖于他们的心理学。正如尼采所说的："这已经再次成为通往根本性问题的路径。"社会学和经济学的解释只有在特殊的场合才偶尔有效。

最早由尼采意识到的问题正在被人们普遍接受。群体心理学这门新学科的创建就解释了这一点。判断这门学科的功效如何是另外一件事。但是可以肯定的是，它的重要性正随着民众重要性的增长而增长。奥地利伟大作家布洛赫（H. Broch）[②]看到，两次世界大战期间欧洲社会大动荡造成的变化趋势呼唤着这门学科。他用下列话语为社会对这门心理学科的需要进行了辩护："心理学真理将成为新的政治学真理的基础。人类的发展将要超

① 参见《圣经》马太福音。——译注

② 赫尔曼·布洛赫：奥地利小说家、戏剧家和哲学家，代表作有长篇小说《维吉儿之死》(1945)。——译注

越经济时代而进入心理时代。”[注21]

知识的洪流，其变化之大，甚至超过了大海和季节。因此，有人在这股变化的洪流中提出，所有人都应该认识到这门新兴学科具有普遍的应用意义。对此并没有什么令人惊奇的。勒庞、弗洛伊德或者赖希（W. Reich）① 都称他们的心理学为“大众的”或“民众的”，而不是“社会的”或“集体的”。我们不该认为这是偶然现象。他们每个人都表明，自己是在描绘一幅文明的景象，其特征就是一个专门形式的群体，即群氓。因此，这个领域最早的作者并不认为他们的学科是社会学、历史学等更重要研究领域的辅助性学科。事实上，他们认为这门学科是可以与那些学科相匹敌的。他们给自己确立了一个唯一的目标。用弗洛伊德的话来说，那就是要揭开民众社会形成之谜。只有一门重要的学科才会声称能够达到这个目标。

第三节　如何面对民众

我深信，最近的政治创新绝不仅仅是民众的政治统治。

——何塞·奥尔特加·伊·加塞特

个人已逝，民众永存！这是当代世界的观察者发现的严酷事实。民众似乎在每个地方都发起了持久猛烈的攻势，并且在各处都取得了令人惊讶的决定性胜利。民众提出了新问题并急切地寻求新的答案。他们的力量是需要应对的新现实。正如卡西雷尔（E. Cassirer）② 所指出的：“在

① 威廉·赖希：奥地利心理学家和生物物理学家。——译注

② 恩斯特·卡西雷尔：德国哲学家、文化哲学创始人。代表作有《自由与形式》（1916）、《神话思维的概念形式》（1922）、《语言与神话》（1925）、《人论》（1944）。——译注

过去的30年中，在两次世界大战期间，我们不但经历了政治和社会生活的严峻危机，而且也面对了崭新的理论问题。我们经历了政治思想方式的根本变化。”[注22]

我们不能否认，自“第一次世界大战”开始，剧烈的变化就已发生，并且还将继续下去。其最重要的特征就是民众的崛起，他们独特的思维方式以及坚定的信仰。群体心理学明察这些变化的本质，但又不仅仅是如此。像任何一门科学一样，它也试图描述其现象，探究其原因并预测其结果。但是，如果它要影响事情的进程，那就必须创立自己的方法和基本理论。不能实践的知识有什么用处呢？为什么要去发现不能治愈的疾病呢？我们说明原因时，也就是在回答“为什么”的问题。而我们在形成一个可行办法时，就回答了“我们该怎么办”的问题。后者比前者更有意义，因为好奇心常常只是产生在休闲时候，而行动却永远是一种必需品。

群体心理学的建立就是为了能够迅捷地回答这些问题。最初，它主要致力于解释民众社会的“为什么”。但是，这样做的目的是要告诫统治阶级，如何面对那些想搅乱整个政治生活的民众。在可以预见的将来，政治生活的竞技场还远远不会闭幕。群体心理学的目的是要阐明民众产生的原因，以便解决如何统治他们这样一个更加困难的问题。与它为学者们提供的信息相比，它为领袖们提供的也一样多，甚至可能更多。在新科学的宣言中，勒庞写道：

有关群体心理学方面的知识是当今政治家最后的依赖。他们不是希望去治理民众——那正在成为一件非常困难的事情——而是希望至少不会受到民众过多的挟制。[注23]

因此，群体心理学是研究一种新的政治生活的科学。该学科的开拓者都确信，群体心理学提供了理解权力关系这个网络迷宫的阿里阿德妮

（Ariadne）[1] 式线索。无数的统治者和被统治者都由于没有这种线索而茫然不知所措。群体心理学家从一开始就反对那种以个人为基础的陈旧政治观念。那种政治观念认为，群体只是成千上万个体的简单聚合，人们都受特殊利益的驱使，有时候是作为工人，有时候是作为工业家或父亲，等等。他们经过适度的考虑之后，就会压制其信仰与情感，完全按照其利益所在来采取行动。

群体心理学反对那种以利益和理性为基础的政治思想。它也拒绝相信人们加入一个政党、选举一个候选人，以及通常的举止行为都是为了获得最大的个人利益。群体心理学认为，人们并不像市场上的买家和卖家那样，都意识到自己可能的得失。群体心理学坚持认为那不过是幻想而已。这种幻想的起因就是，传统政治学把民众现象看成是社会异化的附带现象，而随着教育、科技，以及人类文明成果公平分配的进一步进展，异化现象也将消失。

因此，传统政治学相信，我们能够填补社会行为与本能行为之间的鸿沟。为此，它给两种情况提出了相同的方法和实践。不错，科技正不断地取得前所未有的新成果，显示了理性逻辑的力量。结果，我们在每一个生活领域都运用这种模式。我们设想，如果采纳了以理性原则为基础的科学方法，我们就能在政治领域中取得和在工业领域一样的成就，就能像治理和拥有自然那样治理和拥有社会。我们还认为，我们迟早会在统治者和被统治者之间建立一种新的个人关系。这种关系就像我们与物体的关系那样，摆脱了激情、仇恨和爱恋。总之，用圣西门的话来说，就是我们先前对人的治理将发展成为对物的治理。

我们熟知的这种传统观念，其基础就是政治学的理性本质，认为政治思想是与人类的知识、我们生活的社会携手共进的。按照这种观点，民众现象就有点像不发达社会中总是存在的人类的不成熟现象，也就不再是那

---

① 阿里阿德妮：希腊神话中克里特王弥诺斯（Minos）的女儿，与雅典英雄忒修斯（Theseus）相爱，并在他杀死半人半牛的弥诺陶洛斯（Minotaur）之后给了他一个小线团，帮助他逃出迷宫。——译注

么重要了。结果就产生了某些政治实践。它运作的方式相当客观。它在逻辑与信仰之间，事实判断与感情之间进行推敲区别，以便确定哪种方式更适合于达到目的。它致力于理性，依赖于数据和理性论证，明确指出事情进展的真实情况，并且试图说服个人，让他们采取那种最符合他们切身利益的解决方法。它还相信，最容易获得别人支持的时候也就是他们的工作、阶级或政党的某些方面已经处境险恶的时候。[注24] 毕竟，团结就能产生力量。他们可以共同达到那个目标。

群体心理学指责这种传统观点没有看到群体的真正重要性。因为他们的存在是一个事实。群体心理学还认为这种观点误解了群体的本质。当个人迷失在民众之中时，他们就忘却了自身的利益，接受了共同的愿望，或者是他们的领袖所谓的共同愿望。不管他们是否有工作，他们都是城镇生活所产生的烦躁和兴奋情绪的玩物。他们一无所有，甚至都没有思考的时间。为了房屋、食品、工作、思想以及梦想，等等，他们总是依赖别人。所有这些都意味着他们的利益是多么微弱，多么无足轻重，根本不足以遏制受到各方面强化的冲动。

正如艾略特（T.S. Eliot）① 所写的那样，人类这种东西不能承受太多的真相。群体所能承受的就更少。一旦人们聚集在一起，并融为一个群体，他们就失去了各自的鉴别力。这既是恐惧的结果，也是想要获得一致愿望的结果。他们的意识在幻想的攻击下崩溃，就像被洪水冲破的大坝。所以，组成群体的个人承受了无限想象的冲击，他们在强烈的情感中左右摇摆，没有专门的目标。他们理解的唯一语言是那种绕过理性，直接向灵魂讲述，美化或抹黑现实的语言。

想要改造他们，说他们并非现在这样，声称我们能改变他们的精神面貌，或者把他们还原到组成群体的单个个体的样子，这些都是愚蠢的。在

① 托马斯·斯特恩斯·艾略特：英国诗人、剧作家、文学批评家和编辑，20世纪最伟大的诗人之一，认为一部作品的伟大与否取决于高于文学标准的宗教和哲学标准。代表作有《荒原》《四个四重奏》等。——译注

自然规律中，一个普通能量级别的单个原子不同于较高能量级别上的一组原子。我们不能改造民众，这和我们不能改变自然规律是一样的。

这些基本事实意味着，在怎样看待他们的行为这个问题上，掌权者将不得不在两种都有道理但又相互排斥的方法中进行选择。其中一种模式关注的是个人，另一种模式关注的是民众。选择第一种模式的人依赖于人的利益和人的理性。这些人必须意识到，这样的政策，无论是在其形成时，还是在其执行时，都是很科学的。它们适用于一帮政治家、专家学者或哲学家。它们只有在民众不发挥作用的时代里，也就是在群体的时代之前才有用。选择这样的模式就意味着拒绝国家缔造者和宗教创始人的伟大志向和勃勃野心，意味着不能去履行他们最紧迫的义务和责任。对于选择这种模式的人来说，他们是传统议会和衙门体制的产物。他们对于情感和信念的力量一无所知。当他们试图说服他人时，他们所依赖的完全是他们自己的聪明才智，当他们试图表明自己决策的正确时，他们所依赖的则完全是谋划。群体中个人的、强烈的集体性情感使他们束手无策。暴怒的话语和行为令他们反感，因为这样做显得没有教养。他们唯一能想到的就是阴谋诡计，或者是同类人之间的妥协。他们根本不考虑个性，要么就是嘲笑个性。但是，当这些政客失去勇气时，他们就变得犹豫不决，惊慌失措。他们做事瞻前顾后，说话唠唠叨叨，无法完成他们的艰巨任务。他们的论证缺乏说服力或者基本的原则。他们随意任性但又不能得出任何结论。他们做事三心二意，顺其自然。他们是民主人士，但是，他们总是在为一个独裁者铺路，召唤一个恺撒，一个强人。他们加剧了社会压迫，还以为是在促进解放。当这样的事情发生时，就出现了自由向专制主义求助的尴尬矛盾的情景。理性指责政治，而政治又指责理性。

总之，这些人作为领袖所缺少的，就是一种能够理解民众并分享其希望的本能和直觉。他们不是去倾听民众强烈的声音，而是留意其顾问或者阿谀奉承者的闲言碎语。他们从来都不能在适当的时候说适当的话或者做适当的事。面对一个相对的世界，他们左右摇摆，无所适从。意料不到的事情也使他们难以招架。他们最初是迷惑不解，然后就被逐出办公室。最后的结论似乎是很明显的：对民众没有感情，一个人就不能成为一个伟大的政治领袖。

群体心理学认为，在一个文明的世界里，民众使非理性得以继续存在。这种非理性就像原始社会中诸神并存，众人狂欢的混乱状态。人们一度认为非理性正在消失。但是，随着文明的进步，这种非理性的重要性不是变弱了，而是变得越来越重要，越来越有吸引力。非理性已经被科学和技术从经济中分离出来。它现在集中在政治权势的领域里，并有着至关重要的地位。这种重要性正变得越来越强大，因为人们能够奉献给国家的时间越来越少，能够抵制集体压力的机会也越来越少。个人理性屈从于他不能控制的群体情感，就好像我们不能随心所欲地制止一场流行病一样。

这就是为什么任何一个人，如果他想致力于国家事务，就必须求助于人们的感情，像爱恋或仇恨、复仇或悔改，等等，而不是首先求助于理解一样。最好是唤醒他们的回忆，而不是他们的思想。因为在当代社会中，民众更容易看到过去事情的印记，而不是将要发生的事情。他们所看到的不是正在变化中的事情，而是正在重复发生的事情。总之，未来的统治者必须充分理解这样的思想，即群体心理学对于个体心理学是不感兴趣的。个人能成功地实现他们的目标，是通过分析，或者是通过对现实的一种更高的感受。民众们所使用的方法毫不逊色，因为他们满腔热情地沉醉于一种理想，忠诚于某个作为这种理想化身的个人。普鲁斯特（M. Proust）[①]在阐述国家时曾经写道：

> 驱使他们的逻辑纯粹是一种内在的逻辑，这种逻辑正在被情感不断地重新塑造，就像是情人之间和家庭内部的某些争吵把人们驱向对立姿态的情感一样，比如在父亲与儿子之间，厨师与女佣人之间，或者是丈夫与妻子之间发生争吵时的那种感情。[注25]

① 马塞尔·普鲁斯特：20世纪法国小说家，代表作为《追忆似水年华》。——译注

我不得不一再重复，传统政治学是以理性和利益为基础的。它肯定会遭到失败，因为它遵循的是科学逻辑，把民众看成是个人的简单集合。这并不是说个人没有理智、没有意志，已经被影响支配到了这样的程度，以致他们都看不清自己的利益所在。与此相反，他们中每个人都能够，甚至渴望建立真正崇高的民主制度。否则，就不再有任何民主的思想或者希望建立民主制度的努力。如果个人在这方面总是不能成功，而且他的努力常常败事有余，那是因为他们被束缚纠缠在群体之中。他们屈从于人类群体的规律。因此，所有的事情都出人意料，心理状况也总是完全不同。我们可以简单地总结如下：个人必须使其信服，而民众则必须受到支配。

我可以同样简要地总结自己的论点。民众推翻了民主的基础。这种民主基础是由资产阶级自由主义分子建立起来的，然后又被社会民主人士所接受。后者希望由通过普选产生的社会精英来治理社会。他们的政策只考虑到现实的经济和技术，而拒绝重视心理现实。这种政策大多是在崇高思想的鼓舞下产生的，并且有着绝对的法律意义。但是，它们被建立在一种盲目的基础上。这种盲目性总是妨碍他们形成一种稳定的政治体制。我们可以说，参加此类政治活动的人们是在一个错误的时代里建设一个错误的社会或者国家。（多数群体心理学家都把大不列颠和美国作为例外。他们羡慕这两个国家，并且声称，民主在这两个国家找到了真正的形式。）有一个专门的特征可以让我们认出这个错误的时代，那就是动员了大量民众的革命和反革命的运动。这也就是为什么它需要一种新的政治思想的原因。①

---

① 群体心理学家，尤其是本书所涉及的群体心理学家，他们在这种新政治观念的形成中所发挥的作用被普遍忽视了。只有那些学识渊博、思想开阔的伟大历史学家才是例外。因此，英国历史学家伯林（I. Berlin）就认为，勒庞、塔尔德和弗洛伊德也参与改变了关于人类本性的简单模式。“而从霍布斯直到穆勒的政治理论家就曾经运用这种模式，并且把他们研究的重点从政治论证转移到了多少带有宿命论色彩的描述性学科。这些学科开始于托克维尔、泰纳以及马克思，而进一步发展这些学科的有韦伯和涂尔干、勒庞和塔尔德、帕累托和弗洛伊德，以及生活在我们这个时代的他们的弟子。”

面对民众之时，政治学的任务就是要把他们组织起来。因为他们总是受到两种精神，即情感和信仰的支配。因此，这两者都必须被考虑在内。每当人们聚集在一起，他们就充满着类似的情感。他们分享一种更高级的信仰，认同一个帮他们摆脱孤立状态的个人，并且毫无保留地崇拜他。以上我不过是简要描述了把个人的集体变为一个集体的个人的综合过程。他们的利益只不过是他们情感之手上戴着的天鹅绒手套。脱下手套，手还在那里；把手砍掉，手套就没了意义。他们的理智不过是顽固的深层信念的表面泡沫。

这就解释了政治实践的性质。葛兰西的解释比我要好。葛兰西把政治活动描写为一种长期的行为，会产生持久的组织。因此，政治活动和经济活动很相似。但经济与政治也是不同的。这就是为什么我们能够分别讲述政治和经济，并把“政治情感”作为人们行动的直接推动力。这种行动不但会出现在“长期的、有机的”经济活动领域，并且还能超越这个领域，把情感和期望纠缠在一起，产生一种炽热的气氛和环境。其中，评估个人生平所遵循的法则已经不同于个人理财所遵循的法则。[注26]

结果，政治生活事实上就非常缺乏对称性。这就意味着永远都不可能达到一个平衡或稳定的状态。当人们作用于物质世界，以便从事生产劳动，使自己得以生存之时，他们的技术和经济活动遵循着一条理性法则。时间也强化了他们为这个目的所使用的方法及知识的理性。如果一个人要获得成功，最重要的是要让手段服务于目的，并且总是追随实践经验的结果。以逻辑为基础的机器表明这是能够做到的。这也说明了为什么它们的使用正变得越来越普遍。

人类的关系则与此相反，它总是带有某种程度的非理性特征，这是不可避免的。在需要以某种积极和消极的理想来动员民众的时候，尤其如此。那些使人们转变为群氓的社会过程确实总是在使他们更加非理性化，这也就意味着不能通过理性来管理他们，哪怕想要控制这些过程的人的意图再有价值也是如此。政治生活缺少对称性，主要表现在三个方面。

首先，人类生活的两个领域之间存在着巨大的鸿沟。一方面，人的理性思维和行为都同样属于事物和财富管理的领域。他们产生了日益重要、日益有效，也是日益自动化的工具和手段。另一方面，在人事管理以及由此而来的政治权力的管理中，这种思想和实践的运用越来越少。在这个领域中，社会产生的只有信仰和动机。前者是让人羡慕的，它呼吁正义和解放。而后者则是残酷的，它倡导复仇和压迫。信仰和动机有助于动员和团结人民，为此它们就被注入早已准备好的教条性宗教的模型中。如果一种思想要成为推动民众的一个因素，这就是它们必须付出的代价。

其次，民众之中存在着一种纯粹而又简单的通向非理性的趋向。这在那些潜在感情力量的释放中是非常明显的。这些感情力量在适当的时候会像火山一样爆发。它们总是强有力地存在着。等到时机成熟，它们就获得了支配权，就像这是它们的应得之物。我所谓的适当时候，就是人们在某些危机的刺激下聚集起来，就是个人意识已经如此退化，以致都不能控制这些危机所导致的冲动的时候。这些不为人知的情感就像潜伏在历史洞穴中的鼹鼠，可以随意地出来攫取。上浮到表面的并非什么新的东西，而是已经以某种黏合的、不甚清晰的形式存在着。它们是多多少少集中起来的、被压抑的潜在力量。现在它们已经前后呼应，准备行动。民众在它们的强大洪流中痛苦或者热烈地沉浮。他们受到某个盘踞在他们头顶的领袖的魔杖的控制。在莎士比亚的笔下，迷乱的旁观者可能会大喊："这是时代的苦难，这是疯子给瞎子引路的时代！"莎士比亚的引文真是太贴切、太打动人了。当我们想起希特勒以及许多其他的人，想到这些人统治着眼中充满了恐惧和希望的民众，格洛斯特（Gloucester）[①] 的话真是精练极了。就像疾病给我们指出了身体的情况，这些领袖所提供的极端事例也向我们表明了发生在不那么极端条件下的事情：运用权力的方法是非理性的。

最后，在许多领域中——如技术、经济以及人口统计等——都有一些

① 格洛斯特：莎士比亚悲剧《李尔王》中的人物，他和国王一样，也由于自己的错误判断和儿女的忘恩负义而饱受痛苦。——译注

积极的进步，如工作方法在得到改进、贸易在增长、人口在增加，等等。但是，政治领域的进步一点都没有超过艺术和道德领域的进步。历史经验告诉我们，一代又一代人都使用相同的方法，在相同的条件下运用权力。多数人从来没有停止过被少数人统治。正如弗洛伊德所说的：

人类内在的、不可消除的不平等性的一个例证就是，他们分成了领袖和追随者这两个阶层。后者占绝大多数。他们渴望有一个权威来帮他们作出决定，而他们在多数情况下又都无条件地服从这些决定。[注 27]

因此，谈论朝着一个没有神灵或者救世主的社会发展的运动是无用的，因为新的领袖正在我们中间不断地产生。正是这种进步的缺乏解释了政治领域中的自治，并强调了它和其他领域的差别。相对来说，历史的发展与它是不相关的。在所有社会中，甚至是那些最发达的社会中，就其权威而论，过去总是支配着现在，传统的死亡之手以魔法迷惑着现存的现代性。此外，如果我们要采取行动，人类最古老层面的心理必然会受到影响。整个对照可以用一句话来概括：经济和技术服从历史的规律，政治则服从人性的规律。

我们所能做的就是，让现有的工具、手段和知识去适应人们内在生活和外在生活中永恒的经历。政治基本上就是一种利用民众非理性本质的理性形式，而且一贯如此。这种观点得到了群体心理学的证实。政治活动中提出的每一种宣传手段，领袖们用来影响民众思想和行为的每一种技能，都是以这种直觉观念为基础的。这些方法和技能玩弄着个人的情感，目的就是要把众多个体转变成为一个统一的集体性物质。而且，我们知道，他们将会获得巨大的成功。

非理性因素的释放，意味着领袖是民众生存问题的解决途径。有些人可能会提出一种非常不同的解决方法。他们建议建立一个政党、一种思想运动，或者是能够控制民众的机构设施。但是，任何一个政党、运动或者机构迟早都会有一个领袖。他可能是一个活人，也可能是一个死者。所以第二种解决方法与第一种毫无二致，两者都有一个恺撒的成分。这个成分对于权威来说，就像氢对于物质一样，也就是说，它是一种普遍的构成元素。发现其渊源以及其构成是科学最困难的篇章之一。每一种学科都以自身领域中的事实为基础提出了一种解释。自从塔尔德时代以来，群体心理学就一直在发展自己的解释。父亲是所有种类权威的渊源和原型。家庭在时间的流逝中演变，父亲的统治权也随之开始。这种统治权延续了下来。在我们这个时代里，在由脱离了他们家庭的个人所组成的民众之中，这种统治权还在不断地加强。这就意味着，政治王朝的历史仅仅解释了发生在父系政府中的缓慢变化。一旦我们想要揭示这个历史学分支学科的基本事实，我们在官僚、政党、国家等形式之下所看到的只是家长的原始权力的分支和延伸，而家长则被认为既是模范又是理想。

当群体的出现还是一种零碎偶然的现象时，这种解释就似乎很让人震惊了。人们不愿意承认，领袖对于解决群体问题是一种必要的途径，就像父亲对于家庭问题的解决一样。基督教群体蜂拥着前去欢迎约翰·保罗二世教皇，认为他是飞行而至的圣地朝拜者，给他们带来了福音。或者是，世俗的群体狂热地簇拥在他们的某个领袖周围，为他高唱赞歌。

媒体已经让我们参与了世界上所有的大型聚会，看到了它们的肉麻奉承和令人心醉神迷的跪拜，成了这些活动的同时代人。它还使我们感到偶像崇拜不再是稀奇古怪的；对于事件的进展也不再感到惊讶。整个民族正以超音速的速度，从狂热追求解放变为严格服从权威。它失去了其固有的散漫性，并以一个人为核心稳固起来，得到定型。确实，很少有人拒绝这种情况，或者甚至意识到了正在发生的事情。民众看来似乎很高兴地满足于这样一种无意识冲动。至于塔尔德，他公开说：

人们经常说——这是一个有吸引力的问题，会发展成为滔滔不绝的辩论——再没有比自由的感觉，没有比要向其他人屈服的感觉，以及自身不必承担任何义务的感觉更让人陶醉了。很自然地，我肯定不会否认这种崇高的感觉。然而，我确实感到，与这个频繁使用的词语可能提示的事实相比，它的概括性还远远不够。事实是，大多数人都有一种内在的不可遏制的倾向。这种倾向就是他们很愿意对被人赞扬的组织表示顺从和信任，以及几乎是情人一样的卑躬屈膝。想想罗马帝国崩溃以后，罗马帝国统治下的高卢城市的捍卫者的样子。我们现在的民主社会和革命社会的救世主也是如此。也就是说，他们不过是狂热的偶像崇拜以及深切的归顺屈服的对象。[注28]

领袖为什么能吸引如此一大帮人呢？因为他用充满幻想的简单词语回答了民众的问题，并且给了无名大众一个名称。民众从他们最深层的直觉中，而不是从理性推导中接受了这个答案。他们认为这个答案好像是一个绝对的真理，展现了一个新世界，或者是唤醒了他们对新生活的期望。当民众接受这个领袖时，他们确实受到了吹捧赞扬，转变了思想观念，经历了脱胎换骨的变化。他的情感能量不仅能够改变民众的思想，还能使他有勇气承担殉道，以及暴力所需要的残忍。拿破仑以魔法征召的革命军队就证明了这一点，他们跟随他的战旗征战了整个欧洲。

民众从他们的理想和幻觉中积聚能量。领袖们则利用他们来推动国家的车轮，带领他们奔向一个由理性、有时则是由科学所支配的目标。我们看到，戴高乐将军对这个问题理解的深度要超过大多数教授群体心理学课程的学者。他清楚并且赞赏这种做法。他指出，不管实际情况如何，他也许能够超越这种现实。因为他有这种天赋做到夏多布里昂（F.R. Chateaubriand）① 所谓的“以梦想领导法国”。[注29]

人们的经验证实了这样一种信念，即梦想是一种最快捷的途径。它使

① 弗朗索瓦–勒内·德·夏多布里昂：法国作家、政治家、浪漫主义运动的先锋，最主要的作品为自传《墓中回忆录》。《基督教的创造力》则表现了他在伦理学和美学方面对基督教的辩护。——译注

一种包罗万象的思想变为专门的行动，使个人的智慧变成群体的运动。当幻想失去了力量或者逐渐消退时，人群以及他们的信仰也就失去了它们的形式和本质，就像一具尸体一样，不再有生命或者稳定性。人们不再知道要跟从谁，要服从什么，或者应该奉献什么。没有任何东西或者任何人来给他们规定维持和发展文明所必需的纪律，或者来满足他们的热情或情感。敬爱和忠诚的世界只剩下一具空壳。他们不再有任何朋友或者敌人。把群体或者社区划分出来的界限几乎都已消失，“民众”不过是个人的乱七八糟的聚集。在我们这样一个大众社会中，治疗民众心理状况的良药就是领袖。条件是，只要它能够避免民众恐慌的危险。所以，拿破仑在法国革命的后期，就把民众所缺乏的崇拜对象还给了他们。他还给民众的还有使他们准备牺牲一切的那种理想，其中包括牺牲生命和自由。正如布洛赫（H. Broch）所观察到的：

元首是一个价值体系的象征，也是它的动力体系的车轮。正如我们说过的，他主要是以一种制度的象征形式出现。至于他的理性特点及其功勋，则只是次要的。[注30]

总体来说，群体心理学提出了一种不同的对策，来回答我们这个时代提出的关于我们应该怎么办的问题。它把这个问题提高到了经验层次之上，并且试图提供一种准确的答案，来回答一个同样准确的问题。由此我们就看到了暗示在创造群体中的作用，以及把群体投入行动的领袖的作用。目前的问题在于，提出的解决方案还没有足够的解释。在以下的章节中，我将阐述选择这种解决方案的理由。然而，首先，我马上要提出其中的一个理由，以便让人们更好地理解群体心理学对于该解决方案的特有的重要性。这个理由就是，民众并不是本能地趋向于民主，而是趋向于专制。

第四节 西方的专制主义

在目睹了民众诞生的世纪里，我们认为，被一个人统治是一种野蛮的生存之道。我们谈到这种情形时，总是带着强烈的反感。我们会说到绝对的专制，缺少文化资源或者物质资源的摧残性影响，或者是令人叹息地回归到已经不合时宜的道德状况。总的来说，专制被看成是愚昧无知或者卑微本能的产物。对于我们来说，我们的使命在于与发展中的人性携手共进，奔向完全的民主。文明所标志的每一个胜利，也就意味着人民对他们传统的敌人——独裁者的胜利。任何人如果拒绝这种历史事件发展的观点，当然也就是在逆历史潮流而动。然而，这就是勒庞所持的立场。大多数群体心理学家的观点也与此有关。对于勒庞以及这些群体心理学家来说，民众的出现，就其心理特点而言，意味着在长远的将来，必须依赖于领袖以及一种专制政权的设立。正如勒庞自己所说的："一系列此类的典型事例非常清楚地表明，在欧洲普遍存在一种朝着独裁政府演变的倾向。"[注31]

民众社会毕竟是用这种权威的民主化来定义的，而这种所谓的民主化就是说，一个人能够声称汽车、休闲活动、报刊以及大众媒体都已经被民主化了。在过去，只有社会名流才能拥有它们。然后，只有资产阶级才能拥有它们。但是现在，每个人都能够拥有它们了。独裁主义是如何被民众接受并实践的呢？[注32]第一个原因是，政府已经不再有能力来实施统治，或者强制实行他们的权威，或者用曼恩（T. Mann）① 的话来说，就是他们不再能够以良好的贵族道德提供服务。第二个原因则是由于那些自身具有等级体系和组织机构的民众的崛起。他们把议会中的社会辩论带到了大街上，剥夺了民主机构的尊严和威望。我再引用一段勒庞的话：

① 托马斯·曼恩：德国小说家、评论家。20世纪最杰出的欧洲作家之一。他在德国最黑暗的岁月里反对纳粹主义，是20世纪上半叶德国文化和价值观的代言人。——译注

现在，领袖有逐渐取代公共官员的倾向，因为后者是可以竞争的，并且受到了削弱。与任何政府命令相比较，这些新主人通过专制统治，得到了比任何政府拥有的都更接近于完全驯服的民众。[注33]

在每一种思想以及所有的政治生活中，专制政治重现的顽固性给人留下深刻的印象，而导致这种现象的文明，它们彼此之间没有任何相同之处。一旦一个民族学会了书写，并且产生了最早的经典之后，这个问题就挥之不去。所以，我们不能简单地把我们自己局限于我刚才提到的那些原因，去描写它是怎样发展的，或者去理解权威的这种古代形式对我们这个时代所具有的意义。我想通过对比的手段来表明这种发展。像所有的比较那样，它并不完全是强制的。但是，就此而论，它又是有道理的。

历史似乎表明，在我们生活的时代之前，存在着一种显著的专制政治，而它的顶峰就是封建时期的中国和法老统治的埃及。[注34]这种东方独裁政治的基础是不平等原则，这种原则在那时的社会中是很普遍的。它满足了在创建城镇的基础上确立生产结构的需要，也满足了灌溉系统的需要。大众被聚集到一起，在官员们的协调下，建造巨大的工程。其中金字塔仍然能够让我们对此有所理解。在一个等级森严的社会中，专制者是这个社会的顶峰，也是其宗教的神圣神灵。他一度还是那个国家以及宇宙的永远不犯错误的主人，要求人们绝对服从。这些就是我们归结于专制政治的几个特点。回顾历史，我们看到它是普遍存在的，并且是独立地产生在几个大陆上，也就是说，它不是被传播的。如此众多的、分散于世界各地的民族对这同一个问题找到了完全一致的解决方式，这确实是人类历史中的不解之谜。

我们现在要向前做不尽合理的跳跃，要跨越几千年，来到现代社会，谈谈西方专制主义产生的原因。所谓西方专制主义的思想，在法国大革命时期是一个很前沿的思想。在勒庞和塔尔德强调它的普遍意义之前，夏多布里昂已经看到了它的主要特征。他指出，日常经验已经表明，法国人确实把他们的注意力都指向了权力。他们对于自由毫无热爱可言。平等是他们的神灵。夏多布里昂还强调了平等和专制之间隐秘的联系。

这可不只是语言的隐晦或者修辞的花哨。相反，它显示了我们正在讨论的这种联系的不为人知的本质。这种本质需要人们用朴素的语言表达出来。在由政党支配的政治体系中，治理的手段是协商和争论，解决困难的途径是频繁的选举。然而，从理论上来说，它们是不稳定的，也是不确定的。正如拿破仑对莫莱（Molé）所说的，“平衡的”政府这种说法非常不恰当。它们也是走向无政府状态的最快捷途径。人们在实际生活中求助于专制者，完全是为了要避免混乱状态。这从最早的时代起就已经广为人知。在群体心理学中，它是不言自明的公理。从这个公理中，群体心理学还推导出这样一个结论，即在一个群体的规模比以往更大、起伏也更大的时代里，人们对于专制者的呼唤也将更加强烈。

因此，一个地方只要有群体社会存在，它就会使用一种或者另一种手段来达到稳定。但是要达到这样的目的，唯一的办法就是要修正自由和平等这两个基本要素中的一个。这个问题的两个答案中，其中之一就是重新在平民之间造成不平等关系。这种解决方案似乎需要被排除在外。没有一个政党和政治家愿意倡导这种解决方法，也没有一个学者或者演说家会去论证它的优点，或者把它作为一种必要的变化提出来，或者认为它是两害之中的较小者。这样做是与民众的本性背道而驰的，因为民众的特点就是组成它的个人之间的平等。

这是至关重要的。人们甚至可以把一个群体定义为一种完全平等的状态。头就是头，胳膊就是胳膊。而在个人的头与头之间，以及个人的胳膊与胳膊之间，它们的差别是不相关的。正是为了这种平等，人们才成为一个群体。[注35]

由于这个原因，所有的政治活动以及所有的政治计划都把平等放在一边，而去破坏自由。他们的手段就是说服个人或者强迫个人放弃自由。这个过程就像是，如果两个城镇之间的距离不能缩短，那么为了减少旅行时间，就应当敦促人们坐飞机而不乘火车。

看起来人们总是在要求平等，但又滥用自由。这似乎是群体社会产生不稳定性的原因。对这个问题有两种可能的解决方法：或者把权力交给某个个人，或者是不交给任何人，也就是说，把权力交到某一个匿名董事会手上，就好像这只是某种经济和技术事务一样。在这种情况下，资源短缺或者少钱贫困所产生的影响与领袖通过劝说或者暴力所得到的效果就完全一样，也就是摒弃自由。此外，没有第三种解决方法。

只要有领袖的地方，最后的结果就是民主的独裁。拿破仑是始作俑者，此后，此类人物在欧洲不断出现。一个英国作家在谈到波拿巴时曾说，他建立了由民众感情支持的绝对权力。对于他来说，民主手段和帝国目标是携手并进的。同胞兄弟的特征覆盖取代了父亲的特征。前者是普遍平等的象征，而后者则代表着不受限制的权力。我们知道，每个罗马皇帝都是恺撒的继承者。每个人都有一座为之建立的塑像，上面的铭文写着“献给祖国的父亲”。然而，他还保留着保民官的称号，这就意味着他是公民的代言人，能够保护他们免遭他所代表的拥有无限权力的国家的侵犯。

有威望或者有魅力的领袖保留了民主的外表。通过定期的公民投票，他们重新强调了被召集起来的民众的平等。问题被提交到民众那里，而他们的回答只是一个简单的行或不行。他们没有真正的机会开会协商。他们也没有真正的权力去讨论领袖的决定或者给他提供建议。他们被要求做的所有事情，也就是他们能够做的所有事情，就是去通过一项政策，或者在某些极端情形下，去否决一项政策。公民投票是自由的象征。然而，自由在它被实施时就被人抛弃了。

为了维持他们自身的一致性和连续性，多数执政党就从一个有限的范围内招募他们的官员和领导人。这个有限的圈子被不断地更新。没有任何其他的人被授权，去维持一个未来政治家的储备库，始终密切关注他们的生活和工作。这类人是一个内部晋升体制的一部分，这种晋升体制将把他们带向权力。通过给他们任命各种职务——如国会议员、市长，等等——这个制度就给了他们机会去声称自己是人民的代表。他们必须通过某种增选机制才能被招募进来，因为传统的选举是与平等原则相违背的，必须被排除在外。真正的选举将在候选人之间重新引入自由竞争，所以他们的当选都是由一些最高层的机构决定的。这些机构有管理委员会、政治局或者书记处。他们作出决定的依据是看这些候选人与理想中的对象的接近程度，以及这些候选人对执政党的忠诚程度。然后，这些候选人就进入被一致批准的过程。这个过程通常是一种自动的、纯粹的形式。这就是公民投票选举一个无名领袖的形式，这种公民投票被伪装成是以普遍选举权为基础的选举。

在这两种情况下，留给民众和社区的自由余地都被缩减了。他们想要从事公共事务的愿望也受到了压制。这种压制或者是来自公开的暴力，或者是公开的强制，或者是来自隐秘的操纵。所有真正的民主特征——多数人赞同、国会的权威以及对法律的尊重——都只在法律上存在，而事实上已经消失殆尽了。像任何普遍阐述的一样，这个观察结论也必须经过修整，以便使之更加符合每个国家具体的实际情况。然而，我们确实观察到，民众社会摇摆于民主的独裁和独裁的民主之间。民众社会时而采用这个模式，时而采用那个模式，希望重新获得它们在空间中所不能获得的时间中的平衡。在此，法国的历史就是一个极好的例证，并且自法国大革命以来，它也是关于这个问题的最有权威的章节。自那以后，正如我们在革命期间所看到的，两种模式都成了我们呼吸的政治空气的一部分。一度曾经是例外的东西，现在已经成为一种模式和一大堆知识。正如法国革命使武装的民众投入战斗和征服，并且开创了经典的战争年代那样，我们这个时代一系列的革命和反革命则开创了经典的专制主义时代。这就是为什么制度和管理机构的网络更广泛地覆盖了我们的生活领域，因为正是在这个网络中，人们不断地提高着剥夺自己同胞自由的技能。

真正使社会结构动荡不安并导致大规模群众运动的，是经济危机和失业率的居高不下，以及由此带来的通货膨胀和贫困；政治危机和相伴随的内战风险；体制的缺陷及其所带来的革命与反革命的交替。在这种时候，新生力量崭露头角。权力被转到了其他人手里。囚犯被释放出来，并立即囚禁了以前追捕他们的人。流亡者胜利归来，其他人则被放逐。非同寻常的时代要求非同寻常的人。民众授予他们实行统治的权力，就像罗马人向他们的独裁者授权一样。民众之所以选择这些人，是考虑到了他们在监狱中所度过的岁月，他们对敌人的抵制，他们在最困难时期的公开反叛，以及与他们自身所属的阶级的勇敢决裂（1940 年 6 月 18 日戴高乐的广播演说就是如此）。威望压制了所有的道德顾忌，扫除了领袖道路上所有的法律障碍，并且把篡权者变成了一个英雄。每个人都睁大明亮的眼睛，万分羡慕地注视着他，就像 1806 年 10 月 13 日黑格尔在耶拿（Jena）看到拿破仑时一样。

我看见了皇帝陛下，世界的灵魂，他正骑着马，穿过街道——看到这样一个人骑着马安驻一地，凌驾并统治整个世界，真是令人难以置信。

这个著名哲学家的感受一定也是拿破仑的所有老近卫军成员的感受，他们为那个“世界灵魂”牺牲了自己的生命。黑格尔没有见过他们，也没有见过那些牺牲在战场上的成千上万的人。如果没有他们，拿破仑就不会有任何拓疆扩土的能力。

刚刚所说的会把我们引向一个明显的结论，即领导民众的人总是一个“篡权者”，而且他们自己也是这样认为的。这不但是因为他的做法违背了合法性准则，其权力也是形成在一个非常时期，而且也是出于尊重平等的必要性。这种必要性排除了任何个人可以无限期地高居集体之上的可能性。这就意味着，任何真正的领袖都必然是“非法”的。然而，只要他保持着自己的位置，他就可以领导民众。

我想尽量充分地解释群体心理学的一个假说，即关于当代社会中趋于专制主义的倾向。群体心理学从这种趋势中看到了我们的文明走向衰亡的迹象：个人面对集体时软弱无能，社会的政治和知识精英也抛弃了维护民主的责任和义务。这门学科中有许多事情可能会让我们全力反对它。但是，每当我们清楚地看到民众理而不治时，我们也就看到了西方专制主义的清晰影像。就像在以往的岁月中，一个国王理而不治就意味着民主的胜利一样。保罗·瓦莱里（P. Valéry）[①]说过："专制在今天就像自由在过去一样有感染力，真是令人惊讶。"

远在群体心理学产生之前，文艺复兴时期的历史学家布尔克哈特（J. Burckhardt）[②]就已经悟出了同样的结论。他说，未来属于民众，属于那些能够回答他们的问题的人。正像经济学只是研究，而不是发明了利润或者企业资本主义那样，群体心理学也没有在欧洲创造发明专制主义或者权威主义。但是，有时候人们指责它有这种嫌疑。结果，群体心理学也因此受到批评，并被边缘化。我们也许认为，这样做就是鼓舞民主，并把它的悲剧性失败变为胜利的做法。

心理学家一直试图与这种幻觉进行斗争。在他们关于民众的著作中，专制主义就是一个重要的课题。从勒庞开始，他把专制主义视为人性的一个主要特点，中经弗洛姆（E. Fromm）[③]和赖希，他们探讨了人们自愿服从

① 保罗·瓦莱里：法国诗人、评论家、思想家，代表作有《幻美集》等。——译注

② 雅各布·布尔克哈特：杰出的文化艺术史学家，生于瑞士一牧师家庭，代表作有《文艺复兴时期的意大利文化》。——译注

③ 埃里克·弗洛姆：在德国出生的美国心理学家，代表作有《健全的社会》等。——译注

极权的根源，直到德国社会学家阿多尔诺（T.W. Adorno）[①]，他研究了独裁者的人格，他们的探索超越了喃喃劝慰和柔情祝福，直抵基岩本身，即人类的某种本性。一旦某个领袖在某个历史十字路口产生，这部分本性就会促使他抛弃自由，也就是我们所谓的人权。由于他们在最后的分析中关注这个具体的现象，他们就给了其学科一个使命，即叙述真相，其视角是：如果我们决定了要改变这种现象，事情又会怎样？

由此我们可以看到，这与中立超然的观察是完全对立的。群体心理学家是唯一正视西方专制主义的人。无论是大众媒体的影响问题，还是群体的权威主义结构问题，它们都不是被随意选择的，也不是仅仅出于学术兴趣。他们的著述与现实相关。他们要与之斗争的就是这种现实。对于那个时代的冲突及其所酝酿的戏剧，他们是相关的，也是相称的。他们与那个时代的冲突，以及其中酝酿的戏剧有关。面对时代环境的挑战，群体心理学已经尽其本分。纳粹主义的崛起就是其中最引人注目的标志。它已经影响了，并且仍然强烈地影响着政治思想和政治行为，甚至其他的方面。群体心理学是我们每个人在某个时刻都不得不求助的学科。

塔尔德是这个学科的后来者。奥地利作家布洛赫写道：

> 这个早期的问题引导我们穿越了国家理论领域、政治和经济领域。综观整个过程，几乎没有一个部分是不提到群体心理学所涉及的问题的。群体心理学在当代知识界被赋予这种核心的地位，哪怕是作为一种假设也必须如此。对这个问题，我很早就有清醒的认识。[注36]

群体心理学认为，应该以大众民主的姿态来与人性中反对这种民主的

① 西奥多·阿多尔诺：德国哲学家、社会学家、音乐理论家，法兰克福学派第一代的主要代表人物，社会批判理论的理论奠基者。生于德国美茵河畔的法兰克福，晚年在瑞士维斯普度假时猝死于心脏病。代表作有《启蒙的辩证法》《否定的辩证法》等。——译注

力量进行斗争。它还要求有一代人能够知晓如何抵御他们周围的压力。他们必须能够顽强地捍卫理智。他们还必须有力量约束对商品和自由的享受。一个人在从事那种积极主动的服务时，任何警戒心理的松弛都会带来极其严重的后果。处世圆滑变通，生存不惜代价，都会给他的信念带来最不利的影响。放任一些很细微的缺点，就意味着丢弃真正根本性的事物。

在本书的第一部分，我已经尝试着描绘了群体心理学的思想概貌，阐述了它的渊源和研究对象，以及它试图解决的那些相当实际的问题。我也已经强调了这样一个事实，即群体心理学首先是，也最主要是一门政治科学，并且始终都是如此。这也就解释了为什么它总是坚定不移地把个人与民众，以及民众与领袖作为它最关注的两个方面。就其中第一个方面而言，它提出了大众社会的基本问题；而其第二个方面则探讨了实际的解决办法。所有这些都是非常正确和恰当的。

现在我必须阐述这些理论本身，来给这个思想概貌增加细节，让这道风景更加美丽。这也为我们提供了一个机会，来确立一种和谐一致的理论体系，并且确认它是否能够在一堆基本上互不相关的事实中建立某种秩序。

部分注释

注 1 F. Bartlett, *Remembering*, Cambridge University Press, Cambridge, 1932, p. 24.

注 2 A. Einstein, *Ideas and Opinions*, Souvenir Press, London, 1945, p. 54.

注 3 A. Gramsci, *Note sul Macchiavelli*, Einaudi, Milan, 1953, p. 149.

注 4 G. de Maupassant, *Sur l'eau*, éd . Encre, Paris, 1979, p. 102.

注 5 G. de Maupassant, *Sur l'eau*, éd . Encre, Paris, 1979, p. 103.

注 6 A. Zinoviev, *Les Hauteurs béantes*, L'Age d'Homme, Genève, 1977, p. 495.

注 7 S. Weil, *Réflexions sur les causes de la liberté et de l'oppression sociale*, Gallimard, Paris, 1955, p. 108.

注 8 S. Freud, *Preface to Bernheim*, Standard Edition, T. I, p. 82.

注 9 E.J. Hobsbawm, *Les primitifs de la Révolte*, Fayard, Paris, 1966, p. 130.

注 10 A. Gramsci, *Note sul Macchiavelli*, Einaudi, Milan, 1953, p. 150.

注 11 A. Gramsci, *Note sul Macchiavelli*, Einaudi, Milan, 1953, p. 130.

注 12 G. Flaubert, *L'Education sentimentale*, Ed. Pléiade, Paris, 1869, p. 323.

注 13 G. Flaubert, *L'Education sentimentale*, Ed. Pléiade, Paris, 1869, pp. 319–320.

注 14 G. Flaubert, *L'Education sentimentale*, Ed. Pléiade, Paris, 1869, p. 323.

注 15 G. Le Bon, *La Psychologie des foules*, Presses Universitaires de France, Paris, 1963, p. 2.

注 16 D. Bell, *The End of Ideology*, The Free Press, Glencoe, Ill, 1960, p. 21.

注 17 E. Canetti, *Masse et puissance*, Gallimard, Paris, 1966, p. 19.

注 18 M. Mauss, *Sociologie et anthropologie*, Presses Universitaires de France, Paris, 1973, p. 126.

注 19 S. Freud, *Essais de psychanalyse*, Payot, Paris, 1972, p. 252.

注 20 G. Le Bon, *La Psychologie des foules*, Presses Universitaires de France, Paris, 1963, Préface.

注 21 H. Broch, *Massenwahntheorie*, Suhrkamp, Francfort–sur–le–Main, 1979, p. 42.

注 22 E. Cassirer, *The Myth of the State*, Doubleday and Co, New York, 1955, p. 1.

注 23 G. Le Bon, *La Psychologie des foules*, Presses Universitaires de France, Paris, 1963, p. 5.

注 24 A. Oberschall, *Social Conflicts and Social Movements*, Prentice Hall Inc., Inglewood Cliffs, 1973.

注 25 M. Proust, *A la recherche du temps perdu*, Éd. Pléiade, T. III, 1978, p. 773.

注 26 A. Gramsci, *Note sul Macchiavelli*, Einaudi, Milan, 1953, p. 13.

注 27 S. Freud, *Why war?*, The Standard Edition, T, XXII, p. 212.

注 28 G. Tarde, *Les Transformations du pouvoir*, F. Alcan, Paris, 1895, p. 25.

注 29 C. de Gaulle, *Mémoires de guerre*, Paris, Plon, 1955, T.1, p. 120.

注 30 H. Broch, *Massenwahntheorie*, Suhrkamp, Francfort–sur–le–Main, 1979, p. 81.

注 31 G. Le Bon, «L'evolution de l'Europe vers les formes diverses de dictature» , *Annales Politiques et Littéraires*, mars 1924, p. 231.

注 32 G. Le Bon, *La Psychologie politique*, Flammarion, Paris, 1910, p. 117.

注 33 G. Le Bon, *La Psychologie politique*, Flammarion, Paris, 1910, p. 117.

注 34 K.A. Wittfogel, *Le Despotisme oriental*, éd. de Minuit, Paris, 1964.

注 35 E. Canetti, *Masse et puissance*, Gallimard, Paris, 1966, p. 27.

注 36 H. Broch, *Massenwahntheorie*, Suhrkamp, Francfort–sur–le–Main, 1979, p. 274.

Chapter 2

第二章

勒庞以及对群体的恐惧

第一节　古斯塔夫·勒庞其人

众所周知，勒庞是群体心理学的创始人。然而，颇令人费解的是，过去 50 年的法文著作都没有提及他对社会科学的特殊影响，而宁可用过多的篇幅来介绍一些无足轻重的学者和五花八门的普通思想流派。勒庞为何会遭遇如此不公呢？人们又怎么会忽视一位在 20 世纪社会科学领域有着如此决定性影响的思想家呢？毕竟当时这样的思想家总共也不过十来个人。诚然，在法国思想家中，就其产生的影响而言，只有索雷尔（G. Sorel）[①] 和托克维尔可与勒庞相比，但他们的著作都未曾像勒庞的著作那样引起过轰动。为此，我们应首先来认识一下勒庞其人，以及他当时所处的地位。这将有助于我们了解群体心理学产生的背景以及产生于法国的原因。

勒庞于 1841 年出生在诺曼底的诺让勒罗特鲁（Nogent-le-Rotrou），1931 年在巴黎逝世。从许多方面来看，他的一生都是超凡卓著的：出生恰逢一个社会进程初期，成年后经历了法兰西第二帝国、工业革命、法国的军事失败和内战，后来又目睹了科学的成就、民主的危机、社会主义的传播以及民众的力量。在此之前，他曾一直关注民众力量的崛起，对于这一力量的不断壮大也曾指责过。

勒庞似乎追随了业余学者和小册子作者的足迹。在这些人中，米拉博（V.de R. Mirabeau）、梅斯梅尔（F.A. Mesmer）[②] 和圣西门曾是非常优秀的代表。勒庞承袭了这种传统，而且是在一个以急剧变化为标志的环境里。这位身材矮小的大夫生活简朴，为了普及科学而放弃了行医，从此开始了

---

① G. 索雷尔：法国社会哲学家和新闻记者。——译注

② 弗朗茨·安东·梅斯梅尔：奥地利医师，当代催眠术先驱。今天，Mesmerism 的含义就是催眠术和受催眠状态。——译注

写作生涯，跻身文人雅士之列，熟识了其中最具影响力的人物。这一切是如何做到的呢？情况难道是这样：一位出色的天才利用了一个最初对他不利，甚至是敌对的环境？是否应该认为，他的作品综合了进步的科学新思想和较古老的文学传统呢？他是否具有一种发现并表述他那个时代各种思潮以及隐藏的敏感问题的聪明才智呢？毋庸置疑，勒庞身上几乎具备了上述所有的特点，但是他自身特有的超凡的才能却是以直接有效的方式来综合和表达某些思想。这些思想还很不清晰，其他人或者没有勇气说出，或者只是很零散地提出。各种情况非同寻常地结合在一起，使得这位勤于思考而严谨的医生成了一门新学科的创始人，一种新政治的开拓者。

1870 年法国军队屈辱性地失败以后，法国政府（尤其是法国资产阶级）仅仅用了几个月时间就发现了自身的极端脆弱性。对于统治这个国家、控制其社会势力而言，它的准备是何其不充分。在拿破仑三世的统治下，它对奥芬巴赫（J. Offenbach）[①] 的轻歌剧拍手称颂，虽然听不懂歌词，却为其音乐所吸引。法国无意间扮演了一个最没有勇气的角色，它没有看到灾难即将来临的种种预兆，也没有意识到缺乏认真的态度正在为灾难铺平道路。兰诺克斯（A. Lanoux）[②] 极其有力地指出了这一点。他说，当我们现在从历史的角度来回顾奥芬巴赫时，就可以清楚地看到，他的作品就是通向色当惨败的某种死亡舞蹈。1871 年的革命爆发后，和以往一样，资产阶级在寻找发生灾难的原因时，总是盯着城市的混乱、桀骜不驯的工人和不守纪律的士兵，以及像其他大陆的民族冲向欧洲那样冲向巴黎的社会运动的洪流。殊不知，反应迟钝的政府和分裂的政治派别是无力遏制武装暴动

① 雅克·奥芬巴赫：法国作曲家，著有歌剧舞剧作品 100 多部，成功之作有《美丽的海伦娜》《巴黎的生活》等，作品风格流畅、典雅，其充满睿智和嘲讽意义的小歌剧被认为是法国喜剧的经典之作。——译注

② 兰诺克斯：法国当代作家，于 1963 年获得法国龚古尔文学奖。——译注

的。

从逻辑上来说，答案只有一个，那就是：建立一个能够重新确立权威的强大政府。福楼拜在 1871 年 4 月 29 日写给乔治·桑的信中说："唯一明智的选择就是建立一个由社会精英组成的政府，因为普通人将永远处于无足轻重的地位。"

终于，有个人跃跃欲试地要创作，这个人就是勒庞。这位失意落魄的科学家，这位没有讲坛的人民之子，明白眼前的一切，决心全身心地投入治疗社会弊病之中。因此，他刚刚完成学医的任务，就联络了那些关注相同问题的政治家、哲学家和著名作家，非常渴望在事业上有所成就，想要成为法兰西科学院的院士或在大学谋取一个职位。他着手进行的研究工作涉及广泛的领域，包括物理学、人类学、生物学和心理学，等等。当时，心理学还在萌芽时期，他首先看到了它在未来的重要地位。然而，尽管有广泛的联系和庞大的科研计划，他最强烈的愿望却从未实现过。大学的大门，甚至科学院的大门都一直对他紧闭着。

勒庞就这样被排斥在正式的圈子之外。但正是作为一个局外人，他才如此不知疲倦地埋头工作，就像金融家理财一样摆弄着知识。他制订了一个又一个科研计划，却从未有任何惊人的发现。然而，他的业余性质的研究和科学普及工作确实提高了他的综合技能，因此更加得心应手地撰写视野开阔的纲要，运用生动有力的词语，并且能够像记者那样凭直觉及时捕捉吸引广大读者的事件和观点。学术上遇到的阻力，更加促使他在政治和社会领域中寻求成功。经过多年的努力，他发表了几十部著作，完善了综合生物学、人类学和心理学学说，提出了民族和种族心理学的主要论纲。有历史学家说，他在这一领域的贡献足以确保他在那个并不十分光彩的欧洲种族主义先驱者行列中占有一席之地。

在心理学研究中，勒庞自然受到群氓现象的冲击，特别是群众运动和恐怖主义现象的冲击。他的同时代人感到这些现象极其令人困惑和不安。

事实上，最近刚刚出版了一些有关这个问题的著作，尤其在意大利，这些著作都强调了这种恐惧心理是重返野蛮暴虐的情景所引起的。勒庞得心应手地拾起了这个主题，用一种概括性的纯法律语言来进行探讨。他围绕这个问题而建立起来的学说即使不是完全连贯一致，也是能自圆其说，大致正确的。

勒庞首先诊断了议会民主制度，特别是它的不健全和腐败的弊病以及优柔寡断。他坚持认为，控制的力量导致社会秩序井然，而缺乏这种力量则会导致社会动荡不安；控制的意志带来政治安定，而缺乏这种意志则会带来公共危险，并会诱发革命。他还认为，在此类民主体制中，统治阶级始终都是消息灵通的。但这反倒使得他们不能果断行事，并丧失了意志这一所有力量的源泉。他们不再对其使命充满必要的信心，这意味着政治职能和机构正湮没在盲目无能和不负责任的泥潭中。这样的阶级甚至没有诚实的美德，因为虽然在一个民主国家中多数人有选举的权利，但统治国家的却是少数人。

讲清楚这一点至关重要。勒庞并非是在谴责统治阶级不诚实或缺乏原则，而是谴责他们不能与过去一刀两断，办事效率不高。一个如此混乱、道德沦丧的时代正等待他们作出决断，而他们却选择了一种把雅各宾思想和寡头政治实践结合起来的民主政体。他们用一种含混不清的笼统语言来涵盖一切，责备自己软弱无力，正冒着被人操纵和围困的危险。他们声称，自己控制下的民众力量正在支持某些野心勃勃、才智过人、寡廉鲜耻的家伙，反过来要把他们碾成粉末。如果他们想要成功地履行其开拓和壮大文明和进步的任务，那么就必须认清事实真相，认清正在使社会分崩离析的冲突的真正本质。 当然，勒庞给了他们等待已久的答案：在那个冲突中，群众起了主要的作用，唯有他们才掌握着理解法国和现代世界局势的关键。

正如一位研究这个问题的晚近作者所说：“勒庞以先知的姿态，一开始就把民众放到解释现代世界的核心位置。”[注1] 对于民众，勒庞当然也怀有资产阶级对下层阶级那种固有的轻蔑，但是群众是一个事实，科学家并不藐视事实，而是尊重事实，并且想方设法要理解事实。面对这种情况，勒庞并不渴望恢复君主体制或贵族政权，而是梦想一个英国式的世袭贵族体制和个人主义的民主国家。

从法兰西第二共和国到第五共和国，包括两者在内，英国的自由主义思想继续对法国社会思潮产生巨大的影响，但却从未在知识界产生决定性的突破。法国金融界和工业界的中上层阶级也没有对法国产生决定性的政治影响。法国是一个由中产阶级为自己构思的国家，中产阶级的范围包括商业资产阶级、行政部门中的资产阶级、农民，甚至工人中的资产阶级。法国对于现代性明显感到不安，两者的关系也相当难以捉摸。事实上，它一直摇摆于英国模式和德国模式之间，前者与它在时间上更接近，而后者则与它在空间上更接近。它忠于某种骑士式的民族主义。这种忠诚是以内在的，显然是法国式的世界观为基础的。18 世纪就为此提供了这样的事例和怀旧之情。上述所有因素都对这些部分的失败做出了解释。

勒庞对于在法国正在发生的事情感到忧心忡忡。他开始寻找办法来控制由民众造成的混乱局面。这样的办法他找到了，但不是在历史学或经济学研究中，而是在心理学研究中。心理学使他明白了有一种由基本冲动构成的“群体灵魂”，这一“群体灵魂”在强烈信念的影响下成型，并且几乎不考虑经验或理性。正如“个人灵魂”对催人入眠的催眠师的暗示作出反应一样，“群体灵魂”对将其意志强加于他们的领袖的暗示作出反应。在这种精神恍惚的状态下，每个人都做出了在正常情况下既不愿意去做，也不可能做到的事。领袖变魔术一样制造一些景象，用来替代现实，从而控制了群体的灵魂。民众就像受到医生催眠的病人一样完全受之摆布。

因此，基本的观念十分简单，所有过去的灾难和现在的困难是由突然闯入的民众造成的。议会制民主体制之所以脆弱，原因就是它与心理学上的研究结果背道而驰。统治阶级犯了错误，没有认识到群体产生的原因及控制他们的规律。为了让社会摆脱这种邪恶的境地，使饱受危害的现状恢复如初，我们所需要做的只是承认过去的错误，并了解这些规则。

勒庞用生动而直截了当的语言来表达这一观点，并用准科学的内容作为依据。这就解释了他的书为何如此成功，以致他“最终拥有了其他任何社会思想家都无法匹敌的读者群”。[注2] 科学的普及者一夜之间成了知识的传播者，一个他终其余生都扮演的角色。用勒庞唯一的传记作者（当然是英国人）的话说：“在他的余生中……勒庞致力于教育那些杰出人物，使他们明白自己担负着日益沉重的军事和政治职责。”[注3]

30 年来，这一工作使一些大政治家、文学家和科学家经常光顾他很少离开的家，其中就有心理学家里博（T. Ribot）① 和塔尔德、哲学家贝格松（H. Bergson）、数学家普安卡雷（H. Poincaré）②，还有无法分类的智者瓦莱里、比贝斯科（M. Bibesco）公主和玛丽·波拿巴公主。最后两个人在传播他的思想方面起了很大的作用。人们也不应该忘记那些了解他、尊敬他的政治家，像普安卡雷（R. Poincaré）③、白里安（A. Briand）④、巴尔图（L. Barthou）⑤ 和西奥多·罗斯福。还应该提到的是，所有这些赞赏他的人都深信，他的那些有关人性本质的观点虽然难以让人接受，但却至关重要。在社会和政治事务上，他们认真听取了他命令性的忠告。事实上，在19 世纪 20 年代，他的思想影响达到了顶峰。那时候，“这一新学科对于信奉民主的精英们的吸引力最为强烈。他们一方面把它看作一种概念性的方法，用以证实他们对民众怀有极大的恐惧心理；另一方面又从中得到了一

① 泰奥迪勒·里博：法国心理学家，在《记忆障碍》一书中反复申述个体记忆功能演化的原理，力图说明记忆丧失是一种进行性脑部疾病的症状。——译注

② 亨利·普安卡雷：法国物理学家、数学家、天文学家，著有《科学和假说》《科学的价值》等。——译注

③ 雷蒙·普安卡雷：法国政治家、坚定的民族主义者，曾多次出任法国总理，1913~1920 年任法国总统。——译注

④ 阿里斯蒂德·白里安：法国政治家，多次出任法国总理，曾获得 1926 年诺贝尔和平奖。——译注

⑤ 路易·巴尔图：法国总理（1913）、保守的政治家，普安卡雷的长期战友。1934 年，南斯拉夫国王亚历山大一世前来法国访问，他与国王一起在马赛遭谋杀。——译注

套规则，可以用来处理和控制群体中潜在的巨大力量。”[注4]

第二节　群体社会的马基亚弗利

人们普遍认为勒庞的《乌合之众》是我们现在所称的畅销书，它的发行量使它成为各个时期最大的学术成果之一。现在，我想就他的读者的素质和他所产生的影响来评价一下他的这一成就。首先，以最显而易见的事情为例，《乌合之众》一书是在我们这个时代仍以不同名称（社会心理学、集体心理学，等等）存在的一门知识学科的宣言。这一点值得注意，因为并非每个人或每本同样有创见的书都能获此殊荣。正如两个美国学者对塔尔德和勒庞的法语著作所做的评论那样，它在形成产生现代社会心理学的直接土壤方面很有影响[注5]。勒庞和塔尔德这两个名字常连在一起，但正如奥尔波特（G.W. Allport）① 所说，《乌合之众》这本书对社会心理学的影响仍然是最大的。人们读了又读，对它进行讨论、评论，当然还有抄袭。对于社会心理学最早的两本教科书，也就是分别由英国的麦独孤（W. McDougall）② 和美国的罗斯（E.A. Ross）③ 编写的教科书，勒庞的著作给了他们很多的启发。《乌合之众》至今仍有很大的影响。我是少数几个否定其基本论点的作者之一[注6]，但我仍然认为两位有经验的美国学者的判断总体来说是中肯的。

① 高尔顿·威拉德·奥尔波特：美国心理学家，主要著作有《人格的心理学解释》《人格的类型及其发展》等。——译注

② 威廉·麦独孤：英国出生的美国心理学家，在创立实验心理学和生理心理学方面颇有影响，其著作《社会心理学导论》（1908 年第 1 版，1960 年第 30 版；已有中文译本）极大地鼓舞了对社会行为的广泛研究。——译注

③ 罗斯：美国心理学家，1908 年出版了世界上最早的两本社会心理学著作。——译注

勒庞的著作也切中了社会心理学的命题。他书中所讨论的问题几乎都在20世纪的实验心理学中反映了出来……而且勒庞展示给我们的不只是一种高度概括性的探讨，而且是一个富有想象力的，经得起考验的假说宝库。[注7]

《乌合之众》在社会学领域所起的作用虽然容易被人遗忘，但也是不容忽视的。即使是最草率的考察都足以表明其影响，比如像勒庞和塔尔德提出的观点和提议在德国所产生的几乎是风行一时的影响。像齐美尔（G. Simmel）①、维泽（Leopold von Wiese）和维尔康特（A. Vierkandt）这样的思想家发扬光大了这些思想，对它们进行汇总提炼，然后将其融入自己的思想体系。

这样，群体心理学便进入了大学，成了又一门艰深的学科。而它在政界传播的基础随后也准备完毕。与此同时，群体心理学在德国社会学的一个极不相同的领域，即法兰克福学派内部引起了反响。在阿多尔诺和霍克海默尔（M. Horkheimer）②的作品里，这位法国心理学家的名字被多次提及。这并不令人惊奇，因为群体社会本来就是他们的一个中心议题。最近出版的该学派的“课本”中，就有一章是有关勒庞的，文中写道：

在最近几十年的经历之后，甚至在现代技术文明的环境中，人们在渴望与更加文明开化的民众打交道的情况下，也将不得不承认勒庞的论断在令人震惊的程度上得到了证实，至少表面上是这样的。[注8]

在本书的好几处，我都会考察法兰克福学派和群体心理学之间的关

① 格奥尔格·齐美尔：德国社会学家、新康德派哲学家，以关于社会学方法论的著作闻名，著有《货币哲学》等。——译注

② 马克斯·霍克海默尔：德国社会理论家，反对经验主义和实证主义，相信技术对人类文化和文明构成了威胁，而作为技术之基础的自然科学忽略了人的价值。——译注

系，以及他们对勒庞及其“名著”的关注。[注9]现在，我只是笼统地谈一谈他产生的影响。这一影响的大致情况在希特勒执政前一直是清楚的，也就是说，直到德国社会学消亡前一直如此。正如该学派最著名的一个代表人物所写的那样，直到那时为止，勒庞的《乌合之众》一书一直是一本经典著作，其陈述也一再出现在数量庞大的社会学著作中。[注10]这其中包括美国社会学家的作品，这类社会学家多得不胜枚举，但不妨以有名的芝加哥学派的创始人之一帕克（R. Park）为例。从他在德国递交的，实际上也是探讨群体或者公众的博士论文，到他最近的作品，我们都能很容易地看到勒庞以及他的“研究群体的划时代著作”[注11]的痕迹。

芝加哥学派创作了有关群众和集体行为的重要著作。在那个领域，勒庞和塔尔德仍被视为先驱者。在芝加哥学派中，许多评论过勒庞的人只是粗略地或者间接地读过他的作品，并相当随意地提出了批评意见。尽管如此，他们还是不得不承认勒庞的影响。[注12]对于德国和美国来说是真实的东西，对其他国家也是如此。单单浏览一下贝克尔和巴尔内斯（Becker and Barnes）的百科全书[注13]就足以使读者相信这一点。这也表明，正如大家常说的那样，勒庞的著作已经变成了多么重要的经典。通过参看有关社会学历史（当然不是法国出版的）资料，我更加相信，直到“第二次世界大战”，勒庞以及塔尔德的名字至少和涂尔干的名字一样为人们常常提及，而且他的思想有着更大的影响。[注14]

但是群体心理学也影响了调查研究的相关领域，并且激发人们创作了一系列有关政治科学和历史的专著。甚至在心理分析中也可以见到它提出的模式。米歇尔斯（R. Michels）写了一本书，人们普遍认为该书是研究政治派别的经典之作①。人们只消观察一下便可看到，他的思想综合了德国社会学家马克斯·韦伯关于操纵形式的思想以及勒庞的心理解释学说。再

---

① R. Michels, *Les Partis Politiques*, Flammarion, Paris, 1971. 关于本书，米歇尔斯在1911年11月23日写信给勒庞：“你如此鲜明地阐述了有关民众集体生活的理论，我直接把它运用到了政党及其行政管理、政治结构之中。”

明白不过的是，米歇尔斯并没有故弄玄虚地想要掩盖这一点。将政治派别与群体等而视之的思想本身就直接源自勒庞其人。

对勒庞思想的青睐还不可避免地影响了历史。考虑到篇幅，我在此就不做冗长的阐述，而只能满足于采用一段引文和一段简单的评述。1932 年，也就是勒庞去世后的第二年，在一个跨年份的星期里，学术界组织了一次有关“群体”的研讨会。对于这个他们既采纳了其思想，又想要忘记的家伙，学术界无疑是做了一场既是埋葬他，又是纪念他的毫无诚心的表演。伟大的历史学家勒菲弗（G. Lefèbvre）[①] 将根本没有涂尔干意味的思想用涂尔干式的时髦语言来描述。他以一种偶尔的、相当不得已的挑剔姿态，给了勒庞难得的赞美：

> 群体这一具体观念是由医学博士勒庞先生介绍到法国革命历史研究中来的。它表明存在着一个人们以往从未关注过的问题。但是，从那个观点来看，虽然他的成就无可争辩，但那同时也是一种局限。[注 15]

勒菲弗的这个评判是公正的，而且也举足轻重。在像历史学这样风平浪静的领域中引进一种新思想，并发现一个迄今尚未觉察到的问题，这可绝对不是一个小成就。勒菲弗本人甚至超过他所提到的那种局限，从而给了勒庞更大的荣誉。他将群体这一观念作为他自己科研工作的基础，以及理解现存文献的基础，结果产生了《1789 年的巨大恐慌》一书，这部著作在同类著作中是独一无二的，因为它在群体心理学与历史学之间架起了一座桥梁。

从逻辑上讲，我应该更加关注心理分析方法从群体心理学中汲取并发展的东西，因为这些东西更重要。然而，由于本书有相当一部分篇幅用于论述弗洛伊德，所以我在此仅仅提请读者注意阿多尔诺所表达的观点。这

---

① 勒菲弗：法国历史学家，以研究法国大革命著称。主要著作为《法国大革命时期的北部农民》（1924）。——译注

一观点在此正好印证了我上面所说的那种观点，而且表述得也非常好。阿多尔诺在评论《群体心理学和自我分析》一书时说："弗洛伊德的写作方法是对勒庞描写的群体心理的动态解释。"[注16]

在这样的背景中，要想忽视荣格（C.G. Jung）① 是根本不可能的。荣格的集体无意识学说，正是勒庞所知的，运用过并滥用过的主要观点之一。对此，有一位历史学家也做了恰到好处的评述：

> 弗洛伊德和荣格之间的一致观点似乎在群体心理学方面最为显著。两人都接受了勒庞有关群体的传统定义，一致认为群体中个体的活动层面更加低下，更加原始，更加屈从于情感。[注17]

当然，罗列他们之间的关联并迅速地作出比较，这只能极不完整地反映他们在科学知识领域之外的影响，以及由此而产生的对整个文化的影响。而这种影响是如此之大，以致有位作家认为，我们这个世纪的发展趋向可以说是"极其多姿多彩的：我们有达尔文的生物学和瓦格纳的美学，郭碧诺的种族主义和勒庞的心理学，波德莱尔的诅咒，尼采和陀思妥耶夫斯基的黑色预言，以及稍后时期的贝格松的哲学和弗洛伊德的心理分析"。[注18]

毫无疑问，这是一帮低调的家伙，但包罗的范围却很广，而且不管怎样，勒庞的名字就在其中。那个简单的事实比承认他的作品及其重大影响的重要性更有说服力。所有这些也使得我们更加难以解释他为什么成了心理学家和社会学家这一大家庭的一位穷亲戚。每个人都读过他的著作，但却没有人对此加以夸耀，反而认为这是可耻的行为。巴尔扎克的表兄邦斯（Pons）的后嗣就曾将邦斯收藏的勒庞之书销毁或拿去换钱。关于这一点，我即便用整本书的篇幅也不足以收录下我已经注意到的有关资料。

---

① 卡尔·古斯塔夫·荣格：瑞士心理学家、精神病学家，首创分析心理学。——译注

对勒庞作品的现代读者来说，会有许多怪事成为他们理解上的障碍。然而，他的预知令人震惊。他在作品中预见了20世纪所有的心理学和政治发展。他的分析和预见充满激情，因为他自视为群体社会的马基亚弗利，是被招来在一个新的基础上继承并发展其杰出先驱的事业的。他在1910年写道："在马基亚弗利教导我们的统治艺术中，大多数法则已经有很长时期不运用了。虽然这位伟人已长眠400年之久，但谁也没有尝试过重写他的作品。"[注19]

勒庞倒是尝试过，而且自以为很成功。他曾转向政客和政党领袖，那些现代世界的君主，把他们看成是自己可以直接或间接致辞演讲的观众。他也有许多门徒。通过对政治常识（尤其是罗伯斯庇尔或拿破仑之类人物的政治常识）的概念提出一种心理学构架，勒庞打开了一扇新的知识大门，并摧毁了对自由主义和个人主义思想的图腾禁忌。他使政客们能够通过新的途径看到群体的真实面貌，使他们成为遵从自然法则的领袖。事实上，以皈依者的热情拥护他的观点，对他的作品进行释义的，主要是一些新人物和新党派。或者说，他们至少不得不考虑这些观点，并采取一种立场。这一情况涵盖了从左派到右派的整个政治领域，包括所有的意识形态和政治立场。

我们首先来看一看社会主义运动。人们也许认为群体心理学是一种异己的东西，甚至是他们不能接受的东西。然而，工人政党主要关心的是民众的问题。他们的政策是以合理性和阶级利益的假设为基础的，与自由主义的资产阶级政党有相似之处。两种派别都有共同的哲学，那便是人的行为取决于他们对自己目的的认识和为实现这些目的所受的教育。

勒庞的思想给社会主义思想家留下了深刻的印象，因为这些思想与他们自己的思想相悖，尤其是因为他坚持强调无意识因素，强调乱七八糟的无组织群众的关键作用。这些思想也是引人注目的，因为它们强调了他们已经观察到，但还没有作出反应的现实问题。虽然已经很熟悉阶级现象，即一个相对限定、多少已经有组织的工人阶级的现象，但却没有注意到群体现象。

对这些思想反应最强烈的是《关于暴力的思考》一书的作者索雷尔。对于勒庞的群体心理学著作的保守性以及这门新心理学缺乏社会学基础的现象，索雷尔在评论中发表了一系列保留意见。然而，总体来说，他的态度是肯定的，甚至是热情的。随着岁月的流逝，他越来越接近勒庞，并沿用了他的思想。他从勒庞的作品中找到了灵感。在这方面的一个明证就是，他认为，工人阶级要成为革命者就必须拥有一种强有力的，但结果却是荒谬的想法。他曾在许多场合声明自己对勒庞十分钦佩。所有这些都意味着，索雷尔，这个作品和思想对当时的政治思想有着巨大影响的人物，在帮助群体心理学成为社会主义思想的一部分时起了一种工具性的作用。我们从共产主义者葛兰西的作品中也可以看到这一点。葛兰西曾研读并批判性地思考过索雷尔和米歇尔斯的著作。这两人都以自己独特的方式最充分地吸收了勒庞的思想。

这些思想通过某种我们尚未知晓的途径，成了一场动摇德国社会民主党的争辩的核心。该党在俄国革命前曾是所有工人党派的模范。正在认真讨论中的问题反映了一个自觉的有组织的阶级政党和无组织群众、下层无产阶级民众，即“群氓”之间关系的实质。显然，勒庞把后者日益增强的重要性公诸天下。伟大的德国理论学家考茨基意识到了这一发展的重要性。他写道，这个时代的政治和经济斗争很显然正越来越成为群体行为。[注20]

与此同时，考茨基坚决反对任何关于由一般意义上的暗示和心理学因素引起的群体现象的解释。但这并没有阻止他勉强接受勒庞的理论。群体无论出现在何种社会阶层，他们都具有相同的特点。他们都带有破坏性、不可预见性，以及至少某种程度上的保守性。因此，考茨基以对犹太人的大屠杀和对黑人施行私刑为例而得出的结论是：群体行为并不总能帮助进步事业，它所摧毁的也不只是最有碍于发展的东西。每每胜利在望的时候，群体受反动分子控制的概率与它受革命者控制的概率几乎是相同的。[注21]

考茨基认为群体自身充满能动性。它与历史时期无关，并且独立于其成员的阶级内涵。他的反对者之一帕那库克（Pannekoek）对此予以猛烈抨击，指责考茨基没有意识到一个群体总是或者由无产阶级构成，或者由资产阶级构成。在帕那库克看来，群体仅仅是一种工人政党才应该关注的附带现象。他坚持认为，考虑到基本（阶级）性质的差异，对有组织和无组织民众进行对比也并非毫无意义。因为在其他条件平等的情况下，培训和经历仍然会在劳动阶级中带来相当的差异，但这种差异仍然是次要的。[注22]

就我所知，这一争论并没有得出任何结论。两位倡导者都没有提出新的观点，也没有提出旨在解决城市无组织民众的新策略。

也许，我在这关键性的一节上所花的时间太少。但它确实介绍了群体心理学在如此短的一段时间内所产生的影响。谁都没有做过充分研究来获得一个足够精确的范围，以便确定这对社会主义者和革命者阵营的影响究竟有多大。我的感觉是，当以法西斯主义为首的专制暴政在狂热民众的支持下，毫无廉耻地占据历史舞台中心时，群体心理学的影响并没有大到足以使那些民主人士能够睁开他们被各种观点蒙蔽的眼睛。他们是如此深信以这样的"原始"方式不可能取得胜利，以致看不到自己眼皮底下发生的事。

意大利作者西洛内（I. Silone）[①] 描述了这一过程：

> 另一方面，必须指出，那些注视着阶级斗争和传统政治的社会主义者对法西斯主义的突然崛起惊奇不已。他们不明白它采用稀奇古怪的、不同寻常的口号和象征符号的理由和后果；他们也难以想象通过这么一种原始的运动居然也能夺得并维持像现代国家这样一个复杂机构的权力。社会主义者对于接受法西斯宣传机构的效能没有做好准备，因为他们信奉的是马克思、恩格斯主义。马克思也许没有预见到现代心理学的发现，也没有预想到当代群体文明的形式和政治后果。[注23]

① 伊尼亚齐奥·西洛内：意大利作家，曾经是意大利共产党和社会主义政党的成员和活跃分子，坚决反对法西斯主义。主要作品有《面包和酒》《紧急出口》和《他躲起来了》等。——译注

勒庞的作品已被译成多种语言，事实上是由一位司法部长译成了阿拉伯语，由一位外交部长译成了日语。美国总统西奥多·罗斯福坚持要会见勒庞，他曾于1914年认真阅读了勒庞的作品。[注24]另一位国家元首亚历山德里（A. Alessandri）①在1924年写道："如果你见到勒庞，告诉他智利共和国总统是他的狂热崇拜者。我曾从他的作品中摘录了一些句子。"[注25]它们能给人以启发，也能提供精神食粮。我们可以远距离地看到，群体心理学和勒庞的思想是第三共和国知识主流之一，它给我们提供了理解这种思想的钥匙。我们只须关注那些能够领会这些思想，遵从勒庞教诲的人是如何进入政界的。白里安是了解勒庞、遵从勒庞教诲的主要人物之一。巴尔图也熟悉他，并说勒庞是当时最有创见的人物之一。普安卡雷非常乐意在公开辩论中提到他的名字，后来的克列孟梭（G. Clemenceau）②也是如此。克列孟梭的《德国前面的法国》[注26]出版于如火如荼的战争时期。勒庞是书中提到的唯一活着的作者。在此还应提一下埃里奥（E. Herriot）③的名字，他在1931年写道：长久以来他一直对勒庞怀有一种最热烈、最关切、最为忠诚的钦佩。他还认为勒庞是当代涉猎范围最广、最深邃的思想家之一。毫无疑问，这样的评论含有恭维和稍稍夸大其词的成分。然而，这五个人掌握权力并建立了法兰西共和国。他们的话以及其他的一些迹象正好证实了我们提到的那种渗透力的真正实质。

群体心理学在其他领域也占有一席之地。首先是军事领域。世界上许多军队对此进行了研究，并逐渐成了他们行为习惯和信念的一个组成部分。20世纪初，在军事学校，勒庞的理论由博纳尔（Bonnal）和于伊（Maud' huy）将军等人教授。他们中的一些人，比如曼金（Mangin）将

① 豪尔赫·亚历山德里·罗德里格斯：智利政治家，曾任智利总统。——译注

② 乔治·克列孟梭：法国政治家、新闻记者、第三共和国总理，有"老虎"之称，参加并操纵巴黎和会，力主削弱德国，反对苏俄。——译注

③ 爱德华·埃里奥：法国政治家和著名文人，曾任总理，是他那个时代最出色、最活跃的法国政治领袖之一，也是激进社会主义政党的重要人物。——译注

军，都自称是勒庞的信徒。大家认为他曾对几位军事领袖，尤其是福煦（F. Foch）① 将军影响很大[注 27]。也许他们认为具有吸引力的是勒庞关于领袖权力受到国民意志直接支持的观点。毫无疑问，他们也赞成他对一个没有信念的民主政体的批评；批评它言行不一，甘于失败，以致不再奋起斗争。在 1870 年那场灾难之后，人们开始倾听那种语言了。由于它由一种科学方法为后盾，人们便轻易相信了。在一战期间，人们认为这种思想能够激起必要的力量。结果他们在许多场合都求助于勒庞，而勒庞也为军队和政界的领袖起草过文件。

勒庞的心理学之所以更为可信，是因为它提供了一些方法，可以激励士兵，加强军队纪律，那是一种每一位明智的士兵都必须呵护和培养的宝贵而又脆弱的东西。戴高乐的聪明才智在于他把军事院校的一大堆思想有系统地引入了政治领域。毫无疑问，他赋予了这些思想一种特有的形式和权威。在危急关头，他就运用它们来重新创作法国神话，让法国人沉浸在爱国主义情调中。我似乎觉得，勒庞是带着恰如其分的学究式的谨慎，给我们提供了打开第五共和国大门的钥匙，就像他给我们提供理解第三共和国的钥匙一样。他预见了第五共和国将来演变的程式是一位总统和一个扮演赞成者角色的议会。早在 1925 年前，他就强调了这一点：

> 最有可能的（政府）形式无疑将是那种首相拥有无限权力的政府形式，就像英国劳合·乔治和法国普安卡雷那样的政府。问题是，要找到一种使首相独立于议会选举的方法，就像美国那样。[注 28]

我们知道，戴高乐解决了这个问题并找到了方法。事实上，他所做的远不止如此。他有意识地模仿勒庞所预见的那种领袖人格，并使这一观点

① 斐迪南·福煦：法国元帅，“第一次世界大战”后期协约国联军总司令，指挥联军彻底击败了德军在西线的攻势。——译注

适用于一种民主氛围和法国民众①。这可见于他在1944年写的《剑锋》一书，该书还引用了勒庞的许多警句，特别是有关群体性质和领袖威信的警句。曼诺尼（M. Mannoni）曾对这一引用做了说明："戴高乐将军全盘接受了（有关领袖）的观点。我们谴责勒庞，但却翻遍、读烂了他的著作。"[注29]

有两位政治人物尤其忙于通读勒庞的著作。他们将勒庞制定的规则付诸实践，并极其认真地将它们分门别类。当然，我说的这两位政治人物是指墨索里尼和希特勒。在此提请大家注意一个有趣的细节，勒庞的思想通过社会主义革命刊物传到了意大利，很快便广为人知。人们只消看一看法西斯主义的起源便足以相信这些思想所起的作用了。

帕累托（V. Pareto）②、莫斯卡（G. Mosca）③、索雷尔、米歇尔斯、勒庞和卡勒迪尼（E. Corradini）的思想将会在墨索里尼那里表现出来。这些思想对于他不成熟的社会和政治思想至关重要。它们将构成法西斯主义的第一个教义陈述，并最终给我们的时代第一个公然的极权民族主义提供理论基础。[注30]

如果说索雷尔和米歇尔斯的成功主要应归功于勒庞，帕累托也广泛引用了勒庞的观点，那么可以说，勒庞的每一本著作都对意大利的反革命运动起了双重作用。不管怎样，墨索里尼承认了这一点并热情地谈到了这一

① 法国的思想史充满了空当。我们受到许多神话的滋养。如果我们认真对待此事，就会发现涂尔干的社会学在大学圈子里有着巨大影响，勒庞的群体心理学渗透到了军队和政界，并通过索雷尔对社会主义思想产生了一些影响。索雷尔不但了解勒庞的著作，而且还给它们以高度的评价，对勒庞本人也是崇拜之至。在把勒庞与里博和珍妮特（P. Janet）相比较时，索雷尔会毫不犹豫地说，勒庞无疑是在世的最伟大的法国心理学家。

② 维弗雷多·帕累托：巴黎出生的意大利社会学家和经济学家，主要著作有《政治经济学讲义》等。——译注

③ 加埃塔诺·莫斯卡：意大利思想家和政治家，以"统治阶级"的理论而著称于世。——译注

事实。他还在1932年做了声明（也许这样说有点夸张）：

不过，我可以告诉你，从哲学的角度来说，我是勒庞最热情的崇拜者之一，他的死是一大损失。我读过他内容深刻的著作，我经常拜读他的《乌合之众》《新时代心理学》和《政治心理学论丛》。我在意大利组建现在这个政体时也运用了其中的一些原理。[注31]

这样的描述本可使勒庞这位老人心花怒放，他曾对来自马基亚弗利家乡的赞美万分感激。然而，历史最黑暗的20年还没有揭幕，当时还无人知晓，召集群众就是把他们送进集中营。

最循规蹈矩地跟随勒庞，并按照真正的日耳曼人的彻底性来做的人却是阿道夫·希特勒。他是在勒庞死后才开始掌权的。《我的奋斗》的一个特点就是紧紧追随勒庞的推理逻辑。他用来解释的语句写得既缺少风格，又没有原文的那种高雅。希特勒写这本书和其他一些著作的目的是想影响群众。它们被恰如其分地说成是：读起来就像勒庞作品的伪劣盗版。[注32]

在长期追寻勒庞的思想以后，人们就会产生这样的观点：勒庞当初所起的作用比现在乍看起来显而易见的作用更重要。事实上，最近对德国历史的研究表明："勒庞的学说由于常常被人放入现实世界中进行评价和检验，使得希特勒相信，他那里有着真正的革命思想……勒庞是唯一使他了解到要进行革命的反抗运动应具备的素质以及影响民众的基本原则的人。"[注33]

这种大胆论调当然要受到认真检验，因为还有其他的学术和政治传统影响了未来独裁者的产生。然而，这样的说法似乎也不无真实之处。希特勒也许已将勒庞的思想改成了陈词滥调，但他无疑也认可了它们的真实性。希特勒将勒庞的这些思想付诸实践，他是人类思想的精明操纵者。这种情况的结果是：

使我们更容易确定希特勒在《我的奋斗》一书中提出的有关宣传观点的重要来源，是勒庞的《乌合之众》和麦独孤的《社会心理学导论》。许多专家和了解事实真相的证人都证实，希特勒对这两本书非常熟悉。此外，《我的奋斗》中有许多论述证实了希特勒不仅读过勒庞和麦独孤的书，还记住了他们的教诲，并合乎逻辑地使它们适用于当时的环境。[注34]

希特勒的令人恐惧的宣传部长戈培尔也进一步证实了这一点。这个“恭恭敬敬的，很高兴被人使唤的简便工具”就像他的主子一样，从同一个来源引出他的理论和实践方法。为此他也读了勒庞的著作，并且汲取了其中真真假假的东西。他直到生命的最后时刻都一直在对这些东西进行总结和诠释，并且喋喋不休地灌输给他的下属。他的一个助手在日记中写道：“戈培尔认为除法国的勒庞之外，还没有人能够像他那样对群体现象理解得如此透彻。”

在一个极权主义国家里，伟人思考得出的结论成了上百万不那么伟大的人福音般的真理。一位美国作者已经指出，纳粹的整个宣传机构——据世人所知，这是最有效的机构之一，及其内在的政治理论就是在实际应用勒庞思想的过程中形成的，要相信这一点并不难。[注35]

这一观点既不是孤立的，也不是极端的。大多数研究过极权主义运动发展的历史学家都曾提到勒庞的名字，并描述过他的影响。[注36]美国历史学家莫斯（G.L. Mosse）对这一评论进行了很好的总结：

法西斯分子和民族社会主义者仅仅是实践勒庞之类人物的理论的最新动向而已。人们更愿意把现代政治说成是一场失败。但是对政治历史的相当漫长的追踪将证明这是不可能的。[注37]

在我看来，与勒庞思想最接近的还是戴高乐的思想。《乌合之众》的作者与民主传统血肉相连，并顽强地执着于共和国的各项自由。他感到失望的是，法国不是另一个（右翼）英国。就像他那个阶级内外的许多人一样，人们都梦想法国能有一种稳定的、没有极权的政治权力。[注38]而历史已经做出了另一种评判。直接采纳他的思想观点并为此而制定严格行动准则的正是当代的恺撒——那些独裁者。也许有人会提出，他们真正所做的也就是吸收利用各个时代积累的智慧，从中寻求统治民众的方法。他们并不需要勒庞[①]。也许真是这样，但在他们的有生之年，把这种智慧凝聚起来并用典型模式来表示的正是勒庞。从这种意义上来说，我毫不犹豫地把他看作发明者。他与许多同行一样，没有预见到自己的发明范围，也没有预见到这种发明爆炸性的力量。

读者也许会认为我过于关注某些细节，夸大了某些问题，而且还忽略了许多问题。确实，这不是一本权威性的书。只要我们回头看一看就会明白：一方面，勒庞有关群众的假说为人们所关注、修改、拼凑并到处传播，直到成为心理学和社会学共同资源的一部分。这个过程经历了一个世纪。但享受过勒庞这种特殊待遇的研究人员少之又少，即使那些从勒庞著作中受益的人们也极少或者根本不提他们从中淘金的丰富矿脉。

另一方面，尽管勒庞的思想为相互对立的政治所应用，但他是有良知的学术作家和创业者，所推崇和运用的方法已经成为我们各种实践中不可分割的一部分。在这一领域，而非其他领域，他所预言的东西已经成为一个显而易见的事实。任何观察群体社会的人都会很快看到，每一个政府，无论是民主的还是独裁的，都是凭借一种其规模迄今还不为人知的宣传机构而登上权力宝座的。过去，只有教会在某些特定的时刻起过那样的作用。将暗示手段及其影响与政治以及各种传播形式相结合，解开把个人和阶级变成一个单一群体的秘密，这些就是我们时代真正的新特征。使这成为可能的正是勒庞的思想观念。我们只了解该问题的基本因素，但勒庞却使之

① 莫拉泽（C. Moraze）是戴高乐将军的一个顾问和亲信。他给了我一份具有重大价值的第一手资料。对此我向他表示由衷的谢意。他说他曾经在几个场合听戴高乐讲到勒庞。他还提到将军对于群体心理学的实际应用问题非常感兴趣，认为它们在政治领域有着决定性的意义。

系统化，并将其展现为科学规则。赖因瓦尔德（P. Reinwald）在对群体心理学的研究中写道：“勒庞有关领袖人物行为方式的描写影响了面向群体的现代宣传，并极大地帮助它获得了成功。”[注39]

毫无疑问，在影响公众舆论和大众传播（当然包括广告在内）的领域内所采用和发现的一切，都有一个几乎多年不变的基准[注40]。我们只是看到了已经日趋统一的、标准的方法渐渐汇总到一起，就像可口可乐和电视机一样，成为世界各处都是一样的东西。社会科学常被指责成没有实际价值、不能改变集体生活进程的东西。但这些并不是群体心理学的弊端。从一开始，这一学科就对历史事件产生影响并具有一种效用，这一效用远远超过了那些最著名理论的效用，但它却并不比核爆炸的效用更招人喜欢。我所提出的一两个与勒庞作品有关的事实已经无可争辩地说明了这一点。

第三节　勒庞默默无闻的四个原因

面对令人不愉快的事实，学者的职责就是要如实地描写事实真相。对此，你肯定要问：如果说勒庞是如此重要的人物，那又怎么会无人提及他或他的群体心理学呢？为何人们认为他的作品不值得一提，甚至有点声名狼藉呢？在此我不想为他或他的思想恢复名誉，因为根本就没有这种必要。然而，我确实想依照我的观点来解释一下他一直默默无闻的原因。

第一，勒庞的著作因写作随意，质量极为一般，其目的只是为了取悦读者，激发读者的想象力，把他们想听的东西告诉他们。为了拥有一个大的读者群，作者必须懂得运用简短、浅易的术语来表达、解释和得出结论的诀窍。那意味着必须冒一切风险，包括那种显得微不足道的风险。必须承认，勒庞具有发现的天赋，而不只是追随或者发展别人发现的东西。但是，勒庞的说理太片面，观察太贫乏，作品也几乎没有什么深度。在我看来，对于那些让他神魂颠倒的东西，勒庞有着洪水般的偏见，并予以无情攻击。人们在阅读他对民众、革命以及劳动阶级的尖刻评价时，很难不被他的那些偏见和攻击所左右[①]。

第二个原因更为复杂，由于社会渊源的缘故，勒庞属于一种自由中产阶级的传统。他代表这个传统，用赤裸裸的粗俗语言抨击革命、社会主义和议会制度的弱点。但是自那以后，事情发生了变化。20世纪初还不大可能发生的事情，现在却成了显而易见的现实。然而，同样的传统仍必须面对同样的问题——革命、社会主义，等等——只是换了一种更加普遍和安静的方式。因此，传统就将勒庞、塔尔德之类的人弃置一旁，而用更有才智的大师，如韦伯、涂尔干、帕森斯和斯金纳（B.F. Skinner）之类的人来代替他们。这些人用更精致的词语来表达其论点。他们的科学研究更富有装饰性，坦白地说，也更加意识形态化。

在一个总是由右翼和中间派掌权的国家里，人们更容易接受倾向左翼的学术和知识环境。这一环境也决定了人们并不质疑此类妥协调和的思想和社会科学的发展形式。当然，勒庞从一开始就被排除在外，因此也就不存在这个问题了。"首先，他是法国大学体制的不共戴天的敌人。法国的大学从来都没有认可他雄心勃勃的科学著作（除了《乌合之众》）的权威性。他们选择用沉默来毁灭他。"[注41]

第三，每个政党、媒体、广告业和宣传机构的专家都运用了勒庞提出的基本原则，或者用我的话来说，运用了他提出的策略和诡计。然而，却没有人愿意感谢他。因为如果他们这样做的话，那么每一个政党的宣传机器，领袖们在电视屏幕上的炫耀，以及公共舆论的测验等都会原形

① 勒庞在法国，和里歇（Richet）、里博等其他许多人一起，把心理学建设成了一门学科。尽管是个边缘的人物，勒庞与学者和哲学家有着持久的，甚至是深厚的关系。普安卡雷就是其中的一个。此人被认为是他那个时代最杰出的数学家和物理学家。可以说，也确实有人这么说，他们两人之间有一种真正的合作关系。贝格松与勒庞有书信交往，在祝贺勒庞最后一个生日时，贝格松说："我借此机会要表达我对我们时代最有创造力的人物的深切厚爱和敬意。"

毕露，都会被视为利用了民众非理性本质的群众策略。我们倒很愿意把民众看作没有推理能力的人，但我们必须保持沉默，因为我们对他们讲了反话。

我们还要在心理学和政治之间作出清晰的基本区分，并且理直气壮地宣布，前者对后者几乎没有什么影响。让我们对这一情况保持清醒的头脑。有一种政治，并没有一种为之存在的心理学，正如有一种心理学，并没有一种为之存在的政治一样。这话的意思是说，某种具有心理学基础的政治和某种具有政治基础的心理学，使得提倡传统的革命和民主思想的人以及提倡纯知识的人都心烦意乱。勒庞却是一个胡搅蛮缠的家伙，他把每个人想分开的东西凑合到一起，向人们展示一些让人无法忍受的事实。伟大的德国经济学家熊彼特对此进行了补充说明：

反对理性假设的证据材料收集了很多，在此我只提两种。一种——虽然后来进行了更加仔细的工作——也许仍与群体心理学的创建者，或者说它的第一位积极倡导者勒庞的名字联系在一起。他揭示了，甚至有点过分强调了在凝聚作用影响下人类行为的真实情况，尤其是在激动状态下道德约束以及文明的思维模式和情感模式的突然消失，原始冲动、幼稚行为和犯罪倾向的突然爆发，等等。他使我们面对大家都知道但又不愿看到的可怕事实，从而严重冲击了我们对人类本性的印象。这种本性更加喜欢传统的民主教义和有关革命的民主传说。[注42]

第四个原因可在勒庞的政治影响中看到。他的思想在法国问世，然后进入了法西斯意识形态和法西斯实践中。诚然，作为一种获得权力的系统方法，勒庞的思想在每个地方都被不同程度地应用到了实践中，但是它们只在德国和意大利得到了公开承认。而这正说明了一切。如果你问为什么勒庞受人轻视，答案便是：因为他是个法西斯分子。这个理由当然很可笑。如果我们想净化世界上每一本其思想与勒庞接近的书籍（当然不是用电影《451华氏度》中的方法），那就应该包括弗洛伊德和马克斯·韦伯等人的作品①。所有适用于后者的也适用于勒庞。只是勒庞享受了让人倒霉的荣誉：他的作品不幸被墨索里尼和希特勒拜读了。福楼拜说得对，荣誉会使人蒙受耻辱，也会使接受荣誉者变得渺小。

从勒庞的作品中，我们知道他宁愿选择民主的苦恼，而不要独裁的宁静。但是即便如此，在上述情况下，这位群体心理学的创始人受到严厉批评也是人们完全能够理解的。他极力倡导民主，认为专制最多只是权宜之计。他认为，每一个独裁政权都是对一种危机的反应，持续的时间不会比危机本身更长。“它的作用是短暂的，它的权力当然也一定是短命的。”[注43] 如果将它们的时间不必要地延长，社会就会面临两个致命的危险：价值观念受到侵蚀，人性逐渐沦丧。最后，他警告在一个世纪里曾经历过两个拿破仑统治的法国，认为它存在着一种新的独裁的诱惑和危险。总之，他要维护一个国家的自由，为获得这种自由，真正需要的革命是不再有更多的革命。他坚决谴责所有的专制独裁，包括那个有人指责他支持的法西斯独裁政权。[注44] 所以，至少他是被人贴错了标签。然而，如果不是发现这纯粹是一种法国现象的话，我就不会冒这么大风险来打破沉默。有些非常杰出的德国一流思想家，如布洛赫、熊彼特和阿多尔诺都是坚定的反纳粹者。为了理解极权主义现象，他们频繁地提及勒庞。阿多尔诺甚至谴责了把群体心理学与法西斯主义相联系的极端做法，认为这种做法太轻描淡写了。他不明白为什么应用群体心理对法西斯主义较之其他寻求群众支持的运动更有效。他进一步指出，弗洛伊德和勒庞都未曾预料

---

① 勒庞作为思想家，其重要性不如马克斯·韦伯。但是他们的政治立场是相近的。他们的民族主义、对领袖重要性的认同以及对领袖和民众本性的描写，都有很多共同的基础。有时人们有这样的印象，就是韦伯关于魅力权威和大众民主的观点反映了勒庞著作中的那些观点。而那时，勒庞的著作在德国是广为人知的。米歇尔斯不就是对韦伯的社会学和群体心理学进行了综合吗？至于他和纳粹主义的关系，许多历史学家都认为韦伯是无意中为此打下了一个基础［蒙森（W.J. Mommsen）和拜斯默（D. Beetham），1974］。有几个社会学家从这个角度对此进行了解释，并为他辩护。据我所知，还没有人指出过他应受责备的地方。

到这种差别，因为他们只是探讨了群体现象，并没有对群体之间的政治目标进行鉴别。[注45]

一代人唯有把别人的思想与自己的思想和经验相参照，才能理解和评判别人的思想。这正如一个人不能把自己和自己的影子分离开来一样①。那些思想和那种经验使我们排斥勒庞和整个群体心理学。我必须解释其中的原因，取缔其中毫无事实根据的东西。没有必要对这两者或我同意保留的部分进行进一步的探讨。到此为止，我作为一个传记作者的任务已经完成了。

第四节　群体的发现

当群体陆陆续续地在欧洲各地出现，对社会结构造成威胁时，人们就提出了群体的性质问题。对此有三种同样普遍，但也同样没有深度的答案。

1. 群体是那些暂时出走，对各种机构持反对态度的个人聚到一起的集合体。换句话说，群体是反社会的，是由反社会的个体组合成的，这些个体是组织和阶级暂时或永久解体的结果。一个离开车间的工人或离开办公室的雇佣劳动者，他们在回家的路上也许会脱离正常的社会结构一两个小时，成为街头或地铁里熙熙攘攘的人群中的一分子。当他到处溜达或四处张望时，也许会受到正在聚集的某个人群的吸引并十分快乐地融入其中。波德莱尔在《巴黎的忧郁》一书中将此说成是一种艺术。

孤独、沉思的溜达者从那种广泛的交往中获得了莫大的快乐，他为此

① 真正的问题不是去发现勒庞为什么影响了法西斯主义，因为他并不是唯一有这种影响的作家。我们要了解的是，为什么法国没有成为欧洲第一个法西斯国家。我们断然地避免提起这个问题并回答这个问题。1933年4月5日纪德的《期刊》上有这么一句话："在法国，是什么挫败了它（纳粹主义）？是环境还是人？"

而陶醉。发现融入人群并不困难的人经历了巨大的喜悦。这是一个极其自负的自私自利者永远得不到的。一个与外界交往就像软体动物那样有限的懒虫就更不可能体会到了。

群氓仍然等同于“老百姓”“暴徒”和流氓无产者，总之，是等同于那些被认为是平民的人，即那些没有特定身份，处于社会边缘的男男女女。他们没有工作，没有目标，生活不受法律和习俗约束。或者至少就是以这种方式生活的人。因此，他们是被肢解了的社会成分的聚集体，是被清除出社会而与社会敌对的人类。因此，在社会学家看来，群体既不是一种分裂的现象，也不是重要现象或者新现象，而只是一种附带的现象。它不是调查研究的对象，只不过是随着社会正常运作的瓦解而产生的混乱和骚动。社会就是秩序，而群体只是与其相关的无序状态。最重要的是，它不过是一个聚合体而不是一种社会现象。

2. 群体是疯狂的。这第二个答案是被人作为真理提出来的。就像常青藤和代代相传的智慧宝库的一部分，这个观点非常盛行，具有极强的吸引力。我们仍有崇拜流行歌曲歌星的追星族的疯狂，有着成千上万看到自己队得分就站起来并一起挥舞旗帜的球迷的疯狂。要不就是吵吵闹闹的群众疯狂地前来仰慕一位伟人，或者观看用私刑吊死某个不幸的家伙，或者就是信徒们如潮水般涌向诸如卢尔德斯或法蒂玛①之类被认为发生了奇迹的地方。[注46]

无数恐怖的寓言和书籍[注47]讲述了那些普通民众无限的热情或恐慌心理：他们一边哼着歌曲或鞭打着自己，一边周游世界。他们满怀热情地追逐心目中的某种宗教或某个人，就像犹太人追逐他们的弥赛亚及基督徒追随他们狂热的僧侣一样，直至最后灾难的发生。随着狂想的改变，他们今天已将昨日崇拜的东西付之一炬，更换观念就像更换衬衫一样，并且如

① 卢尔德斯和法蒂玛均为天主教会纪念圣母玛利亚显灵的圣地，分别位于法国和葡萄牙。——译注

果条件许可的话，他们还会把严肃的历史变成一场怪诞的狂欢或血腥的大屠杀。

放肆越轨、多姿多彩的群体总能引起那些奇迹般地保持冷静的旁观者的兴趣，并使他们也变得口若悬河。群体的丰功伟绩有时被描写成是一船傻瓜的疯狂旅行，有时被说成是一帮歹徒的犯罪劣迹。当记载这些事件的人们采取“目睹”这种第一人称的模式时，他们的作品便获得了但丁作品的风格，成千上万的人物使它们的字里行间变得有血有肉，其中充满了中世纪的十字军或异教徒。他们在共同幻想的驱使下抛开家庭、财产和家园。尽管有对基督的信仰，但却毫不犹豫或毫无悔恨地进行可怕的破坏和血腥的屠杀。如果他们的信仰消失了，便会产生新的幻想，然后同样执着地追随它，为此作出同样的牺牲，犯下同样的滔天罪行。

在这些故事的作者和读者看来，这些群体现象是疯狂的发作。它们能够满足那些晦涩难解的梦幻，通过展现人性更黑暗的层面而使其暴露出来，并进而将其消除。它们暴露出的人性不同寻常的病态的疯狂本性使人神魂颠倒，因为用克洛岱尔（P. Claudel）[①] 的话说，秩序是我们理性爱好的东西，混乱则是我们想象力的狂热。然而，除了这个壮观层面外，群体似乎并没有什么使人感兴趣的。他们的梦想前后不一，他们对真正的历史也没有产生真正的影响。

3. 第三个理由进一步说明了前两个理由，群体是“罪犯”。他们是由一些具有攻击性、伤害性、毁坏性的愤怒的人们组成的。他们没有明确动机，乱施暴力，是一群无法控制的不法之徒。他们进行人身伤害，破坏财产。他们抵抗当局，完全漠视法律。在 19 世纪末，群体的数量大大地增加了，他们突如其来的行动开始使当局警觉起来。“犯罪暴民”（criminal mobs）的说法就是在那一时刻出现的，这表明他们威胁到了国家的安全和

① 保罗·克洛岱尔：法国作家和外交家，20 世纪法国最杰出、最多产的文人之一。其多卷本的诗歌、戏剧、宗教散文、游记以及文学评论表达了他对罗马天主教的热忱信仰。——译注

社会的安宁。但令法律专家伤脑筋的是，无法拘捕他们，无法对他们施加惩罚，或者无法将他们日常行为的责任归咎于任何一个人。这就意味着，适用于他们的任何法律都完全是任意武断的。最有可能做的事便是随意逮捕一两个人，他们或许是无足轻重的人物，或许是无辜的旁观者。这就像磨坊的贮水池不同于汹涌的海洋一样，他们也不同于发狂的怪兽。

在最早对群体行为进行解释的人员中，龙勃罗梭（C. Lombroso）① 是其中之一。这绝非偶然，那时他的罪犯天生理论已经变得臭名昭著。在他看来，群体不是由具有犯罪倾向的人组成，就是由这些人领导的。他还声称群体心理学可被简单地看作“犯罪人类学”的一部分，因为“在任何一个群体中，犯罪性都是其固有的特点”。这是当时相当新颖的一般性倾向的一个方面。当时就有人试图制定一整套的法律，旨在处罚非法的集体行为。正如一位学者写道：“我们这个时代的一个特点就是试图将群体自身也会犯罪，因此就应承担其自身的责任这一原则引进刑法之中。”[注48]

意大利人歇格勒（S. Sighele）发展了这一由其同胞龙勃罗梭提出的理论，并且首先给“犯罪群体”这一术语赋予了法律上的含义。对于他来说，这个词包括了每一种社会运动和政治群体，从无政府主义者到社会主义者，当然还有罢工工人、街头民众，等等。他的分析为采取镇压措施铺平了道路，其途径就是制造公众舆论，并且为政治家，且不说律师，提供证据和正当理由。

因此，由于其法律上的嫌疑人性质，群体也就成了研究的对象。这种“犯罪性”需要有人来描写和理解，因为它能解释群体的暴力、恐怖行为和破坏性的本能。大家一致认为，剩下的问题是，群体的行为是像盗窃团伙呢，还是像拦截的强盗？是像黑帮杀手呢，还是像其他一切没有道德良知或不愿承担法律责任的犯罪团伙？

---

① 切萨雷·龙勃罗梭：意大利犯罪学家，尽管很多观点都不被人认可，但却使得犯罪学从原先处理犯罪行为的紧迫的法律事务转变为对罪犯进行科学研究的学科。——译注

一个社会如果对自身事实上的和法律上的稳定抱有信心，那么它就相对地能够容忍偏离正道和不遵从法律习俗的运动，就能对那些失去理性，甚至违法的人总是持宽容态度，虽然偶然也会惩罚他们，但并不会因此而感到烦恼。因为他们自私自利和反常的本性并不会威胁到已建立的秩序。他们被看作无害的，甚至是真正的创造者。但是，如果一个社会内部不稳定，或者受到来自外部的攻击，那么，对其内外安全的威胁意味着这样的运动是一种更为严重的威胁。这就是群体作为城市的和工人阶级的一种环境产物，一开始就在心理上和法律上被视为犯罪嫌疑人的原因，正如它表现出了病态的症状或背离正常集体生活的迹象那样。这意味着他们是健康躯体想方设法驱除的恶性肿瘤。总之，由于他们犯罪的、疯狂的和平民的本质，群体似乎是现存社会秩序的废物或弊病。他们本身既无真实性，也无任何重要性。

勒庞有着大胆的想法和天才的风范。他无法接受上述看待问题的方法，不能接受关于群体本质问题的三个答案。他的理由简单而又直接明了，群体的基本特点就是将个人融入一种共同的精神和情感之中，从而模糊个体差异，降低智力水平。每个人都设法追随他身边的人。聚合体通过它的力量将他拉向它的方向，就像潮水将鹅卵石一并卷走一样。卷入其中的人，无论教育程度或文化水平如何，或者社会等级如何，结果都一样："为与前人斗争，一定不能考虑组成群体的个人心理素质。这一素质并不重要。从他们成为群体的一分子那刻起，博学者和不学无术者都一样没有了观察能力。"[注49]

换句话说，无论一个群体的个体成员有多少财富，文化程度如何，他们自身的个性将会丧失，他们的人格则会同样地融入这个集体之中。如果认为受过教育的或社会的上层阶级比没有受过教育的或社会的下层阶级更能抵制这种集体的影响，或者认为法兰西科学院的40个成员与40个家庭主妇的表现不一样的话，那就错了。一位评价者特别强调了这一点："勒庞所列举的例子和系统的解释表明了他不仅牢记了街头暴乱和民众集会，而且还牢记了所有组织形式，如议会、等级制度、民族内部的民族、较发达种族的广大民众和民族知识分子运动的发起人，乃至一个文化社会的整个民族。对他来说，民众几乎是与个人完全对立的。”[注50]

群体的构成者有贵族或哲学家，《世界》或《新观察者》杂志的读者。也就是说，对自身特性非常清楚的那些离经叛道者也会有与其他任何人一样的反应。《情感教育》的作者表达了同样的观点。他用几页纸的篇幅，谈到了“崇高的民族”，讲到了“普遍的疯狂”，并对那种抑制进行了如下的描述：

恐惧充满各处……平等，好像要打败它的卫士，愚弄它的对手，从而显露出来。这是一种残暴畜生的平等；一种卑鄙、血腥行为的普遍水准；因为狂热的党派利益冲淡了需求的狂热，贵族像社会渣滓一样充满了愤怒，戴无檐帽者与革命者一样毫不掩饰①。[注51]

这些影响的普遍性以及群体中所有个人都经历的相同的改变意味着，群体并非与平民、公众、穷人、无知者、无产者或乌合之众同义，也非与社会精英或贵族相对。群体就是每一个人，就是你、我、我们所有人。当所有人聚集在一起的时候，就成了一个聚集起来的群体。就此而言，个人之间并没有任何区别。

认为群体具有犯罪本性不过是一种幻想罢了。当然，群众喜欢暴力和无政府状态，常常会被毁灭性的怒火冲昏头脑。他们以集团形式进行抢劫、破坏、施私刑，干一些任何个人都不敢干的坏事。勒庞十分乐意把他们的历史作用看得极其消极。在他看来，文明社会是被一个小的贵族阶层，而不是由那些唯有毁灭力量的群体创建并领导的，如果这些群体处于支配地

① 法国大革命时期，无檐帽是革命派的标志。——译注

位的话，那么混乱时期就到来了。[注52]

群体也可能比个体更英勇，更有正义感，并且具有一般人的热情和大度。当赋予他们一种理想或一种强烈的信念时，他们会变得大公无私，而且几乎是无限的。在勒庞看来，他们没有推理能力，意味着他们能够形成伟大的利他主义。这是一种非常有用的社会美德，但却是理性不可避免地要压制的东西。[注53]

他极其详尽地批评了所有那些认为犯罪性是群体显著特征的人。为此，他指出，甚至在法国革命最艰难的时刻，他们还不忘建立法庭以公正地审判他们未来的受害者。当然，群体的诚实也是有目共睹的，因为他们把从罪犯那里缴获的所有金钱和珠宝都如数上缴到革命委员会。因此，他们的罪行只是心理素质构成的一个特殊方面，而且大多是在某位领导人物的鼓动下犯下的。

总之，群体既非绝大多数有罪，也非绝大多数有德行。暴力行为并不比英雄行为有更明显的群体特征。他们可能在采用暴力的同时，又作出英勇壮举。在勒庞看来，那便是那些只把群体作为犯罪现象来研究的作者出错的地方。当然，群体常常是带犯罪特征的，但他们同时也常有英勇壮举。他们很容易在别人的带领下，为某种信仰或思想而牺牲生命；或者为荣耀和荣誉而激情满怀；或者就像1793年那样，起而保卫他们的家园。勒庞坚持认为，这样的英雄行为也许是无意识的，但却构成了历史。如果一切可以归因于全世界所有民族的东西都被轻描淡写地视为伟大壮举，那么世界编年史显然就是一片空白了。[注54]值得一提的是，鼓动一个群体最好的办法便是诉诸集体的理想主义。

从以上分析中可以看出，在所谓群体疯狂、狂热或幻想中，并没有失常或病态的含义，也就是说，如果我们接受了这一假说，即他们是由你我这样的正常人构成的，很简单，当这样的个体成为群体的一部分时，就会在一个不同的心理层面上去感受、去推究，并作出反应。当然，他们考虑问题和作出反应的方式远不是孤立个人的那种方式，但这一对比并不表示有任何反常性。我们没有理由在这种情况下作出严肃的评判，除非在心理明显有疾病的极端情况下。即使在那个时候，我们也不能确信这是在对付某种真正的疯狂，还是某种陈规老套，它使我们逃避我们并不理解，最后又会令我们害怕的东西。要给古怪的行为或群体的暴行（足球赛的喧闹、灾难后的恐慌、人群蜂拥挤进不足的空间）贴上歇斯底里或集体疯狂的标签未免太容易了。这一标签也许是错误的，是一种被误解的行为。勒菲弗所写的有关革命集会的论断适用于全世界。

> 把这种暴行归因于“集体疯狂”或“犯罪暴行”未免太肤浅了。革命群体并不是无意识的，也不认为自己有罪。事实上，它相信，它施行的惩罚是正义的，并且是经过深思熟虑的。[注55]

把希特勒这样专横的领袖滥用权力的行为说成是“个体疯狂”或称他为“犯罪个体”同样是肤浅的。这样的暴君采取的暴行是，为了维护他的威信而实施其法律。确实，当我们近距离、长时间地观察一个群体时，歇斯底里的印象就会消失。我们仅仅观察到，群体和个体的心理是相当不同的。在一种情况下似乎不正常的东西，在另一种情况下似乎是完全正常的。

群体实质问题有着各种不同的答案。我们不妨从这些方面来考虑和谈论。然而，因为我以上所说的原因，我们却不能接受这些答案。群体和群众（从心理学角度来看，这两个词是同义的）构成了一个自治的实体。他们究竟是群氓还是资产阶级，是罪犯还是英雄，是失常的还是理智的这样的问题不会再次出现。取而代之的将是：他们是一种集体的形式，是集体生活的非凡形式，这就足以说明了。

你也许会问，怎么做才能有所发现呢？流行的观念掩盖了这么一个事实，即民众是社会的基础，犹如动物性寓于人类，或木头寓于雕刻品一样。毕竟它是所有政治机构的原材料，是所有社会运动的潜在力量以及所有文明社会的原始状态。因此，勒庞和塔尔德认为，直到现在它才为人所关注。它以社会的崩溃和动荡来敲击人们的心灵。事实上，群众团体过去就存在，在罗马时代、亚历山大时代和迦太基时代都存在过，中世纪随着十字军的诞生和城市复兴运动的开始，它再次出现。民众在革命时期，尤其是法国大革命时期起着作用。从那时起，由于传播和效法，他们就像流行病一样传播蔓延，从而使一些国家摇摇欲坠，一些社会彻底垮台。

只要他们的作用不是直接的，政府便不表示任何兴趣。他们是道德伦理学家和历史学家取乐的本源。理论家在研究更为重要的问题时提到过他们，他们仅仅是一出戏剧中的配角，但是他们在国家的戏剧中所扮演的角色却给人越来越深的印象，他们要求站在统治阶级舞台的中央，扮演主要的角色。勒庞声称：

群众力量的不断壮大，首先是通过宣传某些思想，这些思想慢慢地进入人们的心头，然后，通过那些致力于实现这些理论概念的个人的逐渐联合。正是通过这种联盟，群体才慢慢地获得了一些与其自身利益相关的思想，并且感知到自身力量的存在。他们的自身利益可能并不特别正当，但却是十分明确的。群体正在成立各种委员会。在它们面前，各种政府和权威机构都纷纷缴械投降。他们还正在成立工会。无论经济法的规定如何，这些工会都会出来调节工人的劳动和工资状况。他们回到给政府授权的立法机构，但不过是完全缺乏创见和独立性的代表人物，而且常常只能成为推选他们的那些委员会的发言人。[注56]

这就是勒庞心目中的工人形象：群氓。但是，为什么要反对他们的力量呢？勒庞有什么理由这样指责他们呢？在他看来，这些在思想潮流中随波逐流的人潮正在敲响文明的丧钟，使文明毁于一旦，就像渗进船体的水将使船沉没一样。如果听之任之，这些群体就会成为历史上的恶魔，成为毁灭精英创造的一切成就的力量。唯有一位新的精英，更确切地说，一位新领袖才能将他们变成一种建造力量，来创建一个新的社会结构。工人大众也不例外。这并不是由于他们的工作、他们的贫穷、他们对其他社会阶层的仇视态度，或者智力的低下所造成的，而只是因为他们是一群民众。

所以，以上所说的理由是心理层面的，而不是社会层面的。

如果他们有时给人造成相反的印象，即似乎是有见解的，是受思想指导的，并且似乎能尊重法律，那么这样的事永远不会出自民众内部，而总是从外部反复灌输的结果。我在此再引用一段勒庞的话：

正是通过获得对群体心理学的某种洞察力，我们才能懂得，法律和制度对他们所起的作用是多么渺小；除了持有强加给他们的观点外，他们在持有自己的观点方面是多么软弱无力；才能懂得引导他们的并不是在绝对公正理论的基础上制定的规则，而是那些能给他们留下印象以及迷惑他们的东西。[注57]

这些语言相当尖刻，勒庞毫不迟疑地认定群体是非理性的，或者把他们贬为孩童或粗野之人。确实，人们普遍认为群众的意识来自外界，不能自发产生。正如一位苏联心理学家朴恰内夫（B. Porchnev）写的那样："心理学和意识形态之间的关系常被描写为自发性与意识之间存在的关系……在此，这种对比鲜明的概念是人类行为盲目的无意识和科学的意识。"[注58]

正如大家所知，党派和革命精英的作用正好就是把这样的意识反复灌输给所有的群众，并把一种思想和行为准则强加给他们。

因此，以往极少为人们关注的群体现象，开始显山露水了。对于已经确立的学术思想来说，这样的人类聚集体一直处于异常的特殊状态，既无整体性，也无重要性。只有阶级、社会运动及其制度才值得研究，因为这些是真正的联合体，正规的社会状态。但是，情况发生了急剧的变化。群体的"反常性"现在却显现了历史中隐蔽的力量，成了现实生活中爆炸性力量的载体，它冲破了凝结的、重复性文明的外壳。群体不再是奇特的东西，不再是阵发性的发烧和历史上的偶然事件，也不再是被人用来编造有趣而惊险的传奇的素材。因为他们已经成为一种知识范畴、一种研究对象和社会的一个基本方面。

历史的相似性总是有点滑稽，有点不可信。然而，以下所述不无真实性。迄今为止，梦和无意识行为一直被视为偶然事件或者不可能做成之事。但弗洛伊德却确立了它们的地位，认为它们体现了人们的精神生活和科学事实。勒庞也有类似的阐述。群众及其怪异的行为和思维方式成了科学的现象，一种可以被描述，并需要解释的现象。对它们的误解或忽视，可能就意味着对当代世界的极端无知，因为这个世界的主要特点就是制造群体社会，而民众就是这个社会的主角。

建立一个从前被忽略的研究领域最重要不过了。非理性的行为、情感爆发，以及所谓的群体骚乱和人脑失调，不再是过失或错误，也不是人性的扭曲，而是反映水底运动的潜望镜，是我们从事日常事务，社会按其常规乏味而无意义地运行时，生活本身所表现出的内隐模式。但是如果群体不是个体心理学的“有犯罪倾向的”或“歇斯底里的”（因此是病态的）产物，那么，为了研究他们，必须创建一门新学科，一种不同的心理学。勒庞认为，开始被人议论纷纷的群体只是一种现象，人们对此实际上一无所知。他还说，专业心理学家忽略了他们，与他们几乎没有直接的接触，并且只是从他们可能会犯的罪行的角度来思忖他们。[注59]这一所需的新心理学当然是群体心理学。勒庞还预告了它的光明前景。

对于群体所引起的问题，科学既不能从精神病学方面，也不能从法律方面来提供解决办法。这意味着非政治莫属了，而该学科的唯一任务就是寻找一种与群体心理学相一致的政府管理方法，这可以通过收集已经被科学证明的材料来完成。这样作出的调查结果就能教导政治家如何领导群体。这意味着在政治领域，本能心理学将为科学心理学所取代，就像在医学上，老妪的诊治为科学的知识和技能所取代一样。勒庞对他的新科学的强烈愿望就是，能为治理群体社会问题提供一个答案。

第五节　群体催眠术

一旦发现了一类新现象，就必须对此进行解释。为什么个体变成群体的一部分时会发生变化呢？自远古时代以来，一个被卷进集体潮流的人被认为处于昏暗模糊的状态。他的意识昏昏沉沉，于是他进入梦乡或神秘的忘我境界，否则便会完全崩溃，或者噩梦不断，惊恐不已。

群体似乎为梦所左右。这种众所周知的惊人现象引起了各个时期和各个民族的哲人和政客们的一再关注。看起来，某些似醒非醒的懵懂状态正是群体既让人恐惧又让人迷恋的真正原因。令旁观者感到震惊的是，他们有力量影响那些似乎已经与世隔绝的人看待现实世界的方式。还有一个同样荒谬的事实，即正是在这一状态下，个体最容易成为群体的一部分。一种完全孤独的感觉使他开始寻找一种无意识的生活方式，就是那种由归属于群体的感觉所带给他的生活方式。

对于群体的这些基本特点，心理学家的反思一点都不比政治家和哲学家少。勒庞在这个过程中做出了第二个发现（或本能的结论），这一发现对心理学和政治学有相当的影响。他认为，融入一个群体的个体所发生的心理调整，各方面都与那些由催眠术带来的心理改变相似。集体状态与催眠术状态相似。已经有人注意到了这一点，特别是弗洛伊德。勒庞对此做了彻底的调查研究，探讨了它所有的结果，包括一些最不适宜的结果。

就在勒庞对群体问题兴趣盎然之时，李厄保（A. Liébeault）[①]、贝尔南（H. Bernheim）[②] 和沙尔科（J.M. Charcot）[③] 正忙于主持让催眠术进入医学和

① 昂布鲁瓦兹-奥古斯特·李厄保：法国医生，法国催眠术南锡派的重要人物，1860 年开始研究催眠术，主要著作有《睡眠及其类似的状态》。——译注

② 希波莱特·贝尔南：法国心理病理学家，1882 年，受李厄保的影响而研究催眠术，他发展了催眠是一种暗示的论点，坚信催眠疗法可应用于非神经疾病的治疗。主要论文有《催眠和清醒时的暗示》。——译注

③ 沙尔科：法国神经学家，出生于巴黎，毕业于巴黎大学，被认为是临床神经学、神经病学之父，弗洛伊德就是其最优秀的学生。——译注

心理学领域的工作。这并非纯属巧合。尤其是李厄保，他在系统地、大规模地利用词语暗示（verbal suggestion）方面做了非常有价值的开拓性工作。为什么当医生看着病人或让病人看着某个发光的物体时，病人会出现一种“磁性的”催眠状态，这个问题在当时不为人所知，我们现在对此仍不清楚。但它无论对身体还是心理的疗效都是不容置疑的。受过教育的人，事实上还有广大的公众，对那种迷人的“动物催眠效应”还记忆犹新，认为催眠术不过是一种新版本的“动物催眠效应”。它可以减轻痛苦，满足我们所有人心中都有的对神奇康复的期望。这种一个人对另一个人采取直接行为的新模式在学术和情感两方面都具有普遍的吸引力。人们所不明白的是，这种催眠效果究竟是通过口头辞令远距离获得，还是通过流传在我们所有人周围的某种电磁媒介近距离起作用的结果。

无论情况如何，现在我们很难想象催眠术所带来的激动兴奋，或者是它在学者和公众想象中的迷人魅力。它和那个时代里电的发现一样让人欣喜若狂。大家都想参加一项催眠术的活动，正如在100年或150年前，大家都想去做电击或者被电击，看看遭电击的生物和人跳起来的样子一样。

如果说群体心理学产生于法国，而非意大利或德国，那是在法国同时存在着接连不断的革命浪潮和诸多的催眠术流派的缘故，也就是说，那是巴黎公社和南锡或萨尔拍屈里哀（Salpêtrière）[①] 的医院的产物。前者制造了问题，后者则似乎提出了解决办法。人们也许会认为，勒庞将集体状态和催眠状态联系起来，这就很不恰当地把个人关系变成了社会关系。但事情完全并非如此。事实是，催眠术就是一种群体行为。在观看了贝尔南和

① 南锡和萨尔拍屈里哀，法国催眠术的两个重要流派，南锡学派和萨尔拍屈里哀学派的发源地。前者以贝尔南为主要代表，认为催眠现象可用暗示解释；后者以沙尔科为代表，认为催眠现象在性质上和歇斯底里症相同，现代学者都赞同南锡派的主张。——译注

李厄保实施的催眠过程后，弗洛伊德所作的记载就是这样描写的：

每个第一次接触催眠术的被催眠者，必须先观看其他被催眠者是如何入睡的，在催眠过程中如何变得顺从，醒来后又如何承认症状已消失。这使新被催眠者进入了心理准备状态，有利于轮到他接受催眠时立即进入深度睡眠状态。反对这个催眠过程的依据是这样一个事实，即每个人的疾病都在众人面前谈论，这对来自较高社会阶层的被催眠者是不适宜的。

弗洛伊德对催眠术的批评正是由于它是集体性的，是在公共场合进行的，因此也就妨碍了建立任何隐秘的个人关系。而另一方面，贝尔南将此看成是成功实施催眠术，或者就是实施催眠术的唯一方法。在有关这个问题的经典著作中，贝尔南吹嘘他在实施催眠术的过程中，创造了“一种真正的暗示氛围”，也就是说“梦游者的比例比其他任何地方都要高得多”。[注60]

因此，可以认为，“被催眠的群体”就是户外自由活动的庞大群体的室内小规模形式。在充当实验室的医院这个微观世界所观察到的现象可以代表那些在社会这个宏观世界所发生的事。这种相似性在科学上很普遍，它们的价值取决于其丰富程度。

但是我们必须详尽地考察这些现象，看一看它们是如何产生的。我们要理解它们壮观的引人入胜的性质，正是它激发了普遍的想象力；我们还要了解解释这些现象的方法。我们对于催眠术以及暗示作用于神经系统的方式仍然知之甚少，[注61]但至少知道使某些人入睡并不难。他们一旦进入睡眠状态，大脑的某些部分便指使身体服从催眠师的建议。催眠师通常是从医者，他发出指令时声音很坚决。因此，被催眠者也许根本觉察不到有任何犹豫的迹象，这会阻碍预期结果的产生。催眠师必须十分小心，不自相矛盾。催眠师还要竭力否认被催眠者描述的症状确实存在，并让他相信能够做某事，然后命令他去做。

因此，每一场催眠活动都有两个方面，其中之一与某种情感关系有关，另一方面则与生理的控制有关。前者包括被催眠者对催眠师的绝对信任以及对治疗专家的顺服。后者的实质是被催眠者环境视野的局限性以及被感知的刺激数量的极其有限性。如果被催眠者被剥夺了这种感觉，从而限制了与外界的联系，结果就会进入一种受催眠的似醒非醒的做梦状态。被催眠者在情感上依赖于催眠师。后者限制了他感知和思维的范围，使他进入催眠状态。而被催眠者则完全服从命令，做别人要求做的事，说别人要求说的话，而丝毫不知自己正在做什么、说什么。他在催眠师的控制下成了一个木偶，不知道自己举手投足以及喊叫为的是什么，甚至全然不知自己正在做这些事。

能看出催眠师声称的能够让受催眠者所做之事，是非常了不起的。有人说他们使被催眠者产生一种冰冷或燃烧的感觉；有人说他们让被催眠者喝一杯醋，却认为这是一杯香槟；还有人说他们让被催眠者把一把扫帚看成是一个迷人的女人，等等。在公开演示时，被催眠者被告知要想象自己是一个婴儿，一个打扮入时准备参加舞会的姑娘，一位街头即兴演说者，然后被诱导去做相应的动作。我们在一部科学著作中读到：人们几乎可以说，暗示可以产生一切。[注62]

影响每一种感觉的错觉范围以及各种各样的幻觉必然会给人以印象。从群体心理学的观点来看，有两种特别重要。一种是让被催眠者的注意力完全集中在催眠师身上，使他与群体中所有其他个人隔离。被催眠者一旦进入催眠状态，就只会注意到催眠师本人。在这种情况下，被催眠者还会注意到一两个催眠师特意给他指认的人。至于其他的人，他则是视而不见，充耳不闻。无论他们多么努力地吸引他的注意力，结果都是如此。他只是继续服从催眠师发出的哪怕是一点点的信号。如果催眠师碰到某人或几乎让人感觉不到地指指某人，被催眠者便会立即回应这个人。这与在领袖和一个群体的每个成员之间所建立的直接关系非常相似，并且实行的控制也十分相似。

第二种幻觉是这样产生的：催眠师建议被催眠者，在催眠结束后的清醒状态下的某个特定时刻去做某件事。催眠师离开后，被催眠者虽然没有记住指令，但却服从了，而且还认为是自愿去做的。事情常常是这样，当他服从指令时，会编造某个借口，以便让周围的人觉得似乎很有道理①。因此，他做事时总感到自己是正常的，不是在服从移植在记忆中的指令。

可以提前一段时间命令被催眠者去思考并作出决定，也就是当催眠师不在场的时候。还可以进一步暗示这是一个自由意志的决定。更有甚者，还可以发出这样的暗示，使被催眠者一点都不会怀疑那种冲动来自催眠师本身。[注63]

此类被延时的后果就像在社会上观察到的各种影响一样。通常，我们会看到某人无意中做出了很久以前看到过的姿势，或者说出了很久以前听过的话，或者采纳了他无意中认为无法拒绝的思想观点。这些情况表明了，许多在我们看来似乎是随意的、有意识的思想和行为，是我们自己的决定，事实上却是自动地执行了一个来自外界的命令。

对催眠师获得的结果无须赘述。但我们必须大致检验一下由催眠状态揭示的心理变化，以及这种技术的发明者所认可的个中原因。据认为，原因就是被引入被催眠者大脑，然后加以培养，进而强化的一个观念。例如，被催眠者也许被告知他就是拿破仑，他身体很健康，他一定感到很冷，等等。“产生催眠状态的正是一个念头，是一种心理的，而不是物质的或流体的影响。”[注64]

这种思想在那些受过催眠的人的心里生根，为他们提供一种看待世界和自己的新方法，一种直接作出快速判断的能力以及与之相伴随的坚定信念。那么，是什么创造了奇迹，给思想提供了萌生的力量呢？普通的思想永远不会达到这一状态，但催眠的思想会从它所拥有和暗示的形象中，即从它具体的而不是抽象的内容中汲取力量。它通过一系列的转换，将一组

① 在《奥尔拉》中，莫泊桑描写了一个晚到的建议，提出了一种与勒庞相似的理论。当然，文学在科学之前就已经发现了此类现象的重要性。

形象发放到被催眠者的大脑，这再次唤醒并激发起一系列的基本感觉。结果就出现了抽象思想有条不紊地转变成直接感受，概念化思想转变成记忆中逼真的具体思想的过程。

被催眠者说自己犹如进入梦乡，受到了可见幻觉的侵扰，产生了一种与暗示的思想一致的强烈感觉。这一事实进一步证明了以上假说。此外，这也对上述情况进行了解释，说明被催眠者的记忆很丰富、思路很开阔，与他在正常的苏醒状态下相比更是如此。让大家，特别是让他本人大为惊奇的是：他在催眠状态下能记起一些地点、短语和歌曲，而这些在正常状态下是无法想起的。催眠术解放了记忆，将回忆的能力提高到这样一个程度，以致“有时让人相信被催眠者具有一种神秘的清醒意识”。[注65]然而，受到催眠而熟睡或浅睡，永远不会完全消除有意识的生活，而只是让位于另一种生活，并将其一分为二。思想在后台继续存在，还能评判暗示，尽管它不能阻止其完成，或阻止其对心理和身体产生影响。

比奈和费雷看到，被催眠者发生的心理变化是这样的：

在被催眠者心里的每个形象中，都有一种潜在的幻觉成分等着发展壮大。在催眠状态下的幻觉就经历了这样的过程。那时已经足以向被催眠者指认任何物体。例如，可以说：“有一只鸟。”这就可以使催眠师暗示的形象马上产生幻觉。我们可以看到，在物体和幻觉之间，只有程度的区别。[注66]

对于这么一种神秘而越来越令人迷惑的现象，以上解释真是太过冷峻而清晰了。然而，它必须被提出来，因为正如我们将看到的，催眠术在群体心理学中很有影响。它使其具有了实验科学和临床科学的一切权威，并且所提出的内容无一不是已经被恰当证明了的。它之所以特别有影响，是因为在群体意识中，就像在被催眠的个体意识中一样，“每个思想都变成

了一种行动，每一种被唤起的思想都变成了现实。他们不再区分真实世界和向他们暗示的想象世界”。[注67]

在这一点上，也许应该看一看群体心理学三个几乎不变的因素：一切事物所依赖的思想力量；从形象到行为的迅疾过程；亲历现实与暗示现实之间的不区分状态。由此可以得出何种结论呢？在催眠中，医生超越了个人意识、理性和清晰感觉的区域，到达了一个无意识的精神生活区域。在那里，被催眠者可以强烈地感受到深层记忆的影响，感到它们就像来自某一源头的放射物一样。就像一个人一旦受到催眠，就被另一个人搬出这个人的正常世界，然后在这个新世界中醒来一样。

然而，我们并不会因为一组被催眠者和另一组未被催眠者之间有相似性，把这两种现象相互换位。避免武断也许对我们有帮助，因为怀疑随时都会产生。也许催眠师是用他的眼睛，而不是声音来影响受试者的，或者说，催眠术适用于某种特别的病理状态，比如心理病理学家治疗歇斯底里病人的易受暗示性。而正常状态无法取得这种效果。正如人们所说，如果催眠术是一种人为的疯狂，或者人为的歇斯底里，那么想要在群体中发现我们刚刚所提出的观点，即群体既不“疯”，也没有“歇斯底里”，那只能是自欺欺人。如果他们分别属于医学和政治领域，那么有什么方法可使它从一个领域进入另一个领域呢？更困难的是，我们所属的群体中只有少数“不正常”的人，基本上，大多数还是正常人。

李厄保和贝尔南提出的正是这种疑虑。他们将自己的观点立足于临床实践，坚持认为催眠术是运用纯粹的心理疗法，通过口头暗示某种思想来实现的。并且，决定其成败的正是这一点，也只有这一点。但是，是每个人，还是体弱多病者或者只有那些神经质的或有歇斯底里倾向的人，才易受这种暗示的影响呢？从某种程度上来说，所有在被催眠者身上观察到的现象，是由我们大家共有的易受暗示性这种心理倾向导致的。我们在清醒状态下是易受暗示的，但并没有意识到这一点，因为这一倾向被我们的鉴别能力和我们的理智抵消了。当我们受到催眠的时候，就很容易观察到：“想象力占据了支配地位，不加鉴别地抵达我们感官的印象，被大脑转变

成感知、运动和形象。”[注68]

这消除了最后的障碍，意味着我们可以从个体催眠领域进入群体催眠领域。于是人类被视为一种心理自动装置，它能够回应外部的刺激，轻松地执行指令，无意识地养成留在他记忆中的习惯和嗜好习性。精神病学家似乎是在他们的诊所里仿制沃康松（J. Vaucanson）①在其工作室制造的自动装置。它们就像这样的创造物一样引人入胜，不仅吸引了勒庞和塔尔德这样的人物，还吸引了诗人布雷东（A. Bréton）②。因此，不妨进行以下比较：超现实主义把催眠术提供的发现移植运用到了艺术层面，而群体心理学则把它们运用到了政治层面。超现实主义者自发的创作和心理梦想更多地要归功于南锡的大师，而不是维也纳的大师。弗洛伊德对此心知肚明，便拒绝了要求赐予的支持者身份。

在这一点上，勒庞也一样，他将似乎是怪异和不真实的东西引进了社会科学。正如麦独孤所写的那样：

> 暗示的过程，只要不涉及社会生活，就可能被心理学家完全忽视。而且，用历史的眼光来看，在漫长的岁月里它已经被完全地忽略了。特别是施加于被催眠者的那种极其惊人的、有着巨大指导性的暗示现象被撇在了一边，而说成是好奇心、畸形怪物或者骗人的把戏。甚至直到今天，催眠暗示还被许多心理学教授所忽视、回避，甚至否认。[注69]

然而，由于它被认为是一种普遍的、不断重复发生的现象，人们感到它就是群体心理学的核心。有人声称，暗示现象完美无缺地说明并解释了一个群体人为何不同于一个孤独之人。这正像一个催眠状态下的人不同于

① 雅克·德·沃康松：富于创造力的法国发明家，所发明的自动机装置对现代工业产生了重大影响。——译注

② 安德烈·布雷东：法国诗人、超现实主义的领袖，代表作有小说《娜佳》。——译注

他在正常的清醒状态下的情况一样。据认为，在观察一个群体时，人们看到了陶醉的个体。正如为言语所陶醉或者化学中毒一样，其特点就是从一种清醒的状态转入一种做梦的状态，而且是一种朦胧的状态。在这种状态下，许多身体的和心理的反应都发生了变化。

所有这些都有助于我们弄明白，为什么认为人类本质是理性的和有意识的那些人，不能接纳与这一状态相关的现象，并否定它们对政治和社会行为的影响。然而，勒庞却接受了这些现象，并且当他看到暗示正是个体融合为群体的决定因素时，便拒绝了那种所谓“正常”的观点。在他看来，科学的事实是，个体一旦进入这样的状态，便服从于——

那个使他丧失了正常状态（如他有意识的个性）的人的所有暗示，做出与其个性和习惯完全矛盾的事。经过认真仔细的观察似乎可以证明：一个在相当长时间里真正沉浸于某个群体的个体——或者由于群体发出的磁性影响，或者由于我们仍不知晓的某些其他原因——很快就会发现自己处于一种特殊的状态。这种状态非常类似于被催眠个体的出神状态，其时，他会发现自己落入了催眠师的控制之下。[注70]

因此，在催眠术的影响下，个体失去了意识及其意志。他们成了梦游者或自动装置——我们今天称之为机器人——他们的意志屈从于领袖的暗示，在领袖的指挥下一致地思考、观察和行动。除此之外，通过自然模仿的过程，他们互相效仿。这样就产生了一种社会自动装置，这种装置不能推理、不能创造，但却能够做出让清醒的个人厌恶的所有应受谴责的行为。如果说群体看起来令我们如此恐惧的话，那是因为他们好像生活在另一个世界，成了正在吞灭他们的某个梦想的猎物。

对于群体心理学而言，催眠术是社会行为和社会反应的主要形式。领袖是中心点，第一个浪潮由他而起，接着是另一个同心浪潮，就像地震一样，将同样的观点传播得越来越远。显然，直接和间接这两种传播形式使同心圈日渐扩大，从而将领袖发出的催眠波传播得更远。因此，中下层的领导人延续了集体暗示工作，大众传媒则更是加速了它的传播速度。就像无论证据还是否认都阻止不了恶意的谣传一样，集体暗示工作也在自身动力的驱使下势不可挡地传播开来。

但是，大规模地施行催眠术需要有一定的背景。必须用某种方式来吸引群体的注意力。一旦事情发生在诊所以外，就必须将注意力从现实转移出去，并激发其想象力。勒庞无疑是受到耶稣会士和法国大革命的启发，他敦促将剧院的模式运用在政治领域，把戏剧舞台看成是社会关系的戏剧化的模型和观察这种关系的场所。

对于群体心理学来说，这一剧院必须能施行催眠术。暗示是它的主流。而且，如果要获得预期的效果，还必须强制实行一些规则。这是因为：

> 没有比戏剧表现更能影响每一类群体的想象力了。所有观众感同身受。如果说这些情感没有立即转换成行动，那是因为即使是最无意识的观众也都知道自己是受了幻想的侵扰，他不过是为了想象中的冒险经历而哭笑。然而有时候，由形象暗示而产生的情感如此强烈，以致它们就像习惯的暗示一样，转换成了行动。[注71]

勒庞作品的忠实读者墨索里尼（仅以他为例）一定记住了这一段落以及一些类似的段落。他在庄严的广场上组织激动人心的游行和集会，诱使庞大的人群喊出有节奏的口号。自他以后，这类活动就成了谋取权力的艺术中不可或缺的组成部分。当然，人们只消看一看新闻纪录片，读一读专著，就会明白这一点：宣传过程越来越标准化。

要想在知识和实践层面评判这一催眠模式的影响是困难的，因为这些影响已经极为普遍。虽然我们仍然从这种催眠模式的角度来考虑问题，并根据其提供的范围行事，但事实是，谁也不再多提这种催眠了。有一点可以肯定：勒庞给政界提供了一个范型和一种方法。弗洛姆曾目睹了它的传播。他认为，这与官方报告的催眠情况相类似，并且有助于社会心理学为新极权主义这一紧迫的历史问题提供一种崭新的有创见的分析工具。[注72]

这一分析的结果就是要用催眠师来代替演说家，用暗示来代替雄辩，用宣传来代替议会讲演艺术。不再需要去说服民众，而只要用戏剧的方式去激发他们采取行动，通过组织来管教他们，通过报纸、电台来征服他们。宣传是这种认识视角变化的一个缩影。它今天真的已经不再是交流的工具或者雄辩术的一种发展形式，而是成了这样一种技巧，它可以使个人受到暗示力量的影响，进而对他们施以大规模的催眠。换言之，正如工业上大批量生产汽车或手枪一样，宣传成了批量生产民众的一个方法。当然，这就是它为何如此有效，以及我们为何不能离开它的原因。

很显然，群体心理学的领域形成于以下三个主要的观念（它的新颖之处也在于此）：（a）群众是一种社会现象；（b）个体完全融入群体是通过暗示来加以解释的；（c）催眠术是领袖作用于群众的行为模式。这三种观点把一系列奇特的现象、例外情况和不重要的事实改变成了重要的现实资料和科学研究的客体。它们使勒庞能够提出一个纲要，进而确立第一个群体心理学体系。这一体系包括许多关键性的概念，尤其是以下6个方面：

1. 用心理学的术语来说，群体是许多心理一致的个体的组合，而不是聚集在同一个地方的一群人。

2. 个体行为和群体行为，前者是有意识的，后者是无意识的，因为有意识即个体，无意识即群体。

3. 尽管从表面上看，群体具有革命性的一面，但实质上却是保守的。他们最后总是重新建立他们已经推翻的秩序，因为他们和任何被催眠的对象一样，认为过去的力量要远远超过现在的力量。

4. 无论文化背景、信仰或社会地位如何，群体必须服从于一位领袖人物。这位领袖既不用理性支配他们，也不用力量主宰他们，而是像催眠大师一样，以其魅力和威信征服他们。

5. 宣传（或传播）有着非理性的基础——集体的信念，有一种手段——直接的或者远距离的暗示。我们的大多数行为都是信念使然。有判断力的聪明才智以及信念和激情的缺乏是行动的两大障碍。这些障碍可以被暗示消除，这就是大众宣传语言中充满比喻、生动的形象、直截了当和带有强制命令式套话的缘故。

6. 一切旨在统治民众的政权，无论是一个党派、一个阶级，还是一个民族，都必然是一种想象的政权[①]。它必须立足于某种最高理念（革命、祖国），或者是某种根植于每个群体人的无法摆脱的思想，直到受到这种思想所暗示的权力的影响，便转变成集体的行为和形象。

这些重要思想反映了人性的一个特点。它在个人身上是隐蔽的，但在群体身上是显现的。群体心理学认为它研究的首先是那些群体，而不是社会或历史。

第六节　群体的精神生活

群体处于一种类似催眠昏睡的状态。这种奇怪的药物在我们所有人心中激起朦胧的需求，想与一切融为一体。它驱散了个体的孤独感，使他陶醉于集体的世界和喜悦的本能之中，为他无所不能的感觉而欣喜若狂。波德莱尔把它称为“众人的洗浴”“一种不可言喻的狂喜，神圣的灵魂卖淫”。

当有人抑制个性，将他本质中集体的那部分升华到至高点时，会如何呢？要解释这一点，我们需要知道群体心理学对于处于工作状态的心理体系的看法。心理体系由两部分构成，一部分为有意识的，另一部分为无意

① 那些引进催眠术的医务工作者把他们通过暗示进行的疗法称为“想象的药物”，而由着魔产生的疾病则被贴上了“想象的疾病”的标签。（但不是指妄想症）通过比较，我们可以说，早期群体心理学家所阐述的政治学，勒庞在其中占有首要的地位，是一种“想象的政治学”。

识的。有意识的部分适合于每个个体，它是多种多样的，需要一辈子的教养，因此呈不均等状态出现于社会中，某些人的有意识生活比其他人的有意识生活丰富。另一方面，无意识部分是继承来的，大家都一样，从某种程度来说，贯穿整个社会的始终。有意识的生活是贫乏而不能持久的，仅仅是庞大而永久的无意识生活的一部分。无意识生活大大地影响了我们，不知不觉地主宰我们，因为我们从祖先那里继承它时，也继承了本能、愿望和信念的生长方式。

现在我们来看一看，当每一个体处于相互的易受暗示性状态时，派别中会出现一种普遍的趋势，那便是：强调那些把他们召集到一起的东西，即在他们聚集成一个派别前所有共同的东西。这些因素使有可能导致相互对立的个人差异减到最低程度，在交往和交换的整个过程中，不断抑制并消除区分个体以及使他们互相不同的个体意识。把他们召集到一起的他们自身那部分因素变得越发强烈，这一点适用于所有的人。同样，在一起生活很长时间的人注重那些使他们团结起来的东西，而排除使他们分裂的东西。

由此而生的群体的心理统一体是无意识的，除了自身无意识外，别无任何知识和情感成分，这种无意识信念、沿袭的传统、共同的愿望、为马拉梅（S. Mallarmé）① 所欣赏的“部落辞令”，等等，铭刻在每一个人的心里和身体中。勒庞对意识和个性分开的情况所做的解释如下：

> 于是，我们看到，有意识个性消失，无意识个性显现，通过暗示和情感感染以及同向思想的传播产生了转变，立即将暗示的思想转变成行为趋向，我们所看到的这一切是一个个体成为群体一部分的主要特点。[注73]

因此，改变个性只有一条途径，即通过无意识。群众就像磁体吸引铁石一样吸引着我们，用它感人的、无理性的力量控制我们，也包括用根据

① 斯特凡·马拉梅：法国诗人、象征主义运动的发起人之一，对法国现代诗有深远影响，主要作品有诗篇《牧神午后》、诗剧片段《埃罗提亚德》等。——译注

形势综合而成的理性力量。然而，个体成功地融入群体这一主题预先提出了消除无理性倾向的假说。这一假说一经提出，立即引起了一场轰动，迫使整整一代人研究一种发动和统治人类的新方法。然而，从科学的角度来说，这一思想采用了假定的方式，即因为集体的一切是无意识的，所以无意识的一切是集体的。正如我们刚刚看到的那样，这一论断的前半部分是勒庞研究的结果，他的所有结论都是从实践中得出的[①]。后半部分来自弗洛伊德，他简单地将此说成是无须证明的事实。“事实上，无意识的要旨不管在什么情况下都是一种集体的、普遍的人类特性。”（弗洛伊德语）

我们必须牢记这一假说，从而丰富我们的思想，因为它是群体精神生活的关键，就像能量保存的假说是体力的关键一样。研究那种生活的每一种实际情况当然是有趣的，但弄清楚群体和大众的思维方式尤为有趣。如果我们要描述这些过程，就必须再一次认识到，正如全书的内容所表明的那样，群体和单个个体的思维方式是不同的，就像受催眠者和有意识的人的思维方式不同一样。这种差异我们已多次论及，在此无须赘述。

那么，群体是如何思考的呢？要回答这个问题，我们必须假设除理性的法律外，还有其他法则存在，因为个体具备的理智并不足以控制行为或反复灌输一种信念。帕斯卡（B. Pascal）[②] 为我们指出了一种行为规范：为了不犯错误，我们既要做自动装置，也要做有思想的人。这是为什么不用证明的方法作为说服手段的缘故。可证明的东西实在太少了！证据只能说

① 心理学从一开始直到我们这个时代，就自视为一门以意识现象为对象的学科。勒庞在某种程度上把群体心理学看成是一门自治的学科，因为它研究的是无意识现象。他确实并没有像弗洛伊德那样来解释这些现象。但对勒庞来说，这些现象也有着类似的作用。两个人都从假设开始。一个人在“群体的头脑中”发现了无意识；另一个人则在个人的头脑中发现了它。而且每个人都运用其发现为一门学科奠定了基础。

② 布莱兹·帕斯卡：法国哲学家、数学家和物理学家，被认为是西方历史上最伟大的思想家之一。——译注

服人的头脑。我们最为强有力的、最原始的证据来自风俗习惯，这使得我们本性中无思考能力的那部分不知不觉地顺从起来。

群体心理学不可避免地感知到，完全有意识的个体思想和大体上无意识的群体思想之间有着明显的区别，这“吸引了对此一无所知”的人。在日常生活中体现的正是第一种；而受催眠者的情况属于第二种。勒庞在观察了催眠状态下的人们后得出了结论，他用类比的方法又将这些结论应用于群体。现在，我想依次看一看两种思想的不同方面，通过对比的方法来认识它们，阐述它们并不十分困难。

个体思想似乎是批判性的，即既合乎逻辑，又利用了实质上大多是抽象的思想概念。他解释问题的理论依据是一连串联系在一起的说理，而人们正是在观察现实问题的基础上，对这些说法进行讨论，使之完善的。我们知道有可能涉及一些矛盾，也意识到了理论和现实之间存在着差距。如果我们排除矛盾，就能对观察到的事实和采用的方法达成一致的观点。个体思想同样也不受时间的影响，仅逻辑法则就可确定将各种思想联系起来的方式，这既不取决于我们对过去的回忆，也不取决于我们希望获得的结论。它针对的是现实问题，这一点在最后的分析中至关重要，那是我们对此提出疑问，并常常详细讨论的原因。我们将证据进行检验以证明其有效性。最后是经验平息了争论，并宣告了对此的裁决。从长远看来，如果不能证明是真实的，那么一切都是不可接受的，因此，个体思想是客观的。

另一方面，群体思想似乎是自发的，是由陈规老套的联想和铭刻在心的陈词滥调来决定的。它利用了具体的形象。勒庞不知疲倦地一再强调，群众不能利用抽象的理性，因此，在对群众发表演说时，要求他们具有并不具备的才能是毫无意义的。就像装腔作势的手势是律师的标志，长篇大论是作家的拿手好戏一样，他信手在其中的一篇中写道：

一连串逻辑严谨的论述对群体来说是完全不可理解的，因此，可以说他们不会推究或者不会正确地推究，也不会为理论所左右。有时，某些存在不足之处的演说词对倾听它们的群众来说能产生巨大的影响。这使研读

这些演说词的人感到十分惊讶，但人们忘记了这些演说词是用来说服集体的，而不是供哲学家拜读的。[注74]

也许，那听起来有点像一位律师一边在辩论被告没有行为责任，一边微笑着与由“有思考能力的人”以及“哲学家”组成的陪审团人员一起共谋。

如果这种演说词如此有影响力的话，那么，我们就会发现理性有产生形象、将声音变成可视信号、将言词变成记忆、将名字变成人物的力量。总之，群体没有如实地看待这个世界，而是受别人的指使去看待和想象世界。他们没有掌握实际的东西，而满足于表面的现象。不是因为他们逃离现实，而只是因为他们不能区分事物的实质和表面现象。因此真理不可弥补地离他们而去。他们用一种形象，代替一个几乎不能忍受的现实，用过去代替一个几乎难以容忍的现在。在勒庞看来，“在历史上，表面现象总比实际情况起更重要的作用，因为在历史上，非真实的东西总比真实的东西重要”。（勒庞语）群体思想总是由那些已经发生的和已经历的东西构成，那就是为什么当我们像鱼儿一样被群体的网捕捉，做起白日梦时，思想便以图像、快照和其他形象的形式进入我们的头脑。

无人会费心去检验这些辛辣的断言。当然这些断言并不全错，因为大众传播或大众宣传媒介每天都在成功地运用这些断言，因此它们有着根深蒂固的传统基础。托马斯·阿奎纳（T. Aquinas）① 已经说过：没有幻想，人类的理智就没有力量。如果没有形象（由此产生幻想），谁都不会懂得一切。布鲁诺对思维是以形象来思考问题的断言也重申了同样的观点。对催眠术的研究似乎支持了这一长期存在的观点，表明了在催眠状态下暗示的思想首先让人联想到生动的形象，然后才用行动来表示。但一系列的推测并不构成一种证据，不是一种我很容易接受的观点。

---

① 阿奎纳：中世纪意大利神学家和经院哲学家，他的哲学和神学称托马斯主义。——译注

这些情况并不会妨碍我们继续研究，我们必须进一步弄清，自发的思维方式是如何产生的，一个人又是如何用形象来“推理”的。迄今为止，对这一问题的研究少之又少，我提供的说明肯定是不完整的，但我们可凭借对此的了解程度谈论一番。乍看起来，似乎我们能区分两个过程，这两个过程可称为添加过程（Superimposing）和投射过程（projecting）。

添加过程指连接因某个最微不足道的原因而聚到一起的观念化形象，并且一旦这些形象同时并存，便使之看似好像推理过程是从一个前提条件得出结论的，而没有经过中间阶段。勒庞所举的例子值得广泛研究，因为人类本身以及他诋毁的思维方式是明确无误的。

群体的推究模式就像爱斯基摩人的推理模式，后者从经验中获知：冰是透明体，放在嘴里会融化。他的结论是，玻璃也是透明体，在嘴里也应融化；或者就像野蛮人的推理模式，野蛮人想象，他通过吃勇敢的敌人的心脏可获得勇气；或者是劳动者的推理模式，劳动者受到雇主的剥削，因而会很快得出结论，所有雇主都剥削他们雇来的人。[注75]

人们也许不能理解那些赞同勒庞的推理和工人是野蛮人的结论之类的陈规老套的说法。他自己的逻辑完全是自发思考的典型。他选择并收集了一系列陈腐的题材，从中创造一大批工人的原始形象，对“添加”的意义进行了充分的说明，运用的是人们所知的拼贴艺术手法。艺术家正是用这一方法来处理一张张照片、剪报和草图，等等，然后把它们制作成一张图片。

投射过程反映了群体没有能力来区分现实和它的表现形式，没有能力来认识事物的本来面目和他们希望事物呈现的面目之间的区别。因为群体不能以这一方法来区分，便只好无意识地使其内部的概念化形象具体化，将此视为一个基准世界、一个事件，某种仅仅是愿望和空想的产物。它只是简单地渴望现实，并相应地采取行动。我们可以看一看危急情况或恐慌中的一个例子。试想，群体只要有一点点正当的理由，便会认为发现了某个团伙正在威胁他们。于是，群体把诸如杀人祭神、强奸这类想象出的罪行都归于这些团伙。最后，发动大屠杀或对这些团伙施以私刑。同样的过程也适用于编写有关特别受钦佩之人的传奇故事。这些传奇都被镶嵌上了给人留下深刻印象的情节。比如，拿破仑在圣海伦娜岛上殉难式的放逐是为法国人编写的，耶稣在十字架上的受难是为基督徒编写的，等等。在这样的作品中，作者按照群体对他的希望，而不是按照自己的真实情况来考虑问题。在现时的法国，"人民的戴高乐"的故事正开始传颂，某位未来的巴尔扎克将把这个故事载入编年史中，就像真正的巴尔扎克从生活中汲取"人民的拿破仑"的形象一样。

勒庞认为：

一个人、一件事、一次事故在人们心中产生的形象几乎与现实一样栩栩如生。在某种程度上，群体处于睡眠者的位置，他暂时不能进行理性思考，这使得他心目中产生极其强烈的形象，而这种形象在群体恢复思维的作用下会很快消失。[注76]

这种现象很可能发生于群体散去的时候，在这种情况下，个体理智便占主导地位。直到那时，理智将不加鉴别地接受一切，想试一试它不违背经验，但违背多数人意见的判断。多数人的观点总被视为比现实更令人信服。它的说服力非常强烈，并且对一个群体中的个体来说是不可抗拒的。

将内部和外界混淆是自发思维的一个特点，这一过程也许不能帮助思考，但若实施则是有利的，因为它有可能使思想直接赋予行动，将想象毫不费力地变成行为。以下的事情说明了这一观点。

人们常常讲述一个剧院经理的故事，由于他只上演严肃的戏剧，便不得不让人保护扮演叛徒的演员离开剧场，保护他不受到义愤填膺的观众的猛烈攻击，然而，叛徒所犯的罪行是虚构的。在我看来，在此我们拥有了显著地表现群体心理状态的东西之一，特别是他们受影响的程度。非现实

的东西对他们的影响与现实的东西几乎一样大。他们的显著倾向是不区分两者。[注77]

无论自发思维过程是添加心理作用的形象，还是使心理作用投射于形象，它根本不考虑它们的严格性或一致性。它在更基本的水平上，受到调节它流向的信念和情感的控制，就像船闸调控河水流程一样。它主要关心的是，尽可能接近活生生的现实生活。当有人说某些话或提供一种形象时，便会出现对此的迅速反应。这与有鉴别的思维相比有三个不同的方面，即漠视自身矛盾、具有生动性和重复性。

漠视自身矛盾可见于这样的事实，即群体毫不踌躇地接受相互排斥的思想并将它们结合在一起，如将友爱观念和与仇恨有关的观念结合起来。群体还发现，词语的不合逻辑或前后矛盾并无大碍。诚然，这一逻辑曲解似乎给思想披上了神秘的面纱，给它们授予了某种特别的威力。一旦取消基本的合乎逻辑的原则，一物便可与其对立面相混淆。群体对矛盾原理如此漠视，以致能够一夜之间改变主意，有朝一日相信起与前一天所相信的完全对立的东西，而对此却全然不知，即使真的注意到了，也并没有想方设法去纠正它。所有在一个党派或一场运动中发生的错综复杂的情况，所有自相矛盾的言行，都是那些被卷入其中的人无法感知的。因此，他们可以轻松自如地自相矛盾，并可能突然改变方向。

勒庞说：

这些类似形象的思想，并不通过任何类比的逻辑关系或连续次序相连，它们可以相互取代，就像一只魔术灯笼上的滑座一样，这只神奇的灯笼是魔术师从一只只灯笼叠加在一起的那个适当位置上取下来的。这种现象说明了最为矛盾的思想可以在群体中同时盛行。根据当时的情况，群体的理解力中储存了各种不同的思想，而它只受到一种思想的影响，因此，它能够作出截然不同的举动。由于它完全缺乏鉴别能力，因此并没有感觉到这些矛盾的存在。[注78]

从社会角度来看，这并不说明一个派别在目标不明、出尔反尔、朝令夕改、立场不稳的情况下，其成员以及拥护它的人，仍然能对它忠心耿耿。但是，群众并没有意识到这样的矛盾，从理性的角度来看，没有注意到这样的波动和改变，这仍然是一个重要的历史因素。

莎士比亚生动地描述了这种不一致现象。他的见解显然是戏剧性的，但正如普卢塔赫（Plutarch）评论的那样，这一见解当然坚持了历史的真理。在《尤利乌斯·恺撒》一书中，当布鲁图以完美的近乎无可挑剔的逻辑解释他为什么会杀害恺撒时，群体为他喝彩。群体中有一个人甚至喊出了“让他当恺撒”，然而不久之后，还是这个群体，却为马克·安东尼所控制，叫嚣着要把布鲁图和他的同僚作为罗马叛徒处死。一些形象足以激起理想的情感：恺撒那件被剑刺开、沾满了血迹的披风就是一件神圣的纪念品。“善良的恺撒的刀伤”“那沉默的伤口”，将他的美德留给罗马人民的遗愿，甚至在重复“光荣的”这一字眼时，那撩拨人心的讥讽语气嘲弄了这个理想称号。一方面，是理性规则和作为政治动物的人的无知；另一方面，是神奇形象和放纵情感的迷乱，雄辩者的艺术就像一种工具一样玩弄着群体，随心所欲地巧妙处理爱之声、暴力之声和憎恨之声。

生动具有直观的特点，使得从众多的思想中选择决定性思想成为可能，当这种思想被十分鲜明地、相当有趣地表达出来时，便唤起了人们熟悉的记忆。它使得不在场的人和事很快出现在人们的心目中。“戴高乐”这三个字很快形成一个男人高高的身影，从容不迫的步伐以及双眼注视远方的形象。“纳粹”则让人想起一群正步走的自动机器，他们的双臂举成“向希特勒敬礼”的姿势，高喊着标语上的口号，标语后方飘扬着卐字旗。他们焚烧书籍，屠杀人类。

这种思想不需要告知，而是激发热情。对于接受它的人来说，它“给予提醒”，因为它与一个人或某种熟悉的东西有着直接而密切的联系。这些特点为这个人所牢记，并确保经常地、始终一贯地运用这一思想。某种高度丰富的知识并没有影响力，因为它没有这种情感色彩。运用富有修辞手段和统计数字的讲话令人生厌，且为人们记住的并不多。一些丰富的形象，一两处鲜明的类比，一场电影或一本连环漫画将对想象力有更为强烈的影响，并能产生情感上的共鸣。

为了激发“很像睡眠者”的群体的想象力，采用中庸之道无济于事，需要的是夸大其词的争论、让人震惊的例子和引人注目的捷径。一般认为，过即错。然而，对于群体来说，事实恰恰相反。一切过度的东西都是真实的，或者说至少可能是真实的。

古代的作家说过，如果通过非同寻常的，具有宏伟的、骇人听闻的、喜剧的或悲剧实质的鲜明形象来产生情感冲动的话，大脑和记忆便可能留下印象。如果一个人要产生影响，他必须有惊人之处和非同一般的特点，与英雄或叛徒这样极端的典型相近，经历非同寻常的冒险和局势。若遇到这样的情况，一些思想或一些个体便可成为群体的“生动的形象”。并且和毒品一样，需要不断增加剂量和使用频率。

无论激发群体想象力的是什么，它都会使自身呈现出惊人的、非常清晰的形象，而无须辅助的说明或者只要有几个惊人的或神秘的事实来说明就够了。恰当的例子有：一次伟大的胜利、一个伟大的奇迹、一次重大的犯罪或一个远大的抱负。一切都必须摆在作为整体的群体面前，而不必说明其起始缘由。一百种轻罪或小事故不足以激发群体的想象力，而单单一次重罪或一个大事故，即使结果远远没有一百次小事故加在一起那么具有危害性，也会让人产生很深的印象。[注79]

这表明了一个心理想象的形象所具有的激发作用，其方式与一颗炸弹具有爆炸作用的道理相同。它能撕开记忆的滤纸，把通常凝缩并深藏于观念中的东西带到表面。

重复的作用具有将概念化的思想变成心理作用形象，将抽象概念变成具体概念的特殊性。如果教义和理论为大家所接受，那么所有使之变得具体和具有个性化的东西，即他们复杂的论点和精辟的语言，都必须遭到抛弃。除此之外别无选择。群体既无时间也无合适的场所来讨论所有的论点，审度所有赞成与反对意见，考虑所有的事实。另外，正如我们所看到的那样，由于他们总是合为一体，所以几乎不大费心去打理这类事。荒谬的是（这很值得注意），就在把他们召集到一起示威游行的地方（如会场、集会地点、游行队伍、市场、体育场和大街），就在他们的领袖声称在开导他们、教育他们的地方，他们最没有可能做这类事。在这类地方，最有可能实施暗示，而几乎不能去说理。群体倾听他们的发言人，看看他们，看看自己，使自己产生热情或愤恨，实际上除了思考之外，他们无所不做，因为他们的思维和情感已降低到最低水平。如果说思想在那一水准上有那么一席之地的话，那么理所当然地已大大简单化了，并且信息或内容也会在经过压缩后以形象的形式出现。用勒庞的话说："无论对群体暗示的思想是什么，只有当这些思想具有一种很纯粹的、强硬的和简单的形式，才会产生有效的影响。于是，它们伪装出某种形象来表现自己，并且只有在这种形式下才会为群众所接受。"[注80]

如果思想常常像机器或汽车一样批量生产并不断推广的话，那么就会被普遍接受。任何人都可使用它们，而最初只需要一个司机或熟练的机修工。一旦它们被改成一个简单化的政治口号，便可激发想象力。所有知道这种口号的人似乎有了一把钥匙，即懂得和解决最复杂问题的一种直截了当的方法。当它们被缩减成一两条简单的提议，并常常被详细地重复的时候，思想便对我们深藏的行为动机起作用，并自动激发这些动机。那当然是简练的口号和标语的目的所在，一场革命或第一次向月球发射火箭这种非同寻常或典型的事件也是如此，这些事件既打动了观察者，又产生一种吸引人心的形象。

显然，漠视自身矛盾和生动性以及重复作用的自发思维与象征思维之间，不仅仅存在着单纯的类比。后者属于睡梦的范畴，前者则属于群众在高度易受暗示状态下所经历的梦想。在两种情况下，睡眠都分解了意识和理智。说白了也就是，群体是自动装置。他们对记忆中拨动心弦的一切都很敏感，并对一个抽象观点的显而易见的方面作出反应。他们喜欢一个简单而常被重复的答案。这个答案就像一把利剑割开希腊神话中弗利基亚国王戈尔迪打的难解之结一样，解开了一个复杂的问题。简言之，最好是在他们费心去听问题前，先给他们提供答案。总之，个体逻辑思维的结束意味着群体逻辑思维的开始。

以上我们已确定了自发思维的条件，表明了自发思维对生动的、固定不变的和重复的形象表现出的感受性。但在上次分析中，表明了那种感受性受到言语暗示力量的影响。由此可见字斟句酌的重要性。这并非是表达是否准确的问题，也不是词汇所提供的信息是否明了的问题，而是关系到自发思维在群体心目中所唤起的形象有多少、力量有多大的问题，不管这些形象是否有真正的意义。勒庞坚持认为：

意思最不明确的词语，有时最有影响力。例如民主、社会主义、平等、自由等术语的意义十分含糊，以致一本本巨著也不足以准确地确定其意义。然而，可以肯定的是，那些音节简短的词具有一种真正的魔力，好像包含了所有解决问题的方法。它们综合了最不相同的无意识的愿望和他们要实现的希望。[注81]

当一位领袖开始号召民众时，就必须运用这样的词汇。如果他用的是时髦的词汇，就必须确切了解它们在当时的含义。有些词（如上帝、荣耀）已是陈词滥调，已失去了号召力。还有些词太新、太生僻，不能在人们心中引起共鸣。这位领袖和政客只得费尽心机寻找“有效的”词汇，将它们压缩成简洁的用语来给群众爱或恨的东西命名。这样，他们便将其想象力转移到问题的要点上，因为“某些词汇被赋予了瞬间的形象：好像这个词只是召唤他们的电铃按钮似的”。[注82]

一旦形象出现，随之而来的便是行为。勒庞完全相信语言，当然不是作为思考或交流的工具，而是作为口头暗示的工具。在他看来，语言是对词汇和短语的适当运用，它具有一种魔力。它的那种力量是从何而来的呢？

是来自它在群体中激起强烈情感和永恒信念的力量。换句话说，当语言把过去和现在联系起来，以从过去沿袭来的情感使今天的思想生动形象，将以前建立的关系转变成新的局面时，语言便是强有力的。1954年，多列士（M. Thorez）①的宣言充分说明了这一点。他把严格说来代表法国所有国民形象和情感的东西都集聚到法国共产党的周围，使法国革命者成为其传统的继承人，用孕育着法国情感史的暗语吸引他们所有的代表人物。

贞德是一个被国王出卖的栋雷米村的牧羊女，她受到教会的谴责。人们随后对她的认识也被扭曲了。但是我们恢复了她的真实面目，就像我们恢复了瓦尔密（Valmy）战役②中赤脚士兵和1892年志愿军所唱的革命歌曲《马赛曲》的真正意义一样。我们将我们希望的红旗和我们祖先的三色旗融为一体。[注83]

这种语言的暗示力量来自如下事实，即它在群体的每一个成员身上唤起对一些事件、古老的信念和情感的记忆，所有这一切都是本民族人民共同遗产的一部分。即使人们没有意识到这一点或者不接受这一点，它也仍然是历史（此处指法国史）所创造的基础，并且默默地影响我们的观点和我们的行为。在涂尔干看来，我们每个人身上都不同程度地存在着昨天的自我，而且这一自我必然处于支配地位，因为与我们成长为现在这个样子的漫长岁月相比，现在是微不足道的。[注84]

勒庞、塔尔德和弗洛伊德论述了相似的问题，他们都谈到了群体心理学最为常用的假说之一，即一个民族、一个宗教或一个组织的生命中什么也没有失去，因此，一切，或者说几乎一切都会起变化，那便是为什

① 莫里斯·多列士：法国政治家，曾任法国共产党总书记。——译注

② 瓦尔密战役，1792年9月20日在法国马恩省一个叫瓦尔密的村庄进行的一场战斗。其间，法国革命军打败了普奥联军，从而制止了对法国革命的外来干预，被认为是法国大革命的转折点。——译注

么在面对群体发表演说时，要选择那些能够深入群体记忆深处，从共同拥有的一个根深蒂固的过去唤回一些思想和形象；这也是为什么马歇（G. Marchais）说，法国共产党将创建的社会主义社会“是蓝白红相间”的原因所在。（《人世间》，1980 年 1 月 23 日）

只有像“为法国人的法国”和“有和没有”之类的词以及意义深远的短语才可表明，在公开的群体周围，还有看不见的、可耻的、有时是不为人所知的其他群体。这些幽灵一旦受到感召，便会施加巨大而不可抵御的压力。勒庞声称：

> 死去的人比活着的人多得不计其数，他们统治着无意识的广阔领域，那是一个无形的领域，他们控制着智慧和品格的表现形式……死去的世世代代不仅付出了生命，还奉献了他们的思想。他们是活着的人无可取代的大师。[注85]

他们也是后人组织语言的黏合剂，那些受到语言和形象召唤的人（栋雷米村的牧羊女贞德，1892 年赤脚军，等等）会立刻显现出来，让人们知道他们的存在。因此领导者不得不对我们身上的“旧我”发表演说，发明一种可以用来唤醒民众的语言，使他们为之着迷而不能思考，从而将他们引向预定的目标。如果要保持对他们的心理控制，就必须经常拓宽语言使用领域，赋予他们新的信念，激发新的集体想象力，使他们在全新的领域中去遨游未来最遥远的神话世界，从而打牢无意识根基。拿破仑等领袖人物将革命和群众遗产与祖国、帝国等的遗产结合起来，还将之与宗教遗产结合起来。一旦这些说话方式不再有大师，即能够更新它们的艺术大师的风范，便会失去吸引力。我们曾看到戴高乐死后法国所发生的一切，当时，群体在一夜之间削弱了，并几乎毫无踪迹地蒸发了。

总之，我们可以说，有两种，且只有两种旨在表示现实的思维模式，它们是概念化思想和心理作用形象。前者依靠理性的法律和证据，后者求助记忆和暗示。一个适合于个体，另一个适合于群体。试图通过用更适合于个体的手段来说服或动摇群体，则是严重错误的。这就像一个人试图把为自家理财的做法应用于国家预算一样。勒庞一针见血地指出："习惯于被一连串有点接近的说理所说服，能够进行逻辑思考的人，在对群体发表演说时，不可避免地会采用这种劝说的方式，群体不能争论总是令他们十分惊奇。"[注86]

如果他们运用鲜明的形象，并且经常运用的话，便可避免像巴雷斯（M. Barrès）① 抨击"犹太上层中产阶级""使成千上万的工人处于饥饿状态"，或像多列士大声宣布"7 月 14 日是我们这个国家和解统一，起来反对 200 个家庭的时刻"那样的突然袭击[注87]。这 200 个家庭和犹太银行家比资本家和资产阶级稍稍生动些。

如果认为应该冷酷而慎重地操纵群体这一观点是勒庞提出的，那就大错特错了。那违背了他的本意和他的科学根据，因为没有人能够劝说群体来接受一个连他本人都不被吸引，或者确切地说，没有受到催眠的观点。他根据自己严格观察到的事实，不同意只采用这种方式对群体说话。用对待个体行为的方式来对待集体行为是毫无意义的，甚至是危险的，这意味着忽视了他思想的形成和他的心理学实质，并且对待群众的方式并不恰当。结果只会令其麻木不仁，而非受到鼓舞去采取行动。有人想破坏群体心理学法则是办不到的，因为它和经济学或物理学法则一样严谨。也就是说，统治群体的艺术，便是引导他们想象的艺术。

那些称霸世界者的威力便是在那种想象力的基础上产生的。他们按照想象力，创建了伟大的宗教，制造了历史大事，如基督教、佛教、法国大革命、改良运动以及我们这个时代的社会主义。谁都未曾——甚至"最专横的暴君"都未曾——背离这一点而统治过，连那些一直想方设法通过演

① 莫里斯·巴雷斯：法国小说家和政治家，曾任国民议会议员。——译注

说，以及他们显赫的战斗经历或荒唐的故事来吸引民众的人也一样。人们想到的不仅是拿破仑，还有丘吉尔。本章的结论便是勒庞的“熟谙影响群体想象力的艺术，同时也是熟谙统治他们的艺术”。[注88]

希特勒继承了勒庞的思想，他将之解释为：“宣传的艺术在于这么个事实，即它将自身应用于激发想象力的领域，应用于那些受本能支配的群众，并寻找一种合适的心理学的方法进入他们的情感世界。”他还鼓励“利用各种形式的形象”，因为那样的话，“人类便不那么迫切地运用他们的理智，而最急于做的是看一看并读一读最为简短的经句”。我们从他的传记中了解到，他夺取权力，统治德国人民，便是应用那一原则的结果。

因此，对于勒庞来说，群体的时代便是想象的时代。统治他们的人是靠想象力统治的。勒庞的作品写于电影院和电视还不为人所知的时代，而他却通过巧妙运用语言来展示那个群体时代，因为不断重复某些单词和短语会在我们心目中产生一个完整的形象世界，并使这个我们用心去感受的形象世界丰富起来。但是，无论语言有多美妙，它所唤起的形象的力量仍然是有限的。毕竟，单词和短语只是形象的替代符号罢了。如果直接将形象表达出来，将更显得有力。“词汇能激发心理形象，但以画面形式表达的形象更有力量。”[注89]

显然，他考虑的是他那个时代的形象，如（广告画）标语、图片以及戏剧场面。有必要，也值得调查一下，这种有插图的想象是如何产生、如何分布，又是如何给群体留下印象、如何吸引群体注意力的。勒庞的直觉一次次被证明是正确的。从他那个时代开始，我们大大增加了物质需求，为此，勒庞具有先见之明地从理论上加以证明。毫无疑问，由于人们常这样说，大众媒体的出现是有经济原因和技术原因的。但是，形象最主要的目的始终是要影响并支配群众，从而大规模地造就他们。显然，他们发展的方式可分为两个阶段。第一，词语的激发力量是由无线电大大增强的；第二，他们回忆的形象是由电影和电视形成的。

社会是不断变化和发展的。电影、电视、连环漫画、政治标语、广告招贴得以充分发展，也证明了所有这一切还只是群体心理学提出的精神分析法中刚刚研究的对象。经过整整一代人，我们从词语文化时代进入了更有力量的形象文化时代。这意味着广播和电视在很短的一段时间内，给自发思维提供了一个技术基础和超越一切可以为人们预见的东西的力量，正如印刷术为重要思想提供承载一样。通信手段使之变成一个历史因素，只要群体社会存在，这个因素便永远伴随我们左右。

部分注释

注 1 S. Giner, *Mass Society*, Martin Robinson, London, 1976, p. 58.

注 2 R.A. Nye, *The Origin of Crowd Psychology*, Sage Publications Ltd, Londres, 1975, p. 3.

注 3 R.A. Nye, *The Origin of Crowd Psychology*, Sage Publications Ltd, Londres, 1975, p. 78.

注 4 R.A. Nye, *The Origin of Crowd Psychology*, Sage Publications Ltd, Londres, 1975, p. 69.

注 5 M. Sherif and C. Sherif, *An Outline of Social Psychology*, Harper and Row, Londres, 1956, p. 749.

注 6 S. Moscovici, *La Psychologie des minorités activés*, Presses Universitaires de France, Paris, 1979.

注 7 in G. Lindsey and E. Aronson, *Handbook of Social Psychology*, T. IV, p. 534.

注 8 M. Horkheimer et T. Adorno, *Aspects of Sociology*, Heinemann, Londres, 1973, p. 75.

注 9 M. Horkheimer et T. Adorno, *Aspects of Sociology*, Heinemann, Londres, 1973, p. 73.

注 10 T. Geiger, *Die Masse und ihre Aktion*, F. Enke, Stuttgart, 1926, p. 14.

注 11 R.E. Park, *Society*, The Free Press, Glencoe (Ill.), 1955, p. 22.

注 12 A. Oberschall, *Social Conflicts and Social Movements*, Prentice Hall Inc., Inglewood Cliffs, 1973, p. 8.

注 13 H. Becker, and H.E. Barnes, *Social Thought from Lore to Science*, Dover, New York, 1961.

注 14 F.N. House, *The Development of Sociology*, Mc Graw Hill, New York et Londres, 1936, p. 113.

注 15 G. Lefèbvre, *Études sur la Révolution française*, Presses Universitaires de France, Paris, 1954, p. 271.

注 16 T.W. Adorno, *Gesammelte Schriften*, T. VIII, Suhrkamp, Francfort–sur–le–Main, 1972, p. 411.

注 17 W.W. Odajnyk, *C.G. Jung und die Politik*, Stuttgart, 1975, p. 128.

注 18 Z. Sternhell, *Maurice Barrès et le nationalisme français*, A. Colin, Paris, 1972, p. 11.

注 19 G. Le Bon, *La Psychologie politique*, Flammarion, Paris, 1910, p. 5.

注 20 K. Kautsky, *Die Aktion der Masse*, in A. Grunnenberg (ed), *Die Massenstreik debatte*, Europäische Verlagsanstalt, Francfort-sur-le-Main, 1970, p. 233.

注 21 K. Kautsky, *Die Aktion der Masse*, in A. Grunnenberg (ed), *Die Massenstreik debatte*, Europäische Verlagsanstalt, Francfort-sur-le-Main, 1970, p. 245.

注 22 K. Kautsky, *Die Aktion der Masse*, in A. Grunnenberg (ed), *Die Massenstreik debatte*, Europäische Verlagsanstalt, Francfort-sur-le-Main, 1970, p. 282.

注 23 I. Silone, *La scuola dei dittatori*, Mondadori, Milan, 1962, p. 66.

注 24 G. Hanotaux, *Le Général Mangin*, Plon, Paris, 1925, p. 45.

注 25 G. Suares, *Briand*, Plon, Paris, 1939, T. II, pp. 437–439.

注 26 G. Clemenceau, *La France devant l'Allemagne*, Payot, Paris, 1916, p. X – XI.

注 27 R.A. Nye, *The Origin of Crowd Psychology*, Sage Publications Ltd, Londres, 1975, p. 149.

注 28 G. Le Bon, «Les Difficultés de la politique moderne et les formes futures de gouvernement», *Annales Politiques et Littéraires*, 1925, p. 146.

注 29 M. Mannoni, *Conditions psychologiques d'une action sur les foules*, C.E. Nancy, 1952, p. 62.

注 30 A.J. Gregor, *The Ideology of Fascism*, The Free Press, New York, 1969, p. 92.

注 31 P. Chanlaine, *Mussolini parle*, Tallandier, Paris, 1932, p. 61.

注 32 M. Horkheimer et T. Adorno, *Aspects of Sociology*, Heinemann, Londres, 1973, p. 77.

注 33 A. Stein, Adolph Hitler and Gustave Le Bon, *Geschichte in Wissenschaft und Unterricht*, 1955, 6, p. 366.

注 34 W. Maser, *Hitler's Mein Kampf*, Faber and Faber, Londres, 1966, p. 57.

注 35 R.E. Herzstein, *The War Hitler Won*, Abacus, Londres, 1979.

注 36 M.D. Biddis, *L'Ere des masses*, Seuil, Paris, 1980. W.A. Masser, *Adolf Hitler*, Legende, Mythos, Wirklichkeit, Munich et Esslingen, 1972.

注 37 G.L. Mosse, *The Nationalisation of the Masses*, p. 16.

注 38 R.A. Nye, *The Origin of Crowd Psychology*, Sage Publications Ltd, Londres, 1975.

注 39 P. Reinwald, *De l'esprit des Masses*, Delachaux et Niestlé, Neuchâtel, 1949.

注 40 S. Tchakhotine, *Le Viol des foules*, Gallimard, Paris, 1939.

注 41 R.A. Nye, *The Origin of Crowd Psychology*, Sage Publications Ltd, Londres, 1975, p. 3.

注 42 J. Schumpeter, *Capitalism, Socialism et Démocracy*, Payot, Paris, 1961, p. 386.

注 43 G. Le Bon, «L'evolution de l'Europe vers les formes diverses de dictature» , *Annales Politiques et Littéraires*, mars 1924, p. 232.

注 44 G. Le Bon, «L'evolution de l'Europe vers les formes diverses de dictature» , *Annales Politiques et Littéraires*, mars 1924, p. 232.

注 45 T.W. Adorno, *Gesammelte Schriften*, T. VIII, Suhrkamp, Francfort-sur-le-Main, 1972, p. 428.

注 46 P. de Felice, *Foules en délire*, extases collectives, Albin Michel, Paris, 1947, p. 372.

注 47 C. Mackay, *Extraordinary Popular Delusions and the Madness of the Crowd*, L.C.Page, Wells (Vermont), paru en 1847, réédité en 1932.

注 48 P. Fauconnet, *La responsabilité*, Alcan, Paris, 1920, p. 341.

注 49 G. Le Bon, *La Psychologie des foules*, Presses Universitaires de France, Paris, 1963, p. 20.

注 50 A. Vierkandt, *Gesellschaftslehre*, F.Enke, Stuttgart, 1928, p. 432.

注 51 G. Flaubert, *L'Education sentimentale*, Ed. Pléiade, Paris, 1869, p. 322, p. 330 et p. 356.

注 52 G. Le Bon, *La Psychologie des foules*, Presses Universitaires de France, Paris, 1963, p. 4.

注 53 G. Le Bon, *La Psychologie politique*, Flammarion, Paris, 1910, p. 129.

注 54 G. Le Bon, *La Psychologie des foules*, Presses Universitaires de France, Paris, 1963, p. 15.

注 55 G. Lefèbvre, *Études sur la Révolution française*, Presses Universitaires de France, Paris, 1954, p. 282.

注 56 G. Le Bon, *La Psychologie des foules*, Presses Universitaires de France, Paris, 1963, p. 3.

注 57 G. Le Bon, *La Psychologie des foules*, Presses Universitaires de France, Paris, 1963, p. 5.

注 58 B. Porchnev, *La Science léniniste de la révolution et la psychologie sociale*, éd. Novosoki, p. 18.

注 59 G. Le Bon, *La Psychologie des foules*, Presses Universitaires de France, Paris, 1963, p. 4.

注 60 H. Bernheim, *De la suggestion*, Paris, O. Doin, 1888, p. 11.

注 61 L. Chertok, *Le Non-savoir des psy*, Payot, Paris, 1979.

注 62 A. Binet et C. Féré, *Le Magnétisme animal*, Paris, 1887, p. 156.

注 63 A. Forel, *Hypnotism*, Ribman, Londres, 1906, p. 132.

注 64 H. Bernheim, *De la suggestion*, Paris, O. Doin, 1888, p. Ⅳ .

注 65 A. Binet et C. Féré, *Le Magnétisme animal*, Paris, 1887, p. 100.

注 66 A. Binet et C. Féré, *Le Magnétisme animal*, Paris, 1887, p. 163.

注 67 H. Bernheim, *De la suggestion*, Paris, O. Doin, 1888, p. 579.

注 68 H. Bernheim, *De la suggestion*, Paris, O. Doin, 1888, p. Ⅵ .

注 69 W. McDougall, *Psychoanalysis and Social Psychology*, Methuen, Londres, 1936, p. 2.

注 70 G. Le Bon, *La Psychologie des foules*, Presses Universitaires de France, Paris, 1963, p. 14.

注 71 G. Le Bon, *La Psychologie des foules*, Presses Universitaires de France, Paris, 1963, p. 36.

注 72 E. Fromm, quoted in A. Sollner, *Geschichte und Herrschaft*, Suhrkamp, Frankfort-sur-le-Main, 1979, p. 52.

注 73 G. Le Bon, *La Psychologie des foules*, Presses Universitaires de France, Paris, 1963, p. 14.

注 74 G. Le Bon, *La Psychologie des foules*, Presses Universitaires de France, Paris, 1963, p. 35.

注 75 G. Le Bon, *La Psychologie des foules*, Presses Universitaires de France, Paris, 1963, p. 34.

注 76 G. Le Bon, *La Psychologie des foules*, Presses Universitaires de France, Paris, 1963, p. 35.

注 77 G. Le Bon, *La Psychologie des foules*, Presses Universitaires de France, Paris, 1963, p. 36.

注 78 G. Le Bon, *La Psychologie des foules*, Presses Universitaires de France, Paris, 1963, p. 32.

注 79 G. Le Bon, *La Psychologie des foules*, Presses Universitaires de France, Paris, 1963, p. 37.

注 80 G. Le Bon, *La Psychologie des foules*, Presses Universitaires de France, Paris, 1963, p. 32.

注 81 G. Le Bon, *La Psychologie des foules*, Presses Universitaires de France, Paris, 1963, p. 59.

注 82 G. Le Bon, *La Psychologie des foules*, Presses Universitaires de France, Paris, 1963, p. 60.

注 83 P. Birnbaum, *Le Peuple et les gros*, Grasset, Paris, 1979, p. 132.

注 84 E. Durkheim, *L'Evolution pédagogique en France*, Alcan, Paris, 1938, p. 16.

注 85 G. Le Bon, *Les Lois psychologiques de l'évolution des peuples*, Alcan, Paris, 1895, p. 15.

注 86 G. Le Bon, *La Psychologie des foules*, Presses Universitaires de France, Paris, 1963, p. 66.

注 87 P. Birnbaum, *Le Peuple et les gros*, Grasset, Paris, 1979, p. 21.

注 88 G. Le Bon, *La Psychologie des foules*, Presses Universitaires de France, Paris, 1963, p. 37.

注 89 G. Le Bon, *Les Opinions et les croyances*, Flammarion, Paris, 1911, p. 146.

Chapter 3

第三章

群体、女人与疯狂

第一节 群体质料：既冲动又保守的民众

群体心理学研究的只是两个基本问题。第一，个体是如何融入群体的？第二，领袖是如何控制群体的？在前面章节里，我们已经对第一个问题进行了观察研究。我力图解释的是：暗示的力量是如何导致个体意识的解体并把个体的意识引向一个群体的精神统一体的。就像被实施了催眠术的实验对象，人们变成了受无意识摆布的机械人。正如德国戏剧家托勒尔（E. Toiler）[①] 在其剧本中描述的那样，当问及这些人他们是谁时，答案往往是：群体是无名氏。

现在我们必须观察和研究第二个问题，即领袖是如何对群体进行控制的。我们可以对是否需要领袖提出质疑，也可以对领袖的所作所为进行谴责，甚至还可以贬低领袖的作用。但任何一个群体都是由领导者和被领导者组成的，他们形成了相互对抗的权威和人物。如果不把这一事实考虑在内，那么我们就无从谈起人类群体。那些想了解群体是如何形成的人总是提出相同的问题：谁在领导着这些群体？人们为什么会服从他？

但归根结底，最难解之谜仍是这样一个事实：少数人总是在成功地统治着多数人，这些多数人对此也表示赞成。而这些少数人也终将变成一个人，即领袖，他就像炉膛中一束耀眼的火光。

群体心理学研究的全部内容都来源于一个奇特的现象，即在群体社会中，群体不再俯首称臣，而是开始彰显自己的力量；与此同时，群体的领袖也不再发号施令，而是隐藏自己的力量，并时常表现出犹豫不决。权力一旦变得不明确或者受到怀疑，那么这种权力就很危险，因为它已传递出

---

① 恩斯特·托勒尔：德国戏剧家，1933 年被纳粹逐出德国后主要定居美国。最成功的作品是《群体与人》。——译注

这样的信息，即一个文明正在走向衰落，人民正在失去精神和活力。在这种情况下，领袖不得不学会确立下一个目标，并带领群体向这一目标前进。群体心理学为解决这一奇特的现象投入了全部的精力。群体心理学把对群体的研究看成是一种方法，以此来了解人类社会这一戏剧大舞台上所发生的种种事件；同样，群体心理学把对领袖人物的研究也看成是一种方法，而这种方法则被用来了解在舞台幕后所发生的故事。群体心理学还把群体和领袖看成是两股主要的力量，这两股力量将直接交锋。支配群体和领袖行为的法则与科学技术和经济学无关。群体心理学并不否认其他因素的影响，但在任何情况下，支配和服从都被看作两个主要的影响因素，它们对文化的影响远远超过对财富和生产的影响。

群体心理学对这一问题所进行的观察研究非常重要，其重要程度不亚于一个文明的生存和两种对待人类态度之间的战斗。就像兰波（A. Rimbaud）[①] 所描绘的那样，精神上的战斗同肉体上的战斗一样残忍，因为这是一场信仰和信念的战斗。在这场战斗中赢得胜利的人将赢得权力和权力所带来的一切。这一观点概括起来就是：对群体心理学来说，领袖和群体之间的关系是极其重要的人际纽带，正是这条纽带使得史前的人类活动变为历史。我们完全有理由不接受这样的看法，即认为人类从一开始就存在着领袖和群体[注1]。但既然它是心理学这一分支的主题之一，就让我们把它作为一个合法的词语，不带任何偏见地接受它吧。

让我们首先把群体作为一个整体来观察研究。我们可以利用古老的亚里士多德的先验图式，帮助我们查找一系列不同迹象背后的某种逻辑关系。亚里士多德指出：宇宙间的万物都是由两部分组成，一部分是被动可变的物质，而另一部分则是主动不变的形式。比如一张桌子或一支弓箭，

① 让·尼古拉·阿蒂尔·兰波：法国象征主义流派诗人。——译注

它们的构造既有物质（木材或铜），也有形式（圆的或尖的）。同样，群体也由物质和形式两部分组成，两者的统一是由人类团体，比如议会、政党等这些具体的组织来实现的。

我们已经明白群体质料是如何产生的：个体转化为群体。群体又有哪些方面的特征呢？一方面，他们是冲动的，公开接纳所有的建议；另一方面，从本质上说，他们又是极端主义者。他们对建议的公开化意味着他们受内在的冲动、本能的反应，甚至外部的刺激所支配，没有任何自控能力。他们这种接纳建议的永久性和公开化，意味着他们置身于外部世界所发生的一切事件之中，他们的反应也将是过分的。

如果我们忽略勒庞描述中夸张的一面，那么我们就会明白：勒庞是在向我们指出关于情感社会起源的一个严肃前提。的确，这一前提已经经过实验的证实。美国心理学家沙克特（S. Schachter）在一系列可靠的实验基础上得出这一结论：处于无法控制的兴奋中的某个人，当看到在场的另一个人悲痛或高兴时，也会感到悲痛或高兴。换句话说，悲痛或高兴不是因为个体自身的存在而存在，存在的只是一种不确定或不稳定的状态，这种状态会随周围情感的变化而变化。

勒庞认为已融入群体的个体将永久地处于这种不稳定的状态，这种状态会根据从外界接收到的刺激而呈现出阴郁或乐观的色彩。勒庞是这样解释群体的反复无常的：

> 导致群体激动和悲愤的因素如此繁多，而群体又总是为这些因素所左右，所以群体的情感是极其易变的。这就说明了为什么我们会看到他们能在瞬间从极端的残忍转变为极度的宽宏大量和英勇无比。群体很容易就扮演了刽子手的角色，但同样，群体也会轻易地扮演殉难者的角色。[注2]

的确，群体最显著的特征也许就是他们的无私主义或者利他主义；与个体相比，他们更具有献身精神，因此在行动上也表现得更为无私。

群体情绪的突然转化在紧急关头来得更快。一位巴黎商人弗罗利拜恩

（G. de Floriban）亲眼看到罗伯斯庇尔和他的伙伴们被带向刑场，他在日记中写道："沿着圣奥诺雷街他们被带走了，沿途处处遭到人们的辱骂，这些人因为受到欺骗而被激怒了。下午五点他们的头被砍掉。"

如果领导者能事先把这些因素考虑在内，那么这种彻底但显然难以解释的态度转变就不会遭到人们的抵制。德国社会主义者宣称他们一贯反对战争，但在1914年他们却投票支持战争。罗莎·卢森堡曾写道："社会民主主义者强大的组织和严明的纪律产生了令人满意的结果。少数几位国会议员一声令下，仅仅24小时之内，400万民众不仅在态度上发生了180度的大转变，而且还为即将发动的帝国主义战争做好了一切准备，尽管在24小时以前他们的生存目的还是为消灭战争而奋斗。"

除了情感的易变外，群体还具有轻信性。群体怎么能不轻信呢？他们不能从经验中吸取教训。他们生活在一个想象的世界中，被贮存在他们无意识中的形象和幻觉所迷惑，乐意接受一切指令并按照这些指令去行事。"现实与经验对他们没有任何影响。他们愿意接受一切，并且认为自己在这个世界上无所不能。"[注3]

他们不能区分梦想与现实或者理想主义与科学事实之间的差别，也无法看清他们与愿望之间的障碍。他们不能理解那些蛊惑和煽动他们放弃所追求目标的花言巧语。他们迷失在催眠状态般的梦境中，听任别人的摆布，接受他人的熏陶，并相信他们会拥有一切。因为这些花言巧语是通向他们心灵深处并能给他们留下深刻印象的唯一语言，所以成功的秘诀显而易见：如果他们说想要月亮，那就向他们发誓，他们一定会得到月亮。[注4]

这种能到达人类灵魂深处的蛊惑和煽动，几乎从未作为一个根本趋势而被人们相信和接受过。勒庞写了很多文章，文章中含有大量向他那个时代的政治家们提出的格言和警句。文章经常告诫这些政治家：要想确立一个好的目标，就必须把这个目标定低，应从人性最基本、最原始的目标定起。关键是让目标起到一个好的作用。如果希特勒没有很好地确立这个目标，他很有可能一直是一个家庭油漆工。

我们正在靠近群体心理学的中心思想。如果不是女人特质的话，那么易变性、轻信性、感情的转移性以及诸如此类的东西又意味着什么呢？在勒庞独具特色的文章中，有一篇是这样描述的：

> 群体处处都表现出女性化的特征，但拉丁系群体的女性化特征表现得尤为突出。任何取得他们信任的人都会迅速交上好运，但这样做也等于永远站在塔尔皮亚山崖（Tarpeian Rock）① 的边缘，总有一天会被人从悬崖的边缘猛推下去的。[注5]

在这些经常被称作是女性化特征的基础上，我们得出了这样一个冷酷无情的结论：群体即女人。女人所具有的感情用事、易变、冲动等特质往往意味着她容易受暗示的影响；女性的被动性、传统的顺从性以及容忍性同样适宜她们的献身精神。在永恒的女性化和永恒的集体主义之间存在着某种紧密的联系；这种观点的产生，根本不是勒庞的突发奇想。法国革命的群体大部分由女性组成，群体中那些义愤填膺的妇女多年来一直萦绕在那些暴动领袖的噩梦中。拿破仑把这些女性既看成是征服者又看作情人："我只有一种激情，一个情人——法兰西。我曾经与她同床共眠。"他的许多继承者可能也会说出诸如此类的话，但始终没有人敢于这样说。

把女人、群体和骚动看作类似的事物，是政客文人自信心以及谣言传播的又一个永恒话题。当代一位作家曾这样来描述群体："是的，任何一个读到听众来信的人，都会刺探到那个哀怨的女魔鬼——群体——的所有伤痛，都会更好地理解上帝和圣人们所听到的那些来自祷告者的祈祷。"[注6]

作为群体心理学的一部分，这种带有一般真实性的偏见已成为政客们广泛使用的一条基本原则。理解和运用这条基本原则最神速的人莫过于墨

① 塔尔皮亚山崖，古罗马卡皮托拉山（Capitoline Hill）西南角的一个山崖，谋杀犯和叛国者就在这里被推下悬崖处死。——译注

索里尼，他曾向自传体作家路德维希（E. Ludwig）[①] 多次讲过他从勒庞著作里读到的东西：像女人一样，群体也喜欢强硬的人。他的最大同盟者希特勒对此则有着更进一步的理解和阐释，希特勒声称：由民众组成的群体，大部分在本质上是如此女性化，以致群体的大多数行动和观点都是他们的感觉和印象所带来的产物而不是经过深思熟虑所得出的结果，他们的那些印象一点都不神秘。他继续说道：群体的情感非常单纯和真挚，没有任何虚假和隐藏的成分，对其所爱或所恨、正直或不公、真理或谬误只有肯定或否定两种态度，并且不掺杂半点非情感的东西。

毫无疑问，这些表述具体而又惊人地总结了勒庞的主要论点，关于这一论点勒庞已以明显的热忱极为详细地进行了论述。然而，希特勒并不仅仅满足于从思想上认识到应该像对付女人那样去对付群体，他还发明了一种把女人当作一个群体去对付的手段。伟大的德国哲学家布洛赫（E. Bloch）[②] 对纳粹的女性支持者的评论颇有意思：

一切都是从那些使人着魔的人开始的。情感爆发了，心被征服了。而被征服的人中有许多是女性，这一事实并不让人感到奇怪。感情丰富毕竟是女人的特性。但情况并非如此简单。女人并不仅仅是由本能所构成，希特勒牙刷似的小胡子也不足以吸引女人。当他们在寻找效果最佳的骗人把戏时，一位早期的纳粹分子曾经说过，他要是一个单身汉就好了，因为单身汉能吸引女人。[注7]

---

① 埃米尔·路德维希：德国作家，一种以心理现实主义为基础，戏剧性地描写人物的自传体形式的开拓者。很多作品中的心理分析都反映了弗洛伊德的影响。——译注

② 布洛赫：德国马克思主义哲学家，提出了一种“希望的哲学”。纳粹统治时期逃往美国，战后回到东德，1961年又逃往西德。最主要的著作有《希望的原理》。——译注

他的意思当然是说，女人会把单身男人设想成她们的情人或丈夫；或者具体地说，就是战后动荡年代里所缺少的那种男人。结果这一把戏奏效了，塔克霍坦恩证实了这一点。19 世纪 30 年代，他站在社会主义者的立场上与纳粹的宣传作战。在他看来，建立在暗示基础上的宣传活动自然会在女人身上奏效，尽管在纳粹的宣传中含有反对男女平等的思想，但这些女人照样支持纳粹的这些宣传。[注8]

把一种偏见转化成一种手段并不能改变其本性，许多这样的手段实际上是建立在一些不正确的理论基础上的。然而，这种转换却引发人们思考一个严肃的问题。女性的易受暗示影响性是怎样转变成群体的易受暗示影响性的呢？利用过这种大转变的并非只有纳粹分子。在群体社会中，女人这个以前被忽略、被看作微不足道的因素，现在却变成了人们大肆宣扬、宣传以及其他游说手段的主攻目标。这种情况甚至发展到今天，当那些控制着交流手段的男人在媒体上谈起女性化问题时，也往往把它们与所谓的民主化等同起来。但是，我提及的这种群体女性化趋势可以追溯到我们遥远的古代文化，甚至可以追溯到亚里士多德。像希腊人那样，我们也总是把事物的形象与女人联系起来，把女人看作一种可接受的生物，男人渴望与这种生物相结合，却又想方设法去统治她，像造物主那样，把女人看成是他正在雕刻的石头或木头。

群体的极端主义表现在它能快速地接受片面的观点，并根据这些观点得出肯定或否定的结论。因此我们得出一条关于行动的真理，即如果一种行动想要取得成果，那么首先就需要树立一面旗帜。这面旗帜可以是一个人——领袖、外国人、犹太人、富有者、美国人，也可以是一种思想——和平或战争，它还可以是某个人愿意结伴冲过去的地方——法国大革命时的巴士底狱以及俄国革命时的圣彼得堡冬宫。通过选择这样一面旗帜、一个偶像或一个替罪羊，我们就可以排除所有动摇、疑虑以及可能导致摩擦和群体分裂的观点上的差异。在群体狂热激动的氛围中，怀疑者找到了真理，犹豫不决者变得坚决果断，温和主义者变成极端主义者。如果群情高昂，那么情况更是如此。如果演说家们把激起群愤的思想灌输到群体中，或要求群体拥护或反对某个人或某种思想，那么剩下的事情就由传播去完成。一旦群体的情绪走向极端，他们就会极力拥护一种观点，完全排斥其他观点。随着群体的情绪继续向某一情感、观点或行动过程集中，一切都变得明朗化。用勒庞的话说就是：

群体情绪的简单化和夸张化所带来的结果就是：群体成为一群既不知道怀疑也不知道犹豫的人。像女人一样，它会马上走向极端。此时任何怀疑都变成不容置疑的罪证。开始时的厌恶或不满对于孤立的个体来说难以形成什么气候，但孤立的个体一旦融入群体，这种厌恶或不满就马上变成强烈的憎恨。[注9]

勒庞的这种说法似乎有些奇怪，但经过实践它已得到了验证，丝毫没有夸大或歪曲。也许他的描述带有一定的偏见，或缺乏一定的基础和连贯性，但它的确包含了一个真理。群体观点集中的过程与避免怀疑和犹豫的需求是一致的。只有通过对事物采取一致的观点，围绕一个中心，才能使群体达成统一。一个确定的、不可动摇的目标是产生极端行为的最佳途径。

在催眠状态下接受暗示的人比在清醒状态下能更清晰、更多地回忆起那些被遗忘的事情。他们还具有一种在清醒状态下所不具备的迫切性和无法抗拒性。勒庞进行了反向观察，得出的结论仍是：通过群体的激化和夸大，记忆和行为习惯往往可以恢复。即使经过巨变，被破坏的连续性还会重新连接起来。与革命口号相反，这种连续性没有新的起点和新的开端，因为我们无法控制过去。我们可以暂时摆脱这种连续性，但它却一直在控制着我们。

这种观点可能使一些人感到不安，因为它的提出毕竟使群体显得似乎是因为传统和个人的利益才去集中精力对社会进行革命性的变革。这就如同我们在单纯的孩提时代对革命的看法一样，思维习惯总是把群体和革命联系起来。但勒庞认为这种看法是错误的，因为思维不等于现实。群体进行革命并不是出于他们自身的本能，而是因为政党或领袖人物的缘故①。

在这一观点上使我们受骗的是群体对狂热行为的倾向。他们这种反抗和破坏性行为的爆发往往是暂时的。群体总是过多地受无意识思维的支配，因此也就过多地服从于具有遗传作用的影响，而这种遗传作用的影响就是不过分保守。由于失去了自我，不久他们便厌倦了混乱，因此本能地又转向了服从状态。当波拿巴镇压了所有的自由运动并开始施展残酷的铁腕统治时，为他欢呼喝彩的却正是那些最自傲、最难以驾驭的雅各宾派。[注10]

勒庞把保守主义看作一种机遇而不是一种障碍，因为它能够阻止即将到来的革命。因此他指出：那些在设置的路障上摇动着旗帜，呼喊着革命口号的群体是具有欺骗性的，不能只看他们的表面价值。实际上他们的灵魂已被一种愿望所扭曲，这种愿望就是：一切都能回到他们曾经历过的美好的遥远过去。如果社会对这种愿望作出回应，并用适当的词语加以强化，那么就有可能把群体带回到过去，使他们暂时解放自己，社会也因此安定下来。在此，勒庞重复了尼采的名言：群体本能就是稳定的、保守的，这是与生俱来的。

这种能明显起到镇痛作用的论断很快就得到了回应。第一个站出来的是索雷尔。他指出：勒庞的这些论断有相当大的真实性，但对阶级社会来说它们却并不是真实的。接着是考茨基。从前面的章节我们已经看出，他或多或少地接受了相同的观点。

但真正完全采纳勒庞这些论断的是墨索里尼之流以及那些追随和模仿

① 通过民众自发的，甚至是非政治的属性，革命领袖论证了政党的革命角色。至少列宁持这种观点。托洛茨基与勒庞的观点也很相近。他在《俄国革命的历史》一书中写道，革命时期民众情绪和观点的急剧变化不是来自人类思想的灵活性和生动性，而是来自其保守的本性。

他们的人。也就是说，墨索里尼之流做了资产阶级从不敢做的事情，把工人阶级看成是一个保守的群体，把马克思主义和社会主义与沙文主义信仰以及过时的传统思想掺杂在一起，因此使民族神话再次复活。这种大胆的行动产生了预期的效果，致使法西斯政党和纳粹风卷残云般的队伍从社会主义和共产主义阵营里捕获了相当一部分的工人阶级。因此，我们在世界上所看到了最反动的力量把革命的军事战争转变成反革命的军事战争。

总之，我们可以说：群体愿意接受暗示，并且喜欢极端的态度。从表面上看，群体非常易变。他们可以被他人从一个极端带向另一个极端而不进行任何反抗，因此我们可以得出这样的结论：群体像女人。女人是传统、习俗、古老的无意识的俘虏，然而她们却反对打破这些传统、习俗和无意识的束缚。如果这些束缚被打破，她们马上又会着手痛苦地重新构建起这些她们曾幸福抛掉的枷锁。只要能唤起群体的怀旧情结和对过去的辉煌以及已逝去人物的尊敬和怀念，就可以阻止或停止一场革命[①]。其中的原因非常简单，群体心理学提供了一个大概的解释。但使用这种手段已经产生并将持续产生预期的结果。

第二节 群体形式：既教条又空想的民众

信仰即形式。一旦把信仰与聚在一起的个体的主要事务结合起来，就构成了心理学所说的有组织群体；这个有组织群体把这些集合团体的各个部分组合起来，引导他们去追求一个共同的目标。如果构成群体的基础不牢固或比较脆弱，信仰就会消失，构成群体的组织也随之崩溃。正如所有的房屋都有其建筑风格或构造材料一样，所有的群体都有自己的信仰。马克思主义和非马克思主义的历史和社会观都认为：群体是建立在牢固的经

① 列宁认为，数百万乃至数千万人中存在的传统力量是最可怕的力量。

济基础之上的脆弱的上层建筑。与他们的观点正好相反，群体心理学把上层建筑看成是社会生活的永恒基础。群体心理学坚持认为：如果人类群体没有信仰，或者说没有推动他们前进的思想，那么这些群体就是没有活力的群体、空虚的群体。对于一个人而言，如果生活没有目标，那么生命对他来说就毫无意义；一个群体如果没有信仰，那么这个群体就会彻底瓦解。

因此，就是因为有了共同的信仰，所有年龄段的人都被囊括在使他们彼此相像的由传统、观念、习俗等编织起来的大网中，并且受这些传统、观念、习俗等的约束，他们无法从这张大网中挣脱出来。人们主要是按照自己的信仰以及由信仰带来的习俗行事。这些信仰和习俗约束着我们生存中每一个细小的活动，即使是最不愿意受到约束的人也无法摆脱这些信仰和习俗的影响。这种在无意中对人类灵魂施加的专制才是唯一真正的专制，因为人们无法抵抗这种专制。提比略（Tiberius）①、拿破仑无疑都是暴君，但追根究底，摩西、佛陀、耶稣、穆罕默德不都对人类灵魂施加了更为深远的影响吗？一个阴谋可以推翻一个暴君，但又有什么东西能帮助人类灵魂抵抗根深蒂固的信仰呢？［注 11］

使群体的精神世界统一起来的既不是科学，也不是哲学，而是信仰。从古至今，毫无例外。包括我们当今社会在内的任何一个社会，如果没有信仰，就不可能向前发展②。

抱着社会总是在进步的思想，社会学一直想看到各种意识形态影响的结束，一直在渴望完全建立在科学和理智基础上的社会的到来，而这个社会的到来应在社会实现工业化之后。在群体心理学眼里，这完全是一个可

---

① 提比略：古代罗马第二代皇帝，奥古斯都的养子，后在卡普里岛附近被近卫军长官杀害。——译注

② 这个观点在布尔迪厄的著作中已经得到了极大的发展和很好的论证。请特别参看他的《实践的意义》（Le sens pratique，1980）。

望而不可即的目标。群体心理学认为，人类社会的群体既不能按照理智的法规生存，也不能按照科学的方法行动。他们需要的是精神食粮，这种精神食粮不但不会消失，而且还将是一个至关重要的因素。在群体社会时代，这种精神食粮的重要性与日俱增。

因此，不是因为某些思想的真实与强大才征服了群体，并成为群体的信仰，而是因为这些思想抢占了群体传统的一面。这些思想必须从个体的有意识中迁移到群体的无意识中，并且还要得到世界各民族传统意识的支持。因此（18 世纪）启蒙运动的哲学家们所宣扬的自由与平等就成为法国大革命时期资产阶级自由主义和天主教美德的传统意识。

要想到达群体的“灵魂”深处，信仰必须获得像习俗那样不会轻易改变的特性。信仰不属于可以讨论的问题。它通过自身的不言而喻性以及所激起的无法抗拒的情感力量去施加影响，同时还通过再现以往的生活、辉煌的时代或者失去的乐园，甚至是再现尚未到来的正义和公平的社会力量去施加影响。简言之，在我们心目中，这种信仰必须是教条和空想的。为什么会这样呢?

群体总是需要精神的一致性和情感的稳定性来帮助他们理解所发生的一切，帮助他们弄懂易变而又复杂的宇宙，因为群体似乎只是茫茫宇宙的玩物而已。信仰的教条性能满足这种需要，这种教条与孩子们所体验过的教条很相似。如果能用一种单一的、让人容易理解的理由去解释不断变化的复杂世界，那么不管什么人——工人、犹太人、资本家或者帝国主义者，只要他们能够提供简单而又令人信服的答案，并且能够对什么是正确的或什么是错误的、什么是美好的或什么是邪恶的做出明确的回答，他们就可以得到所期望的那种一致性和稳定性。

信仰还排除了争论的可能性。每一个结论都是合乎逻辑的，每一个判断都是正确无误的。当他们想表明他们从未犯过错误，或者想证实他们能预见一切，并且还想证明他们的政策从未改变过时，也就是说，当理论家和政党想对群体宣称他们在任何方面都是一贯正确的时候，他们所使用的就是这种方法。

通过反复强调其永久性和正确无误性，它把历史事件转变成无可置疑的、教条的信仰①。

当信仰在绝对真理的幌子下强加于群体，并作为一种暗示的形式在群体中不断被重复时，他们就不再受理智的争论、怀疑或与信仰截然相反的事实所带来压力的约束。总体来说，就是当群体与争论或批评毫不相干的时候，情况更是如此。群体既缺乏看待事物所必需的客观性，也没有进行自我检测的能力。在勒庞看来，公共集会上群体对敌手所提出的哪怕是最微弱的反对意见的吼叫和痛哭就是很好的证明。

组成信仰的这种教条方面的影响使信仰变得更偏执。“信仰最常见、最主要的特征之一就是它们的偏执性。当信仰非常坚定时，这种偏执更是不肯妥协。那些被确定性束缚的人根本无法容忍不接受这种信仰的人。”[注12]

所有的集体信仰都是不妥协的、激进的和纯粹的。它们使信仰者在认识上抛弃了模糊的概念，在情感上更加全神贯注，并且赋予信仰者一种兴奋感和全能感，因为信仰者坚信自己属于一个永远正确的群体。信仰能帮助信仰者证明他的热忱是正确的，并且把他从漠然、懒惰的罪恶中解救出来，使他重新认识生存的意义，并向他保证激情会征服一切。认为群体具有狂热性，是因为群体确信他们一直在追求自己认为是可靠的理想，这种理想会给他们带来一个有固定社会准则的世界，在这个世界里，既不存在内心的忧虑，也不存在来自外界的危险。群体具有偏袒性，每一个采取行动的群体都是偏袒性的群体，并且只有当群体具有偏袒性时才能使它采取极端行动。

因此勒庞看到了合乎逻辑的一致性和确定性，这两点都是我们作为重

① 在《乡村医生》(*Lemedecin de campagne*)中，巴尔扎克写道：“对于人民来说，永无差错性总是很有必要的。这成就了拿破仑。倘若这个世界没有听说他在滑铁卢的失败，这甚至能使拿破仑成为神。”

点在教育中所传播的，因为它们能直接导致群体而不是个体的盲信、专制和偏执。[注13]

如果情况果真如此，那么我们又该如何看待政府、政党以及各种社会活动呢？如今他们比以往任何时候都更迫切地希望利用科学的一致性和确定性去武装群体。尽管他们宣传的内容与群体信奉的内容相反，但他们的努力并没有使群体有更大的容忍度。他们已经得到的，或将要得到的，都是与其目标相反的效果。因为一旦他们的信仰从理智上或科学上都能证明是正确的，群体就从心理上得到一种安慰，那么这时他们对那些持有不同信仰或对他们的信仰持有怀疑态度的人就更加冷酷无情。勒庞认为，正是这种精神状态导致了宗教法庭和恐怖统治的产生，并将助长现代宗教法庭和恐怖统治的气焰。知识对个体起到了启蒙的作用，但却使群体变得更加盲从，这的确让人感到进退两难。人们希望得到的是解决问题的方法，而不是对人类理智的忠实赞美，但历史早已告诉我们，这种方法是不可能找到的。

分裂的、无个性特征的群体并非总是生活在一个非常惬意的世界里。他们寻求幸福，但找到的却常常是不幸。这种失败往往让人难以接受。但根本不接受经验的、在并不令人满意的愿望中饱受折磨的群体从未放弃过他们的信仰，他们总是坚信他们的境况会改变，而且还必须是彻底的改变。这一希望给了他们无穷的力量，使他们做出最有益的抑或是最恶劣的事情，这就使得群体要么成为英雄，要么成为罪犯。正如勒庞所说："不管哪一个种族，他们崇拜的都是相同的上帝，这个上帝就是希望，尽管不同种族的人们赋予希望不同的名称。从这个意义上说，他们都是一神论者。"[注14]

既然他们的崇拜是如此坚定，因此群体愿意接受那些能让他们崇拜，并且能描绘出他们渴望已久的幸福蓝图的信仰。

这种信仰也许只是一种幻想，但即便如此，它也能成为推动人类社会前进的力量。也许他们的梦想只是乌托邦式的理想王国，但这个王国也是基于建立一个完全可信赖的社会这一愿望之上，在这个社会里没有不公和腐败，也就是说，这个社会与他们生活的现实社会有所不同。这些美好的幻想并非都是难以实现的。工人梦想这样一个社会：在这个社会里，他可以自由地工作而不必去忍受贫困和老板的压迫；在这个社会里，他能够在共同的工作中自觉地与其他工人合作。难道这个梦想没有实现的可能吗？

信仰总是尽力打造出一个比当今社会更令人满意的现实世界，让人们看到一个更辉煌的未来。然而，尽管从表面上看信仰与过去似乎毫无联系，但实际上它却是失乐园的再现——原始的共产主义、希腊城邦、罗马帝国——这些都是群体公认的黄金时代。

普鲁斯特就曾赤裸裸地写道："借助希望，我们对自己进行洗脑，这是一个民族自我保护本能的体现，但前提是我们必须真正是这个民族中活着的一个成员。"[注15] 乌托邦式的信仰就是这种发展到了极致的信仰。导致这种信仰产生逻辑并没有错误，只不过是这种逻辑走到了极限，它甚至描绘出我们这个世界本应具有的劳动画面中的最细小的场景。它内在的完美的确奇妙无比。

勒庞的快人快语也让他走向了极端。在描绘未来的蓝图时，在希望的刺激下，他预见了一个既深刻又无法逃避的必然。芸芸众生潜在的状态是一种以救世主自居的状态，他们把自己看成是在履行一种使命，并且能拯救自己和万物众生。这一使命使他们感到自己的行动是正义的，不管这些行动是崇高的还是卑鄙的。正是理智导致了个体摒弃道德，而群体抛弃道德则是出于忠诚。一位匈牙利共产党的领导人，也是心理学方面的专家，一直呼吁群体要具有同个体一样的理智：应该把那些具有救世主倾向的人判为有罪，因为他们犯下了"违背人性的罪行"。[注16] 这位共产党的领导人认为，在原子时代，这样的人不管具有什么样的意识状态，都会制定出给人类带来灾难的政策。领袖们非常清醒地意识到这一诱惑。从最初的合理化建议到被告知把他们的希望托付给某人就能换回幸福，群体很容易受此诱惑，这就如过去牧师告诉他们，只要把灵魂托付给牧师，他们就可以进入天堂一样。

如果人类丧失了忠诚，即他们幻想的能力，那么他们就可能一事无成。信仰可以更新和恢复人类幻想的能力。在群体原有的结构上，信仰再造出对稳定性和希望的需求。信仰给群体所带来的希望，如同人们在探索真理和客观现实中，知识和科学给人们所带来的希望一样。

信仰千变万化，各不相同。有些信仰是普遍性的，有些信仰是地方性的；有些信仰崇拜神灵，有些信仰摒弃神灵。这些信仰统治着我们日常的社会生活，或帮助我们建立起与上帝融洽的关系。归纳出信仰的起源，罗列出信仰所使用的语言，或勾画出某一国家，比如法国的信仰分布区域图，都将是一项工程浩大的工作。然而，这项工作却是非常重要，也是非常必要的。但令人遗憾的是，至今仍没有对信仰进行全面比较研究的科学。

如果我们坚持信仰的基本特征——教条主义和空想主义，我们就会惊奇地发现，信仰和信仰体系是如此相像。这些信仰体系，即宗教，千百年来把人类文明完美地结合起来，并且经受了历史风云的考验。如果信仰要想渗透到群体的“灵魂”深处，那么不管这些信仰来自何处，它们都必须像宗教一样，并且也将会像宗教一样。这是一条完全正确的法则，正如勒庞所说：

群体对事物的确信使群体呈现出盲目服从、强烈排外和对疯狂宣传的需求等特征，这些特征都是从宗教感情中继承下来的，因此，我们可以说：群体的所有信仰都有其宗教形式。[注17]

这样，我们就不难理解，当对真理的渴求以及情感或偏执发展到一定程度时，人们为什么会把那些不愿接受相同信仰的人看作敌人，而把那些愿意接受相同信仰的人看作朋友；也不难理解，为什么那些真理的伟大奠基者的脱颖而出是以牺牲人类生命为代价的；也不难理解，为什么人们会在自己的心目中赋予这些信仰以类似于神话的特征。这样的领袖人物往往通过唤起人们对信仰的无限崇拜，以及把不容置疑的宗教强加给人们等方法来达到他们要求人们盲目服从的目的。这些领袖成功了，人们逐渐接受了这些类似传说中的英雄人物，也正是这些英雄人物使我们的历史更加绚丽多彩。但是我们已不再为这些英雄人物设立祭坛，也不再为他们祈祷祝福。

然而尽管如此，他们在人们的心目中仍占据一席之地，在他们的崇拜者中仍有人保存着他们的画像，而且对他们的崇拜绝不亚于对人类祖先的崇拜。只有正确地评价群体心理学的这一基本观点，才能正确地理解历史哲学。群体首先需要的是一个上帝。[注18]

群体心理学具有浓厚的宗教色彩①。其原因当然是由于宗教对于民众的心理价值，而不是因为宗教的内容。群体心理学并不关心宗教的内容，正如勒庞所说：

如果一个人仅仅是崇拜某一个神，我们还不能说他有宗教信仰。但是，如果他完全放弃了自己的思想和意志，狂热地投身到某个事业中或者追随某个人，让这个人成为自己思想和行为的目标和向导，那么他就具有了虔诚的信仰。[注19]

每一次大规模的行动都离不开群体心理学所说的这一宗教特色。

每一位有威望的领袖都掌握了利用这一宗教特色的技能。除此之外，最优秀的领袖还具有预言家的天赋。但是，只有尊重习俗的文明才向神灵

---

① 读者的注意力被吸引到了这里。欧洲专注于寻求一种世俗宗教。群体心理学对宗教感兴趣，但并不是把它作为过去历史的遗存，那是社会学的观点；也不是把它当作原始文化的一个方面，那是人类学的解释；而是把它作为现代和将来高级文化中的一个因素。勒庞对宗教的研究，以及弗洛伊德对宗教的关注几近20年，其方式方法也正是如此。

祈祷，才能想象出一个超自然的世界，才算得上真正神圣的宗教。这当然不是指我们这个时代的群体，因为我们信奉无神论，培养怀疑，赞颂世俗的美德。被灌输了如此大剂量的人文主义和无宗教信仰后，我们已经不可能回到过去的信仰或者恢复过去的崇拜形式。我们甚至不配被它所诱惑，因为在已经西方化的世界里，与民族主义和社会主义相比，宗教已经不能打动人心和灵魂，不能褒扬忠诚，不能驱动无信仰的群体。近乎荒诞愚蠢的现象的回潮已经证实了这一点：不是宗教，而是领袖人物个人的超凡魅力，使民众拜倒在其脚下。

然而，我们这个文明也可以有一种宗教。它的教义、正统性及其永无谬误的经典都不能被批评。这种宗教以科学知识为基础，由当代思想编织而成，没有任何精神的上帝。总之，这是一种世俗宗教。孔德的实证主义就是这样看待自己的，但事实上它并非如此；苏联传统的社会主义正是如此，但它却并非想要如此。既然我们对宗教有明显的需求，既然我们曾经拥有过的宗教已经过时，那么我们完全可以创造出如同旧宗教一样灵验的新宗教。这些新宗教既然是在没有宗教信仰的社会里产生的，它们当然是世俗的和人为的，并且在任何情况下都必须满足所有那些对确定性和希望的需求，上帝创造的“真理”曾一度满足过这些需求。

群体心理学似乎为这一创造进程提供了一个公式。实际上，群体心理学确实为群体信仰的形成和普及提供了一个模式，如果没有这样一个模式，那么群体信仰就不可能对民众有所作为，或者使民众行动起来。看起来它好像已取得了成功，因为目前几乎每个政党或国家都希望，一旦感到需要宗教，就会有自己特定的宗教出现。用卡西雷尔的话来说：

新的政治神话并不是自由地发展起来的。他们并不是丰富想象力产生的野果。他们是由技术高超、娴熟的手艺人制作出来的人工的东西。研究开发神话的新技术留给了20世纪我们这个伟大的技术时代。从今以后，就像制造任何其他现代武器——如机关枪和飞机——一样，人们将能够在同样的意义上，用同样的方法制造神话。这可是一种新东西，一种非同寻

常的重要东西。[注20]

他说的话显然太夸张了，所做的比喻也不是很恰当。当代宗教（“神话”一词在本文中使用不准确，并且带有不得要领的轻蔑意味）并不是温室里的花朵，它们最初被嫁接到了其他东西上，然后才按照心理学规律进行了专门的培养。然而卡西雷尔的说法也并非没有一定的根据。以相同的方式大规模地生产信仰无疑是我们这个工业时代的一项发明。在我们这个时代里，自然界中的任何东西，包括自然的感觉印象，都可以进行人工再造。人们不能离开宗教，而宗教作为人类的古老艺术之一，已转化为一门应用科学。

第三节　群体领袖

每个人都有可能成为领袖，但真正成为领袖的人却很少。

——霍夫曼斯塔尔（H.von Hofmannsthal）①

群体既有群体质料又有群体形式。他们是由易受暗示影响、易走极端、具有可塑性以及多变性的个体组成，这些个体易受外部世界变迁的影响。群体形式是一种坚定的信仰，这些信仰从本质上说是教条的，并且必定是空想的，它们与宗教信仰相似。因此，群体把个体身上最原始的东西和社会上最永久的东西结合了起来。而我们的问题恰巧就是需要了解群体形式是如何影响群体质料并成为群体质料的发源地的。如果按照亚里士多德的学说，那么我们就需要一个第三者，即一位造物者，这位造物者是一

① 胡戈·冯·霍夫曼斯塔尔：奥地利诗人、剧作家、随笔作家，最著名的作品是早期的抒情诗，他作为剧本和歌词作者与作曲家理查德·斯特劳斯有着长期的合作关系，作品有歌剧《蔷薇骑士》《埃及的海伦》等。——译注

位能工巧匠，有能力把群体质料和群体形式结合起来，并且使他们成为一件艺术品，就像一位木匠能把木头打造成一张桌子，一位雕刻家能把铜块锻造成一尊雕像，或一位音乐家能把捕捉到的声音谱写成一支和谐的乐章一样。

这位造物者就是领袖，他把易受暗示影响的群体转变成由信仰和共同的目标组成的集体活动。他的艺术领域是社会生活，他的艺术就是统治的艺术，正如木工就是木匠的艺术，雕塑就是雕刻家的艺术一样。正是他——这位生活在最具体、最紧张领域里的造物者——使群体为接受一种思想做好了准备，这一思想将使群体的目标具体化。领袖的秘密就在于他既体现了群体的思想，又是思想所代表的群体的化身，两者激活了领袖的威力。

领袖不是通过组织暴力行动来施展自己的威力——这通常是次要的手段，而是通过组织信仰来施展自己的威力——这才是主要的手段，正如一位雕刻家不是通过敲打石块而是通过雕刻出一尊雕像来展示自己的才华一样。

群体杰出领袖的作用一直是唤起人们对信仰的追求，不管这种信仰是宗教的、政治的还是社会的，也不管这种信仰是针对某种作品的、某个人的，还是某种思想的。一个人如果有了信仰，他的力量就会增加十倍。[注21]

换句话说，群体的信仰犹如物质中的原子能，这种能量一旦释放，它的威力将是最大的，也是最可怕的。信仰的确能起作用，谁控制了信仰，谁就有能力把一个由多疑的个体组成的集体转变成一个由坚定的信仰者组成的群体。这个群体容易动员，甚至更容易领导。因此就让我们来研究这位领导艺术的大师——领袖。

思想统治群体，但群体并非通过思想而受人统治。为了使统治这一基本任务富有成果，为了使统治的艺术得到锤炼，就需要一种特殊的人物。这些人把从少数人理智中产生的观点转变成所有人共同的激情。通过他们，思想转变成行动。

这些人当然是从群体中产生，并且同样被一种信仰所支配，他们对此信仰的追求要早于群体中的其他人。有了共同的信仰，他们就与群体融为一体，并把这种信仰转变成一种激情。勒庞写道：

> 领袖常常从被领导者中产生。他本人被某种思想所吸引，因此成为这种思想的倡导者。这种思想是如此牢牢地支配着他，以致思想之外的一切都消失了，并且任何相反的观点对他来说似乎都是错误的或迷信的。罗伯斯庇尔就是一个很好的例子，他被卢梭的哲学思想所吸引，并采取对其他思想恣意镇压的方法去宣传卢梭的思想。[注22]

这些人由于受激情的驱使和使命的吸引，所以必定会脱颖而出。他们反复无常，脱离现实世界，疏远与他们亲近的人。这些领袖中的大多数人，主要是来自勒庞所说的“神经过敏者、过分受刺激者以及生活在疯狂边缘的半疯子中。不管他们捍卫的思想或追求的目标多么荒谬，他们对所有的理智都充耳不闻。嘲笑和迫害只能使他们的决心变得更加坚定。他们可以牺牲一切，包括个人和家庭的利益，甚至连自我保护的本能也消失了，他们所追求的唯一回报就是为他们捍卫的思想和追求的目标而献身”。[注23]在其他文章中勒庞也写道：正是因为有像隐士彼得（Peter the Hermit）和马丁·路德等这样近乎疯狂的人，才使世界从根本上发生了改变。[注24]

关于这些对真理发狂的人的描述五花八门，应有尽有，诸如精神错乱、渴望献身、痴迷教条、意志坚定等，他们是群体的缩影，但却与群体有本质上的差别，因为在他们身上有着群体无法与之相比的精力和耐力，也就是说，他们坚强的意志把他们与群体区别开来。他们那种不达目的决不罢休的韧劲和偏执就是他们“疯狂”的征兆，因为一个心智健全、行为正常的人更愿意去接受那些折中的方法以保全他们个人和个人意志不受损害。但从可望而不可即的使命前退却的人，却十分敬仰那些意志坚定、不达目的决不罢休者，并且承认在这些意志超凡的人物面前，他们确实显得十分渺小。勒庞本人也是抓住一切机会对工人阶级进行侮辱；但对领袖人物，他却表现出无限的尊敬，把领袖描述成意志“极为顽强的人，他们总是以相同的方式重复着相同的事情，并时刻准备着牺牲他们个人的利益甚至生命，去换取深深吸引他们的理想的成功”。[注25]

因此，领袖的主要品质必定是具有坚定的信念，不管这种信念是暴行还是欺诈。大多数个体对他们的信仰不明确，对自己的理想也是疑虑重重。他们担心的是不要让自己过多地投入这些信仰或理想中去，并与这些信仰或理想保持一定的距离。但对领袖来说，信仰没有任何怀疑和保留的余地。一般人认为对事物不过分狂热是优点，但在领袖看来这却是致命的弱点和自我放纵。他的思想不仅仅是他实现抱负的手段或工具，更是他坚定不移的信仰，这种信仰强加于他绝对是历史的必然或上帝的意志。他所做的一切都是为了不惜任何代价确保他的信仰、宗教或国家取得胜利。其他所有的人，不管地位高低，只有服从他并听从他的命令。

领袖总是充满着偏执的狂热，每一位伟大的领袖都是一个狂热者。可以说，他是带着让人困惑的平静，通过思想的传播与群体交流的。他那不可动摇的自信也激起了他人的无限自信，在这些人眼中，领袖是一位带领他们奔向理想王国的领路人。领袖那铿锵有力的演说就像一种无法抗拒的咒语深深地吸引了他们。当领袖沐浴在真理的光环中，用他那充满威力的语言向他们布道时，所有的听众都被征服了。尼采曾经说过，信仰宗教的人只宣扬他自己，这“自己”当中当然包括他的思想。

富雷特，一位研究法国革命的历史学家，最近对完全献身于事业的领袖与其他人之间的差别做了极好的描述。在评论罗伯斯庇尔，一位群体心理学所研究的领袖原型时，富雷特是这样说的：

不管是米拉博（Mirabeau）[①]，或者是另一位革命史诗的艺术鉴赏家——丹东（Danton）[②]，他们都是按照两个标准行动的具有多重性格的艺术家。罗伯斯庇尔是一位预言家，他对自己说过的话深信不疑，并且用革命的语言去表达自己的思想。与他同时代的人中间，没有一个人能像他那样使所有与革命现象有关的思想体系彻底地深入人心。这就意味着，对他来说，在为权力而斗争和为人民的利益而斗争之间没有什么差异，如果对这两种利益进行定义的话，那么它们的含义肯定是相同的。[注26]

因此，在个人命运与群体命运之间，在思想与社会之间以及在权力与真理之间都存在着某种契合。如果有人确信他人会对自己作出理智的评价，那么戴高乐就是其中之一。丹尼尔（J. Daniel）说过："没有一位预言家能像戴高乐那样，深信自己也是一位被预言的对象；没有一种激情能比得上他的自我陶醉；没有一个情人能像他那样在自己的情人面前却深爱自己。"[注27]众所周知，他的情人就是法兰西。

领袖远大的抱负和他对抱负勇往直前、不可抗拒的追求都是对某种刻不容缓的职业或使命的阐释。他不仅要完成这一使命，正如被催眠的人要完成催眠大师的指令一样，而且还要不断地重复那些已灌输到他头脑中的语言。任何内部或外部的障碍都无法阻止他，就好像有某种不屈不挠的意志在推动着他一样，这种意志就是群体自身的意志。

这是一个颇具启发性的比喻。马基亚弗利笔下的君王是一个头脑清醒但无原则的人，他能熟练地计算出个人的力量和众人的力量。他的行动仅局限于幕后有限的空间里，他所有的思想都充满了隐藏的动机，但这些动机却鲜为人知。在某种思想或信仰支配下的领袖就不同了，他与外界的群

① 米拉博：法国大革命时期君主立宪派领袖之一，演说家、政治家，主张实行君主立宪政体。——译注

② 乔治·雅克·丹东：法国律师，法国大革命时期激进但又务实的领袖，其折中调和的态度经常受到敌对派别的抵制。——译注

体有着直接的接触，对幕后的阴谋、权力的交易以及控制人们思维的诡计一无所知。但他的最大优势就在于他能够按照自己的意志去做自己想要做的事情，没有任何隐藏的阴谋，并且可以沿着自己选择的道路一直走下去，即使没有人期望他这样做，即使没有人相信他会为此而失去理智。但等到人们意识到他已经失去理智时，通常为时已晚。发生在德国的情况就是如此。希特勒亲手缔结了同盟，每个人都认为他将会成为这个同盟的阶下囚，认为他只会躲在小阁楼里与他的夺权同僚们一起大声斥责犹太人、社会主义者等；认为他迟早会在众人面前被痛斥为骗子。然而，他的顽固以及对邪恶思想的不懈追求却使人们困惑了、退却了。那些诡计多端、聪明绝顶的人被他们自己协助打造出来的简单机器碾得粉碎。希特勒的例子在近代史上并不是独一无二的。

领袖的第二种特征是：他们的勇气远远超出他们的才智。但是，我们如何才能给诸如理智与疯狂、优势与弱点这些紧密相连的概念明确地下一个定义呢？毕竟，这些概念只能单独进行定义。也许我们应该坚持最普通的看待事物的方法，对似乎人人都能理解的"普遍接受"的概念含糊其辞。众所周知，像其他领域一样，在政治领域，同样有许多人能分析形势、思考问题并提出解决问题的方法。他们能对一个问题的方方面面进行审视，能预见一个决定的作出需要考虑哪些因素，而且还能对事态的如何发展进行阐释。他们是一流的建议者，彻头彻尾的专家，并且善于操纵事物。

如果没有行动的意志和吸引他人加入自己行动行列的意愿，那么再好的理论、再精确的推理也只是无稽之谈。而正是勇气把一切可能的事情转变成现实，把理智转变成行动。在许多重大事件中，在紧要关头，勇气（以及性格）往往比才智更有用，因此更能起到决定性的作用。勇气能把一个暗示者变成一位领袖，比如蓬皮杜；能把一个将军变成一位皇帝，比如拿破仑；也能把同等地位中的佼佼者变成他们的主人，比如斯大林。歌德强调说，这种品质意味着对个人意志的控制："实践已经证明，具有强大自制力的人常常能胜任最困难、最伟大的工作。"

勇气使他敢做那些别人不敢做的事，从而也使他敢于大胆地嘲弄，就像勃兰特（W. Brandt）[①]，他有勇气跪倒在集中营的土地上，亲吻那片土地；也像约翰·肯尼迪，他有勇气向全世界宣布："我是一个柏林人。"勇气的问题常常是统治中的主要问题，因为友善的力量往往不可靠，而敌对的力量又常常是险恶的。比较而言，才智更像是一种障碍而不是一种优势。

在有些情况下，领袖可能不仅才智过人，并且还可能受过高等教育；但通常情况下，过人的才智和良好的教育只会给他带来坏处而不是好处。通过向其拥有者展示事物的复杂性，通过解释和增进其拥有者对事物的理解，才智往往使拥有者变得宽容，这样也就极大地削弱了拥有者传播信仰时所必需的强硬和暴力。每个时代群体的杰出领袖，尤其是革命时期的领袖，大多并未受过高等教育，但正是这些学历有限的人，却给这个世界带来了最大的影响。[注28]

这是一个永恒的真理。一个人的勇气再多也不嫌多，这是优势；但一个人的才智过多就会成为弱点，因为才智会使勇气消失殆尽，才智会赶走行动所需的盲目性。"理解一切就会原谅一切"，这一箴言就是这一观点的最好证明。这一观点同样出现在歌德的《诗歌与真理》中。在这本书中，作为群体的领袖并非都被看成是才智非凡或非常有天分的人，他们也不是靠自己纯洁的心灵而赢得人们的喜爱。然而，用歌德的话来说，从他们身上散发出一种神奇的力量，使他们能够对人类乃至自然界施展令人难以置信的威力，这种威力的极限无人知晓。道义的力量在领袖面前显得无能为力。头脑清醒的人试图通过指责领袖欺骗他人或自欺欺人而使领袖成为怀疑的对象，但这样做完全是徒劳的，因为大多数人还是被领袖所吸引。

尽管纳粹的独裁者具有贪婪的读书习惯，但他的才智和所受教育的匮乏却一直被那些了解他、听说过他或读过他文章的人所津津乐道。很难理

① 勃兰特：德国政治家，1969~1974年任联邦德国总理，曾获1971年诺贝尔和平奖。——译注

解他写的泛泛说教和枯燥无味的《我的奋斗》一书是如何诱惑了出版商并吸引了众多读者的。然而，确实有很多人拜读过这本书，或至少买了这本书，谈论过这本书。如果说他们这样做仅仅是因为害怕，那也未免有点牵强附会，但这本书的确展示了作者有限的智力水平。有人把这本书的作者描绘成一个非常懒惰的失败者，懒汉旅店里的长住居民，一个遭人唾弃的卑微艺术家。还有一些人更是毫不夸张地把他描述成一个只有一种思想的疯狂者。但正是这样一个疯狂者，在一个国家里打造出一个强大的民族，而这个国家还曾产生过伟大的先哲，20 世纪科学、艺术、技术等领域的代表人物，甚至就在这样一个民族中还诞生了一位世界社会主义者中最重要的思想家。我所说的民族当然包括工人阶级，尽管他们在军队和选民中所占的比例不大。这些例子都很好地证明了勒庞关于领袖的评述："他们天生不具备敏锐的预见力，他们也不可能具备，因为这一品质常常会导致怀疑并阻止行动。"[注29]

完全没必要对这些品质进行夸张，因为画像总是高于原型。就群体心理学而言，理想的领袖总是从一群特殊的人物中产生，是某一特定思想的牺牲品，发起狂来总是歇斯底里。他通过牺牲一个全面发展的正常人所珍爱的东西而使自己高高在上。没有信仰，抱负再大又有什么用呢？而领袖的优点恰恰就在于：他能够把信仰与抱负紧密地结合起来。他显著的优点还在于：他拥有更多的使人奋进的勇气而不是削弱意志的才智。一旦没有了勇气，世上也就没什么丰功伟业可谈，任何理想都不可能变为现实，任何人物都不可能让人钦佩。实际上，这幅画像只是轻描淡写，所涉及的也只是单个人的勇气，但组成勇气的成分在任何时候、任何地方都是相同的。

第四节　超凡魅力

领袖都肩负着使命。如果没有领袖，那么群体，实际上是整个人类，都将一事无成，甚至无法保证自己的生存。勒庞把这一观点作为自己专门研究的对象，并因此赢得了名声。但我们不能忘记的是：勒庞并不是一个公正的、无偏见的学者和观察家。他试图劝说那些社会精英接受这样一种观点，即在强人利用自己的威力把他们打倒之前，社会精英们需要建立一个立场鲜明，而且是实实在在的政权。他用鲜明的论点劝说资产阶级（而几乎与此同时，列宁也试图劝说社会主义者）去建立一个组织，这个组织应由少数人组成的牢固的集体来领导；因为正如列宁所说，没有几个经过长期磨炼而且日渐成熟的有能力的领导者（光有才智还远远不够），以及他们之间的精诚合作，现代社会中就没有任何一个阶级能坚定地领导革命斗争。

但勒庞却把政党和社会运动的产生看成是领袖的工作，这也正是他与列宁主要观点的分歧所在。因为在勒庞眼中，群体不仅接受了某个人，而且还被这个人的人格魅力所折服，正如我们从罗伯斯庇尔、拿破仑、穆罕默德等人身上所看到的那样。到底是什么东西吸引了群体？领袖身上到底有什么特别的品质使他从芸芸众生中脱颖而出呢？当然不是因为他们能言善辩的口才、强壮的体魄、非凡的智力、英俊的相貌或者是他们的年轻有为，因为很多领袖都不具备这样的品质。尽管他们的语言、体魄、智力都显得平平常常，也没有什么过人之处，但他们却高高在上、魅力四射。因此，肯定有某种选择标记或者特别的印记使得一个人能成为群体的主人。

除了信仰和勇气外，我们在领袖身上还清楚地看到另一种难以定义但却非常有效的特质，那就是领袖的超凡魅力。超凡魅力难以用语言准确地进行描述，勒庞把它说成是一种神秘的力量，一种基于崇拜和尊敬之上，超越了领袖其他主要才能的魅力。拥有这种魅力的人具有无法抗拒的优势以及对他人的自然控制。他的一言一行足以让人服服帖帖，也足以让他获得其他人通过大规模战争或完全的官僚统治才能获得的东西。甘地只需说几句话，就足以让由几百万人组成的情绪激昂的武装群体平静下来，并放下手中的武器。

这种魅力是领袖所具有的最主要的特质，它赋予领袖的那种支配他人的权力在本质上可以说是邪恶的。歌德认为："在近代，这种魅力也许在拿破仑（而不是其他人）身上最为灵验。”它主要体现在领袖对周围人的控制和对摇摆不定观点的支配上。它赋予领袖某种辐射能力，使领袖的一举一动都让他的支持者兴奋不已；他的一字一句都让他的听众着迷。群体像被实施了催眠术一样，对领袖的出现马上会感到既害怕又着迷，而且还被领袖的目光所吸引。在这种情况下，群体失去了自我，听任领袖的摆布。就像一位催眠大师，领袖也是一位善于利用目光的艺术大师，他的双眼就是暗示的工具。海涅说歌德的双眼“像上帝的双眼那样平静，他的目光是如此的专注，他的眼神是如此的坚定，这难道不是上帝眼睛的标志吗”。用海涅的话说，拿破仑的双眼和歌德的双眼如此相似并非偶然。“因为拿破仑的双眼具有同样的特征，这也是我相信他同样是上帝的原因。”

对催眠大师来说，超凡魅力就是那种能够产生催眠作用的力量，那种能使群体接受他的暗示并向群体传递他的意志和坚定思想的能力。他既能够支配群体去做群体本不想做也不打算做的事情，也能够支配群体停止或前进，破坏或战斗。在这里我们需要注意的是：领袖所做的这一切都是在徒手和没有任何外援的情况下进行的；就像在阿尔及利亚战场上，戴高乐将军用自己的魅力感染了摇摆不定的起义士兵那样，他并没有依靠任何来自他本国或同盟国的武力去威胁镇压这些起义士兵。

勒庞毫不掩饰自己对罗伯斯庇尔的崇拜。尽管罗伯斯庇尔并不是一个雄辩家，但他能控制集会者，并用他的魅力、激情和活力使集会者感到振奋。“我情愿在他身上看到今天已从我们身上消失的那种人格魅力。他在女性身上取得的成功证明了这一人格魅力。”[注30]

但真正令勒庞崇拜得五体投地的，却是拿破仑从厄尔巴岛（Elba）① 流放归来的场景。没有同盟者，也没有欢迎仪式，在十几位忠实的支持者的陪伴下，孤独而又落魄的拿破仑回到了自己的祖国。而此时，国家已恢复了和平，国王也得到了相当一部分中产阶级、警察和军队的支持。想要人

① 厄尔巴岛位于意大利西岸厄尔巴，1814年拿破仑被迫退位后的流放地（1814年5月至1815年2月）。——译注

们再次屈服于他，他需要做的一切就是重新展现自己，让每个人都看到他的身影，听到他的声音。“在他的威严面前，国王的加农炮沉默了，国王的军队消失了。”[注31]

大家一致认为，夏多布里昂对拿破仑流放归来的描述也充满了敬意：所有的人都惊呆了，警察也不见了踪影，这一巨大的身影仿佛置身于一个真空。

那些被他的魅力所折服的敌人到处搜索他，但却没有发现他。荣耀的光辉把他隐藏了起来，就像撒哈拉沙漠中的狮子，在耀眼的阳光下，那些被照得眼花缭乱的追捕者是无法看到它的。阿尔科莱（Arcole）、马伦戈（Marengo）①、奥斯特利茨（Austerlitz）②、耶拿、弗里德兰（Friedland）③、艾劳（Eylau）④、俄罗斯（帝国）、吕岑⑤，以及包岑（Bautzen）⑥，敌人所到之处，就像一股邪恶的旋风或嗜血成性的魔鬼，卷走了百万人的生命。犹如从云柱中产生的一团火焰，拿破仑每到一个城镇，都会吹响胜利的号角，都会升起三色旗，都会打开所有的城门。当拿破仑率领40万士兵、20万匹战马所向披靡、横穿尼曼河（Niemen）⑦、直捣位于莫斯科的沙皇冬宫时，他

① 马伦戈，拿破仑取得重大胜利的马伦戈战役的所在地，位于热那亚北部。——译注

② 奥斯特利茨，原捷克斯洛伐克中部一城市，拿破仑于1805年在此击溃俄奥联军。——译注

③ 弗里德兰，俄罗斯加里宁格勒东南部的一个村庄。1807年6月14日，拿破仑在此打败了俄国军队，迫使沙皇亚历山大一世讲和。——译注

④ 艾劳，曾经的普鲁士东部城市。1807年2月，拿破仑在此遭遇了早期重大的战争僵局。——译注

⑤ 吕岑，著名的交战地点。“三十年战争”时期和拿破仑战争时期的两次著名会战均发生于此。——译注

⑥ 包岑，德国东部工业城市。1813年，拿破仑一世在此打败了普鲁士和俄罗斯联军。——译注

⑦ 尼曼河，位于普鲁士北部边境的一条河流。拿破仑曾经与俄国沙皇亚历山大一世在这条河上的一艘船上会晤。——译注

是一位令人惊叹的人物；而当他结束自己的流放生涯，在国王面前抛弃枷锁，只身一人从戛纳（Cannes）返回巴黎，并在杜伊勒里（Tuileries）[①]度过平静的一夜时，他更是一位令人惊叹的人物。

那么肯定有一些人被超凡魅力的光环包围着。他们无需展示自己的威力就能让人接受他们，让群体服从他们或者跟随他们。让人崇拜的这种魅力存在于社会各个阶层，但我们只是在一些特殊的情况下才有勇气承认它。

领袖的威望之中融合了领袖的两种品质，即引人瞩目的信念和顽强的勇气。在法语文化中，威望一词代表了后来在德国，以及再后来在美国思想中出现的希腊词汇——超凡魅力。从政治意义的角度来说，威望和超凡魅力这两个词汇是可以互换的，只有细微的差别。而在群体心理学领域中，威望是所有权力的先决条件，至于超凡魅力的概念，从历史的视角来看，是凸显了威望的某种特定形式。换句话说，所有权力都以威望为基础，没有例外。领袖的威望一旦耗尽，剩下的就只有征服者的残酷暴力。

我们可以从威望和超凡魅力的起源上来分析两者的差别。威望可以看成是起源于一种职能或职责，而超凡魅力则起源于某一单独个体。如果一个人属于某一特定的阶层或拥有某些头衔（教授、医生、伯爵等），那么这个人就拥有一份与此阶层或头衔紧密相连的威望，即使这个人没有任何个人价值或没有任何天分。坐在办公桌前的公司总裁、穿着迷人制服的空姐、身着锦缎长袍的法官以及胸前佩戴勋章的军官等，即使在普通的人群中，这些人也会被立刻辨认出来，并受到人们的尊敬。这就是威望。

而另一方面，超凡魅力却与官位或职位的外在标志无任何关联。它完全取决于一个人，我们可以很快从一个人的一言一行或待人接物的方式上

① 杜伊勒里，是指法国的旧王宫“杜伊勒里宫”，位于卢浮宫旁，塞纳河右岸。建于1564年，毁于1871年。——译注

看出这个人身上是否具有超凡魅力。正如戴高乐所述，威望（超凡魅力）是带有感情色彩的事实、暗示和产生的印象，它主要取决于一种无法正确估量的基本才智和自然能力。实际情况是：某些人从一出生就好像带有某种神秘的权威，这种权威使他们周围的人感到吃惊，并屈服于这种权威的影响。就像爱情，我们只能用难以形容的魅力来描述和解释它。[注32]

这两种品质的重要性发生了变化。在过去那种稳定而又等级森严的社会里，职位、头衔等非常重要，起源于职能或职责的威望占绝对优势，人们屈从于有贵族姓氏的、在军队或教会里有职位的、佩戴勋章或穿制服的人，并向这些人行鞠躬礼。而在我们这个变化无穷且动荡不定的社会里，一切都发生了变化。唯有个人的超凡魅力才能有效地影响群体。同群体心理学家一样，戴高乐也注意到了这种新的现象，并且指出：这种新的现象产生于个人的价值以及某些人与生俱来的优势。过去人们对那些有职位或出身高贵的人的崇拜和尊敬，现在已全部转移到那些把个人意志强加于群体的人身上。戴高乐继续说道，没有一个君王能真正像那些独裁者一样让群体臣服；而正如我们所看到的，这些独裁者的唯一高贵之处就在于他们的鲁莽。[注33]

人们可以得出这样的结论：在群体社会里，在玩弄权术的游戏之中，领袖的超凡魅力几乎是他取胜的唯一筹码，也是他影响群体的唯一途径。正是这种超凡魅力使领袖有能力把人们召集起来，动摇他们的立场，并用狂热去激励他们，或用纪律去约束他们。如果没有超凡魅力，那么剩下的一切就只能靠警察或行政管理、武力或计算机来统治了。如果没有超凡魅力，世界要么是血腥一片，要么是死一般的沉寂。的确，软弱无能作为一条统治规则已成为当今世界上许多所谓“强大”政权的特征。

超凡魅力基本上可以说是一种天资，也可以把它看成是一种遗传的才能，就像有些人遗传了绘画、唱歌、园艺等才能一样。但这种遗传下来的天资不能像遗嘱订立者认为合适的那样进行分享。这种天资必须经过磨炼、训导和使用才能最终成为一种真正的、有用的和可用的社会才能。正如戴高乐继续阐述的那样，威望（超凡魅力）的某些组成部分绝对是天生的，是不可能经过后天的努力而得到的，尽管这些组成部分在人与人之间可能会有所不同。但某些永恒的、必要的组成部分却是可以经过后天努力而得到的，或至少是可以发展的。因此，像艺术家一样，领袖既需要天分也需要熟练的技术。[注34]

这项技术的运用还需要遵循两条简单的规则。第一条规则是领袖必须强加于自身的规则，主要包括：健康的体魄，精练而又有威严的说话方式，简单明了的判断方式和迅速果断的处事方式。第二条规则是：在群体面前，领袖还要有捕捉和支配情感的能力，有富有魅力的行为举止、能言善辩的口才和创造舞台效应的品位。只有这样，领袖才能激发群体的创造力。如果运用得当，这两条规则还可以激起人们模仿领袖的愿望，强化人们对领袖的崇拜。如果没有这些愿望和崇拜，领袖就不能发号施令，最重要的是，群体就不会服从领袖。

除此之外，只有当领袖能像魔术师或催眠师那样与周围的一切保持一定的距离，用一层神秘的面纱把自己笼罩起来，并把注意力集中到那些能导致成功的因素上时，我们所理解的超凡魅力才能起作用。领袖与群体之间的距离能使群体产生敬仰之情和谦恭之举。领袖被群体推上了让人敬畏的宝座，因此没有人去审查他或评判他。

从群体中脱颖而出的领袖渴望与群体保持一定的距离，这一点可以看作领袖想与过去断绝关系的决心。通过把自己与过去的同伴分开，领袖把以前那种互惠平等的关系转变成支配与不平等的关系。一旦他成为一国之主，他们就不再拥有自己的朋友，有的只是自己的部下或对手，这种变化是由他自己造成的不可逾越的鸿沟带来的。如果没有这种变化，他就不可能作出他必须作出的决定或下达他认为合适的命令。一天，拿破仑告诉他的传记作者拉斯卡斯：他不得不制造出一种让人敬畏的气氛，否则的话，有很多人就不会注意到他，或对他过于亲密，因为他本人就来自这个群体。

毫无疑问，掌权者的孤独是因为他与过去的绝交，并因此破坏了原有的平等和互利关系。高高在上的宝座只能容纳一人。但这种高处不胜寒的孤独也巩固了他身居要职的地位，并使他笼罩在一种神秘的气氛中，使群体对他产生各种各样的幻想，并且把群体所渴望的各种高贵品质都集于领袖一人身上。领袖不得不去迎合群体对这种神秘气氛的热爱以及对他旨意的好奇，尤其是在危急时刻。戴高乐利用了这一原则，他坚持认为，如果没有神秘感，就没有威望可言，因为太熟悉了就会觉得没有什么了不起。[注35]众所周知，任何人都不会在自己的仆人面前成为英雄。

把领袖笼罩起来的神秘面纱上总是点缀着几幅象征性的画像，就像剧院里的帷幕上总是挂有脸谱或戏中背景进行点缀一样。这些画像给领袖添加了一层更完美的色彩。一种人为的屏障使公众对领袖的存在、领袖真实的决定、领袖的情感以及领袖的疾病一无所知。这样，领袖的健康、容貌及生活就巧妙地避开了公众的视线。公众对领袖的真实情况也确实是一无所知，这就是为什么当威尔逊已近乎疯狂而蓬皮杜也濒临死亡时，他们各自仍在统治着美国和法国。这些象征性的画像与领袖本人的联系是如此紧密，又如此具有欺骗性，以致画像一面世就赢得了公众的信赖并对其产生了敬畏之情。这就是超凡魅力的特征。因为在勒庞看来，遭到质疑的超凡魅力就不配再被称为超凡魅力。不论是那些不遗余力地想得到超凡魅力的圣人，还是那些对超凡魅力深信不疑的凡人，都无法忍受对超凡魅力的质疑。[注36]

从这一意义上讲，我所提到的具有象征性的画像就非常有价值。对领袖来说，这些画像有助于把群体的注意力从现实中移开，并让群体感到世上缺少的正是画像上领袖这样的人物。画像所产生的神秘感，掩盖了领袖真实的行动；高高悬挂的画像也置领袖于普通人之上；所有这一切都有助于领袖设计并安排他们将要制造的幻觉，甚至设计和安排他们自己未来的结局。群体对领袖的忠诚产生于神秘感，而这种神秘感反过来又为群体心目中的偶像增光添彩。现实不可能对已被幻觉深深吸引的群体产生影响。群体和领袖只有永远团结一致才能开创一个新世界，到达他们共同的理想圣地。对希望的需求永远不会停止。勒庞认为，超凡魅力的一个独有特征

就是隐藏现实，麻痹群体的判断意识，因为群体和个体需要的往往是现成的观点。[注37]

这足以说明超凡魅力主要是取决于人们的幻想。我们被它所迷惑，就像我们被魔术师所迷惑一样。尽管我们知道它只不过是一种诡计，但我们却对它的魔力深信不疑，并情愿被它所迷惑。

同样的道理，能保持他们的超凡魅力完好无损，并能继续唤起群体对他们的无限敬仰的领袖，是那些已逝去的领袖。当他们活在世上时，有人赞扬他们，有人诅咒他们；有人热爱他们，有人憎恨他们。他们被赞扬是因为他们有勇气去领导群体，他们被诅咒是因为群体情愿被他们所领导。但人们对已逝去领袖的崇拜却是无限的，因为他们集中体现了群体的思想和幻想。也就是说，在群体的心目中，已逝去的领袖是神。这就是为什么他们比活着的领袖更危险。人们既不会永久地笼罩在他的阴影之下，也无法抛弃有关他的传说，或者脱离群体凭空捏造他的权威。我希望以后能对这些复杂的问题进行充分的探讨，但在此我只能引用其他学者 100 年前的观察来做一总结，这一观察也许还不成熟，但我们却很难驳倒它，因此它至今仍然正确。

今天，尽管大多数曾改变过人们思想的伟人已不再拥有祭坛，但他们却拥有雕像，他们的崇拜者也许还珍藏着他们的肖像，对他们的狂热崇拜也不亚于对祖先的崇拜。只有彻底理解群体心理学这一基本观点，才能理解历史哲学。群体首先需要的是一个神而不是其他东西①。[注38]

但个人的超凡魅力完全是建立在个体基础之上，与由职责或职能带来

① 我得赶紧补充，刚才所说的关于政治领袖的所有观点都适用于艺术、体育、文学和电影等各界的领袖。

的威望相比，它有明显的不利因素——缺乏合法性，而合法性是与遗传、财产和选举并存的，不以某一个体的存在为基础。超凡魅力并非唾手可得，而天分也是必备条件；只要天分还在起作用，超凡魅力也随之存在；但超凡魅力还取决于群体的喜好，因此它有可能随时被群体所抛弃。一位法国总统、一位国王、一位将军或一位教授，可以这样说吧，他们都有自己的任职期限。而摩西、拿破仑、托洛茨基这样的军事领袖或弗洛伊德这样的运动倡导者，只要他们的天分使他们能继续去激励他们的军队或他们的追随者，他们就永远是领袖。使领袖保持超凡魅力、使群体更忠实于领袖并为领袖献身的唯一法宝就是成功。成功是领袖权力仍起作用，其效力仍不减当年的最好证明。为保持他们艰难取得的统治地位，并继续激励群体的信心，摩西需要的是石碑，基督需要的是奇迹，而拿破仑需要的则是一场又一场战役的胜利。

拿破仑在他的回忆录中解释道："我的处境就是如此。因为没有世袭的权威，便被剥夺了人们所说的合法资格，但我无法抵挡时代的召唤。我必须要独断、专横和果断。"从权威的观点来看，与那些合法的继承人不同，因为群体的拥护而被推上权力宝座的人是篡权者，并且人们对他们的感觉也是如此。因此，这些所谓的篡权者总是想方设法摆脱这一不光彩的形象。他们要么通过废除所有合法权力的代表——历史上关于继承权的战争总是接连不断；要么通过采用合法化的外在装饰——皇家法庭或追随者、旗帜或勋章。也许正是为了使其权力合法化，戴高乐从1940年6月18日起就一直保留着将军的头衔直到去世，希望以此表明法国曾在危急的时刻召唤过他。

群体领袖权力的获得既不是靠皇室的恩惠，也不是靠他人的资助，更不是靠祖上的积德和财富。既然没有任何世袭的权力可继承，他们的成功只有靠个人的奋斗。虽然群体领袖拥有超凡并且几乎是无限的权力，但一位篡权者能够轻易地被另一位篡权者所废黜，因此，这也暴露了群体领袖最大的弱点。群体领袖需要做的就是不断地去吸引群体，通过不断地创造奇迹或取得胜利向群体证明：他们的超凡魅力依然如故，就好像一位体育健将需要不断地奋斗去打破他自己创造的纪录一样。拿破仑经常说："如果说我本人或我的职位有什么过错的话，那么其原因就在于我是突然从群体中脱颖而出的。我意识到了自己的孤独，因此我会随时从四面八方向大海抛锚。"但这些锚只有在他取得胜利时才起作用。

因此，群体领袖的超凡魅力不能建立在合法继承的法律之上，只能建立在不断取得的成功之上。只要他们能保持成功，他们就大权在握。但如果他们的预测出错或行动失利，那么他们的权威就立刻下降；因为除了成功，他们没有任何其他的支持或支撑。领袖，如同西班牙阳光普照下斗牛场中的斗牛士，要么成功，要么死亡。

这就好似领袖的神秘天分已被耗尽，并且失去了它以往的魔力。用勒庞的话说就是：

成功是威望的主要奠基石之一，其证据在于：一旦成功消失，威望也随之消失。昨天群体为之欢呼拥戴的英雄，如果今天失败了，那么他就成为群体侮辱的对象。威望越高，对其侮辱的程度就越高，因为此时的群体已把败北的英雄看成是自己的同流，并把昔日卑躬屈膝的怨恨都抛向他们已不再承认的领袖身上。当罗伯斯庇尔对其同僚及许多与他同时代的人大开杀戒时，他拥有极高的威望。当在改选中仅以几票之差而被夺去权力时，他的威望立刻一落千丈。群体愤怒地咒骂着把他送上了断头台；而就在不久以前，群体带着同样的诅咒把罗伯斯庇尔手下的受害者送上了断头台。信徒们总是带着各种愤怒的心情把他们以前的神像砸得粉碎。[注39]

凡事都有例外。在群氓的时代，一位领袖——即使是绝大多数人选举出来的领袖，从定义上说也是篡权者。这一事实决定了领袖的超凡魅力及其权力的本质，也决定了领袖性格的多重性，对此我们已有较多的了解。现在，让我们对超凡魅力做一扼要总结。正是有了超凡魅力，才有了对领袖十分崇拜的群体；群体是一切之源——催眠师的天分、预言家和帝王的典范；这样的典范前有拿破仑，后有罗伯斯庇尔。但有一件事是确定无疑的，那就是，一种类型领袖的存在，并不意味着所有的领袖都如出一辙，或者所有的政体都大同小异。一个人是生活在墨索里尼统治的国家里，抑或是生活在戴高乐、萨拉查（A. Salazar）[①]、罗斯福、波尔布特、卡斯特罗等统治的国家里，也许这并不是一件无关紧要的事。然而，领袖个体之间的差异却未影响他们属于同一类人。

第五节　宣传策略与群体暗示

我们试图从群体心理学的角度创建有关领袖和群体的理论，进而从整体上创建相关的政治学理论。到目前为止，我们所做的分析已阐明了大众暗示或宣传所起的主要作用。大众暗示是通过宣传的方式发挥其作用的。它并不只是一种少数上层人物对多数下层民众进行的交流或劝说形式。一个领袖或一个政党的计划或思想是由外界的经济和历史因素以及阶级和民族的利益决定的，但是如何使计划或思想付诸行动，如何把计划或思想转化成群体统一的信仰，却是由领袖与民众之间的某种关系决定的，这种关系才是至关重要的。

超凡魅力确立和决定了领袖与民众之间的这种关系，而使超凡魅力产生效果的先决条件是其使用的策略。也就是说，领袖是如何使超凡魅力开始发挥作用，并且确保自己的地位凌驾于民众之上的呢？首先应该排除的就是武力和理智这两个因素。

武力能够确保外在的统治，也可以用来镇压反对的力量。除此之外，武力还可以确保由于害怕而产生的表面屈从。但是武力却不能征服人的心灵和灵魂，它所得到的只是征服的表象。如果领袖想要吸引民众，那么他就需要民众的支持和爱戴；否则，他就只不过是一位让人憎恨的暴君而已。

---

① 萨拉查：葡萄牙经济学家、政治家、独裁领导者，1932~1968 年任葡萄牙总理。——译注

那么领袖是否能够用雄辩、讨论或确凿的证据来说服民众呢？答案是否定的。因为民众不受理智的影响，所以任何形式的讨论都将导致民众对领袖的权威丧失信心。民众并不想了解真相，这对领袖来说却是非常有利的，因为领袖的超凡魅力就是建立在神秘和幻觉之上。勒庞认为，只有那些对群体心理学一无所知的理论家才会相信：理智可以改变人类，统治世界。当然，总有一天理智会改变一切的，但在目前以及不远的将来，它的影响仍将是微乎其微的。

虽然既不能使用武力，理智也不起什么作用，但对真正的领袖来说，还有第三条路可走，那就是超凡魅力。“普通的演说家以及胆小的政治家所做的无非是卑躬屈膝地奉承群体，并且盲目地接受群体的意愿。而真正的诱惑者首先是用自己的魅力吸引群体，那么被吸引的对象，不管是群体还是女人，就会变得只有一种观点和意愿，也就是诱惑者的观点和意愿。”[注40]

超凡魅力具有诱惑性，而领袖就是诱惑者。这几个字概括了领袖对群体必须采取的一个策略。催眠大师或者实施催眠术的人在设置催眠环境时所使用的就是这种策略。在这个环境中，催眠大师看着自己的病人，不停地变换催眠方式，以确保与病人的直接接触，并且以特定的方式注视着催眠对象，口中说着成套的催眠术语。所有这一切都是为了增进病人与自己的亲密感，营造一种使病人的意志和意识放松下来的宽松氛围。一旦这些咒语开始起作用，病人就会陷入一种梦游状态。如果可以把这种方法称作一种治疗方法的话，那么这种治疗方法会受到与病人的亲密程度和放松程度以及亲密和放松所产生的爱的幻觉的影响。

领袖使用的同样是这种做表面文章的方法，用类似真理的东西去取代真理。领袖与群体之间总是保持着一定的距离，这就使群体无法看清领袖的庐山真面目，因此展现在群体面前的只能是与他们的希望完全吻合的领袖形象。领袖的天才之处就在于能把群体事务和共同的目标转化成具体和崇高的形象。只要他在场，平凡的工作也会变得非同寻常，而且领袖总是把这一点牢记在心。不管是拿破仑的崇拜者还是恺撒的崇拜者，即使在战斗的喧嚣中，他们也总能回想起拿破仑或恺撒参加群体集会时的壮观场面，以及那些铭刻在所有人心中的名言。拿破仑的名言是："士兵们，从这些金字塔的顶端，40 个世纪的历史正注视着你们。"这些名言带给了那些战斗在埃及的法国士兵勇往直前的力量。

古希腊哲学家高尔吉亚（Gorgias）认为：通过具有魅力的逻辑（这种逻辑至今在政治学科中仍无人研究），语言变成"一位强有力的统治者，用它微小甚至完全看不到的躯体完成了非常神圣的事业。"那些具有历史意义的言辞、令人深思的警句以及值得模仿的行为当然都有其自身的现实意义，但它们都是经过深思熟虑后精选出来的，它们的作用也是经过精确计算的，而且它们都是在适当的场合公之于众的，这样给人们的感觉就是既自然又坦诚；而且为了激起群体对信仰的热情，凝聚群体的忠诚，这种坦诚都带有一定的欺骗性，比如戴高乐在法属加拿大演讲中的结束语："魁北克自由万岁！"

像其他魅力一样，领袖的魅力也不会一直深藏不露。它公开展现自己，并使用各种手段使所有的人都能目睹其风采。幻觉由此而变得如此完美以致赢得了现实的力量。正如艺术家的作品，只有当它取得成功时，它才能受到人们的赞美，但如果它与成功哪怕只有一步之遥，人们也会感到自己被人当作笑柄。因此，把隔在民众的幻觉与领袖之间的这层美丽面纱撕破的人就要遭殃，因为民众会迁怒于他，并把曾经吸引过他们的人一脚踢开。从布鲁图到孟德斯－弗朗斯（Mendès-France）①，不止一位政治家曾有过这种痛苦的经历，并为此付出了惨痛的代价。

具有魅力的领袖把群体从理智的世界带入幻想的世界。在幻想的世界里，一切有影响的思想和言辞都从记忆中消失了，取而代之的是强烈的情感。当你了解到领袖是用这种骗人的把戏和手段，即把真实的社会关系转变成虚假的关系以激起群体热情时，你也许会感到失望或担忧。但勒庞并

---

① 孟德斯－弗朗斯：曾在法国总理任内同意结束印度支那战争，承认突尼斯自治，因接受英国重新武装德国计划不得人心而下台。——译注

没有去悲叹人类的这种本性。解除痛苦的良药就在于分析其病因，观察其症状。一旦发现和理解了痛苦的规律，他就不可避免地被这些规律所吸引，就像工程师被机械规律所吸引一样。这种情感统治着群体规律。群体需要幻觉，而领袖则通过幻觉施展自己的才华。幻觉和理智相比，人们更需要幻觉。勒庞是这样描述的：

> 理性的逻辑控制着意识的领域，我们对自身活动的解释在这一领域形成。正是这种情感逻辑培养了我们的信仰，这些信仰又促成了个体以及民族的行为。[注41]

我们不能由此而推理出领袖就是骗子、实施催眠术的人或王位的觊觎者；领袖只不过也是催眠大师而已。但他们是某一确定思想的牺牲品，并且时刻准备着为确保这一思想和他们自己的成功而制造出各种幻觉。因此，这种既真挚同时又极其荒谬的奇怪现象曾使塔列朗（C. Talleyrand）① 把拿破仑说成是一个魔鬼，因为拿破仑嘲笑所有人，在向我们展示激情的同时又表现了对他自己的热爱。

一位领袖必须像一位演员那样表现自然。他必须走出自己的精神世界融入群体的精神世界。为了能更好地说服群体，他必须随群体情感的变化而变化。在改变群体意见并尽力让他们接受自己的观点之前，领袖必须与群体同呼吸，以唤起他们对往事的回忆，启发他们对理想的追求，体验他们的真实感觉。勒庞承认："我研究的内容将比客观现实所展现出的现象更深刻；并且可以说，有些人对具有魅力和被魅力所吸引的人，以及对领导与被领导者一无所知。而一种神秘的机制将要渗透到这些人的灵魂中。"[注42] 他所说的这种机制已经得到了证实。群体心理学将以同样的现象为基础，

① 塔列朗：曾任法国外交部长、外交大臣，驻英大使。拿破仑称帝后秘密勾结沙皇亚历山大一世反对拿破仑，后受路易十八任命出席维也纳会议，分化同盟国，为法国谋取利益。——译注

在以后对这种机制进行研究。

现在让我们来探讨宣传的策略。宣传的目的就在于把个体转化成群体成员，并把他们吸引到某个特殊的行动中来。针对每一种情况，因为领袖（或实际上是政党）期望得到的结果是具体而又特殊的，因此他们采取的宣传方法也各不相同。但无论哪一种情况，他们都会用到三种主要的宣传策略，即表现、仪式和说服。运用第一种策略需要占用一定的空间，运用第二种策略需要占用一定的时间，而运用第三种策略则需要具有一定的语言水平。

如果需要群体聚集和行动的话，那么就需要占用一定的空间，而且这个空间还要根据使用的目的不同，在形状和结构方面具有不同的代表意义。人们建造了诸如大教堂、体育场之类的场所接纳群体，并且希望这些场所能对群体起到人们所期望的效果。教堂的建立，给个体提供了一个暂时逃避现实生活的场所，并且使个体能基于共同的希望和信仰而联合起来组成群体。因为每一个个体都与群体中的其他成员关系紧密，因此他会感到自己更加强大，也更有自信，也就是说，个体在群体中得到了强化。体育场、街道和广场等场所适合开放性的民众，他们走在行进的队伍中像地毯一样铺展开来，或像花坛一样聚在一起；而宫殿、大教堂、剧场则更适合那些关系比较密切的群体。正如我们所了解的那样，广场已被占用，为容纳大量民众，尤其是为举行重大典礼的场馆已被建好。有了这些场所，群体就能够聚集在领袖的周围，共同庆祝所取得的胜利。人们公开建造纪念碑，其目的就是为了纪念辉煌的胜利或群氓所取得的胜利，但实际上这些纪念碑却是向领袖表示敬意的一种方式。对巴黎人来说，最经典的纪念碑当然是凯旋门，因为建造它的第一个目的就是永远纪念拿破仑。

在某些时间，尤其是在傍晚，这种活跃的地方总能营造出一种交流以及等待某一特殊人物出现的心理状态。这里有一种异常的敏锐和兴奋感，人人都渴望融入周围的环境中去。这时，如果领袖出现，一切都会恢复得井然有序，因为领袖总能凌驾于群体之上。他虽然只是孑然一身，但人人都可以看到他；群体虽然人数众多，但人人对它视而不见。领袖有一个响亮的名字，聚集在他周围的人都高呼这个名字；而群体却是无名氏。群体被其巨大的数目淹没了，领袖走在群体中，就如同走在荒漠之中。甚至在领袖到来之前，在领袖说出第一个字之前，每一个人似乎都已完全成为群体的一部分，每一只眼睛都已牢牢盯在一个特别的地方。尽管那个地方还没有人，但它已被清楚地划分了出来，因为有人可能要占据它。

仪式常常把集会转变成类似弥撒的催眠曲，在这一过程中，领袖可以充分施展他的超凡魅力。各种各样的民众在一个真正具有象征意义的节日里聚集在一起。在集会上，领袖、群体，与领袖所体现的思想有关的国家、军队等，都通过旗帜、标语、画像和歌曲等形式得到了颂扬。每一种象征以及它的入场顺序都直接与重新唤起和刺激情感有关，就像某些醒目的大字标语，其目的就是烘托气氛，并且把民众融为一体的过程推向顶点。在这样的场合下，每一个个体都想参加到群体的行动中去，不管这一行动是游行示威、引吭高歌还是振臂高呼。如果希望群体采取集体行动，那么这样的仪式是非常必要的前奏。

示威、游行、抗议活动和政治集会，这些先于群体总动员的活动也表明：如果没有希望推崇或推翻的象征，那么就不可能有充满激情的行动，甚至可以说就不可能有民众。我们可以从历次的革命起义中看到这一点。在民众杀掉国王之前，首先会把代表和象征国王压迫的肖像烧掉。有时民众会去袭击金钱的存放场所——银行；有时民众会去围攻镇压的中心——警察局；有时他们还可能去砸碎监狱的大门，就像巴黎民众攻占巴士底狱一样。巴士底狱是专断的皇权象征，一个人可能仅仅因为一封有国王封印的信而被投进监狱，并且永世不得翻身。

这样的行动可能看起来毫无意义或者非常荒谬，并且常常成为嘲笑群体愚蠢的最佳把柄，因为民众攻击的只是权力的象征，而真正的权力却依然存在。但是象征却具有非常重要的作用：在行动中，因为有了这些象征，群体就能认识到自身的存在，并在领袖面前表明自己的立场。不管领袖认为民众的行动是多么荒谬，但如果他想保护自己的权威，并且成为事物的主宰，就他本人来说，他必须肩负起引导民众行动的职责。正如勒庞指出的那样："伟大事件的诞生不是出于我们理性的本能，而是出于我们非理性的本能。我们本能中的理性部分创造科学，而非理性部分则创造历史。"[注43]

随着仪式的不断向前推进，每一个个体都渐渐融入群体之中，融入正在形成的大规模的无意识精神运动之中，并在其中扮演着同样的角色。正如催眠师手中的催眠器具，这种无意识的精神运动能确保催眠对象从清醒状态进入睡眠状态。因此，象征性的庆典也使个体为他们即将步入的新阶段做好了准备；接下来起主要作用的就是使个体仍然保持在昏睡状态中的音乐。

正如电流能使物体保持相同的振动一样，如果把音乐的曲调定在相同的频率上，那么它也能使群体的情感保持一致。然而，这里所说的一致，不是仅指简单的物理和机械上的一致，而且还指更高层次上的心理状态的一致。这种心理状态一致的基本特征就是：个体暂时忘却了他自己的身份，他所体现的是群体的身份；或者说是把群体的身份强加于个体身上。[注44]

与此同时，群体的各种活动也正在和谐地进行着。一队又一队的人马，带着他们自身的特征和显著的标志走向指定的地点。一个很好的例子就是在巴士底狱遗址举行的五一节庆祝活动，当时所有的队伍都聚集在竞技场周围，仿佛他们都置身在一张由共同的回忆编织而成的大网中。

伴随着群体演出和播放的音乐，（从特定的城市、贸易组织、政党或个人代表中选出的）代表队依次步入会场，他们的入场欢迎仪式使演出达到了高潮。正是在这一心理状态下，所有群体的代表——领袖——出现了。这是庆典中最辉煌的时刻，音乐和欢呼声回荡在集会场所，强烈地刺激着群体的情绪，使群体欢迎“明星”到来的激情高涨；正是为了迎接这一“明星”，群体从四面八方赶来，渴望成为他的观众。这种逐渐高涨的情绪削弱了个体对意识的控制以及对事物的审慎，并逐步把民众推向无意识的前沿。群体已做好听从指挥、服从命令的准备。这是暗示的关键时刻，因此也是领袖展示魅力的关键时刻。此时的个体已断绝与外部世界的所有联系，他所拥有的唯一社群就是他周围的群体。这里有一种既简单又强烈的同一情感交流，每一个人都陷入了司汤达曾描述的心理状态。

> 伴随着赞美上帝的歌声，烟雾弥漫，步枪和大炮齐鸣，农民们都陶醉在幸福和虔诚中。这样的一天，使雅各宾派报纸上百次辩论的结果都化为乌有。[注45]

这样的仪式就像在做弥撒，领袖扮演的角色既是主持弥撒的神父又是上帝。但这种仪式灌输给民众的是具有催眠作用的东西，而不是宗教的内容。对那些持有怀疑态度的人来说，这两者之间的差别可能并不是很大。这种仪式的确是勒庞所梦想的那种具有催眠作用的民众聚会。关于极权主义者的宣传，德国哲学家阿尔多诺（T. Adorno）[①] 曾这样说过：“从表面上看，这种宣传是看得见的领袖在向民众进行演讲，但其形式和实质仍是催眠大师在对催眠对象实施催眠。”[注46]

一旦形成这样的场面，那么聚集在一起的人群便陷入一种集体的催眠状态中；此时，所有注意力都已集中到领袖的身上。他的目光牢牢地吸引着群体。在古代，人们认为只有那些半神半人的动物，像毒蛇、蛇怪或像

---

① 西奥多·阿多尔诺：德国马克思主义哲学家、社会学家和音乐学家。——译注

希腊神话中戈耳工（Gorgon）①之类的妖怪，才具有如此迷人又如此让人畏惧的眼神。群体一旦被征服，那么它就更易接受语言的灌输，语言成为领袖施展魅力的主要工具。此时，一切尽在领袖的掌控之中。他既可以指明群体的共同愿望，也可以向他们口授解决复杂问题的简单方法，还可以向群体发表演说。而此时的演说就好像领袖正在与群体中的每一个成员信心十足地进行个别交流，这种交流方式取得的效果最佳。勒庞把语言看成是威力强大的工具。“言辞和习语是观点和信仰的最大创造者。它们具有强大的威力；与枪炮相比，这种威力能置更多的人于死地。”[注47]这看起来似乎不大可能，但他的追随者希特勒却十分赞成这一观点。在《我的奋斗》一书中，希特勒这样写道：“在政治或宗教领域里，所有伟大历史运动的发起力量，自古以来非神奇的语言莫属。一个民族中的绝大多数人总是屈从于语言的威力。”他自己在许多场合都证实了这一点。和希特勒截然相反的甘地，也同样把语言作为让和平走进人们的心灵以及与暴力进行抗争的最有效手段。

那么究竟是什么让普通的语言变得如此具有迷惑作用呢？答案当然在于那些在群体面前说出这些语言的人的超凡魅力。这些语言能产生多大的效果，取决于语言所唤起形象的精确性和迫切性。“演讲的逻辑性从未给民众留下任何印象，但演讲者富有表情的形象却给他们留下了深刻的印象，这个形象是由语言及语言的组合共同创造出来的。”[注48]“领袖在群体面前庄重地说出这些语言。一旦听到这些语言，在场的每一位听众脸上都会露出尊重的表情，所有的人都点头称是。许多人把这些语言看成是自然的力量，并且具有超自然的魔力。”[注49]

我们只需想一想某些口号（“不自由，毋宁死！”“法兰西万岁！”等等），或者想一想被普通老百姓用作习惯用语或者名字的那些词汇的魔力，它们都具有构成形象并且留下深刻记忆的超凡魅力。群体心理学相信

① 戈耳工：希腊神话中海神潘塞冬的三个魔鬼女儿之一，为蛇发女怪。——译注

语言的作用，并且这种作用的威力几乎是无限的。正如基督教徒相信那些具有神性的语言一样，群体心理学认为：只要使用得当，语言就能说服人们去追随我们信仰的东西，去做那些我们希望他们去做的事情。说服的基本原理建立在肯定和重复的基础上，这是两条最好的法则。

任何宣传的基本条件都是要有坚定的立场或占统治地位的思想，这种立场或思想应该以不允许有任何反驳的方式明白无误地提出来。立场或思想所表达的内容可能是微不足道的，甚至还可以说：一场公开的演讲并不需要包含那些民众并不知道的内容。因为在群体和领袖之间有一种同谋关系，或者可以说是一致关系，这种关系把群体和领袖置于同一水平之上，因此领袖一定不能试图去扮演教师的角色，或表现出学术上的优越性。

事实上，就演讲的内容来说，最好不要有什么创新。然而，关于演讲的风格或体裁却有必要不断地更新，不断地带给人们新奇感。演讲所使用的语言应该精辟、有力，就像恺撒的“我来了，我看到了，我征服了”。或者像离我们这个时代更近的“法兰西虽然在一次战斗中失败了，但她并没有失掉整个战争”。在 1940 年 6 月 18 日，戴高乐就是用这样的演讲来激励他那些既迷茫又无望的同胞们投入战斗。

必须经常思考的是：长期使用某种语言，可能会导致群体对这种语言的厌倦，语言本身也会因为滥用而威力大减。因为经过一段时间，这些语言就会变成陈词滥调，即使像“自由”“平等”“博爱”“革命”或“国际主义”等词汇也会让人感到乏味。但在危急时刻，在不同的环境中，这些语言又赋予人们不同的含义。比如日常情况下，我们只是机械地重复着《马赛曲》中的歌词，但当敌人入侵我们的国家，“市民们，拿起武器来！”就会像吹响的号角那样回荡在人们的心头，并再一次变成我们从过去就一直拥有的某种形象。像这样的口号，尽管表达的内容极少，但形式却是必不可少的；在危急时刻，即使这样的口号不是真理，也没有逻辑性，但却能表达一切。

一般来说，肯定反映了鲜明的立场，它在演讲者坚决维护的观点和强烈反对的观点之间划分了一条清晰的界线。当一位政治家声称权力掌握在富有的人手中，或号召大家行动起来而不是坐等观望时，他所表达的就是鲜明的左翼思想观点，而反对的就是右翼思想。每一种肯定的观点必须要有其他的观点来支撑，必须要以其他观点为基础，而且反过来又能证明这些观点。人类的思维总是趋向于这种方式，正如培根在《新工具》中所指出的那样，一旦人们提出了一个主张，不管这种主张是大家一致同意的结果，还是一种共同的信仰，或仅仅是因为它能带来欢乐，我们的理智都会迫使所有其他的观点给予这一主张以支持和肯定。

肯定的形式越简明扼要，就越具有权威性，因为它似乎表明持有肯定观点的人提供了让人信服和正确的证据。歌德就期望和他交谈的人要语气肯定："如果要我听别人的观点，那么这些观点必须以肯定的形式向我陈述，因为我本人对这些观点满腹疑虑。"在给被催眠对象发出命令时，催眠师的语气既要简短又要威严，这种语气不容有任何反驳，它必须"简洁、有力、感人"。[注50]

在演讲中，肯定意味着拒绝任何争论，因为如果一个人或一种思想愿意接受争论，那么他（它）就失去了可信度。肯定也意味着让观众或群体不假思索地接受这种观点，根本不去衡量正反两方面的因素，只是机械地回答"是的"。在斯大林格勒战败的一次集会上，戈培尔的演讲就是一个很好的例子：

"只要元首在，只要我们在，德意志民族会取得全面胜利的，你们相信吗？"

整个大厅都回荡着："是的！"

"你们想取得全面的胜利吗？"

整个大厅又回响起："是的！"

"如果必要的话，你们希望战争变得比我们现在想象的还要全面彻底吗？"

"是的！"回答声又一次在大厅响起。

这些虚假的问题当然都是肯定的。他们把群体引入单向思维，而群体虚假的回答只是再一次证实了演讲者的观点，因为重复是肯定最强有力的表现形式。

那些被肯定、被重复的短语和口号的神奇魔力开始发挥作用，它们以闪电般的速度向外传播。群体被这些短语和口号深深吸引，因为它们唤醒了群体记忆中清晰的血与火的形象，唤醒了胜利与失败给群体带来的亢奋与耻辱，激起了群体心中爱与恨的强烈情感。

通过使用简短的语句，提及那些大家都曾到过或听过的神圣地方，点出那些据说是污辱他们民族的敌人的名字，演讲者用语言描绘的图画在每一位听众的心目中都清晰可见——邪恶而又凶残的军队正在侵占他们心目中最神圣的地方。演讲者简要地解释了投入战斗的必要性，呼吁所有的人担起责任，勇往直前，并一再重复“胜利是属于我们的”。

由此可见，重复是宣传的第二个条件，它使说服更有分量，把确信的观点转化成人们摆脱不掉的思想。这些观点以不同的形式一次又一次地得到重复，它们与各种不同的话题联系起来，最终被彻底地吸收。它们被无意识地重复，成为一种在语言或思想上会引起条件反射的东西。与此同时，重复通过不可改变的语言、形象和立场竖起了一堵坚实的“壁垒”，抵挡了所有相反信仰或观点的侵袭。因此，这些语言得到了强化，观点也变得愈加明确。这就意味着，人们必须彻底、连续地接受这些语言。就像推理过程中的某一个环节，这一环节最终证明了它所要证实的东西。

一旦我们接受了这一事实，那么，当我们了解到独裁者都喜欢在演讲中不断地重复某些词汇时，就不会感到惊奇了。演讲者只是简单而又艰难地保持着原有的主题，几乎不作任何改变。正是这种重复表明了他坚定的信仰，在某种程度上也“证明”了他对这种信仰的忠诚。勒庞观察到：所有的领袖“一般都智力有限，但意志却异常坚定。虽然他们经常以相同的方式重复着相同的事情，但他们却愿意牺牲个人的利益甚至生命以保证他们心目中理想的成功”。[注51]

重复具有双重作用，因为它既是一种让人信服的思想，又是一道抵抗背道而驰或相反观点的障碍。因此，它极大地削弱了理智的作用，把思想迅速转变成行动，此时，民众已做好了准备，就像巴甫洛夫著名实验中的那条狗一样。

这种转变速度之快使拿破仑认为：重复是唯一有效的推理形式；而对于崇拜波拿巴，把波拿巴和罗伯斯庇尔看作杰出的群体操纵者的勒庞来说，这一转变过程在说服心理学中至关重要。

转变是由这样一个事实而产生的：不断重复的观点长时间地储藏在我们无意识的自我深处，我们行动的动机就是由此而发。

然而，勒庞补充了以下极为敏锐的观察：

经过一段时间，我们就会忘记是谁提出了这些重复的观点，但结果是我们最终都相信了这些观点。这种情况的产生，就如同神奇的广告力量。有一条宣传某个品牌的巧克力是世界上最好吃的巧克力的广告。当我们读过 100 次，甚至 1000 次后，就会想象我们在许多地方都听说过这一品牌的巧克力，最后我们就会确信，这种品牌的巧克力确实是世上最好吃的。[注 52]

勒庞的这一观察通过对战时宣传的研究得到了证实。

通过经常性的重复，口号和惯用语会渐渐脱离领袖本人而独立存在；就像祷告词或咒语那样，它们获取了自己的生命力。它们潜伏在人们的无意识中，变成群体信仰的组成部分，并且通过一个事实得以强化。这一事实就是：群体常常要以集会的形式响应领袖的号召，正如人们在做弥撒时要对主持弥撒的牧师进行例行应答一样。这些语言首先从慷慨激昂的演讲者口中说出，然后像回声一样被成千上万名听众组成的群体齐声重复。这种重复把观点与来源分离开来，并把思想转化成独立于时间、地点或人物之外的一个不言而喻的真理。它不再是演讲者的一种表达形式，转而成为重复自身所要表达的思想。重复再重复，一些东西就会保留下来，即使这种重复只是一种谣传。像诽谤和偏见一样，谣传也能形成一股力量。

重复也有助于使思想具有连贯性。通过经常与一些主张以及一些散乱思想的联系，重复使这些主张或思想形成一种表面上的逻辑联系。也就是说，频繁地重复某些词语以及一些毫不相干的观点，久而久之它们之间就会形成某种内在的联系。比方说，如果经常去重复那些并非习惯性的词语搭配，像革命与宗教，民族主义与社会主义，马克思主义与基督教，犹太教与共产主义等，那么听众就会感到非常吃惊（或至少最初是这样的）。但与此同时，你也在不断地使你的听众相信，这两个似乎毫不相干的词汇所表达的思想是相辅相成的，它们的并列具有更为深层的含义。人类的本性往往被周围世界的统一性所吸引、所迷惑。在有关极权主义者宣传的讨论中，阿伦特（H. Arendt）① 特别提到：

使群体信服的不是事实，甚至也不是那些捏造的事实；使群体信服的是这些事实所在体系的连贯性，这些事实可能是这个体系的组成部分。重复之所以重要，是因为它使群体相信这些观点是相互联系的。因为人们普遍认为，群体的理解力和记忆力低下，因此他们有些过高地估计了重复的重要性。[注 53]

阿伦特至少在一个方面是错误的，那就是：群体有记忆的能力。从某种意义上说，群体记住的东西实在太多了。

肯定和重复的结果就形成了大众暗示。共同的信仰使民众走到了一起，这些信仰就像流行病一样迅速向外传播。当更强烈的情绪被激起，当

① 汉娜·阿伦特：德国出生的美国政治学家，以关于极权主义的著作而闻名。——译注

思考被行动所打断，这种传播的速度会更快。

勒庞是这样总结的：

> 迫使我们采取行动的不是观点的正确性，而是重复和传播这两种机制在起作用，它们已占据了我们大脑中那些无意识的区域，正是在这些区域，促使我们采取行动的动机形成了。我们说服别人，不是通过简单地向他们解释我们的观点是正确的，而是通过让他们按照我们的观点去采取行动。[注54]

在许多方面引人注目却鲜为人们所理解的正是群体心理学中有关语言重要性的论述。语言的威力不是从其词义，而是从其“魔力”，从其说出者以及其所在的氛围中获得的。思想的幼芽就像初期的胎儿；对待思想的幼芽，就应该像对待活着的生命那样，而不能仅仅把它们看成是演讲的组成部分。不能唤醒人们记忆的演讲者就不能唤起民众对他的响应。当群体被语言的魅力所吸引，他们就会屈从于语言所唤醒事物的威力，按照语言的要求去行动，并且臣服于让他们感到魅力无穷的领袖。领袖向他们描绘了宏伟但却模糊的蓝图，而正是这种模糊不清，增加了群体对这些蓝图的神秘感。

关于表现、仪式、说服这三种策略中的每一种策略，许多现代甚至古代的著作中都有所阐述，但群体心理学却第一次把它们与一个普通的事实，即催眠术联系在一起。在一个时间和空间的统一体内把它们结合起来，三者就变成一个单一的整体，即大众暗示策略。具有天分和使命感的领袖会利用这一策略把毫无联系、聚集在一起的人群——这种人群越混杂越好——转变成一个统一的群体。领袖向这样一个群体灌输各种信仰，其核心内容就是激情，其目标就是行动。这一策略自从被发现后就已得到了广泛的运用。它的三个组成部分已分别得到了验证和解释，我把它们集中起来进行表达，就是为了说明它们存在和统一的理由。

第六节 结论

让我们最后再回顾一下催眠术。迄今为止，我们讨论过的所有思想和假设都是基于催眠术。一种思想或一种行动的提出，比方说，相信自己会永存，或者把自己的手伸进燃烧的火焰，都是在一种自动的精神状态下进行的，毫无理智和逻辑可言。只要有肯定的暗示，就会立即产生行动，这种暗示是不容有任何争辩的。在命令与执行命令之间、大脑与身体之间都存在着一种直接的联系。这种暗示赶走并取代了个体在清醒状态下的所有思考和信仰。当这种暗示像流感一样，从一个个体传播到另一个个体时，它就会在这些个体之间产生一致和认同，并在此基础上形成一个群体；也就是说，这个群体是由有共同信仰和幻想的人组成的，勒庞用下列语言描述了这样一个有共同幻想的群体。

如果能从足以让我们看到全貌的高度来审视历史的话，我们就会清楚地发现：历史就是一个把不同的民族聚集在一起的过程，其目的就是为了创造灵魂。古代或者现代的政治只不过是各种灵魂之间的斗争。[注55]

在这种斗争中，暗示既创建同时又破坏了人类之间的联系。个体与个体之间的联系以及个体与群体之间的联系，它们在心理学中的作用与交换在经济学中或者舆论在社会学中的作用如出一辙，这种作用创造了个体与个体以及个体与群体之间精神统一的规律。

当领袖取代了催眠师，把自己的意愿强加给由个体组成的群体时，暗示就如同一种内在的力量，迫使群体服从。每一个个体轻易地就发生了转变，就像一个机器人一样，自觉而又有意识地采取行动。此外，个体还转变成一个顺从的群体中的一员，这个群体被其缔造者所吸引。群体和领袖就好像从一面镜子中相互观察，它们会不时地看到对方的影子。去掉领袖的面具，群体就展现在人们眼前；去掉群体的面具，领袖就会出现。在群体时代，群体与领袖之间的关系模型就如同太阳系中太阳与其他星星之间的关系模型。这个模型代表群体与领袖、太阳与其他星星之间关系的核心。同太阳一样，领袖位于模型的中心。他是一种思想，比如民族或自由的化身和代言人，同时还是一位与天齐名的英雄，因此唯有他拥有一个名字，并把这一名字赐予他人。从远处看，围绕在领袖周围的是由不知名的个体组成的集体，这个集体乐于接受领袖的暗示，这个集体就是群体。领袖魅力的所有能量都辐射到了群体，而后又反射到领袖身上，但这种反射却携带着群体对领袖的共同崇拜。弗洛伊德用图表描述了这一过程，图表用平行的箭头代表群体中的所有个体，这些箭头最终都指向象征性的I点，即领袖或领袖所代表的思想。

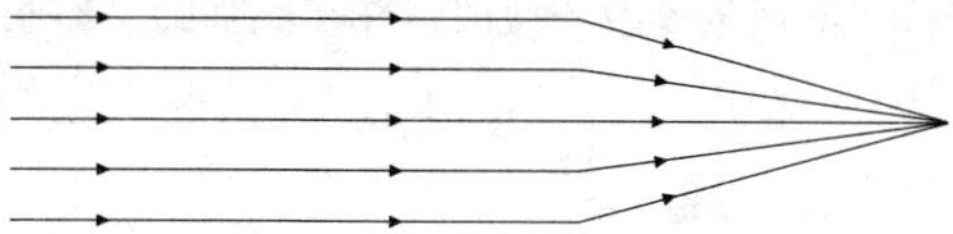

如果说群体心理学已经创造并且仍在创造当代历史的话，那么我们对它就不能过多地进行评述，因为群体心理学把催眠术的研究从医学和精神病学的领域里转移出来，把其作为人类正常的社会关系范例，直接放置于社会和文化环境之中。这种范例解释了人与人之间的相互关系，正如引力解释了物体之间的相互关系一样。在此研究中，我的目的并不是去探究催眠术的这种转移给文学、社会学以及哲学带来了何种结果；但必须承认，这种转移也极大地改变了政治学的面貌，而这也正是此种转移的目的。从根本上说，或用能让读者信服并有助于其观点形成的修辞学术语来说，群体心理学科学地归纳了大众暗示（和宣传）的作用，改变了我们对领袖和群体之间关系的看法。过去，我们把领袖和群体之间的关系看成是某一阶层的代表对另一阶层民众的控制（就像国王对老百姓或奴隶主对奴隶的控制一样）；而今我们则认为：领袖和群体之间的关系是催眠师对众多催眠对象施加影响和暗示的关系。这种关系一直在向人们展示一个事实，即在群体政体中，向更完美体制进化的实践，不论是雅典的政治集会场所，还是欧洲的议会，都已到了它们运行的极限。简言之，在这样一个政体中，革命与反革命已成为规律而不是例外，靠协商组成的政府正主动让位给在暗示或群体交流基础上组成的政府。这里的群体交流或暗示都是指同样的东西。

有许多令人信服的迹象表明：这种从催眠状态中产生的关系范例已开始向各个方面渗透，并像以往那样正成为当今某种政治手段的基础。我在此拿希特勒作为例证。在和劳施宁（Rauschning）的交谈中，希特勒说道："当聚集在一起的群体处于那种狂热并且愿意接受任何旨意的状态时，你对他们说过的话，就像给处于催眠状态下的某个人发出的指令，会长时间地保留在他们的脑海中，不但挥之不去，而且不容有任何符合逻辑的争辩。但是，正如任何个体都有其自身不容外界干预的神经机能一样，群体也有其不容触碰的复杂机制。"

如果说群体心理学的确把催眠的理论与实践转换成我们文化的模式——最初是群体与领袖之间关系的模式，随后是群体活动的模式，那么显而易见，群体心理学创造了历史。一门学科取代并改写另一门学科的结果毕竟不是什么新鲜事，就好比化学改变了烹饪方法，或者对电的研究改变了那些对电火花感兴趣的化学家的实践活动，等等。但当被取代或被改写的学科成为社会和文化的组成部分时，那么这门学科中具有历史意义的真理部分就会被社会和文化所接纳，就像当今的马克思主义和精神分析学那样。这门学科会一直保存其真实的部分，即使经过严格认真的审查，我们最终还会得出这样的结论：不管从哪一个角度来说，这门学科都不是建立在观察的基础之上。我们知道这门学科在发挥其作用——有部分人认为这是件好事——这就足够了。群体心理学绝不是这类学科中独一无二的典范。

置于群体心理学的有关理论，和我们同时代的学者们已经做出了几乎完全一致的定论：这些理论是不能接受的。我们不应该过多地去关注那些对群体心理学一无所知的学者们的评判，还有那些对群体心理学的研究一无所获的理论家们的评判。这些学者或理论家对群体心理学的评判，只会暂时遮掩历史对群体心理学做出的定论，但却不能改写历史的定论。然而，人们可能还会对群体心理学提出质疑。首先，不管这项工作是否会遇到很大的困难，但至今仍未有人做过这样的努力，即大量收集群体心理学的有关理论，比照也许是建立在经验主义基础上的数据，对这些理论进行检验。目前，对这些理论的研究仅限于简单而又零散的现象罗列，偶尔也会有学者找一两个事实对某一理论观点进行直观的论证。这样做的风险不仅在于群体心理学有可能变成一门只收集罗列有详细解释的奇闻逸事的学科，而且还在于关于这门学科的大部分论断可能会是：这门学科可能不是真实的，但至少是有趣的。

其次，群体心理学还相当傲慢地抛弃了集体生活，尤其是群体生活中有意识和理性的一面。然而，不管是历史记载，还是实验观察，都充分证明了群体生活在心理学中的重要性，尤其是当群体要完成共同的任务或属于同一个阶层时。问题并不在于群体是有理性的还是无理性的，因为如果靠定义来解释的话，这个问题不是用三言两语就能解释清楚的；问题的关键就在于：群体的理性和无理性之间到底存在什么样的纽带和关系，在具体情况下二者又是如何结合起来的。

再次，正如索雷尔从一开始即提出的那样，人们可能也会提出下列质疑，而对群体心理学的这种质疑是完全有根据的。

（群体）这门学科的主要理论是研究普通大众的情感和他们的思想，而勒庞对群体研究的思路却是错误的，因为他不明白这种研究必须建立在经济条件和阶级区分的基础上①。[注56]

---

① 马克思主义哲学家卢卡奇做出了与索雷尔相同的批评，但又把它们与对群体心理学的严厉谴责联系起来。他坚持认为，这样的社会是不能够从一种纯粹的科学观点中发展出来的，因为它毫无希望地陷入了虚假问题的圈子。而产生这种虚假问题的虚假性就在于它不能证明自己能够理解其错误的社会阶级本性。参见 G. Lukács, *Littérature, philosophie, marxisme*,（1922–3）, Presses Universitaires de France, Paris, 1978。

因为群体心理学并没有把经济和阶级区分等条件考虑在内，所以它是建立在并不牢固的类推法的基础之上。毫无疑问，尽管目前我们比以往更坚定，更宽容，也很少对现实感到震惊，但群体心理学的这一研究方法却已经并且仍在让大多数人感到震惊，因为这些人一直相信：从英国和法国革命以来，理想一直占统治地位，这种理想就是建立起属于民众的民主政体；尤其是当民众有资格通过普选权来选举统治者，或通过民主投票的形式来废除民主政体后，情况更是如此。而群体心理学表达的却是另一种形式的理想：群体的民主政体。

至少像勒庞所指出的那样，群体心理学只选择了民主政体，尽管它也有许多立宪上的假设和弱点，因为勒庞这样写道：

> 尽管参加他们的活动困难重重，但议会式的集会是人类迄今所发现的最好的政体形式，也是人类迄今所找到的逃避个人专断统治的最佳手段。[注57]

我们也知道，这种形式的集会受到了社会中某些不堪一击的制度和不良信仰的威胁。但从来没有一个社会是如此没有生气和绝望，以致从未产生过一个由反对压迫、坚信自由和正义的人们组织起来的群体。不论是过去还是将来，总有这样的人存在，对他们来说，绝对的权力就是一种污辱，他们下定决心要与这种权力做斗争。没有任何东西能阻止播撒在他们心中的反叛种子的生长。在争取自由的战斗中，没有人能事先知道谁是最后的胜利者，但这场战斗却是令人难以置信的激烈和残忍。

部分注释

注 1 S. Moscovici, *La Société contre nature*, 10/18, U.G.E., Paris, 1972.

注 2 G. Le Bon, *La Psychologie des foules*, Presses Universitaires de France, Paris, 1963, p. 17.

注 3 G. Le Bon, *La Psychologie politique*, Flammarion, Paris, 1910, p. 115.

注 4 G. Le Bon, *La Psychologie politique*, Flammarion, Paris, 1910, p. 130.

注 5 G. Le Bon, *La Psychologie des foules*, Presses Universitaires de France, Paris, 1963, p. 19.

注 6 M. Tournier, *Le Vent Paraclet*, Éd. Folio, Paris, 1977, pp. 167–168.

注 7 *Maintenant*, N°2, 19 mars 1979.

注 8 S. Tchakhotine, *Le Viol des foules*, Gallimard, Paris, 1939, p. 46.

注 9 G. Le Bon, *La Psychologie des foules*, Presses Universitaires de France, Paris, 1963, p. 25.

注 10 G. Le Bon, *La Psychologie des foules*, Presses Universitaires de France, Paris, 1963, p. 28.

注 11 G. Le Bon, *La Psychologie des foules*, Presses Universitaires de France, Paris, 1963, p. 85.

注 12 G. Le Bon, *L'Opinion et les croyances*, Flammarion, Paris, 1911, p. 235.

注 13 G. Le Bon, *La Psychologie des foules*, Presses Universitaires de France, Paris, 1963, p. 27.

注 14 G. Le Bon, *L'Opinion et les croyances*, Flammarion, Paris, 1911, p. 150.

注 15 M. Proust, *A la recherche du temps perdu*, Éd. Pléiade, T. III, 1978, p. 773.

注 16 A. Hégédus, *Le Monde*, 3 août 1980.

注 17 G. Le Bon, *La Psychologie des foules*, Presses Universitaires de France, Paris, 1963, p. 39.

注 18 G. Le Bon, *La Psychologie des foules*, Presses Universitaires de France, Paris, 1963, p. 40.

注 19 G. Le Bon, *La Psychologie des foules*, Presses Universitaires de France, Paris, 1963, p. 39.

注 20 E. Cassirer, *The Myth of the State*, Doubleday and Co, New York, 1955, p. 355.

注 21 G. Le Bon, *La Psychologie des foules*, Presses Universitaircs de France, Paris, 1963, p. 69.

注 22 G. Le Bon, *La Psychologie des foules*, Presses Universitaires de France, Paris, 1963, p. 68.

注 23 G. Le Bon, *La Psychologie politique*, Flammarion, Paris, 1910, p. 242.

注 24 G. Le Bon, *L'Opinion et les croyances*, Flammarion, Paris, 1911, p. 132.

注 25 G. Le Bon, *La Psychologie politique*, Flammarion, Paris, 1910, p. 361.

注 26 F. Furet, *Penser la Révolution française*, Gallimard, Paris, 1978, p. 85.

注 27 J. Daniel, *L'Ere des ruptures*, Grasset, Paris, 1979, p. 188.

注 28 G. Le Bon, *La Psychologie des foules*, Presses Universitaires de France, Paris, 1963, p. 69.

注 29 G. Le Bon, *La Psychologie des foules*, Presses Universitaires de France, Paris, 1963, p. 69.

注 30 G. Le Bon, *The French Revolution and the Psychology of Revolution*, Social Science Classics, Transaction Books, New Brunswick, 1980. 这里勒庞再一次用到了比喻而不是推理：罗伯斯庇尔使女人着迷，因此就使群体着迷，因为群体就像女人！

注 31 G. Le Bon, *La Psychologie politique*, Flammarion, Paris, 1910, p. 199.

注 32 C. de Gaulle, *Le Fil de l'épée*, Livre de Poche, Paris, 1944, p. 66.

注 33 C. de Gaulle, *Le Fil de l'épée*, Livre de Poche, Paris, 1944, p. 65.

注 34 C. de Gaulle, *Le Fil de l'épée*, Livre de Poche, Paris, 1944, p. 67.

注 35 C. de Gaulle, *Le Fil de l'épée*, Livre de Poche, Paris, 1944, p. 67.

注 36 G. Le Bon, *La Psychologie des foules*, Presses Universitaires de France, Paris, 1963, p. 82.

注 37 G. Le Bon, *La Psychologie des foules*, Presses Universitaires de France, Paris, 1963, p. 82.

注 38 G. Le Bon, *La Psychologie des foules*, Presses Universitaires de France, Paris, 1963, p. 40.

注 39 G. Le Bon, *La Psychologie des foules*, Presses Universitaires de France, Paris, 1963, p. 137.

注 40 G. Le Bon, *La Psychologie politique*, Flammarion, Paris, 1910, p. 137.

注 41 G. Le Bon, *La Psychologie politique*, Flammarion, Paris, 1910, p. 21.

注 42 G. Le Bon, *La Psychologie politique*, Flammarion, Paris, 1910, p. 139.

注 43 G. Le Bon, *La Psychologie politique*, Flammarion, Paris, 1910, p. 141.

注 44 G. Rouget, *La Musique et la transe*, Gallimard, Paris, 1980, p. 441.

注 45 Stendhal, *Le Rouge et le Noir*, Ed. Pléiade, T. I, p. 317.

注 46 T.W. Adorno, Freudian theory and the pattern of Fascist propaganda, *in* G. Roheim (Ed.) : *Psychoanalysis and the Social Sciences*, T. III, New York, 1951, p. 28.

注 47 G. Le Bon, *L'Opinion et les croyances*, Flammarion, Paris, 1911, p. 232.

注 48 G. Le Bon, *La Psychologie politique*, Flammarion, Paris, 1910, p. 122.

注 49 G. Le Bon, *La Psychologie des foules*, Presses Universitaires de France, Paris, 1963, p. 85.

注 50 G. Le Bon, *L'Opinion et les croyances*, Flammarion, Paris, 1911, p. 194.

注 51 G. Le Bon, *La Psychologie politique*, Flammarion, Paris, 1910, p. 361.

注 52 G. Le Bon, *La Psychologie des foules*, Presses Universitaires de France, Paris, 1963, p. 73.

注 53 H. Arendt, *Le Système totalitaire*, Scuil, Paris, 1972, p. 78.

注 54 G. Le Bon, *L'Opinion et les croyances*, Flammarion, Paris, 1911, p. 22.

注 55 G. Le Bon, *La Psychologie politique*, Flammarion, Paris, 1910, p. 60.

注 56 G. Sorel, *Le Devenir social*, November 1895, p. 769.

注 57 G. Le Bon, *La Psychologie des foules*, Presses Universitaires de France, Paris, 1963, p. 183.

Chapter 4

第四章

领袖原则

第一节　群体心理学的悖论

我所查阅的大部分资料都表明：在一个乐观而又充满理智的时代，群体心理学似乎是一门研究不安和疯狂现象的学科。它总是很快就专注于那些奇特、短暂、不会成为社会主流的事物，像群体、信仰、大众暗示和其他诸如此类的事物。

但群体心理学需要的不仅仅是制造出令人震惊的事件，它需要的是一次能推翻既成信仰的天翻地覆的变化。自从群体心理学宣称要展现根植于历史波澜之外的人类本性后，尽管经济和技术有了进步，旧的传统也遭到了极大的破坏，但群体心理学还是对那些既成信仰给予了沉重的打击。群体心理学甚至还宣称：过去对现在施加了一种战无不胜的力量，并且对现在具有极大的政治和文化影响。那些认为他们正在改变人类本性，废除家庭、领袖、等级制度和宗教信仰的人，几乎可以说是完全错误的。因为这些事物不仅仍然存在，并且还在发挥着作用。任何真正真实的东西都不会灭亡或消失。

但这并不意味着这些真实的事物不会有任何形式的改变。群体心理学首先要阐明的是：人类本性尽管没有与其他事物以同样的速度向前发展，但却受到了这些事物的影响。因此，人类本性正在适应变化，并且在现在与过去的夹缝里苟延残喘，这也表明了它超凡的抵制力。这些话对那些根深蒂固的思想来说，当然是既无法接受又令人生厌的。

塔尔德把分析的方法和对确定思想的喜爱引入一个以极端态度和高度政治感为特征的社会，而这种方法和喜好却正是我们这个社会所缺少的。当然，同勒庞一样，塔尔德也表现出了对法国社会现状的担忧和对群体崛起的忧虑。然而，这种担忧和忧虑并没有妨碍他看到：社会既处于危机阶段，但同时也处于发展阶段，其结果就是工业化、城市化和不断增长的财富都带有资产阶级的模式。这就像是动乱和冲突，革命和反革命都是持续发展的现代化和突飞猛进的科技进步所应付出的代价。群体心理学必须考虑到这一点，而且还要相应地改变它的一些观点。

塔尔德沿着勒庞开辟的道路继续向前。显然，他的研究起点是群体，即那些自发的、自然的和处于无政府状态的团体，这些团体是社会生活的总的组成部分。然而，在其最近的研究分析中，塔尔德却似乎认为：这些团体没有那些人为的、有组织的和有纪律的群体重要，这些群体在一定程度上随处（例如在政党、公司或政府机关里）都可碰到。军队和教会可以看成是这些人为群体的典型。从无定型的群体到组织起来的群体，这样就形成了一个质的飞跃。

观点的改变也不容忽视。迄今为止，群体一直被看成是社会生活正常结构瓦解和确立的结果。他们是制度崩溃的结果，代表事物正常发展过程中的一个阶段。这样，不可避免的结论似乎是：家庭、教会、社会阶级、国家等，这些过去被看成是基本和自然的群体，实际上却是人为和衍生的群体。实际上，他们应该被看成是群体的多种不同形式，就好像电、煤和植物是能量的不同形式一样。据说人类首先创造了社会，然后才出现群体。而目前的观点是：人类首先是一个群体的组成部分，然后形成了社会。

这就意味着看待事物的方式有了极大的改变。那些最高雅、最文明的社会公共机构，如家庭和教会，以及那些重要的历史机构，如贸易联合会、国家和政党等，都象征着联合的最简单形式，即群体，而且还具有群体的心理特征。这就意味着：科学的任务不再是从社会的起点，而是从社会的终点去解释群体的特性，因为任何社会都是群体的产物。当然，这只是一幅简图，因为我把自己局限在实质性的问题上。从群体开始紧随其后的便是这张简图。从对那些重要但却具体的现象的研究开始，群体心理学逐步走向对社会的研究，因为群体是无处不在的。结果，正如化学、电学和生物学的定律都受能量守恒定律的约束一样，政治学、社会学，乃至历史学的规律都应受心理学规律的约束。因此，心理学规律的应用范围更广泛。它们会有变化，但却不会有例外。

但是，这样就提出了一个大难题。群体心理学家认为，群体在智力方面缺乏创造性，同时也没有历史的首创精神，更不能领导艺术、科学或政治革命的潮流。其原因就在于：当个体融入群体之中后，个人的才智就被削弱了，对现实的敏感性也变得麻木。然而像军队、商会等公共机构实际上却取得了不断的进步；艺术、科学和技术方面也有了创新；改变社会面貌的生产和交流工具也日新月异。

这就是群体心理学的主要矛盾，摒弃了它的基本原则，这一矛盾就无法解决。这一矛盾就是：组成群体的个体在智力方面和创造性方面都比单独的个体要弱。从现状来看，塔尔德只有一条出路，而他却很快采纳了另一种解决矛盾的方法，即在任何群体中都有一个独立的个体层，这一个体层把其他人吸引在自己的周围，并对群体发号施令。这一个体层就是政治、宗教、科学和其他领域的领袖。他们是所有变化、所有发明和所有创造社会历史形式的源泉。他们的暗示威力促使大多数人模仿他们、追随他们、臣服他们，就好像孩子臣服父亲、徒弟臣服师父、平凡的艺术家臣服真正有创造力的艺术天才一样。只要处于这一个体层的领袖能把他们的智力和创造力结合起来，那么就能引导社会不断进步，而那些模仿他们的群体也会进步，也会不断超出过去群体的水平。最典型的例子就是：现在的学生能解决300年前让牛顿这样的天才都感到困惑的难题；现在的精神病医生治疗病人所使用的常规方法是弗洛伊德本人当时还没有完善的方法；也许还可以说，现在的一般领袖正在把杰出领袖的风度和姿态融入他们自己的风度和姿态中去。在塔尔德看来，正是通过把自身提到如此的高度，人类也才得以进化和发展。

塔尔德解决这一悖论的方法是前所未有的。摆脱“试图找出那些例外的人是谁，以及他们的权力从何而来”这一错误循环的唯一方法，就是拒绝承认这一悖论。然而，所得答案的本质与从答案中产生的三个结果相比，就显得不那么重要了。这三个结果是：

1. 群体心理学关注的中心从大众转移到了领袖，领袖的个性解释了领袖的个人行为。

2. 模仿（一种暗示形式，请牢记）变成社会生活的基本机制。这种机制应该能够解释领袖对那些模仿他的群体的控制，以及对群体统一思想行为、情感和信仰传播的控制，因此也就能够解释为什么我们拥有一个共同的模式。

3. 塔尔德的观点是：一方面一个人对另一个人有一种初步的直接暗示，但另一方面也有一种模仿性的非直接暗示，这种暗示是通过一段距离（比方说借助于报纸）而起作用的。这就意味着交流也被看成是一种暗示，这样就使新闻记者的工作能够与催眠师的工作相提并论了。而这一结论很自然地就把交流领域突飞猛进的发展现象引入到了群体心理学中。在书本、电报和报纸发明以前，交流的范围一直局限在谈话、有说服力的演讲和谣言之内。现在，整个文化传播的方式已发生了巨大变化。塔尔德非常精准地概括了这种交流理论，其精准程度让人吃惊。因为在当时，关于这一理论的研究尚无可以借鉴的方法，而今这一理论仍未遭到任何驳斥。

塔尔德对交流的方式进行了详细的描述：交流走进每一个家庭，并且把孤立的个体（例如那些正在平静地阅读报纸的个体）转变成一种看不见的群体、公众、一份报纸的读者群或一个政党的成员。报纸提供的信息表明：那些变幻莫测而又稍纵即逝的信仰，即舆论，就像海上的波浪一样，从海面上形成又从海面上消失。交流手段的增加，的确影响到了社会的各个方面，决定了人们的所说、所思及行动的规模。

对今天的我们来说，塔尔德的交流理论似乎是不言而喻的，而且我们还在不断地向前发展。但塔尔德对这一理论的阐述比麦克卢汉（M. Macluhan）发表的预言还要早100年。随后，这一理论被这位加拿大学者在其著名的预言中概括为“媒体即信息”。塔尔德也预言了交流的最后结果，即大众文化。当然，他并没有使用“大众文化”这个词，但这并不意味着他没有研究这个词所指的现象。正如一位英国专家所写的：

这样做，塔尔德的交流理论对文学的主体做出了重要的具有独创性的贡献，今天，这一文学主体被归到“大众文化理论”名下……然而，塔尔德的这一贡献却总是被人们所忽视，这多少有些奇怪。至少可以说，塔尔德对文学主体的贡献，就如同他对社会学的贡献一样，但这一点至今仍鲜为人知。[注1]

关键的事实是：塔尔德所起的作用是一位先驱者的作用。这一事实的根本依据就是：交流手段的地位超过社会生活中其他所有工具的地位①。因此，他把交流手段看成是引发彻底的政治剧变的因素，而且还把交流手段看成是一个框架，在这个框架内，一种新的文化将会形成。他的预言并不重要，重要的是他所使用的分析方法，这些分析方法是他预言的基础，而且他对报纸的评论同样适用于收音机和电视。从此，媒体理论家和评论家所写的一切便开始进入萌芽状态。

第二节　自然群体与人为群体

伟大的社会群体不仅为我们的观察提供了大量的行动和反应，而且还提供了处于改变自己的同时又改变他人这一阶段的人物，以及在我们眼前出现又消失的团体。如果我们在较长的一段时间里对他们进行观察，就会发现：社会群体不仅有变化，而且还有重复、冲突和一致、相同和不同，这些事实上都属于基本概念的两个范畴。从有机性质来说，我们谈论的是变种和遗传；从社会性质来说，我们现在谈论的是发明与模仿。发明者打乱了事物原有的秩序，而模仿者重新建立起事物的秩序；前者掀起了连续的波浪并因此带来了发展，而后者不断地推波助澜则形成了传统或时尚。

如果一个孩子以打乱句子的结构来给自己取乐，一个饲养员以培育一

---

① 参见 R. Debray, *Le Pouvoir intellectuel en France*, Ramsay, Paris, 1979。

个动物新品种来让自己开心，抑或我把群体心理学说成是一门已表达清楚的科学来让自己高兴，那么我们就有三种导致变化的可能性。也就是说，如果孩子、饲养员或者我自己的所作所为引起了反应，并被他人模仿和重复，那么可能马上就会出现一个新的句型、新的物种或者一个新的研究分支。正如我们所知道的那样，其实社会生活的基本节奏极其简单。首先是个体进行创造，紧接着就是大规模的模仿浪潮，这一循环永无止境。

一切都自然地遵循这一规律。如果模仿源自创造，那么每一个团体或社会都是源自几千甚至几百万个模仿的个体。团体内的相似之处可从这一事实得以证实，即如果团体内的成员模仿他们中某一位成员的思想、情感和行为，那么这位成员马上就会成为他们的精神楷模和卓有成效的领袖。这一规律的极其简单性解释了为什么它一直会如此成功。道理如此简单，以致在你的一生中你肯定会想到它，哪怕只有一次。

我们为什么模仿？我们为什么会立刻急于去模仿一个人，模仿一种思想或一种服饰？原因可能有两个：本能趋势和节省力气，或者不留情面地说，是遗传本能的再现和懒惰。本能趋势符合这一事实，即模仿是重复的一般方法，它体现了每一种生物无限地进行自我衍生的生物冲动，其结果就是：我们中的所有人都有模仿他人行为的愿望，就像一个孩子希望能像他的父亲，一个妹妹希望能像她的哥哥，或一个仆人希望能像他的主人那样。自己重复或看着他人重复一些观点、行动、语言以及我们发现特别高兴的事情，给我们带来了极大的满足。

我们模仿他人的行为也节省了我们自己的精力。我们再去发现或发明那些别人早已发现或发明的东西，的确没有任何意义。有人对塔尔德的观点提出了质疑，在回复中，他是这样说的：

我也许会记起这样一个事实：尽管模仿是一个社会趋势，但为避免发明的麻烦而进行模仿的趋势，一种天生的懒惰本性，却是一个绝对的自然趋势。然而，尽管这一自然趋势，如果必要的话，可能会先于第一个社会行动，但这一社会行动却因这一自然趋势而得到了发展，并且行动本身的力量大

小和方向变化绝大部分都是根据现存的模仿习惯的本性而进行的。[注2]

换句话说，在我们每一个人身上都潜伏着一个类似于“羊”的生物，他总是竭力回避发明者所经历的痛苦和风险。因此，对人类自己来说，最好是花费较少的代价去重复已耗尽他人大量力气的某项发明。所以，不难想象，如此驯服的生物是如何被那些声称要统治他们的人领导的。领袖通过其超凡魅力和其他一些手段对他们实施催眠。社会本身就是一个有催眠作用的大环境，一个形象舞台，在这个舞台上可以表演某种自发的行为，这种行为受历史已经储藏在其记忆中的那些幻觉的影响。关于这一课题，塔尔德是这样来总结自己的观点的：

类似催眠状态的社会只不过是梦的一种形式，一个关于命令和行动的梦。不管是梦游者还是社会中的人，他们都被一种幻觉所迷惑，即他们所有的观点都是自发产生的，而事实上这些观点都是经过暗示产生的。[注3]

通过这种引人注目的比较，塔尔德使我们想起：毫无疑问，人是一种社会动物，其原因就是他能够接受暗示。一致性是主要的社会特征，也是接受暗示、恢复源自低级阶段的轻松思维和感觉的基础，而在意识清醒的状态下，人类对此一无所知。自然和社会组织起来的方式都促进了这种一致性，这种一致性把个体聚集起来，并把他们推进梦幻的黑暗世界中。他们像机器人一样模仿，像梦游者一样听话，并逐步融入人性的大潮中。

所有这一切都可以用一句话来表示：“社会就是模仿，模仿就是一种梦游症。”[注4]我知道，要完全理解这一点是很困难的，但又不能彻底地去讨论它。我只希望对它的研究结果能帮助读者更清楚地理解这一切是如何结合起来的。

人类是具有思维的羊，盲目而又冲动地去追求那些他既没有见过也不理解的东西。根据接收到的命令，他弯腰或站立，把自己的躯体和灵魂都融入群体中，直到他作为一个个体在群体中不能被辨别出来为止。塔尔德对此深信不疑，通过他对群体的描述可以清楚地看到这一点。实际上，他把现在凡是属于阶级特征的所有东西都融合到了一起。在他看来，群体是生活在一种清醒的梦境中，他们不断地为都市生活的迁移而感到烦恼，并且为单纯却又猛烈的情感所折磨。因此，他们与现实不能建立起严肃和长久的联系，也无法从他们被幻觉支配的世界中逃离。但是，他说：

不管他们在个体来源或其他方面有何不同，群氓都具有某些共同的特征。这些特征包括非常的偏执、可怕的敏感、荒唐的自大和极度的不负责任，这些都源自他们是万能的这种幻觉和他们中庸之道的全部丧失，其原因就是因为他们过分自负、过分狂热。对群氓来说，在恐惧和兴奋、“万岁……”与“打倒……”的呼喊之间没有任何中庸之道。[注5]

当然，群氓失去的主要东西就是理智。理智的丧失是因为它属于把握分寸和妥协的范畴，也包括对我们每个人能力限度的认知。如果失去了这些东西，未来就险象环生。因此，群氓在其正常状态下就表现出所有不合理和不理智的特征，这些特征只有在个体处于疯狂的反常状态下才会表现出来。群氓与我们“精神病收容所里的居民”有许多共同的特征，结果在1789年，仅仅因为几句最不可信的谣言，他们就被英雄主义或万分的恐惧所完全支配，疯狂地冲向巴士底狱。至于他们是因为轻信，还是因为疯狂，根本无法作出判断。“他们所患的是真正的群氓幻觉症。处于群氓中的人们认为：他们看到或听见了一些事情，这些事情是他们作为孤立的个体根本无法看到或听见的。当他们认为自己被想象中的敌人所迫害时，此时的信念就是建立在狂人的理智上。”[注6]

显然，塔尔德直截了当地说出了自己的想法。在他看来，群氓在恐惧中“想象”自己是受迫害者，因此他们被迫采取最恶劣的暴力行动，而且他们的情绪也会发生从激动到消沉的极度变化。有时，因为他们的妄自尊大和偏执，他们会产生这样的感觉：只要是没有被禁止的事情，应该都是被允许做的事情。塔尔德总是把群体看成是一群被打扰的梦游者，他们被剥夺了理智和所有的责任感，而这些理智和责任感都是文明的成年人所应该拥有的。他这种刻板而又始终如一的看法的确非同寻常。同样是陷入老一套联想的束缚中，但他却把"群体 / 疯狂"比拟成"群体 / 女人"，进而得以从这一束缚中解脱出来。

总之，群体总是从炽热到温柔、从恼怒到大笑；因此，即使这个群体几乎全部是由男人组成的，但这种永远的反复无常、变幻莫测却使群体更像女人。而大多数情况下，群体也确实是由男人组成的。对女人来说，她们的生活方式意味着她们必须留在家里，而且相对来说也比较孤独，这不能不说是一件好事。[注7]

塔尔德相信，他已从群氓身上发现了几个特征——感情的不稳定，集体的歇斯底里，躁狂症与忧郁症的阵阵发作以及在所有方面都缺乏中庸——他把这些特征看成是群体和"精神病收容所里的居民"共同具有的东西。让我们用具体的语言来描绘一下塔尔德所暗示的情景：成千上万的男人瞬间转变成女人，成千上万套严谨的制服、紧绷的裤子瞬间转变成随风飘动的裙子的海洋。对群体的这种看法会使你感到恐惧，但此时你所理解的不是这种恐惧多么可笑，而是群体所隐藏的释义。这种理解很快就会导致关于性别的争执和失去性别的恐惧。男性读者可能被含蓄地警告：如果想继续保持男人的本色，那么就必须避开群体，因为混合在群体中的任何一个男人都会变成领袖的女人。

对塔尔德来说，把群体比作女人，意味着群体是由服从、听话的男人组成的，这些男人时刻准备失去他们的男人本色而被领袖所统治。用通俗的话来说，领袖是群体中唯一的"当家人"。事实上，我们应该直截了当地说，领袖与群体的关系是同性恋者的关系。把群体比作女人只不过是对放弃个性这种行为的掩饰。放弃个性就等于失去男性独有的特征——简单地说，就是阉割——并与另一个男人结合在一起，因此，这种结合本身就与理智和本性相抵触。对塔尔德来说，群体的本性最终是女性的，突出个体只是为了与社会形成对照。

塔尔德几乎完全赞同勒庞对群体的描述，但他却坚持认为：群体是自发而又短暂的联盟，在混乱中这种联盟不可能长久。正如群体很快便可形成一样，它们注定要么就很快分裂和消失，不留一点痕迹，就像一群懒汉、一次会议或一场短命的暴动；要么就发展成为训练有素、相对稳定的实体。在二者之间有一个转化的环节，这个环节会产生一个崭新而又明显的特征。

要清楚地理解这一点，只需观察一下由个体组成的两种群体之间的差异。一种群体是由体验着相同情感的个体组成，或者是在地震、足球赛、大众节日里由同一种东西所控制的个体组成；而另一种群体则是经过精心策划所组成，这种群体将会发展成教会、政党或商会。两种群体之间的差异是显而易见的，而造成这种差异的原因就在于是否存在一个组织；这个组织应该是建立在共同的信仰体系上，由组织内所有成员都承认的一个统治集团所操纵。

那么，这就是把自发群体与人为群体区分开来的特征，即把临时拼凑的、自发的团体与有控制的正式的团体区分开来的特征。在二者之间存在着一种符合逻辑的发展。任何引人注目的事件都会自发地产生。

我们把自发群体称为群体的联盟。从那种初步的、暂时的、无定型的聚集开始，经过一系列的中间阶段，最后上升到一种有组织的、有等级制度的、持久的并且是有规则秩序的群体，这种群体可以被称为“社团”，这是一个意义最为广泛的词汇。最正规的宗教社团就是修道院，最正规的世俗社团就是统治集团或班组。而这两种社团的最高级形式分别是教会和国家。[注8]

完全没有必要在我们耳熟能详的事情上花费很多时间。也许我们最为关心的应该是转化的本质。就我们所知，自发的群体总是在一定的心理因素或外界条件的刺激下形成的，比方说交通堵塞、潮湿或晴朗的天气（在夏季这种天气很普遍）、一天中的某个时间段等。他们在一系列的内外因素刺激下形成，而且通过一系列半机械的行为和反应，比如呼喊、游行以及手挽手的游行等而得以保存下来。

然而，有组织的群体是具有良好秩序的联合体，它们因为内在的联系而得以形成和发展，并且在共同的愿望和信仰以及一系列模仿的推动下向前发展。模仿使得组成群体的个体之间以及个体与他们共同的模仿对象——领袖之间彼此相像。他们不受物质环境的变化所支配，也不受直接的人与人之间的刺激所支配。为满足个人的便利和需要，他们对时间和空间进行合理的分割和安排。这样的例子有：议会开会期间的日程安排、国家或宗教场所、集会地点的选择、法庭或舞台位置的安排等。

两种群体之间存在着许多能给人带来启发的差异。最重要的差异，也是能让我们分辨出哪些是自发群体，哪些是人为群体的差异，就是人为群体具有模仿能力。这种能力在教会、政党以及诸如此类的社团中产生了可见的、更大的一致性，在这些群体中，个体完全被一种无法抗拒的模仿力所吸引、所影响。当有组织群体在形成时，它们只是简单地强化了这一模仿力，并把一种几乎是有形的压力转化成社会暗示。用塔尔德的话说："一个组织本身并不能创造什么、发明什么或区分什么。它唯一的功能就是协调和暗示发明。"[注9]

这就为有秩序的群体取代自发的群体提供了优势，在这一转化过程中，总体智力也随之增长。正如我们所理解的那样，无个性特征的、无定形的群体使个体的推理能力降低到最低水平；而那些有规则秩序的群体却迫使能力低下的个体去模仿它的上级，因此也就使这一个体的能力超过一般水平。这是为什么呢？答案非常简单。人为群体里的每一个成员肯定会经常模仿创立这一群体的领袖。领袖的才智也随之变为群体成员的才智。在提到勒庞时，塔尔德写道：

把群体的总体智力水平和道德水准看成是低于群体成员的平均水平，我们这样做是正确的。从这一观点来看，不仅群体所代表的社会联合体（事实总是如此）不如群体成员所代表的社会联合体（其中群体是产品，而联合体不是个体的总和），而且其重要性也不如群体成员所代表的社会联合体。然而，这种情况仅适合接近社会联合体的群体。但当领袖精神比群体精神更具优势时，情况则相反。这种情况一旦出现，能使一个杰出领袖的精神永存的社会联合体就超过其组成成员的智力水平。[注10]

正如每一位逻辑学家都能学会大哲学家亚里士多德的逻辑法则，并且像他那样进行复杂的逻辑推理，一个政党里的每一位成员或一支军队里的每一个军官都可获得创建这个政党或建立这支军队的领袖的政治天才或军事天才，不管这位领袖是列宁还是拿破仑。换句话说，一旦自发群体转化为有组织的群体，那么经过在自发群体内的退化以及本人才智的丢失，个体通过模仿而向有组织群体内的其他成员看齐，这样就可以重新获得社会能力和聪明才智，并把自身提高到他们所加入的这一人为群体的领袖的水平。

我们可以拿警察为例。他们寻找罪犯的方法、审讯的程序以及整理口供的固定模式，原则上都是由超出平均智力水平的人所制定的。也就是说，每一个警察所运用的法则和推理程序都是他个人无法制定的，因为要制定这些法则和程序是他个人能力所不及的。这一事实吸引了塔尔德，他对此的评论不乏幽默。

有句拉丁名言："元老们都是好人，但罗马元老院却是邪恶的野兽。"如果这句名言是正确的，那么我就有很多机会去评论说，尽管警察通常都是很聪明的，但他们却不及警察机关聪明。[注11]

这句拉丁名言的讽刺意味颠倒了它本身的含义，警察机关的智力水平肯定比警察个体的智力水平高。任何一个机构里的情况都是如此。教授和学生没有大学这个实体的智力水平高，传教士和信徒没有教会给人的感觉善良，等等。这就是为什么大学、教会和政党总是正确的原因。

总之，群体之间的差异就在于是否存在一个组织体系。自发群体遵循机械法则，人为群体遵循社会模仿法则。前者降低个体智力水平，后者则把个体智力水平提升到与领袖或其他成员相同的水平。人为群体的最大优越性从这一事实中得以体现，即这些群体代表了一个既优秀又出众人物的成就，并且再造了百万或千万个具有戴高乐、爱因斯坦或耶稣基督这类个体特征的复制品。这同样是社团的最大优越性。从社会观点看，这些复制品，即领袖群，或者可以说是个体与群体之间的关系纽带，才是最难得，也是最重要的东西。从某种意义上说，他们比群体本身还重要，因为没有群体他们照样可以行动，照样可以有所发明；但离开了他们，群体就变得几乎或完全无能为力。群体就像面团，而他们则是酵母。

葛兰西也清楚地表达过这一思想。葛兰西把领袖群比作一个政党里的动力因素，是有效而又坚强有力地推动民族力量不断向前的主要齿轮。如果没有他们，这些民族力量将不会向前发展。但就其本身来说，一个领袖群当然不会单独形成一个政党；然而，如果条件合适，那么这个领袖群将会形成一个比普通群体更为稳定的群体。用葛兰西的话说，他们是没有军队的将军。而事实上，创建一支军队比造就一批将军更容易。同样的道理：如果一支军队没有了将军，那么这支军队很快就会被瓦解；然而，只要有一批训练有素、能在一起共事的将军，而且他们之间能协商一致，并拥有共同的目标，那么即使在没有军队的地方，他们也能创建出一支军队来。[注12] 我并不是在暗示这位伟大的马克思主义理论家照搬了塔尔德的学说或者说是受到了塔尔德学说的启发，但他们之间的联系却显而易见。因为他非常清楚地表达了塔尔德思想的实质，而且他的话也表明，塔尔德思想的实质流传甚远。

一旦群体心理学把两种类型的群体都作为自己的研究对象，并对这两种群体进行区分，那么它就极大地扩展了自己的研究领域。从发生在街道上的各种现象到短暂的“平民”暴动，群体心理学的研究对象，现在已经从种类繁多的群体拓展到乍看起来毫无相似之处的公共机构，这些机构包括教会、军队、政党和国家机关。在此之前，群体心理学一直没有把这些公共机构作为自己的研究对象。因为这些机构在本质上是如此的不同，以至于至今仍没有其他学者敢大胆地宣称：所有那些历经艰辛而创办的社会团体，所有那些组织严明、相对稳定的协会、政党和经济实体都是群体；或者说与那些由不理智、爱激动的人组成的无意识群体一样，这些由公共机构组成的群体也会以相同的方式受到刺激。把这些公共机构作为自己的研究对象也就意味着：在这些有组织、看起来正规、不易动感情并且强大有力的社会实体的外表下面，潜伏着一个易激动的、疯狂的（说到底是女性化的）群体。一旦有机会，它那爱激动、易疯狂的一面特质就会表现出来，并且“在其存在的历史进程中，总是在两种不同的形式之间来回摆动。有时会形成一种大群体的概念，比如那些还处于未开化状态下的国家；有时又会表现为一种大社团的思想，比如圣路易时期的法国”。[注13]大多数心理学家，尤其是我们随后即将读到的弗洛伊德，在这一观点上都与塔尔德保持一致。

但是把人为的群体考虑在内，就会带来某种政治性的后果，或许甚至可以说是政治性的起因。关于这一点，塔尔德和勒庞之间有一定的分歧，对此我需要进行进一步的解释以说明他们分歧产生的原因。塔尔德对勒庞说：我们的观点基本上是一致的。民众和革命是法国民主政体不敢面对的危险。但当你宣称，法国民主政体面临的最大威胁是来自民众作为一个难以控制的无产阶级群体的所作所为时，我们的看法就开始产生分歧。在我看来，你所指的现象只是可怕但并不邪恶。由民众组成的群体是临时的和短暂的；这些群体就像面团一样任人摆布。归根结底，他们手中没有掌握任何权力。他们是由个体组成的自发的群体，不仅受物质环境中的偶然事件所支配，而且还被阵阵狂怒和激情所困扰。毫无疑问，这些群体总是给人留下深刻的印象。不管是在联合起来的时候，还是共同沉浸在兴奋中的时刻，他们都是那么引人注目；但当群体解散或意志消沉时，当没有一个稳定的组织去接收他们的残余力量，保护他们的生存或者确保群体得以继续保留下去时，他们也相应地痛苦万分。这一现象在充满暴力或英雄主义的暴动之后，马上就表现了出来。群体成员一个个独自走回家去，其悲哀和孤独程度绝不亚于一个重大庆典结束后那种曲终人散的场面。

经过一段时间，当自发群体不断地发展壮大并转化为人为群体、宗派或政党时，他们才真正开始具有危险性。以前的趋势被颠倒了过来。宗派或政党就像群体的种子，他们会引导和激发群体采取聪明的行动。

这是因为宗派和政党是有组织、有纪律的，并且能把各种有才能和有勇气的人团结在同一思想体系下。在这样的群体中，占支配地位的意愿可以更成功地确立起自己的地位，并通过便捷、确定的渠道轻易地传播到社会的各个阶层。如果组织更有理性，而且模仿过程也能得到更好的保证，那么发自群体中心的调遣和命令就会以更统一的方式得以执行。

宗派的危险性就在于此。如果听任群体自行其是，那么群体就永远不会有太大的危险。但只需播撒一点有害的酵母，就足以使大量愚蠢的面团膨胀。情况经常是这样，如果把一个群体和一个宗派隔离开来，那么不管是群体还是宗派都不会参与到犯罪活动中去；而当群体和宗派联合起来时，他们就会轻易地变成罪犯。[注14]

用“犯罪”取代“革命”，你马上就会明白塔尔德的意思。即使它们在数量上达到一定的规模，但无论是一个坚定的少数派还是一个动荡的多数派（例如社会党和工人阶级群体），都不可能对现存的社会秩序构成威胁。然而，一旦他们联合起来，那么他们就真的有对现存的社会秩序构成威胁的可能。进一步说，如果此类事情发生的话，那么任何领袖，不管他具有多大的超凡魅力，也不管群体对他寄予怎样的厚望，都无法单独阻止这一威胁。对领袖来说，仅仅去吸引一个自然的、分散的群体是远远不够的。这样的群体一旦聚集起来，领袖还需要去组织它，至少把它部分地转变成一个人为的群体，转变成一个有纪律的社团——政党、军队或教会，这个社团将会模仿他和追随他。只有满足了这些条件，才能维护或推翻一种社会秩序。

在这种情况下，领袖组织的主要作用也是显而易见的。因此，领袖必须扩大他们的活动范围。活动范围的扩大应以一种纪律性更强的方式，通过传播他们的思想和指示而得以实现，这样也对远距离暗示起到了促进作用。如果因此而认为个体的分布状况会更加广泛并且能更好地促进个体之间的合作，或认为领袖活动范围的扩大会避免混乱且有利于纠正集体的错误，那么，总体来说，这样的认识都是错误的。随着领袖活动范围的扩大，上述情况的确有可能发生，但这些情况并不重要。从本质上说，组织的优越性主要体现在这样一个平稳运行的机制上，即下级模仿上级、发明的正确向下循环规律以及对榜样的普遍认同。正如塔尔德所说：

> 正是在促进榜样向外传播的特殊时期，一个社会的统治集团才能真正起作用；一个优秀的政府就像一座水库，对那些一级级模仿、一步步扩大的小瀑布来说，这个水库是非常必要的。[注15]

如果我们认为一个组织的高效是因为它能确保个体间更好的合作，或在行动的发展过程中以及在工作的过程中能避免错误，那么我们的这种看法就是错误的。因为正如塔尔德所说：当一个组织不仅能确保正常的模仿行为，而且还能保证领袖更容易地按照自己的标准去塑造群体并最终使群体与领袖一样完美时，这个组织的效率才更高。

这一观察极为重要。如果一个有纪律、有组织群体的基础是它的领袖，那么现在我们必须考虑的就是领袖。

第三节 领袖原则

让我们的阐述更加明确一些。群体心理学认为：民众不具备真正的创造精神，也不具备社会独创性；历史上每一项重要发明和每一次重大变化都是个体的劳动结果。在每一个群体表面的背后都隐藏着个体的本质，反之则不然。民众的狂热以及他们在社会中的辉煌作用，不仅看成是那些煽动者用来大肆宣传的手段和旗帜，而且还被看成是煽动者用来掩盖其无限野心和虚伪的伎俩。民众充满了智慧吗？那么为什么他们又经常被他们信任的人——领袖——所吸引，为什么他们还想成为领袖那样的人？领袖充满了智慧和美德吗？那么为什么他们有时却无法控制他们自己设法建立起来的政权，为什么还会被这些政权胁迫而走向有时是好的，但常常是邪恶的极端？事实是，那些热爱群体的人背叛了群体，他们唯一真正热爱的只是他们自己。塔尔德毫不留情地揭露了这一点：

因此，我们应该注意到，那些只崇拜群体而同时又特别鄙视人类的名人是自负的魔鬼。也许除了雨果之外，最具代表性的人物非瓦格纳莫属；早期的代表可能有夏多布里昂和卢梭等人，他们极为详细地论述了有关民众的理论，认为民众是艺术创造的主力军，而单独的个体在创造方面一无所获，或只能把集体的发明据为己有。这种不费吹灰之力的群体崇拜行为，却恰似对谁都无伤害的讽刺，因为它们不加区别地指向所有人。[注16]

虽然这些都是塔尔德很早以前的观察资料，但放置今日却依然适用。显然，有许多人哪怕只获得了一点点的成功和权力，就把自己吹嘘成叱咤风云的伟大历史人物，尽管在其讲演中他们往往言不由衷，但这种现象却让人感到痛心。为了保持其权威，他们劝说群体要像他们那样思考。从目前当权的最民主的政党领袖来看，他们也确实取得了一些成功。领袖向群体抛去他的赞美之词，群体则把一浪接一浪的颂词和忠诚回报给领袖，盛赞领袖是世界上独一无二的，像领袖这样道德高尚的人更是前无古人，后无来者。这样的情况尽管经常出现，但却并非寻常。这样，双方都听到了自己想说而不敢说的话，因为他们都没有把自己摆放到正确的位置。高高在上的领袖应该处于下层，而处于下层的群氓却应该高高在上。

但是塔尔德的观察资料中有一方面还是过时了，那就是，这些资料否认了人类群体的创造性。事实上，人类群体的创造性早已被历史和人类学家在宗教、语言、经济等领域所证实。还有比农耕的开启更伟大，比诗歌和音乐的创作更神奇的吗？而这一切我们都应该归功于民众的创造能力。在《论人类社会环境的历史变迁》（莫斯科维奇，1968）这本书里，我已用实例证明了艺术、技术和科学的大众源泉。只要一个团体或社会环境提供了哪怕是最小的刺激，也会随之涌现出某个个体去完成大众的工作，但前提是必须满足外在刺激这一条件。

简单考虑一下群体心理学所提出的有关个体辉煌的思想，我们很快就会明白：群体心理学所看到的只是个体独创性这一真实的一面。不管他是一位科学家、一位政治家、一位将军，或是一个政党的主席或书记，领袖——个体的集中体现——都具有发明家的潜质。当然，一方面，他们创造的目的和接受的训练各种各样；而另一方面，他们却具有相同的潜质和同样重要的才能。有两种人之间存在着天壤之别。其中一种人的使命就是去发明，去指挥；而另一种人，实际上是大多数人，命中注定要去模仿，要被人指挥，这一点可以从他们模仿其追随者的名字或模仿其追随人的形象来改变自己等事实中得以证实。比方说，基督教徒接受了基督这个榜样，达尔文主义者追随达尔文，精神分析学家追随弗洛伊德，等等。

把领袖称作一种类型的发明家或把一个发明家称作某种类型的领袖，虽然两种称呼方法都很普通，也都有些夸张，但却包含着一定的真理，这正是我现在要尽力说明的。如果一个领袖要吸引一个群体，并用暗示的力量来影响这个群体，那么他就要借助于某种非凡的、有独创性的行动，正是靠这种行动才使领袖取得了重要地位。领袖向我们中间所有急于模仿他的人施展魅力。我们都有这种模仿的需求，而领袖能使这种需求深入到我们的内心。领袖首先吸引和控制的是我们的自我，接着再把我们的自我毁灭掉。因为在成千上万乃至百万人的精神世界里，领袖占据的是同样重要的位置，因此，这些人在反应上具有类似性，在情感上具有一致性，在思想上具有统一性。这种类似、一致和统一形成了一种集体意识、群体精神和独立存在的思想体系。当然，实际发生的情况是：大多数人都去模仿某一个个体——领袖——的意识、精神和思想，就好像一本书或一张唱片有很多相同的复制品一样。领袖与书本和唱片之间唯一的区别就是：领袖意识、精神和思想的复制是模仿这一社会机制下的产物，而书本和唱片的复制是印刷机器下的产物。

塔尔德，我们在此的向导，简要地说明了这一点。

模仿是军队这一组织机构的基本要求。但是军队里的模仿对象是什么呢？只能是领袖的意志和思想。军队绝对服从和极端忠诚的特征，使领袖的意志和思想得以在整个军队广为传播，其结果就是成千上万人组成的军队转变成一个统一的整体。在这种情况下，关于集体的灵魂已没什么神秘或高深莫测的了，因为它只不过是领袖的灵魂而已。[注17]

当然，这只是一个很普通的例子，它所指的也并不仅仅是军队。可以很容易地看出：这一例子的真实作用就是推翻涂尔干所使用的群体意识，或者勒庞所使用的“群体灵魂”思想。塔尔德继续说，群体灵魂是无形的，而且也不是真实存在的；或者说，“群体灵魂”只不过是领袖灵魂的复制品。“群体灵魂”和它的思想都统一体现在理想的领袖身上，群体中的每一个成员都带有领袖的形象。[注18]

但是用米什莱假设的话来说，“群体灵魂”就是“领袖的灵魂，因为领袖集群体荣誉于一身，变成了群体的特别标志”。从某种意义上说，领袖是人类群体的奠基者；群体一旦形成，领袖也是群体与之相似的原型，就如孩子像父母一样，而且正如以下的表述：

随着自我的出现，基本秩序的萌芽就像被植入开始形成的思想中一样，随着领袖的出现，社会秩序的主要萌芽也被植入原始的社会中。领袖就是社会的自我，注定要经历无限的发展和转变①。[注19]

---

① 在群体心理学的发展过程中，“社会自我”的概念为从勒庞的“群体灵魂”的观念发展到弗洛伊德的“自我理想”或者“超我”打好了基础。

总之，领袖是支撑所有群体存在的精神支柱，并且因为人们总有不厌其烦地进行模仿的需求，所以就如同人类不能没有食物、饮料或睡眠一样，人类也不能没有一个主宰；人类都是政治动物，他们需要组织，也就是说，需要秩序和领袖。[注20]“这是一条自然规律，当人们聚集在一个群体内时，他们本能地屈从于他们中某个人的统治。”[注21]“在任何社会领域里，从地位最高的人到地位最低的人，只要一个人不再孤立，他很快就会被一个领袖的影响所包围。”[注22]

不管是戴高乐还是歇格勒和勒庞，他们每个人都以自己特有的方式讲述着实际上是同样的东西。也就是说，当孤单一人时，他们就是自由的；但当他们成为一个群体的组成部分时，他们就会寻找一位领袖，听从领袖的指挥并跟随在领袖的左右。这一原理①的阐述令人信服，其程度不亚于对一个数学公理的信服。尽管我们发现它被表达出来的方式非常野蛮，也让人震惊，但这一原理却像不言而喻的真理一样直击要害。但正如我们所了解的，群体心理学永远不会在“药丸上涂上糖衣”，也就是说，永远不会为它尖锐直白的陈述进行辩护。群体心理学从共有的传统中搜取它需要的全部证据，并依靠常识性的经验对这些证据进行验证。倘若你还需要进一步深入的证明，那就请你睁开双眼，环视自己的四周，你就会清楚地发现这样一条规律，即周围的大部分人都愿意模仿一位活着或者死去的领袖。在我们所知的任何社会里，在所有的人群中，都是上有地位显赫者，下有地位卑微者。这就是被奴役人类的等级制度②。

康德把人类看成是一种动物，一旦他生活在和他属于同一种类的动物之间，他就需要一个主人；而同样作为动物的这一主人也需要一位主人。

---

① 著名的德语词汇 Führerprinzip（领袖原则，领导人原理）对此进行了总结。

② 群体心理学认为领导原则有两个方面，一个是官僚体制原则，一个是组织原则。因此，前者如果不抵达后一个阶段，就不可能得到发展。

正如你所知道的，“主人的主人”这一思想是康德的一个发现，或者说这一思想占有了康德。这一思想是康德世界观的坚实基础，其中也包含了他自己独特的见解，他不会偏离这一观点，因为除此之外，他别无选择。他被一种观点、一种意识所吸引，成为这一观点、意识的俘虏，无法摆脱它们的束缚，犹如一位被自己的艺术所吸引的艺术家，他往往会局限在自己对形状和颜色的感觉里，局限在自己所描绘的现实中，因为他就是这样看待现实的，所以他不可能以其他的方式去描绘他眼中的现实世界。

领袖试图尽可能多地支配人类，就像领袖的思想试图尽可能多地支配他本人一样；领袖是任何有效统治形式中的第一环节。只有当统治变得专横和专制时，领袖才变得专横和专制。统治使领袖更具优越性，尤其是在民众渴望肯定和希望的时代，情况更是如此。勒庞再次对此进行了评论：

当然，那些完美的、具有几乎是超自然洞察力的人，那些传道者、群体的领袖——一句话，就是具有威望和坚定信念的人——他们产生的影响要比那些否认、批评或漠不关心的人产生的影响大得多。但是不能忘记，假如有了今天群体所拥有的权力，假如一个观点能得到足够的权威去迫使大众接受它，那么这一观点将被赋予如此专横的力量，以致一切都会在它面前低头。[注23]

这就是领袖的精神特征与发明家的精神特征极为相似的原因，这种精神特征既强烈地感染了我们，也使领袖成为一个天生的催眠大师；发明家往往是一个意志坚强并且不与人来往的个体，常常被巴尔扎克笔下的“寻求绝对”所吸引。这种精神特征表明了他目标的单一性，这种单一性适合于只有一种激情的人，因此也适合于受到某种思想启发、固执并带有偏执狂的人。塔尔德是这样描述此类人的：

就我们所知，某些人的个人优势超过另一些人的个人优势，这是一种基本现象，这与催眠大师的个人优势超过他的催眠对象这种现象之间只有细微的差别。在其被动和驯服的状态下——这种状态是它没有意识到的，也是它无法改变的——模仿者的群体就是一群梦游者。而另一方面，发明者或创始者，假如他非常独特和偏执，对自己和自己的思想忠贞不渝，那么不管他是一个什么样的人，都是像我们所说的那样，只不过是一个疯狂者。他的忠诚，由于各种社会原因，并没有因为周围的怀疑态度而减少。疯狂者带领着一群梦游者，从中我们期望能得出什么符合逻辑的结果呢？但事实上，二者的确为合乎逻辑的理想做出了贡献，而且这一贡献似乎是他们共同努力所产生的结果。因此在这个像羊一样温顺的群体中，有些人仍保留着原有的社会忠诚，而一些大胆的人却把这种忠诚进一步提高并扩大了。[注24]

这样的阐述，清楚地展现了不到一个世纪以前，人们关于民众和群体生活的思考、描述和幻想。至少我们可以说，它没有对偏见进行任何的修饰，因为作者无意使用学者语言去掩盖他的偏见。但是，就让这种偏见过去吧。原文实际上包含了马克斯·韦伯所说的所有领袖特征，当时他进一步调查了这些特征，并在他自己的理论著作中以不同的方式对它们进行了综合。这些特征包括：个体超过群体的优越性；发明行为与模仿行为相比，发明是第一位的；注定要迷惑由旁观者组成的群体并对它们实施催眠的领袖是坚定不移的偏执狂，领袖具有作为理想的催眠大师的天分。领袖的确是与众不同的人物。

但是领袖在群体中寻找什么呢？把领袖推向和引向群体并迫使领袖对群体采取行动的愿望又是什么呢？是寻求权力吗？是实现个人野心或阶级利益的愿望吗？答案当然是肯定的，甚至更多。但群体心理学认为，在所有这些愿望中，领袖的最大愿望就是：追求威望。这一愿望被信仰的巨大威力所唤醒，而这些信仰正被转换成一个目标。当威望涉及人物时，它就被标上一个人名；当威望涉及职权时，它就被标上一个头衔。追求威望的愿望体现在追求名声的意志中，没有人能摆脱这一意志，因此领袖热衷于用自己的名字给个体、政党、城镇、学科等命名；但当领袖被流放或去世后，也会因此而迅速掀起一阵更名热。

也许有人会好奇地询问：是否会有不知名的领袖呢？答案显然是否定的，因为如果人们认为领袖的名字并不能给自己带来荣耀和声望，那么这位领袖实际上就没有掌权。若果真出现这种情况，这位领袖就既没有名声，也没有面子。所以一位领袖一旦掌权，他马上就会想方设法让所有人去重复他的名字。用卡内蒂的话来说就是：希望所有的人都能经常并且是在人多的地方谈到领袖的名字。这样，领袖的名字就逐渐家喻户晓，在交流中提到领袖的姓名也慢慢成为一件习以为常的事。[注25]

仅仅作为一个名字而被接受，或者仅仅取得了一点名声，虽然在理智上我们并没有感到满足，但在心理上却体会到了相当大的满足。因为取得名声意味着我们将会永存，那种荣耀或不朽将是我们的；同时拥有名声也非常具体地表明了我们拥有权力并能对他人采取行动，对这些人来说，我们已成为焦点和他们的榜样。总之，我们已深深地渗透到群体的自我之中，并且统治着他们的想象。米歇尔斯在谈到政党领袖时说：他们常常获得一种圣徒或者殉难者般的光辉；对提供的所有服务，他们只求一种回报：感激。[注26]

如果不能取得民众或群体的承认，任何国王——无论是戴王冠的或是不戴王冠的——都不会发挥其重要作用。因此，每一位领袖都会依赖群体，这样才能形成他暗示的威力；因为如果要让每一个人都与他的决定保持一致，并且能马上理解这些决定，毫不犹豫地按照这些决定去行动，那么领袖就不得不相信群体所相信的东西，看群体所看的东西。他成为群体的一面完美的镜子，群体成为他的形象；群体在扮演这一角色时，就好像自身的存在一样轻松自如。因此，领袖也许会感到失落，但他从不孤立，因为他永远不能脱离群体。领袖来自群体，一旦他脱离了群体，人们就会认为他是一个只为进一步实现个人野心的愤世嫉俗的骗子。领袖的力量就在于真诚和真诚的行动。如果他能真诚地行动但却缺乏真诚，那么他的力量就会蒸发，他本人也会跌入“做一个没有主人的主人”这一幻想中。此时他不但会失去诱惑的威力，而且还会失去群体对他的所有信任。

然而，只要领袖能保持住这面镜子，群体就能在他身上看到自己的影子。群体承认在领袖身上具有集体信仰的超凡魅力，群体和领袖都是这一集体信仰的奴隶；因此群体崇拜领袖，实际上也是崇拜群体自己。塔尔德总结道：当一个群体崇拜它的领袖或一支军队崇拜它的将军时，它实际上是在崇拜它自己，并且还盗取了领袖靠个人奋斗而获取的较高的评价。[注27]

崇拜你自己，群体就会崇拜你。这似乎是领袖应该接受的建议。在模仿领袖的过程中，群体也提高了它的自尊和它的社会自我，因此也得到了强化。在其内心的最深处，每一个人都感到自己正在变成小戴高乐、小爱因斯坦或者小拿破仑，并且开始用崭新的目光重新审视自己。这就表明：一个强有力的领袖强化和提高了其同僚和追随者的个性，而一个软弱的领袖则削弱和降低了其同僚和追随者的个性。

所有这一切都可以用来解释为什么人们不时（但不是太经常）地要求有一位坚强而又充满活力的领袖。塔尔德对此再一次解释道："事实上，每当一个国家发展到这样一个时期——它迫切需要的不仅是一位充满激情的领袖，而且还是一位有能力维持较好秩序的领袖，那么此时这个国家就要求共和政体形式的，或带有议会色彩的个人统治。"[注28]

然而，应该指出的是：除了一两次极为罕见的情况外，这种要求是一个极其危险的幻想。个人统治成功地抬高了萎靡不振的民族自豪感，但这一成就的取得是以榨尽人民的尊严，或者简单地说，是以人民的流血为代价的。他们是骄傲的，但仅此而已。

为什么群体会像羊群服从牧羊人一样服从他们的领袖呢？人们经常会提出这样的问题；特别是"第二次世界大战"以后，人们寻求这一问题答案的愿望更为迫切。也许我们已目睹过一种现象，这种现象就存在于我们的现实生活中，即伴随着某些领导人的统治，人们常常会有一种恐惧感。这种统治要求无数的个体为阶级或种族的种种理由而做出牺牲，其规模之大是史无前例的，而且正如我们所知道的，这些领袖的权力往往根植于民众的意志之中。尽管他们没有人性，但却一直并仍然被无限的崇敬和真正的热爱所包围。在很多情况下，爱和崇敬一直与恐惧相伴，并且几乎达到狂热的程度。

然而，被称作领袖过失的事情却也屡见不鲜，除非有些人不想了解它们，有意遮住他们的双眼、堵住他们的耳朵，或者对这些过失保持沉默而不是谴责。

那些极权主义运动成员的无条件忠诚以及对极权主义统治的普遍支持，让我们平静的内心感到不安；但更让我们感到不安的是：极权主义运动对社会的精英，而不仅仅是对社会的乌合之众所产生的那种不容置疑的吸引。仅仅因为艺术家的异想天开，或者学者们的天真而看轻这些可怕的精英未免过于轻率，因为这些精英的极权主义思想在其支持者、同行者和政党成员的内部都相当有影响。[注29]

问题还不仅仅如此。当我们回想起一些极权者对敌人所进行的那种无情的穷追猛打时，我们确实会感到有些不寒而栗。这些敌人的一举一动都受到他人的监视，没有人能摆脱这种恐惧。而这种恐惧的产生，正是因为个体自发地参与到了群体中去。但是这种恐惧并没有阻止人们对领袖的爱戴，也没有阻止人们对其神一般的崇拜。事实上，人们对领袖的崇拜与对他的恐惧是成正比的。从统治角度来说，这种恐惧比他当权期间给人们带来的任何幸福都有效。

得知领袖逝世的消息，群众临街而泣；没有他，群众就像失去父亲一样忧虑重重地展望未来，心中充满失望。卡利古拉（Caligula）[①] 是一位受人尊敬的领袖，他的遇刺几乎引起民众的反叛。关于领袖的逝世我们至今仍记忆犹新：让人感到惊奇的不是群体的臣服以及他们对此类领袖的被动

① 卡利古拉：罗马皇帝，专横残暴，处决了将他扶上皇位的禁卫军长官，屠杀犹太人，后被刺杀。——译注

屈从，而是他们对这些领袖的亲密情感。当这些领袖去世时，他们到了几乎无法自持的程度。人们为什么会不考虑自己的自由和生命而去热爱他们的暴君并愿意追随他们呢？原因就在于当领袖即将离世时，人们似乎发现了权力的真空——在他们周围真实的或想象的一种空荡荡的感觉——这让他们无法忍受。

而当领袖实际上已经去世，却把逝世时间隐藏起来以维持领袖生病或病危的幻觉，这样的阴谋和事实其实还出于另一方面的考虑，也就是群体对领袖逝世所做出的真正或可能的反应。群体会发狂或者一个新的恐惧阶段会就此开始吗？社会的纽带断裂了，凝聚力没有了，接踵而来的是无秩序的，也许是过度的悲痛景象（尽管自杀通常是某些追星族的最后选择）。但群体也可能会因失去敬爱的领袖而感到愤怒，这种愤怒会把悲痛转化为暴力去攻击那些与去世领袖关系密切的人。所有不能取代领袖的次要人物都要既对领袖的过错也对领袖的逝世负责。领袖的消失所带来的失落感只有靠过分的哀伤和长时间的淡忘来弥补。从某种意义上说，淡忘是永远不会结束的，即使是在控制最严格的社会里。

这一系列事实震撼了智慧和意识，也蔑视了科学的理解和解释。然而，对群体心理学来说，这些事实却并不是什么让人感到震惊或者例外之事，群体对领袖逝世的过度反应也并不能表明群体已失去理智；因为在这些事实变为普通现象之前，群体心理学早已预见了它们。但另一方面，让群体心理学的确感到吃惊的是：人们对人类本性的理解竟是如此之少。

而在这些事实变为普通现象之前，群体心理学是如何预见了它们并对它们进行了描述呢？只要我们用传统的方式看待政治问题，我们就会很自然地认为人与人之间是平等的。但实际情况却是：有些人发号施令而另一些人俯首称臣。这一现象确实让我们感到不解。如果说是理智或自尊导致大多数人俯首称臣，那么这种解释我们还是可以接受的；但如果说臣服的动机不再善良，那么我们对此也就无法理解。况且，大多数人的臣服要么是主动地配合，要么是被动地同意。因此，我们就不可避免地感觉到：群体的臣服是自由和自愿的。

群体心理学认为，问题的关键不仅在于有人发号施令而其他人俯首称臣这一事实，而且还在于一种专制的统治；反之亦然。如果所有的领袖都只是发号施令，而所有的群体都只是绝对地服从，那么就不会存在大的政治矛盾，或者可以说，甚至不会存在任何矛盾。矛盾的出现恰恰是因为领袖的犹豫和听从而不是命令，而群体却在服从和命令这两个极端的行为间徘徊；群体有时会把自己的意志强加到领袖身上，有时却对自己的意志无情地破坏。塔尔德指出，正是此时才出现了：

一方面是平民群体对主人表现出的极度不信任，而另一方面所谓的主人则表现出相当的害怕、哀怨和服从，他所能做的只是发布一些与其属下的命令结合起来的政令。这对双方来说都合情合理，因为群体的不信任和领袖的害怕都说明了一个问题，即领袖的懦弱。关于最终的目标，双方还会有一个协议，因为群体的不信任加剧了领袖的害怕，也许反之亦然。然而遗憾的是，领袖的害怕，再加上其懦弱，只会把一个民族带到地狱的边缘，除此之外，别无选择。[注30]

换句话说，群体需要的是一个强硬的统治集团。对此人们深信不疑。显然，当上层的少数人服从下层的多数人的命令时，统治的平衡就被打破。接着便会出现危机，而解决危机的唯一出路就是重新建立起服从的秩序。那些成功地再建起服从秩序的领袖，也因此而得到了人们对他的无限感激，这种感激只有以肩顶天的巨神——阿特拉斯才配得到，因为他用自己的肩膀撑起一片高高的蓝天，从而撑起了一个濒临倒塌的世界。

我们可以看出，群体心理学认为只有在这种情况下，大多数人才会自然地服从。那么，如何才能让群体自然地服从呢？解决这一问题的方法有两种，并且这两种方法都可以用两个词来概括：镇压和崇拜。如果采用第一种方法，那么就要借用外部的力量：警察、政党、行政机关等诸如此类的直接力量，或者财富、金钱之类的间接力量，这两种力量既充满暴力，又具有腐蚀作用。他们撒下恐惧和羞辱的种子，不仅压制所有自由的思想和运动，而且还压制了所有反抗权威的意志。两种力量作用的后果远远不止这些，因为在高压态势下，最坏的结果总会发生的。

第二种方法与第一种方法相反，正如拜伦在其著作中所描述的那样：与武力相反的方法是诱惑，与物质手段相反的是精神手段。第二种方法以人们的内在需求为先决条件，比如热爱、模仿和服从上级等诸如此类的精神需求，因为从他那里我们希望得到指引和保护。这种需求使我们愿意接受他的建议，也希望得到他的建议，并诱惑我们把我们的情感、财产，有时甚至是我们的生命都交由他处置。总之，在人类身上有一种崇拜需求，这种需求会很快表现出来。从崇拜我们的父亲、老师、兄长开始，我们进而崇拜伟大的艺术家、科学家，或崇拜历史上那些伟大的甚至邪恶的人物；简言之，就是崇拜那些在人类想象的万神殿中占有一席之地的人。勒庞严厉地指出："群体这种崇拜的需求很快就使他们成为某些个体的奴隶，因为他们屈服于这些个体的超凡魅力。他们对那些他们所崇拜人物的敬仰是疯狂的。"[注31]

这种服从和崇拜的需求并不是单独个体的精神需求。当个体处于独处状态时，他既没有这种需求，也没有表现出对这种需求的渴望，还经常抵制那些让他想起这一需求的东西。用专业的术语说：个体天生是自由的。这一自由应从广义上去理解。然而，当这一个体成为群体的一部分时，他的这种需求就表现了出来[①]。好像是每个人都感到被迫去服从群体的一面，

① 弄懂这种区分是很重要的。许多心理学家试图确定那种顺从、依赖和一致的人格类型。其他人说到了一种基因的服从倾向。在群体心理学看来，服从的需要，像其他心理现象一样，是群体状态的产物，并会随着个人回到独处状态而消失。在谈论服从和易受影响的个人时，很重要的是避免没有充分理由就从集体跳跃到个人。或者在使用受虐狂、施虐狂等词汇来探讨群体和领袖的关系时，从个人跳跃到集体。很多人用后一种混淆来“诗化”纳粹的罪行。

去屈从于作为群体的那一部分；而从群体的角度来说，那一部分就是他自己。有几种方法可以使群体强烈地感受到这种需求。

第一种方法是崇拜。有了这种崇拜，群体就会团结在领袖的周围。他们注视他，聆听他的教诲，并充满敬意地重复他的名字。第二种方法是敬仰。有了这种敬仰，群体就会反对任何指向领袖的攻击或批评。甚至当领袖自相矛盾或犯错误时，群体也会拒绝相信，群体认为：其他人，比如领袖的随从，应对领袖的失误负责，这样就保持了领袖形象的完美。第三种方法是顺从。满足的顺从是一种常常让观察者感到吃惊的现象。群体的这种顺从对决定或命令的执行是有帮助的，这样就可以避免动用武力或采取强制的手段。关于这一点，米歇尔斯在其对政党的研究中描述道：群体感到一种迫切的需求去接受伟大的思想以及他们认为能代表他们的个体。[注32]

这两种方法——镇压和崇拜——正好相反。在第一种情况下，领袖被服从是因为他发号施令；而在第二种情况下，他发号施令则是因为他被服从。大多数社会科学赞成第一种解释，即把镇压看成是一种暴力，这种暴力产生于一种力量关系，也因此产生一种社会强制。群体心理学更喜欢第二种解释。在它看来，对一个他们可以信赖的、杰出并具有魅力的人的崇拜是群体的一种需求，这种需求导致了群体对领袖的顺从。领袖可以统治他们，并使他们服从自己的命令，但这样做首先要得到群体的支持；有时领袖得到支持的范围如此之广，足以使他有底气向世人宣称他是世界上唯一称职的领袖。

因此，群体是一种专横的动物。显然，一旦有人承认群体需要服从和崇拜，那么一个能够长期行使强大权力的个体就会满足这种需求。但这种需求在何处形成，又从何产生呢？它可能与领袖特征有相同的起因。因为如果不是这样的话，那么领袖和群体怎么能像手和手套那样如此相配呢？为了在这一点上——我们后面还将回到这一问题——节省时间，我认为家庭是我们学习服从的最佳场所，所以也是权力可以依赖的基础。我们的父母，尤其是我们的父亲，使我们对服从有了思想准备。

正是我们的父母教育了我们去做什么或去模仿什么，培养了被我们称之为顺从的技能。更重要的是，家庭让我们产生了服从的愿望和需求，因此我们拜倒在父亲脚下。由于父亲的超凡魅力，我们把他作为第一个榜样或领袖来崇拜。这种不假思索的、令人着迷的、机器人般的草率无可辩驳地证明了服从需求的存在，这种存在必须得到满足，而且我们从中也得到了乐趣。塔尔德称，事实是：大多数人从服从、盲目信仰和对领袖的着迷中得到了无法抗拒的乐趣。[注33]

我们可以反对这些陈述中的观点，但却很难驳倒它们之间的逻辑联系，也无法否认它们存在的现实。我们不可避免地会产生这样的怀疑：是否会有人没有体验过崇拜和服从的诱惑，也没有感受过崇拜和服从在自己身上悄悄地起过作用。如果我们对自由的渴望再强烈一些的话，那么世界也许就不会是现在这个样子了。因此，服从与家庭相互依附，接受一个就意味着接受另一个。这种联系一旦建立，群体心理学就把它引向逻辑的极端，并把父亲转换成各种群体领袖的前身。下列这段话的表述者是塔尔德，而不是弗洛伊德。

即使在最民主的社会里，这种片面性和不可逆性也总是建立在社会模仿的基础之上，也就是说，是建立在家庭的基础之上。因为父亲一直是，并且永远是儿子的第一位主人、神父和榜样。每一个社会，包括今天的社会，都是从这种模仿方式开始的。[注34]

如果群体有时保护自己不受大众暗示作用的影响，对广告及其宣传活动表现出极大的不信任，那么这并不是因为他们担心因此被权力或暴力所支配或控制；因为群体清楚，他们可以用自己更强大的力量和暴力与这一威胁相抗衡。群体真正担心的是：从远古以来就迫使他们崇拜和服从的恶魔又开始起作用了。就像是一个好不容易才熬过一段时间的戒酒者或戒毒者，他并不是害怕重新喝酒或吸毒，而是害怕会上瘾。他害怕这种渴望会使他重染恶习，而他却无力抵制这种渴望。

这就是为什么从长远的观点来看，只有劝说和吸引的方法才能取得更好的效果。一个精心杜撰出来的短语胜过一支装备精良的部队。正如拿破仑所说，世界上只有两种力量——思维和利剑，从长远的观点看，取胜的总是思维。

因此，在这一古老而又没有定论的关于服从起因的辩论中，群体心理学认为：无论什么时候，只要人们聚集起来，他们就开始不假思索地服从他们中的一员；领袖常常是群体成员都想崇拜的那个人。这就意味着，不管能否看得见，领袖和群体之间的区别总是随着内心的需求而变化。当国家操纵这一需求并给它提供一个强大的外部满足条件时，这一需求就被歪曲并转变成压制。在这一辩论中，毫无疑问，大多数学科分支采用了相反但却被普遍支持的理论。

部分注释

注 1　S. Giner, *Mass Society*, Martin Robinson, London, 1976, P. 60.

注 2　G. Tarde, *The Laws of Imitation* (translated from the second French edition, Introduction by Franklin H. Giddings, reprint of 1903 edition by Holt and Co.) , Peter Smith, Gloucester, Mass, 1962, p. 50.

注 3　G. Tarde, *The Laws of Imitation* (translated from the second French edition, Introduction by Franklin II. Giddings, reprint of 1903 edition by Holt and Co.) , Peter Smith, Gloucester, Mass, 1962, p. 77.

注 4　G. Tarde, *The Laws of Imitation* (translated from the second French edition, Introduction by Franklin H. Giddings, reprint of 1903 edition by Holt and Co.) , Peter Smith, Gloucester, Mass, 1962, p. 87.

注 5　G. Tarde, *L'Opinion et la foule*, Alcan, Paris, 1910, p. 36.

注 6　G. Tarde, *L'Opinion et la foule*, Alcan, Paris, 1910, p. 55.

注 7　G. Tarde, *L'Opinion et la foule*, Alcan, Paris, 1910, p. 195.

注 8　G. Tarde, *L'Opinion et la foule*, Alcan, Paris, 1910, p. 168.

注 9　G. Tarde, *Les Transformations du pouvoir*, F. Alcan, Paris, 1895, p. 227.

注 10　G. Tarde, *L'Opinion et la foule*, Alcan, Paris, 1910, p. 180.

注 11　G. Tarde, *L'Opinion et la foule*, Alcan, Paris, 1910, p. 180.

注 12　A. Gramsci, *Note su Macchiavelli*, Einaudi, Milan, 1953, p. 24.

注 13　G. Tarde, *L'Opinion et la foule*, Alcan, Paris, 1910, p. 168.

注 14　G. Tarde, *L'Opinion et la foule*, Alcan, Paris, 1910, p. 198.

注 15　G. Tarde, *La philosophie pénale*, A. Storck, Lyon,1890, p. 210.

注 16　G. Tarde, *L'Opinion et la foule*, Alcan, Paris, 1910, p. 60.

注 17　G. Tarde, *Les Transformations du pouvoir*, F. Alcan, Paris, 1895, p. 171.

注 18　G. Tarde, *La Logique sociale*, Alcan, Paris, 1895a, p. 98.

注 19　G. Tarde, *La Logique sociale*, Alcan, Paris, 1895a, p. 98.

注 20　C. de Gaulle, *Le Fil de l'épée*, Livre de Poche, Paris, 1944, p. 64.

注 21　S. Sighele, *Psychologie des sectes*, V.Girard and E.Brière, Paris, 1898, p. 71.

注 22　G. Le Bon, *La Psychologie des foules*, Presses Universitaires de France, Paris, 1963, p. 68.

注 23　G. Le Bon, *La Psychologie des foules*, Presses Universitaires de France, Paris, 1963, p. 89.

注 24　G. Tarde, *La Logique sociale*, Alcan, Paris, 1895a, p. 127.

注 25　E. Canetti, *Masse et puissance*, Gallimard, Paris, 1966, p. 421.

注 26　R. Michels, *Les Partis politiques*, Flammarion, Paris, 1971, p. 57.

注 27　G. Tarde, *La Logique sociale*, Alcan, Paris, 1895a, p. 114.

注 28　G. Tarde, *L'Opinion et la foule*, Alcan, Paris, 1910, p. 165.

注 29　H. Arendt, *Le Système totalitaire*, Scuil, Paris, 1972, p. 235.

注 30　G. Tarde, *La Logique sociale*, Alcan, Paris, 1895a, p. 297.

注 31　G. Le Bon, *L'Opinion et les croyances*, Flammarion, Paris, 1911, p. 136.

注 32　R. Michels, *Les Partis politiques*, Flammarion, Paris, 1971, p. 62.

注 33　G. Tarde, *Les Transformations du pouvoir*, F. Alcan, Paris, 1895, p. 25.

注 34　G. Tarde, *Les lois de l'imitation*, op. cit., p. 78.

Chapter 5

第五章

舆论和民众

第一节　交流是民众的镇静剂

交流是社会进步的典型标志。正如历史所表明的那样，改变交流的形式与手段，群体的性质和施展权力的方式也会随之改变。如果仅仅把交流看成是希望赢得群体情感和灵魂的那些人手中的工具，那就大错特错了。实际情况是，交流对群体施加自身的影响，而群体也的确被迫接受其影响。只需考虑一下在收音机以及此后出现的电视机等的影响下，我们的政治和文化生活所发生的深刻变化，就足以让我们理解这一事实。仅仅过了一代人，无论是传统的演讲还是收音机或电视剧的宣传，他们在语言、风格、语调、形象以及观众时间占有量等方面的竞争已发生了根本性的变化。

塔尔德注意到了这一点。他说，每一种形式的交流都有其对应的社会团体。从演讲者到听众，这是一种最为传统的交流方式，这种交流方式对应的社会团体是群体；以报纸为开端的现代交流方式对应的社会团体是公众。每一种形式都有其特定的领袖。报纸也推出了自己的领袖——时事评论员。

可能有人会反对这种看待事物的方式，认为它是相当狭隘的。的确，在这些关系中，根本没有提到社会和经济条件。一方面，对于那些声称要对交流领域进行彻底考察的人来说，以这种方式看待整个事物不免有点肤浅，并且我们自己对这种方式也不再满意。但另一方面，这种看待事物的方式不仅随处可见，而且还可以用简单明了的语言表达出来：交流方式的发展决定了群体的发展，也决定了他们接受大众暗示的方式。正如技术和劳动都有各自的历史一样，交流也有自己发展的历史。从交流的发展史我们可以了解到名副其实的交流心理学，即演讲与说服的方式。

我们将尽力对这种看待事物的方式进行概括，即使这一概括不很完善，但至少能起到一定的启发作用。正如你所想象的那样，一切都从交谈开始，所有关于人与人之间活动和反应的谈话构成了基本的社会关系，我们的大多数观点都是从这些谈话中产生的。如今在社会学和心理学领域，交谈已成为一个时髦的话题，而且对这一既重要又基本的话题从冷淡到热衷的态度转变过程还相当漫长。如果了解了这一情况，那么我们就能更深刻地理解：塔尔德的预见是如此精准，这种精准程度的确值得称赞。尝试在完全孤立的情况下去研究交谈，使塔尔德的思想看起来更疯狂，因此也更准确。当然，他不仅简要地说明了这一学科，而且也制订了有关这一学科领域的研究计划。首先我们必须要知道的是：通过交谈能理解什么？莫泊桑也想知道：什么是交谈呢？

一个奇迹！交谈是一门艺术，这门艺术永远不会显得枯燥无味，这门艺术能以一种有趣的方式让我们吐露心声，这门艺术能使任何话题都给人带来快乐，即使是谈论身边的琐事也让人感到魅力无穷。交谈就是用语言轻轻地触动所谈之事，用流畅的言辞温柔地与别人交流，带着甜美的微笑说出一两种想法。我们能用这种方式给交谈下定义吗？[注1]

有一件事是肯定的，那就是：说话不是交谈，反之亦然。因为交谈者必须利用一整套的技巧——丰富的表情、声音的变化、令人愉快而有效的躯体语言，等等——并且要在自己的周围形成一种我们称之为魅力的氛围。因此，正如塔尔德所说，我们应该把“交谈”一词局限在“对话”的范围之内。在对话中，我们和他人交谈的目的就是为了让对方感兴趣或让对方高兴。有时这种对话可能忽略了礼节，有时双方的直面交流可能让人感到不愉快，但这时往往是出于交谈本身的乐趣而交谈。这样我们就排除了那些既不是出于兴趣，也不是无缘无故而进行的交谈。此类交谈往往是出于某种隐藏的动机，也就是说，那些参与交谈的人并非出于交谈本身的乐趣而进行交谈，例如，外交和军事谈判，合法的相互查问或科学讨论。塔尔德对随意的社会交谈另眼相看，因为这些交流的目的——奉承、诱惑等——是如此明显，所以这种交流并不是为了停止或扼杀谈话的乐趣，与出于某种隐藏的动机而进行的交流截然相反。

根据塔尔德的观点，让某人参与到交流中来，就意味着控制他的注意力并对他的思想施加影响。没有一种社会关系能像交谈那样产生深刻的人与人之间的渗透，或对他们的思想产生如此重大的影响。对此，塔尔德是这样描述的：

当人与人接触时，交谈会促使他们相互影响，这种影响是无法抵制的，也是不知不觉的。因此它是模仿最强有力的代言人，也是情感、思想、行为方式等传播的最佳代表。如果一个演讲能牢牢吸引观众并赢得观众的掌声，那么这个演讲的暗示意义就相对较弱；其中的道理既简单又明了，因为这种演讲的出发点就是说服。而在一起交谈的人，会通过他们所使用的语言种类、说话的语音声调及眼神的交流方式对与他们靠得最近的人施加影响。从语言的神奇魔力方面考虑，把一个好的交谈者称之为富有魅力的人是非常正确的。[注2]

就好像整个事情是不言而喻的一样，塔尔德直言不讳地说道：交谈的有效性就在于它能产生类似催眠的效果。这就使得交谈在许多方面都类似于人与人之间的直接暗示。

交谈的另一个特征是它的平等主义。也就是说，在一个充满不平等的世界里，交谈能重新带给人们一种平等的感觉，这是一种在整个社交水平上的平等感。在塔尔德去世后发表的一部作品里我们找到了下列表述：

交谈把一种思想对另一种思想施加影响的所有形式融合在一起。由于这种影响复杂的本性，我们可以把它看成是社会关系的萌芽形式。交谈的这种相互影响使它成为最不引人注目，但却是社会交往最强有力的代言人。

暗示、平等和愉快这三个词概括了交谈的特质。但在交谈之前，首先出现的是独白。塔尔德说，我们不得不设想：在人类的早期，在第一个家庭和人群中，只有一个个体能够说话，而其他人只是模仿这一个体（这一个体除父亲之外还能是谁）。经过长时间的模仿后，每个人都学会了说话和交谈。这就是为什么我们看到的对话方式总是纵向的一言堂，要么是从统治的领袖向下到群体，要么是从顺从的、默默无闻的群体向上到领袖。

直到后来，上级与下级或下级与上级之间的交流才有了相互补充。这样，就出现了平行的对话方式。简单地说，语言首先是领导者的语言——命令、警告、威胁和谴责。之后，经过重复和模仿，语言也变成了追随者的语言——同意、欢呼、重复和奉承。最后，在对话中，语言被转换成交谈者的语言。因为这种语言的目的既不是谴责，也不是听从，因此就转换为一种说给他人听的语言。

塔尔德极为详尽地描述和验证了交谈的起源和发展情况。此外，他注意到：我们交谈时的身体姿势同样反映了我们谈话的语调和内容。在他看来，说话者坐着进行的交谈是分量最重和最严肃的；但是说话者在餐厅或斜榻上像罗马人那种懒洋洋地躺着进行的交谈似乎是最有效的，尽管这种交谈方式非常轻松也非常从容。他继续说道：希腊人走来走去的交谈反映了他们敏捷和活跃的思维。他还注意到：是否有一个专门用于交谈的房间是社会阶层和文明的一个显著特征。富有的希腊人和罗马人有专用于交谈的房间，从 16 世纪起，法国人和意大利人也模仿他们，开始创办沙龙。这本是贵族阶级的一个发明，但通过中产阶级使它变得大众化，即使是在最小的公寓里，创办沙龙也成为中产阶级谈论话题的焦点。因此，沙龙逐渐被起居室所取代。沙龙的消失可以看成是法国社会衰落的一个显著标志，因为在社会的低层只有初期的沙龙和社交圈，交谈大部分是在户外的咖啡店、小酒馆及类似的地方进行。

塔尔德对交谈的罗列详细而且全面。他讨论了交谈的时间分配及其阶级变化，甚至女性之间的闲言碎语，等等。在他的解释中有两个主要的潜在主题。第一个主题是，交谈丰富了一个社会的知识和语言；第二个主题是，交谈是绝对权力的克星。他看出了交谈与观点改变之间的紧密联系。

在交谈的作用与观点的改变之间有一条紧密相连的纽带，权力正是依靠这条纽带而发生了改变。如果观点的变化很小很慢或者几乎没有变化，那么交谈肯定是不经常的、有保留的，或者交谈的话题只局限在一个很窄的范围内。如果观点的变化很大，甚至从一个极端走向另一个极端，而且关于观点的辩论也很激烈，那么交谈肯定是经常进行的，交谈的内容也是大胆和不受约束的。[注3]

不管正确与否，他认为交谈限制了绝对的权力，保护了自由。读者从中可以体会到一种对过去公有生活的怀旧情结，一种对既树立了名声又毁灭了名声的沙龙和俱乐部消失的悲哀，以及对古代民主的理想化，这种民主与（古代雅典）市民辩论会场上的讨论共存亡。

从政治意义上来说，在报纸出现以前，交谈是对政府的唯一约束，也是对所有自由的坚不可摧的可靠保护。交谈开创了自己的名声，树立了自己的声望和荣誉，因此也形成了自己的威力。交谈的目的是鼓励民众参与其中，在畅所欲言中打破等级制度的束缚，从而使所有参与交谈的人都能体验到自由和平等。[注4]

因此，自由和平等取决于交谈。最好的证据就是18世纪的文化沙龙，正是在这些知识分子的“实验室”里，有关法国革命的大量思想得以更为广泛地传播，进行法国革命的实践得以形成、检验和发动。当然，塔尔德把结果看成了原因，把症状看成了病因，把交谈看成是平等和自由的一个必要条件。而看待事物的正确方式却正好相反；也就是说，统治阶级一旦介入，那么上对下或下对上的一言堂就破坏了平等的对话方式；命令和服从的愿望逐渐损害了谈话的乐趣。至于自由，情况更加清楚明了：专制的君主根本无法容忍民众的自由交谈，他们利用各种手段对民众的交谈进行严密监视并加以阻止。任何一个政府，如果希望保持稳定且牢牢控制国家的机器，那么它就别无选择，只有禁止、控制和摧毁交谈所带来的自由和乐趣。尤其在法国，塔尔德写道，如果一个人想重新获得以往的秩序——

回到那种在家庭这一狭隘的圈子之外没有任何交流的原始时代，那么他就不得不从重新引进让整个世界沉默寡言的机制开始。在这种情况下，即使全世界都投赞成票，也根本无法推翻任何东西。[注5]

这些话的确充满了智慧。尽管不可能涉及全世界，但在整个投票过程中，哪怕只有一半保持沉默，就足以证明塔尔德的观点是正确的。这种情况在许多国家都发生过。对专政乏味的沉默中往往蕴藏着强有力的雄辩。基本上可以这样认为：对那些当代社会学家和心理学家中的佼佼者来说，若能从鼓励或剥夺交谈的角度出发来研究我们的权力体系，那么他们的研究结果肯定会成为最引人注目的成果之一，而且这一成果将比他们目前所进行的调查研究更引人注目。他们的标准可能是：在一个国家，如果人们不是因为想交谈的缘故而进行交谈，那么这个国家的人要么根本不交谈，要么“隔墙有耳”这一熟悉得让人沮丧的谚语决定了人们交谈的内容。

隔墙总是有耳。但如果这一谚语用在过去，它是指邻居们躲在墙背后偷听别人的争吵或调解。当然，塔尔德肯定没有预见到对隐藏的麦克风所进行的非同一般的革新，这一革新是我们这个时代所特有的。现在我们可以对任何距离的私人谈话进行跟踪和记录。例如，在不被谈话者所知的情况下，电话窃听就意味着我们可以捕捉到通过电话而接受和交流的信息。此类的技术进步既是对交谈威力的一种贡献，也是一种把交流扼杀在摇篮里的手段，因为它使人们对最基本最坦率的交谈都产生了怀疑。

现在我们必须设想一个第二种交流状态，在这种状态下，交谈将逐渐减少，而一种新的交流方式将诞生并取而代之。早期语言的原始交流历经几个世纪，终因书写语言的出现而受到影响并发生了变化。通信为远距离和富有哲理性的对话提供了最为直接的方式；剧院和小说也开创了一些新的交流形式。那些“相互交流”的群体不断增多，使不同思想的潮流在更大的范围内得到传播。在第二种状态下，报纸以及报纸的巨大影响将成为这一状态的显著特征，一个可能的比拟就是用“大炮取代了弓箭”。

随着报纸读者数量的不断增加，这条不起眼的支流渐渐发展成一条大河，所有其他的河流带着所有其他的表达方式——小说、戏剧、政治演讲等慢慢汇入这条大河。然而，不管社会如何进步，报纸自始至终都只是交流的一种工具。塔尔德把报纸看成是谈话和通信的一种简单延伸，而最终会成为谈话和通信的唯一源泉。[注6]

在现代社会，一切都与交谈相抵触，因为交谈具有不确定性、分歧以及改变他人观点的可能性。我们可以通过交谈来进行争论，在争论中我们得到了乐趣，争论也给人带来了满足。但遗憾的是，争论的机会却越来越少，因为与善于雄辩的演讲家们相比，规则和客观信息更让人信服。就让我们拿买卖双方之间为价格而进行的无组织而又多姿多彩的争论为例。一旦商品价格固定下来，就没有更多的争论余地。一双鞋子的时价就这么高，你要么把它买下来，要么不买，事情就是这样。卖者不想尽力说服你去买，而你对卖者也无话可说，这样，作为忽视或自大的结果，交谈从一开始就被扼杀，这与统计学家或专家为我们的交谈提供了一个新的客观事实或所谓的客观结论如出一辙。塔尔德指出：每一条新信息的出现都会让一条旧争论的源泉干涸，那么从20世纪早期开始，又有多少这样的源泉消失了呢？[注7]

这一情况已经得到了改善。今天，所有事情要求我们要么开动脑筋，自己动手；要么查阅说明，依此进行操作。而报纸却把大量的话题硬塞给读者，然后提供命令式的答案，并且要求读者做出与其答案相一致的回应。在这种情况下，斯文的交谈或日常的讨论已变得没什么意义。作为印刷业快速发展的结果，报纸的数量急剧增加，远距离思想传播的速度之快是交谈所不及的。①“长距离的携载力量使得人为的思想传播显得不那么重要。这种力量难道不也是一种影响甚远的社会力量吗？”[注8]

这并不是一个让人难以接受的现象。当成千上万的人阅读相同的报纸和书籍，并且感到他们是相同的公众时，他们就得到了那种只有群体才具有的全能感觉。人们可能会认为：报纸的读者比群体的成员要自由些，因为他有时间去思考他所读到的东西，最重要的是，他能够决定自己要读哪份报纸。但事实上，报纸的读者处于一种永久的激动状态；新闻记者则通过迎合读者的偏见和激情，使读者变得轻信和驯服，听任他的摆布。这样就把大批的读者转变成为大批听话的机器人，就好像被催眠的对象，相信一切，并愿意去做任何事情。通过一系列的具体事例，塔尔德不仅注意到了在一些影响较大的事件中新闻记者的作用，同时也注意到了报纸对公众的推动作用。

在法国，并不是因为我们拥有百分之百的赞成票，而是因为我们具有新闻饥渴感，并且拥有对阅读报纸的渴望，才使得德雷富斯（A. Dreyfus）②事件把整个法国分成两个党派，或者说把法国分成极其对立的两派公众。[注9]

对于这一事件，权威的年代史编纂者普鲁斯特记录了他笔下的一位主人公——德·格尔曼提斯王子——是如何想得到大量有关德雷富斯的评论的，此外，他还描述了德雷富斯的另一位支持者——他的妻子，也是一位天主教徒——同样十分关注有关德雷富斯的评论：每天早晨，德雷富斯妻子的女仆都会悄悄溜出去为她买一份报纸。[注10]

在危机时刻，报纸似乎具有更为强大的吸引力。一旦人们对危险开始

① 在互联网时代，信息在互联网的传播速度更快，效果尤甚。——编者注

② 德雷富斯：法国炮兵军官，法国历史上著名冤案“德雷富斯案件”的受害者。——译注

有所察觉，便急于阅读各种各样的报纸，渴望了解新闻记者对时事的评论。在这种情况下，塔尔德写道：

人们可以看到，不管是社会团体还是国家的杰出代表，此时都像其他民众一样变成了报纸的发烧友，焦急地等待每一条新闻报道的发布。在战争时期，除了“法国军队”和“法兰西共和国”，其他所有的社会团体诸如阶级、研究机构、商会或政党等，全部荡然无存。[注11]

自从报纸闪亮登场后——现在还应该加上无线电收音机和电视，开会或者讨论的机会就逐渐减少了。这些媒体把人们的注意力从公众生活转移到私人生活，并且把人们从公共场所，比如咖啡馆和剧院等，赶回到家庭这样的封闭场所。它们使俱乐部、社交圈和沙龙等这样的私人社团逐渐消失，从而导致大量孤立的个体只能等待时机再重新融入群体，并在群体中按照媒体的意志重塑自我。也只有在此时，报纸等媒体才能把这些个体聚集在自己周围，并使自己成为个体共同的统治者。因为挤走了个人交谈和争论的机会，报纸用伪造的辩论场面和观点完全一致的幻觉取代了交流和争论。塔尔德想知道：

如果是出于为辩论提供机会的缘故而把所有的报纸以及报纸的发行部门都查封，那么，人们是否会比现在更有可能在大学教授的课堂里甚至在传教士的布道台周围形成更大的观众群呢？人们是否会更多地聚集到咖啡馆、俱乐部、沙龙、阅览室和剧院等公共场所呢？人们所到之处是否会变得更加喧闹一些呢？[注12]

众所周知，现在的公共场所是最不受欢迎的地方。每一个经过城镇或村庄的人都会注意到：如果是在某些特定时刻，比如当所有的居民都留在家里看电视时，户外的公共座椅上几乎空无一人，咖啡馆前门可罗雀，广场上的市民也寥寥无几。屋顶上突然冒出的许多天线是这种变化的最显著特征。所有的人都知道，要想把人们从电视机旁拖走，动员他们去参加一个政治集会、宗教庆典或地方举行的游行示威等活动，已成为一件多么困难的事情。

交流的历史进程仍然在续写，对交流的比较研究也刚刚起步。然而，根据以上所讲内容，我们对交流的了解已足以使我们洞察到它的发展趋势。交流的作用使我们相信，群体心理学很快就发现了大众交流的重要性，而且在这方面塔尔德早已捷足先登。这一学科的基本特征从报纸问世起就变得一目了然。谈到规律，人们可能有些犹豫，因为规律一词太陈腐，并且容易产生误导。但是谈到三个已被确认的发展趋势，人们的感觉似乎会更好些。第一个趋势是关于交谈和报纸在制造公共舆论方面其各自作用的交替。（除报纸外，我们还要加上收音机、电视和其他媒体）在大众社会出现以前，小组讨论和交换个人意见是社会发展的主要因素。随着大众社会的出现，种种思潮和情感所涉及和渗透的范围更为广泛。如同火车和飞机对旅客的出行所带来的影响一样，报纸对社会的发展也起到了推动和加速的作用。

随着大众社会的出现，报纸成为舆论的源泉，并且直接渗透到全国各地，甚至世界各地。既然报纸已部分取代交谈，那么它对交谈就起到了部分的控制作用。这就意味着报纸的公众并不是从阅读报纸的读者中直接产生，也不是直接受到报纸的影响，而是通过讨论这一媒介对公众产生影响。报纸对公众进行刺激和控制，使公众成为它大造舆论的手段。正如塔尔德所指出的那样，报纸需要的只是一支笔，而这支笔就足以使成千上万的公众喋喋不休。[注 13]

因此，我们说报纸对大众交流所起的作用可以分为两个阶段。第一个阶段是把报纸引向那些喜欢讨论的基本人群，使其对这些人群产生影响。第二个阶段是让报纸渗透到这些基本人群的内部，使人群中的每一个成员都易于接受他人的暗示和影响，其目的就是改变人们的观点和行为——例如改变人们的投票方向或扭转他们对一个政党的态度，这样，“最终，一个政党的行动首先通过报纸宣传，然后在公众的交谈中引起人们的深思，这些行动对政党权力的扩展起着很大的作用”。[注14]

经过50年的研究，大多数专家学者都认同两个阶段这一观点。[注15]在他们看来，大众媒体对单独的个体并不会产生什么影响，既不会改变单独个体的观点，也不会改变单独个体的态度。然而，通过渗透到街头巷尾、邻里家庭以及熟人朋友圈，报纸最终通过个体之间的沟通和交流而改变和影响了单独个体。简言之，报纸、收音机和电视之类的媒体不是通过单独个体而是个体与个体之间的接触，即邻里之间以及朋友之间的相互讨论和交流才起作用的，所以它们对个体的影响不可能很大。用塔尔德的话说：“商店、咖啡馆、俱乐部、沙龙等任何人们可以谈话的地方，都是权力的真正目标所在。”[注16]

即使我们不能分享塔尔德对于社会的观察以及他对交谈威力的信任，但我们却不得不承认：在一定程度上，塔尔德的观察有一定的真实性，并且经得起实践的考验。

让我们再来看看第二个趋势，也就是不断发展的交流手段会使群体更加分散这一趋势。这一发展趋势削弱了个体成员之间联系的纽带，把个体与群体割裂开来，使他们变得更易受到那些希望对他们施加影响的人的影响。聚集和分离个体的过程之中有一个明显的交替，这种交替是由于技术的进步而产生的，当然也是精神和社会进步所带来的结果。首先，一小伙人在一个特定的地方相聚交谈。然后报纸把他们分开，把他们变成数量众多的个体读者。电影院把许多不同的个体聚集在一起，让他们在这里接受知识和情感传播的直接影响；而电视却又一次把他们分离开来，把他们赶回各自的家中，使他们全神贯注于家中的电视机，甚至与家中其他成员的交流也非常有限。

这就意味着，在比较亲近的人之间所进行的真诚交流与其在相对应的抽象的团体内所进行的纯概念性交流之间，也存在着一种交替。在后一种情况下，随着报纸对其读者虽然不断扩散但效力不减的控制，我们称之为一等的群体可能转换成了二等的群体。

第三个趋势就是：每一个社会的交流都会变得两极分化。据说（可能是错误的，但也许表面是正确的），报纸一直在向更民主的方向发展，并且也增加了公众参与的机会。然而，如果我们仔细观察，情况则恰恰相反。让我们简要地说明一下。我们说过，在成千上万次个体面对面的讨论中，每一个个体都能够相互交流意见，提出问题并回答问题，在这种情况下，每一个个体对其同伴产生影响的机会是一样的。在特定的环境中，这样的讨论就是变成众多分散的决定和权力的中心。

随着媒体的发展，报纸不仅取代了交谈，并且削弱了小组讨论的作用。每一个个体都是单独地面对报纸和电视，并独自对报纸和电视的信息和建议作出反应。互相交谈的人们之间的双向关系被读者与报纸或观众与电视之间的单向关系所取代。在这种单向关系中，个体可以看或者听，但却没有机会回应。即使个体有机会直接行使其权利进行回应，进行回应的场合也往往是对他不利的。对报纸的评论、电视屏幕上的形象或收音机里的声音表示赞成、讥笑、否定、纠正或回应都是不可能的。所有这一切都意味着：现在的我们只能被动地接受媒体的控制，听从印刷机或摄像机的摆布；当孤立的读者、听众或观众不能了解有多少人分享或反对他的观点时，情况更是如此。不平等变得愈加严重；平等的失衡则意味着尽管有时读者对报纸会有影响，但报纸对读者的影响却是经常性的。[注17]也许有一两个例外，但总的规律是：交流已变得两极分化，并且越来越向单向交流而不是双向交流的方向发展。

这三个趋势——交谈的重要性被削弱、群体正变得愈加分散以及交流的两极分化——在本质上是相似的，互为因果。在传播那些经过美化的消息时，它们都起着一定的作用，尽管所起的作用大小不等，就像药片，可以常常起到安慰作用；但当对药片的需求增加时，它也可以起到刺激作用，这种刺激作用可能一直持续到病人离不开它为止。对这些交流手段的需求就如同吸毒者对毒品的需求。但交流手段也许更容易帮助控制者达到他们所期望的精神统治。我无意于对这一领域作道德上的评判，因为此类评判已经太多。我只不过是在报道一个事实，这一事实自问世以来从未遭到过质疑。

第二节　舆论、公众和群体

如果我们想正确理解交流的发展对我们社会的影响，那么就必须从本章主题的那些相关因素以及群体的本质开始，更加仔细地分析这一影响。既然大家都期盼着我的解释，那我就从最显著的影响开始。这一影响就是：在同样的地点和时间，我们现在拥有的不是被吸引在一起的群体，而是分散的群体；或者换句话说，是一系列公众。我们现在所拥有的交流手段，显然使“人们应该聚在一起交流信息并参与到相互模仿的过程中”这一论调变得毫无意义。媒体渗透到每一个家庭、每一个个体，并竭力把个体转变成某个群体中的成员。

然而，这种群体我们在任何地方都无法找到，因为它无所不在。那些静静地阅读报纸以及像收音机那样说个不停的数百万民众，都是这种新群体的成员。这种群体是无形的、分散的、以家庭为中心的。我们现在谈的就是我所说的公众，或者更确切地说，是大众群体，这些大众群体就是报纸的读者、收音机的听众和电视机的观众。他们分散在自己的家中，但媒体却把他们聚在一起；他们看起来各不相同，但实际上却非常相似。

塔尔德并没有把这些“多姿多彩”的大众群体看成是我们这个时代仅有的真正新奇的特征，他说：

> 自从印刷术发明以来，现代社会已造就了一个截然不同却不断扩大的大众群体，这个大众群体的无限扩展是我们生活的这个时代的显著特征之一。我们已研究过群体心理学，现在我们需要研究的是这些大众群体的心理学。[注18]

实践证明他是对的，因为不管是民意测验还是对媒体的分析都迎合了他的这一心愿。我们需要知道的是“为什么”。

组织把自然群体转化成人为群体；交流又把人为群体转化为“大众群体”。组织提高了群体中个体的智力；交流使个体成为数量众多的家庭观众中的一员，从而降低了个体的智力。

有一点是明确的。不管我们是分散的还是集中的，是在体育场或广场的聚会上环绕在领袖周围，还是独自坐在家里阅读报纸，抑或是目不转睛地观看电视上总统的最新一次演说，我们的心理状态都是相似的。我们都是被我们的情感，而不是理智所控制，我们都会受到暗示的影响。即使当我们独处的时候，我们仍然具有我们是万能的这种幻觉，仍然服从于同样夸大的判断和感觉，仍然受到怨恨和暴力等情感的折磨，就好像我们正在参加一次大型的街道示威游行。简言之，我们仍然是被领袖的超凡魅力所迷惑的“梦游者”，并时刻准备服从和模仿这些领袖。

然而，在第一种情况下，我们是通过近距离的暗示而被带到梦游状态的；而在第二种情况下，我们则是通过大众媒体远距离的暗示而被带到梦游状态的，大众媒体的远距离暗示不受任何空间的限制。这种形式的暗示更像是一位医生，它不是通过语言和目光的接触对病人实施催眠，而是借助于百位病人的信件和照片对他们实施催眠。这些病人不认识医生，医生也不认识这些病人。从领袖在现场对我们施加巨大影响（这些领袖总是同我们在一起），过渡到现在即使领袖不在场同样能对我们施加影响，这些领袖就好像具有万有引力一样。正如塔尔德所说：“如果对个体实施的远距离的暗示影响，有可能使个体成为某一大众群体的组成部分，那么这些个体将会长时间地与群体在一起，这就意味着他们要习惯紧张的社会生活、都市生活和周围的暗示。”[注 19]

报纸就是这样做的。某些话题的选定和提出以及某些文章特别的倾向性，必将有助于其获取读者的注意。报纸看起来可能五花八门，无所不包，但它必须要有一个焦点，一个主题或大字标题来吸引读者的兴趣，让读者对它恋恋不舍。这一“诱饵”“逐渐被强化并牢牢吸引了读者的注意力；也就是说，这些读者已被这束耀眼的光辉所震慑”。（塔尔德语）

两种暗示方式的不同，说明了群体与“公众”之间的不同。在第一种情况下，总是存在着实际的接触；而在第二种情况下，存在的只是神合。在群体中，个体之间的相互影响是通过身体的接触、声音的传播、情感的传递和目光的注视而产生的，而在“公众”中，这种影响却是以其他形式通过感情和思想的交流而产生的。这就意味着：在对行动做出反应、受到情感驱使或表现得过分热情或狂热方面，群体的速度要快于“公众”。“公众”不仅反应迟缓，而且很难做出充满暴力或英雄主义的行为。总之，与群体相比，“公众”表现得更为温和。群体是情感传播的场所，而“公众”却屈从于纯粹的智力传播，这种智力传播得到了完全抽象却非常真实的个体群的鼓励。塔尔德注意到：

> 公众与群体的区别就在于：基于一种信仰或一种思想而形成的公众（不管他们的出身如何）比那些基于激情和行动而形成的公众所占的比例要高得多；相反，基于信仰和理想主义而形成的群体却比充满激情和骚动情绪的群体数量要少得多。[注20]

简言之，群体之于公众，正如社会实体之于社会灵魂。人们可能会感到好奇：那些既没有见过面也没有相互接触过甚至没有相互影响的人是如何联系在一起的呢？当分布区域广泛的人们在家阅读报纸或收听收音机时，他们之间又建立起了什么样的联系呢？答案当然是：他们形成了一个大众群体并接受暗示的影响，因为他们中的每一个成员都确信，自己与群体中的大部分成员共同分享一种思想或拥有同样的愿望。对一家分量颇重的国家日报，人们是这样评价其读者的：他们每天做的第一件事就是翻开报纸，查看这家报纸的发行量。他们受到“为他人着想”这种思想的影响，而这种思想完全是一种被远在他方之人所监视的主观感觉。

尽管他没有看到这些人本身，但仅仅是意识到这一点，就足以使他受到已形成群体的这些人的影响，而不单单是新闻记者的影响。这些新闻记者对双方个体和群体都产生影响，而且更具有魅力，因为他们既不让人们看见又不被人们所了解。[注21]

像人类所有团体一样，群体和公众也有共同的特征，那就是：它们都是由一位领袖创办和领导的。任何一个人，如果观察到聚集在一起的人们同时拥有一种思想，并努力向着一个目标奋斗，那么他马上就能看出：领袖是这些人行动的煽动者和指挥者。就群体来说，这位煽动者经常是隐藏起来的、看不见的，因为他把自己完全融入默默无闻的群体中，使自己也变得默默无闻。

关于塔尔德平庸的思想当然还有很多，但他对"大众群体"本质的揭示，以及对在群体时代这些公众将如何行动的预言，却具有深刻的意义。

这并不是塔尔德的全部理论。当塔尔德觉察到公众的一个主要特征助长了舆论的潮流时，他在社会科学中补写了重要的一章。德国伟大的社会学家哈贝马斯在评价他时说：他是对公众舆论作出恰当分析的先驱者之一。为了更全面地理解这一点，我们只需记住：这种分析方法是社会态度分析和调查方法研究的起始点。经过在北美洲的实践，调查方法研究又回到了法国，形式也有了极大的改进，并且得到了普遍认可。可以肯定的是：民意调查这种方法已远远超越了法国大学里的教授们所讲的初始阶段；报纸对民意调查方法的使用可称之为滥用。（到几乎每天都会产生一个新品种的地步）

但是我们如何给舆论下定义呢？如果不借助于对比和比拟，似乎很难给舆论下定义。也许我们可以说：一方面它介于传统、偏见和信仰之间，另一方面还介于逻辑和个人情感之间，就好像介于平民和贵族之间的资产阶级，并且它还或多或少地是现实问题的一连串反映和回应。实际上舆论是一个统计系统，既受逻辑也受感情的控制，同时也被少到十人、多达百万人所分享。

这一统计系统要生存下来，第一个必要条件是：每一个人必须意识到他自己的判断和其他人的判断之间的相似性。比方说，我对人工流产、法兰西共和国总统和原子能作出的判断与大多数法国人在同一时间内对此作出的判断之间具有相似性。第二个必要条件是，这些判断应该是关于同样的事物——人工流产、法兰西共和国总统和原子能——并且我们必须知道这一事物，因为如果我们对此事物一无所知，那么它就没有任何社会意义，而且显然也不能成为舆论的对象。塔尔德是这样说的：

在我们看来，舆论是一种暂时的，或多或少符合逻辑的一连串判断，这些判断是对现实问题作出的回应，是生活在同一时期、同一国家和同一社会里的人们作出的相同判断。[注22]

你也许会问，我们如何才能意识到我们的观点与他人的观点是相似的呢？塔尔德的回答将是：并非易事。观点来自个体，他首先要把观点说出来或写出来，然后逐渐向外传播到整个社会。用塔尔德的话说，这样，观点变成了每个人的财产。因此，正是通过语言交流，现在则是通过报纸这一媒体，大部分公众舆论才得以形成。报纸还使你确信：你与大多数人分享了这些舆论。

另外，交流和观点是齐头并进的。我们并没有发明观点，但它总是存在的。在家族、部落和城市里，如果人们彼此相识，那么由人人都参与的交流而形成的集体判断，或在公共场所由演讲或演说家作出的判断，都带有个人特征。它与某个具体的面孔、声音或团体内大家都认识的成员有联系，因此在形成这个判断时人人都有份，不管这一份所占的分量有多小。这就赋予了“判断”活生生的、具有人性的并且具体的特征；同时也意味着：长时间内，判断在部落或城市政府中的作用，实际上就是一位时事评论员的作用。这非常像古代悲剧演出中合唱队的和声作用。在这类剧目中，主人公的语言和行动通过提问以及对恐惧、同情、吃惊或愤怒的呼喊而得到强化和强调，而合唱队的和声在表演中起到的只是辅助作用。

封建体制下的政府往往很小，并且常常局限于一个特定的区域之内；公共生活的空间也限制在一个城镇或一个地区的范围之内。舆论只是由无数的只言片语所组成，这些只言片语之间没有任何可见的或永久的联系。此时的舆论往往是狭隘的，影响的范围也很小。因为起源于民间，所以舆论传播的人数也非常有限。四处巡游的商人、旅行者、士兵、僧侣、学生以及一些其他的人群，肯定扮演了新闻和舆论传播的主要工具。但是很难了解到定居者对这些迁移者的信任程度有多高；或者说，对这些四处游荡并且肯定是绝对少数人的舆论和判断，定居者又能采纳多少。

最初的书籍和稍后的报纸为这些舆论提供了传播的渠道，并且还对所有这些只言片语重新进行了整理，使之成为一个庞大的体系。这些印刷材料和思想传播方式起到了以下作用：第一，用单一的大众思想取代了地方思想；第二，用由虽然联系紧密彼此却并不相识或未曾谋面的个体组成的二级群体，取代了由关系亲密的个体组成的、意见完全一致的原始群体。塔尔德说，这就意味着两种群体间——

肯定存在着差别。其中一个差别就是：在原始群体中，人们更多地是去权衡各种意见而不是统计一共存在多少种意见；而在没有任何接触的二级或更大的群体中，情况则恰恰相反。因此，报纸在不知不觉中帮助打造了一个数字占重要地位的环境，同时也摧毁了一个人物，甚至智力占重要地位的环境。[注23]

在这一发展过程中，书籍和报纸冲破了空间、时间和阶级的界限，使人数众多的二级群体战胜了人数逐渐减少的原始群体，从而取得了胜利。不管是作家还是新闻记者，全都深入到现实生活中，把所有特定舆论的大河和小溪全部引入大众舆论这唯一的一座大水库中。随着水流的不断更新，水库的规模也不断扩大。最初，这些作家和新闻记者只不过是一些粗制滥造的作家或雇佣文人，写写地方议会或法庭的观点，报道一些当权者的闲言碎语和不值一提的缺点。最后，他们通过把自己的每日话题强加到演讲和人们的日常谈话中而成为舆论的操纵者。[注24] 巴尔扎克早就把这些人比作国家的统治者："做一名新闻记者就是在文字的共和国里做一名地方总督。一个什么都敢说的人当然什么都敢做。拿破仑的箴言是可以理解的。"（巴尔扎克，《幻灭》）

这些新闻记者的劳动成果就是：在损害传统和理智的基础上，舆论对欧洲社会的控制日渐加强。不管舆论是对风俗和道德习惯进行攻击，还是对宗教教义进行攻击，任何抵制都是徒劳无功的。如果舆论攻击个人，那么即使理智的人也会表现出犹豫和迟疑。近来我们发现：报纸掀起运动也可以走向极端。在塔尔德看来，如果新闻记者只是简单地将报纸作为一种理智善行的传播途径，并把这些善行转变为传统，即"使今天的理智成为明天的舆论和后天的传统"，那么情况就会好得多。[注25]

在非常时期，此类事情发生的可能性显然很小。取代舆论和理智联盟的是更为激烈和更为复杂的竞争。由此推断，我们也许会看到这样一个时期，那就是：传统习俗被蚕食和击败，科学思想受到威胁和削弱，而且最后它们都变为舆论的分支。一旦到了这样一个阶段，一个新的阶层——政治家兼新闻记者、哲学家兼新闻记者，以及科学家兼新闻记者——将会成倍地增长。并且，在公众眼里，他们将取代政治家、哲学家和科学家。这样的事情可能发生吗？在许多人眼里，这样的事情不仅早已发生，而且交流手段的威力和公众舆论的威力也是指同样的东西。

我们上面提到了公众的发展和舆论的发展。也许我们应该想一想，对大众社会来说，这到底具有什么意义。显然，虽然需要极其谨慎，但这件事还是十分明确的：大众媒体正不断地改变着社会群体间的关系。建立在特定经济和职业利益基础上的区分——比如工人和老板、农民和商人——正在失去他们传统的职业特征。他们被报纸所改变，他们之间的区分正变得越来越小；报纸让他们卷进了他们力所不能及的公众舆论的圈子里。他们正在被新的区分界线所取代，新的区分界线是由“理论的观点，理想的抱负和感情”形成的。“我们在报纸上可以看到对这种新的区分界线的强调和重视。”[注26]换句话说，区分建立在舆论的基础上。

一旦到达这样一个阶段，个体就应该属于一个大众群体，而不属于一个社会阶层或教会。

因此，不管一个社会团体被划分成何种性质的群体，不管它们是否具有宗教、经济或民族特征，在某种程度上，公众就代表了这些团体的最终状态，也可以说是这些团体的共同称呼，因为一旦到达那种完全属于心理的，并且永远不会停止变化的群体的精神境界，一切都会变得不再重要。[注27]

利益当然不会消失，而是隐藏在更隐秘的地方。然而，报纸却打着大多数人都能接受的理论和情感幌子，把利益呈现出来。我们必须接受这个事实：不管是以群体的形式还是以公众的形式（这一点并不重要），群体心理学已预先把国家、社会、阶级等转化成了群体。这一转化过程意味着所有的阶段矛盾都转化成为群体矛盾，因此也就转化成为感情或思想矛盾。这种通过精神方式来达到从阶段斗争到群体斗争的转换，是所有群体心理学理论的目的，其中大众交流占主要地位。

一切并未到此为止。在塔尔德生存的时代，报纸以及从那时开始出现的收音机和电视机，一直按照同样的原理改变着政治的本性。就让我们拿报纸来说吧。报纸解散了它所接触到的一切，比如俱乐部、社团等这些稳定而又传统的团体，并把它们再造成各种各样的公众团体。它经常提供一些刺激的事件和新闻让人感到振奋，并不断地把读者的注意力从一个话题转向另一个话题，从罢工转到暗杀，从战争跳到皇家婚礼，等等。

不管是哪个政党，如果希望追赶时代的潮流，谱写自己的乐章并与其成员保持联系，那么它就必须利用报纸。这就意味着，每个政党在报纸上都会占有其独特的位置；并且还意味着，政党的活动计划和大众群体的组织会经常发生变化。过去，政党虽然不是非常的活跃或活动的内容也并非丰富多彩，但它们却具有更多的持久性和顽强性。现在，它们正处于加速地进行自我塑造和再造阶段。像雅各宾俱乐部这种议会式的政党具有以下的基本特征：

它们建立在集会的基础之上。在集会中，群体既有身体和视觉的接触，也能立刻体会到个体之间的相互影响。当一个政党不知不觉地转化为公众时，这一特征也发生了变化。公众是一个庞大而又分散的不定群体，它不断改变着自己的组成部分。在这一群体内，所有的精神联系全部由远距离的暗示所维系，这些暗示由时事评论员操纵和控制。有时一个政党形成了，有时几个政党出现了。然而，不管在哪种情况下，公众都会在损害政党的基础上发展壮大并重新调整自己；有时公众还可能呈现出多个政党的特征，也就是说，建立在群体基础上的政党是永远不会成功的。换句话说，基于群体之上的政党有可能被基于公众之上的政党所取代。[注28]

这一描述也许有点模糊，但建立在群体基础上的政党包括那些围绕一个或几个领袖人物而建立起来的政党，这些领袖富于战斗力，并且有能力动员一个群体团结在自己的周围，这是大家所公认的；而建立在公众基础上的政党是由这些政党组成的：他们的领袖或领导小组在现实条件便利的时候，有能力在社会各阶层组成一个周期性的联盟。就拿法国政体来说吧，如果把共产主义者和戴高乐主义者归于基于“群体”之上的政党，把激进社会主义者、基督教民主人士、法国民主联合会划为基于“公众”之上的政党，那肯定会引起大家的兴趣。社会主义政党有时接近第一种类型的政党，有时接近第二种。

在塔尔德看来，媒体削弱了群体和富有战斗力的政党，却支持那些“公众”和时事评论员。或者更为糟糕的是，媒体把政党的战斗力转变成自己的动力，把群体转变成它们公众的来源地。这就增加了不稳定性，这种不稳定性“与英国式的议会体制的运作并不真正相适应”。[注29]尽管这一判断是基于我们远不能接受的错误理由之上作出的，但它还是正确的。

总之，由报纸（以及后来的通信领域其他创新）所带来的极大变化，就是“公众”成为“群体”的替代品；也就是说：由一个分散但却相互联系的社会群体取代了一个半物质化的社会群体。这一进程很快就教会了我们如何把单独的个体从家里、工作单位或街道上挑出来，使个体成为群体的一部分。收音机和电视机取得的成功比报纸还要大，它们能把个体带回家，为他再造出以前只有咖啡馆、公共广场或俱乐部里才能享受到的一切。这就意味着：个体真正参与的是一种更大规模的催眠。催眠的结果就是：我们都属于一个虽然看不见但却无处不在的群体。最后分析的结果就是：个体是一个余数，只有当他成为群体中的一员时，他公众的身份才能告一段落，反之亦然；或者说，只有当他成为另一个公众群体中的成员时，他原先所属的公众群体成员的身份才能告一段落。

第三节　威望的两极化规律

在现代，威望之于暴力，正如灵魂曾之于躯体。权力是威望和暴力的结合，二者缺一不可。大众交流的维护者们向那些愿意听甚至包括那些不愿意听的人们宣称：紧跟在媒体觉醒后的技术进步意味着在我们这个社会里，威望向着更平等的方向迈进，或者换句话说，向着领袖与他们的追随者更加亲近的方向迈进。几乎一个世纪以来，大众交流的维护者一直在告诉我们，技术进步的最显著结果必将是完全的民主化。为支持他们的预言，他们坚持认为：因为少数统治阶层对媒体的控制是建立在损害多数人利益的基础之上，因此，现在随着阅读报纸、收听广播或者观看电视的民众越来越多，他们抵制少数统治阶层对媒体控制的能力也会越来越强。

以塔尔德为代表的群体心理学根本不相信这种对媒体进步的积极辩护。之所以会产生这种不信任感，是因为交流正在走向两极分化这一事实（我在前面已经提到过）。交流正逐步走向集中，且朝单向发展。因此，我们当然不能声称：在媒体面前人人是生而平等和自由的。

除非会发生某种突变（但这不大可能），否则交流手段的发展，只会使这些手段逐步集中到越来越少的领导人手中，同时这些发展只会不断加大领袖和他们追随者之间的距离，从而也加大了他们在威望方面的不平等。所以，威望的两极分化规律预示着控制交流手段的人数会越来越少。相反，他们能影响的人数将不成比例地增加。

我们必须弄清楚的一件事情是：我们讨论的焦点并不是有些人无权使用交流手段这一事实。事实上，每个人都有可能使用交流手段，而这一事实正是加剧不平等、加大领袖和他们追随者之间距离的因素。就拿法国来说吧，正是收音机和电视上对左翼政党的歧视宣传，才导致了对现存民主制度的保护。这好像有点自相矛盾。如果情况发生转变且能得到有力的支持，左翼政党也会在议会或明星制度方面迅速发展壮大，也有可能会出现随处可见的个人崇拜，那么此时就轮到左翼政党去接受“公众”的民主思想，它所面对的也不再是共和的群体，而且群体的会议也将被媒体的攻击所取代。

对群体心理学而言，情况发生转变的设想只不过是一种美好的愿望而已，但这种情况却是一个很好的佐证。就如在过去，我们需要大量的工人用手工制作出我们所需的衣服那样，如今，我们同样需要很多的领袖来使他们和人民保持联系，用他们的目光来影响每一位公民，用他们的声音来吸引每一位公民，用他们持续不断的近距离接触来控制每一个公民。今天，正如一个工人靠机器可以生产出1000倍于他的前辈在100年前所生产出的东西一样，我们同样有这样的领袖，他们可以在报社的办公室里、在收音机的麦克风前或在电视机的镜头前对许多个体实施催眠，其催眠的个体人数也是他们前辈的1000倍。

单靠口才，只有几百或几千名听众可以接受催眠；靠手写的书本，接受催眠的人数远远超过几百或几千人；现在靠报纸，难以计数的人即使远在千里之外也会被深深吸引。[注30]

其结果就是：交流工具已变成一个高产领域。报纸带给我们的那些具有象征意义的大写字母、大量的事件和印象，以及麦克风和电视屏幕带给我们的那些声音和人物形象，甚至一些普通的大写字母，都以无法计量的数字递增，这些数字在过去是根本无法想象的。社会受到了深刻的影响，历史也已进入一个新的具有决定性的阶段。我们已经度过了工业和金融的资本主义时代，现在正处于一个象征性的资本主义时代，这个资本主义时代不是建立在机器或者金钱之上，而是建立在交流之上。在群体心理学中，对这些数字的思考也有一些反映，塔尔德不断总结道：

通过每次变化，一个总体规律的轮廓逐步显示了出来。这一规律表明：领袖人数与其追随者人数之间的差异越来越大。例如，在古代，一个拥有2000个市民的城镇可能由20位演讲者或氏族领袖来统治，比例是1 ∶ 100。而现在，只要20位热心的或现成的新闻记者，他们就能统治多达4000万个市民。这一比例是1 ∶ 2000000。[注31]

如果我们想搞清楚这4000万市民是谁，塔尔德下面的这段话也许会对我们有帮助。

我们看到领袖人数与领袖的追随者人数在数量上的差距已经加大，这是统治者利用武装力量、交流手段和报纸的改进而使自己掌握的资源不断扩大所带来的结果。要动员2万名雅典市民也许需要30位演说家，而现在我们只需要不超过10个新闻记者就能唤醒4000万法国人。[注32]

领袖以及他们的代表在新闻领域掌握的资源越多，意味着名誉和威望循环的速度也就越快。媒体以极快的速度把人物和事件带到大家关注的中心，然后又以同样快的速度让这些人物和事件销声匿迹。对掌握这一领域的统治阶层来说，为创造而奋斗时的紧张以及享受快乐时的短暂都如同商品的生产。换句话说，媒体是威望的巨大消费者。

当交流手段以如此的规模、如此的速度进行生产时，模仿和一致体制的生产也不滞后。在曾经生产出 1 万或 2 万名领袖模仿者的地方，我们现在可以轻松地生产出 1000 万或 2000 万名领袖的模仿者。

我们还可以轻而易举地证明：交流的扩大和模仿的加剧所带来的结果，不仅仅是威望的垄断，而且还常常是暴力的垄断。威望和暴力被局限在一个很小的圈子里，并且集中在几只手——实际上是一个人的两只手里。不管涉及什么样的原则，最终一切都会被个人所控制。

更多的东西可以用数字来表示。投向个人的感情、信仰和兴趣像人口一样正以几何数字增长。要想理解我话中的含义，只需对可能会投向某个人的所有情感加以对比。比如说，我们可以把投向雅典的伯里克利，或投向不得不走街串巷去与那些城市的皮匠、木工或漆匠交谈的苏格拉底，或者是投向罗伯斯庇尔的所有感情，与投向通过收音机向美利坚民众演讲的罗斯福，或利用电视向法国人民高谈阔论的戴高乐的所有感情加以对比。这些数字所传递的信息就是：未来，下层群体将逐渐消失，而上层领袖人物将逐渐走向个人化。

> 因此可以有把握地预言：未来将会目睹职权和权力的个人化，这种个人化将使过去那些极为专横的人物如恺撒、路易十四和拿破仑之流黯然失色。[注33]

正如我们所看到的那样，交流手段通过把威望和崇拜集中起来而极大地增强了领袖的权力。同时，交流手段也造就了另一种领袖——时事评论员，他们是掌握报纸艺术的领袖。任何一位领袖或政治家，如果想创建一个群体，把群体转换成一个政党并促使这个政党追随在自己左右，那么他不仅要有一定的天赋，而且还要有一位新闻工作者的才能。当然，在今天，他还必须在收音机里发出动听的声音，在电视屏幕上展示较好的形象。唯一的不同之处就在于：过去的政治明星必须要有一定的文字功底和一定的想象力以弥补其文化知识方面的缺陷（在这里我们想起了左拉和他的《我控诉》①）；然而，今天的时事评论员需要的仅仅是电视屏幕上合适的个人形象和收音机里动听的声音。这些明星既没有文化，也没有文学才能或想象力，有的只是那么一点点表演才能。因此，塔尔德——再回到他那里——把时事评论员的出现看成是一个主要的历史事件。报纸取代了演讲，把读者铭记在心的新闻记者取代了支配群体的演讲者。这就是1789年法国大革命后出现的现象。这一现象已逐步得到强化，迄今为止，强化到何种程度已无人知晓。

那些伟大——而又可憎——的时事评论员如马拉、德穆兰等，他们每个人都有自己的公众，而那些杀人放火、掠夺成性、毁灭过法兰西、欺压过躲在角落里的法国人的叛乱者，则被看成是这些公众身上的毒瘤，或对公众进行过恶意侵蚀；公众里那些邪恶的斟酒者们，用由空洞和充满暴力的语言构成的毒酒每天将他们灌醉，而他们死后，又以胜利者的姿态将他们供奉到万神殿里。[注34]

用简单的话说，塔尔德既为那些大革命的煽动叛乱者解了旧恨，又用他恶毒的语言攻击了那些起来反抗统治政权的人。这个政权几个世纪来一直压迫着那些起来反抗统治政权的人，并从各个方面对这些人进行无耻的掠夺和羞辱。塔尔德在这里所说的话，再一次表达了他对那些使他——一个三等公民的后裔——得以自由地写作和思考甚至得以对他们的记忆尽情侮辱的人的仇恨。他的仇恨和咒骂既让他把马拉、德穆兰等时事评论员看成是当代领袖的原型，也让他觉察到了时事评论员的主要作用——舆论主

① 《我控诉》，左拉于1898年在报纸上发表了致法国总统的公开信。他在信中谴责法国军官通过撒谎来指控一个犹太上尉犯有叛国罪。后来该上尉被发现是无辜的。——译注

流的起源以及社会思想的煽动者。如果没有这些人，一些思想将仍保持在空想和没有表达出来的状态，并且这一点也已得到了证实。

在公众身上，体现了公众创始人的天才；而在群体身上，反映的却是他们文化或种族的群体无意识。因此，报纸和舆论根本没有削弱个体的历史分量，也没有减少其支持人民或民主的历史作用。相反，报纸和舆论不仅提高了个体的历史作用，而且还扩大了这种作用所涉及的范围。报纸和舆论是大造舆论的巨型机构，是一张由模仿者编织起来的巨型网络。这些模仿者时刻准备听从它们的命令，追随它们的风尚，似乎没有任何传统可以抵挡它们。过去的人们受到地域的限制并得到传统的保护；而现代人无拘无束，因此也成了流行时尚的牺牲品。

有一个无法回避的问题。时事评论家的权力源于何处呢？毫无疑问，这种权力源于他们作为远距离催眠大师的才能，源于他们对公众的了解和博学的知识。他们了解公众的爱和恨，而且不考虑组成公众的那些个体们的体面，向公众展示一些最不适宜的话题以满足某些公众无耻的欢乐。他们也会满足公众因妒忌和憎恨所爆发出的狂躁和激动。塔尔德把公众痛恨某人或痛斥某事的需求，把公众寻找代人受过者或者替罪羊，看成是公众对所痛斥的人或事采取行动的愿望。唤醒公众的怜悯、热心或宽大不是非常有成效的，也不会产生令人吃惊的结果。实际上，真正能唤醒公众并让公众行动起来的方法是激起它的仇恨。向它展示一份美味佳肴——一个让人讨厌和反感的对象——就等于让公众自由地发泄其潜在的破坏力和侵略性，这些破坏力和侵略性似乎一触即发。这就意味着，把它的注意力集中到一个对手身上（不管对手是人还是思想）是指挥和领导它的最可靠方法。因为时事评论员对此了如指掌，所以他们总能毫不犹豫、不择手段地利用这一情感，因此也就有了塔尔德以下的陈述："无论在哪个国家，无论在任何场合，辩解都不会像诽谤那样成功。"[注35]

作为时事评论员的政治家还必须意识到：在他们投身的各种各样的公众里，不同的舆论所起的作用也不同。因此，塔尔德第一个提倡用我们今天可能称之为是"政治市场"的东西，作为一种把握国家命脉的手段。

> 那些政治家不得不处理他们称之为舆论的东西，也就是观点和观念的总和。对他们来说，猜测将在国内哪个阶级或团伙（常常是纯粹的男性团伙，从这方面来说，这个比喻就是合法的）内找到最强烈的（不管是从最具生命力还是从持续时间最长的意义上说），也是最具活力的影响和观点是非常重要的。[注36]

不用说，在我们所处的这样一个科学时代里，猜测并没有什么好处。我们必须计算、估算并对猜测作出一个精确的评估。然而，正如某些政治舆论的民意测验结果所显示的那样，评估也并不意味着永远不会出现错误。

关于劝说的策略和暗示的艺术，实际上是指同样的东西。报纸必须通过奇闻、谣言和夸张去捕捉和吸引读者的注意力，简言之，就是“通过某种轰动吸引注意力。”[注37]它必须坚定地陈述自己的观点，并且如果需要的话，它还必须是武断的，因为群体或公众对武断都有一种不可抵抗的需求。最后也是最重要的，它必须不停地重复对相同观点的争论，正如塔尔德所说：“至于争论，最好的一个仍是最普通的一个：不断地重复相同的观点、相同的诽谤和相同的幻想。”[注38]勒庞和塔尔德提出了相同的暗示策略，这并非是巧合。两人都把催眠术作为范例，并从中得出了相同的结论，因此就没有必要去寻找另一种解释。

从最后几个章节中可以得出一个总的结论。不论在哪一个社会，交流手段都是社会的决定因素。它们改变了团体的性质，（例如，我们已经理解了一个群体是怎样转变成公众的）改变了大众与领袖之间的关系，并且成为那一阶段心理学和政治学的研究内容。体力劳动和机器生产是19世纪的重要特征。20世纪的重要特征是交流，交流消耗的智力极少，这使许多媒体欣喜若狂。群体心理学是发现交流的作用、理解交流规律的第一门学科。我希望我已经设法证明了这一点。

第四节　法国的共和政体：从群体民主到公众民主

权力来自上层，信任来自下层。

——西哀士（Sieyès）[①]

为了说明群体心理学是如何发展的，而不是详细地解释它的一些理论，我建议先看一下我们所了解的世界。对勒庞和塔尔德来说，唯一充满激情，也是唯一现实的世界就是法国。事实证明了我们的选择是正确的。这并不是因为他们两人都没有去寻找普遍真理，或是因为知识本身对他们不具有吸引力，而是因为对他们两人来说，普遍真理或知识与一个充满活力的事物和使人着迷的现实相比，就显得不那么重要了。在拜读他们的著作时我们会有这样的印象：在他们看来，他们必须理解的历史、他们所喜爱的形象以及让他们受到鼓舞的人物都属于法国。更确切地说，正是1789年法国大革命以来的这段历史、形象和人物深深地吸引着法国人民。对勒庞和塔尔德来说，除法国外的世界其他国家，都只不过是一个范例和比拟、争论和辩论艺术的储备库。他们本可以与米什莱一道愉快地进行创作，但与他们自己国家的历史相比，其他国家的历史都是不完整的，意大利缺少它最近几个世纪的历史，而英国和德国则缺少他们的早期历史。在他们眼中，法国史就是世界史。[注39]

任何时候他们都不曾打算把他们自己与历史分隔开来，也不曾否认历史播撒在他们心中的偏见。这些偏见都是阶级偏见，这一点可以说是毫无疑问的，但它们又不是那种随处可见的阶级偏见。他们的偏见带有浓厚的地方色彩，是对某一特殊时期展开回忆的支撑材料，是由具体的语言和文

① 埃马纽埃尔·约瑟夫·西哀士：法国大革命时期的活动家、天主教教士，当选为三级会议（1789年）的第三等级代表，参加起草《人权宣言》，雾月（1799年）政变后为临时执政官之一，波旁王朝复辟时流亡比利时。——译注

化组成的。那些偏见独具法国特色，并且对勒庞和塔尔德来说，还提出了一个鲜明的问题：在法国，考虑到从1789年法国大革命到巴黎公社革命发生的先后顺序，那么能够维持社会秩序、经历民主政体的可能性是什么呢？两人一致认为：不可能也没有希望重新返回到1789年革命前的旧制度，而唯一让他们产生怀旧情结的，就是专制政体的持久性。

在回答这一问题时，两人都设想了一套与人性和稳定性原则相适应的政治体制。正如涂尔干和米什莱分别把他们的调查建立在社会学和历史学基础上一样，勒庞和塔尔德也把自己的调查建立在心理学基础上，而且构成心理学背景的当然是群体心理学。不管是从他们个人的角度来说，还是从支持他们的角度来说，两人的观点都值得考虑，尤其是从刚过去的这20年来看，他们的观点似乎已开始明显地生效。的确，如果我们在勒庞体系和塔尔德体系之间画出一条传统的分界线，那么戴高乐将军的统治时期是对勒庞体系的证明，吉斯卡尔·德斯坦的统治时期将是对塔尔德体系的证明。但他们之间有一个细小的差别，那就是：戴高乐曾经读过勒庞的书籍并采纳了他的一些观点；而可以肯定的是，吉斯卡尔对塔尔德一无所知。当然，不能就此而认为：我是说两位心理学家给两位总统带来了启发，或者是说两位总统只是简单地接受和适应了他们两人的观点。我真正想表达的是：他们各自的理论观点的确适用于某一特定的历史时期。现在让我们对此进行认真的探讨①。

称号阐明观点。勒庞希望的是一个以领袖为中心的群体民主政体，在这个民主政体中，以投票的形式进行的公民表决和示威都证实了把他们结合起来的君权纽带的存在。塔尔德赞成的是一个公众的民主政体，报纸以及更广泛的媒体以提出当前问题的形式打造和再造了公众。事实上，他提

① 在这两者中都能找到一点点不同比例的波拿巴分子或者奥伦治分子的性情。但是人们对那种类型的对立面不再有任何兴趣。

倡社会拥有更多以领袖统治为中心的公众，统治的形式可以是行政管理、政党等，统治的范围可以上至最高机关，统治所代表的是整个民族形象，并把集体的美德看成是主要的美德。公众的民主政体愿意承认民族的多样性，每一个民族将遵循自己的传统，并且以组成这个民族的个体舆论为基础。然而，两种类型的民主政体都是建立在一个领袖的原则之上，领袖权威属于一个非讨论也不能讨论的范畴，因为没有其他人能完成他所肩负的使命。赞成者和反对者的讨论只会妨碍他的行动，并且可能会毁掉恺撒政权所取得的一切成就。

戴高乐，其思想以及其个人意志所产生的结果早就奠定了他掌握政权的基础。在形势动荡的时期，他顽强的意志使其能坚守阵地；在一个结构和传统已被推翻的社会里，服从的习惯减弱了，而领袖的个人威望变成一个政权可依靠的东西。

正是这位冲破了自己特权阶级的束缚，失去过军衔并在军事法庭上接受过审判的士兵，这位敢于破除等级制度，敢于说“不”的政治家，两次赢得了国家的最高统治地位（敢于说“不”已成为他性格特征的一部分）。正如所有的伟大领袖，他把自己的个人威望以传统的方式建立在其超凡魅力的基础之上。许多人向他挑战，但没有一个人有希望战胜他。没有一个人——除了人民——能让他退位。

他是一个思想丰富、意志坚定的人。他对其他人的完全控制不仅为他赢得了个体对他的忠诚，同时也赢得了群体对他的无限忠心。群体和个体都为他奉献了全部的爱和崇高的敬意，这些爱和敬意也激励和保留在那些被看作是他敌人的心目中。丹尼尔，左翼日报《新观察家》的总监，用充满激情的语言描述了他与戴高乐的会面：“轮到我和戴高乐握手了，他告诉我，他已有幸在圣路易斯与我见过面。我感到就好像我又回到了奥斯特利茨。”[注40] 换句话说，此时此刻，他感到自己仍是一个老兵，而不是一个戴高乐政治上的对手。戴高乐完全具有激起他人赞美并给赞美者留下深刻印象的非凡才能。

由社会各阶层的爱戴和忠心编织而成的大网，无论在哪个时期，其表现都是政党和群体联盟的建立。戴高乐创立了一套完整的群体联盟，这些群体联盟的目的就是鼓动戴高乐的追随者。但他却经常拒绝让这些群体联盟发展成为永久性的组织。他每次树立并想保持的形象是一个盛大的群体集会场面，在这里，群体与领袖之间保持着相当大的距离。这是他通过凯旋门时留下的需要永久定格的形象。在这一形象中，作为领袖的他光芒四射，而作为群体的巴黎人民则默默侍立一旁。

他总是带着如此自信的气质，几乎很难想象他会接受他人的权宜之计或求助于他人的意见。然而，在激励他人充满自信的威力方面，他身上还有一些无形的东西。他被一种看不见的光辉笼罩着，这种光辉来自他那深不可测的目光。如此多的民众向他表达了无限的忠诚，这种忠诚相当于半宗教式的恍惚。这种忠诚是一种兴奋剂，离开它，他可能就变得无能为力。这种忠诚帮助他阻止了幻想的破灭；在这一幻想中，他是被群体喜欢和拥戴的人物。

像所有的政治家一样，戴高乐以自己的方式、自己的观点以及在国家中的作用阐释了我们这个时代的思想。他激活了一系列与国家紧密相连的信仰、民族精神，唤醒了法国独立的意识，恢复了法国在世界上的地位。“荣誉和祖国”这一举世闻名的口号唤起了我们对过去的所有回忆。戴高乐诉诸与群体谈话的力量，把这些信仰与实质上是社会主义的思想结合了起来。这些社会主义思想从源头上说是具有革命性的，完全面向未来，并且最终将与对君主和强大国家的全部信任融为一体。围绕它的领袖，整个国家形成了一种庄严与和谐稳定的氛围。戴高乐知道这种氛围会稍纵即逝，他偶尔也会怀疑这种和谐稳定不堪一击，因为他的权力缺乏一定的合法性，不管法规和公民的投票如何，事实情况就是如此。犹如一切建立在超凡魅力基础上的事物，对许多人，尤其是左翼人士来说，他登上最高统治者的宝座总有一些悬念。

但是戴高乐，这位魅力艺术的大师，凭借成为所有法国人可以信赖的既有影响，又与神话式人物完美结合起来的领袖，填补了这一空白。他是唯一揭开这一悬念的人，他是一位神秘的魔术大师，况且据说他也的确是一位魔术师。他成功地拉开了他与个体之间相当大的距离——而不是与集会之间的距离，这个距离保证了他的支配地位，也促进了个体对他的忠诚。在语言方面，他堪称一位艺术大师，并且还是勒庞箴言的忠实拥护者。他经常使用诸如“法国”“法国抵抗运动”等富有感情内涵的语言，并赋予它们神圣的价值，使语言又有了新的活力。他还通过赋予额外的含义使一些词汇的意义和形象富有新的锋芒，较为有名的就是用“浩劫”来表示1968年5月的“骚乱”等。

他绝对不会动摇自己的信念。他知道如何在他的统治期内把他的信念逐步地传播开来，这也是他不管使用什么交流手段都要设法达到的目标。公众，用马尔罗（A. Malraux）①的话说就是“软弱的巫师”，他们需要的是一个坚强有力的巫师，这也正是戴高乐经常在收音机里或电视屏幕上所表现出来的。然而，尽管他使用媒体的技艺超群，尽管他支配观众的目光坚定自信，但在一些较为神圣的场合，如爱国巡回演讲或具有爱国热忱的庆典时，他的表现却非常轻松自如。在这些场合里，一切都是经过精心策划，合理安排。简单但效果极佳的环境使他能迅速凭借自己的气质和充满活力的语言展示自己的魅力，这种魅力捕获并强烈吸引了当时的群体。在施展魅力的过程中，他获取并重新得到的力量使他在没有任何政党支持的情况下仍能大有作为，这种力量足以使他凌驾于政党之上，并使政党屈从于他的意志、他的集会和他个人。在由好奇和忠诚构成的框架内，他的每一次出国旅行，旅行过程中的每一次庆典活动，他选择与之交谈的人物，他所作的声音洪亮的演讲以及他吸引在自己周围的群体，皆成为当时举国瞩目的大事。在法国已不再属于一流国家的时代里，所有这些活动都代表着成功；如果他打算继续做一位无可争辩的领袖，那么这些成功就是必需的。在这些活动中，他同样扮演了英雄和慈父的角色去强烈地感染周围的观众。

---

① 安德烈·马尔罗：法国作家、政治活动家，戴高乐的追随者，著有长篇小说《征服者》《人类的命运》（获龚古尔奖）《希望》等。——译注

他的超凡魅力意味着他可以放心使用公民的投票和普通的平民表决，这正是一位缺乏魅力的领袖想尽力回避的。每一个投票的场所都像在举办一场庆典，这些庆典再次形成了虽然看不见但却永远存在的群体团结在领袖周围的场面，戴高乐和法兰西的场面，这种场面是任何政党、阶级和宗教集会时都无法与之相比的。此时，人们会产生这样一种感觉：一旦离开了那个特别的场地——法兰西的象征，一切皆会化为乌有。当紧跟在 1968 年五月风暴之后举行的最后一次公民投票显示他的超凡魅力已经黯淡无光时，戴高乐根据自己的协议放弃了权力。许多人感到非常惊奇，但比这些人聪明的戴高乐知道，在这样一个共和政体里，失败会马上得到它应有的惩罚。当一位领袖失败并失去他的超凡魅力，或者只是部分超凡魅力时，他就不能继续保留权力。

在戴高乐的统治和吉斯卡尔的当选之间存在着相当大的差别，这种差别就如同私奔和结婚之间的差别。如果法国是有意寻找一位与法兰西的缔造者截然不同的第五共和国国家元首，那么吉斯卡尔就是最好的人选。作为一名出色的学生、高级文职人员和负责国家行政事务重要部门的年轻部长，吉斯卡尔登上事业成功的顶峰可谓一帆风顺，从未经历过抱负受挫时的痛苦、失败所带来的煎熬以及许多求职过程中的迷茫和彷徨。一位学识渊博的观察家是这样描述他的："这位贵族式的行政长官，生于一个有权势、富有并且非常保守的家庭，结婚后成为贵族家庭中的一员；除此之外，还有幸得到每一种才能和机遇，是统治阶级最具象征性产物的代表。"[注41]

因此他拥有政府授予他的一切威望，但同时也失去了使其个人凌驾于他人之上的超凡魅力。因为是在相对平静的时期当选为法兰西共和国总统的，所以在有些人眼中，他似乎就是法国的肯尼迪；而在另外一些人眼中，他的当选表明了政治家与技术人员重新加入管理国家事务的行列中来。在他当选的那个时期，非殖民化的风暴已经过去，一个几乎被分割甚至被撕成两半的国家里的学生暴动已经平息；但此时的法兰西，不仅解决了它的殖民问题，而且已基本使它的工业实现了现代化，从而改变了几个世纪以来传统的农业经济模式；它不仅使殖民抵抗运动成为历史的记忆，抚平了在阿尔及利亚战争中所遭受的创伤，而且还从记忆中赶走了 1968 年革命失败的阴影。法国的伟大仍是当时的时代背景，但重点已从集体转移到了个人。吉斯卡尔写道：法国社会是建立在自我完善的基础之上。[注 42]

交谈的本质也相应地发生了变化。综观历史，能唤醒公众的形象以及能吸引公众的古老信仰消失了，取而代之的是虽然沉闷但却有效的科学课程和精确而又缜密的经济和社会分析。可靠的逻辑统计和不确定的情感统计相比，人们更喜欢前者，因此一个妄想者的共和国转变为一个监督人的共和国。无法解决的历史问题变成绝对可以解决的经济学问题。那些掌握职权的权威们既是领导者又是组织者，他们不仅在行使职权的能力方面超过他们的下属，而且在其所属的专业领域内也个个堪称精英。所有人，不管是一个政党的领袖、高级行政长官，还是公司的董事以及商会的老板，全部属于职能圈的组成部分；在这个职能圈里，权力被重新分配，责任由大家共同承担。他们在工作中大刀阔斧，随着情况的变化在他们之间形成或解除联盟，而国家领袖最乐意充当的角色则是下属争执的仲裁人。

虽然在总体和一些具体的管辖范围内，总统仍然把国家机器掌握在自己手中，但却不能像戴高乐那样以最基本的方式控制国家机器。这种控制国家机器的方式能快速博得民众对政府的尊重以及对权力掌握者的崇拜。在这一新的历史阶段，政府的领导艺术已不再是魅力的艺术，而是交流的艺术——或是科学的艺术？在交流或科学艺术里，媒体起着决定性的作用。[注 43] 在这种情况下，戴高乐时期的交流动机和参与思想自然就变为原始的和基本的观点。吉斯卡尔也称这两个观点是法国社会的基础。[注 44]

对报纸、无线电，最重要的是对电视的控制成为政府斗争和社会辩论的关键。不管正确与否，每一个统治集团、政府或反对党都认为：无论是谁掌握了这些大众媒体，都将会对大众舆论产生决定性的影响。不管两位总统是否意识到了这一点，他们其实都接受了塔尔德的观点，即为了创建和控制他们的大众群体，现代领导人不仅需要媒体，而且还要具备使用媒体的才能。伊曼纽尔（P. Emmanuel）在其名为《靠电视支持的政府》一文里指出，法国人是在媒体的控制之下，大部分没有自己的思想。（伊曼纽尔，《费加罗报》，1979 年 12 月 20 日）

在其文章里，伊曼纽尔继续恰如其分地描写了组成国家的单个个体是如何被融入观众群体——一种群体形式的，他们自发地接受相同的形象和信息，因此也就接受了相同的思想。电视节目也是朝着这个方向设计和准备的，并且与绝大多数人的“心理状态和现行偏见保持一致，所以很难说是电视节目从这些心理和偏见中产生，还是电视节目造成了这些心理和偏见。毫无疑问，它们之间存在着相互影响，从而导致了不断增强的一致性。这一‘群体生产’（我新造的一个词）过程根植于心理最迟钝、最无生气的部分，使得那些当权的政党能够借助一个强化重复的过程对我们所有人的意识进行催眠。”（伊曼纽尔，《费加罗报》，1979 年 12 月 20 日）

正如塔尔德所预言的那样，在这样的环境中，所有的个人忠诚、由个体组成的网络以及各种各样的熟练工人，都已变成多余的东西。而在戴高乐统治时期，这些熟练工人却起着非常重要的作用。他们深入群体，在与群体的直接接触中，使出他们熟练掌握的劝说本领不停地把戴高乐主义的精神灌输到群体中。而现在只需少数几位政治家，就可达到他们期望的结果，即使总统的思想广为人知，并把总统的意愿强加给整个国家。伊曼纽尔清楚地认识到，这不是一个机会的问题，也不是一个纯粹的交流技巧的运用问题，而是一种体制所带来的结果。关于总统，他是这样表述的：

> 他既孤单又不孤单，因为他代表一套思想体系、国家理想和民众观点，而这一切又是由技术人员和政治权威组成的阶层所共同承担的。（伊曼纽尔，《费加罗报》，1979 年 12 月 20 日）

没有比他的表述更为恰当的了，而且他的话还使人联想起吉斯卡尔最能代表塔尔德思想的几句话：“绝大多数法国人民生活在喧闹的城镇中。收音机和电视机把他们争论的信息传遍法国各地。”[注 45]

唯一需要添加的是这些信息来自一种或多种意见，这些意见是明星体系的组成部分，对明星体系，莫林（E. Morin）已进行了巧妙的分析，这一体系不再仅仅局限于娱乐业，它已覆盖了政治、文化、艺术、科学等领域。

从群体心理学的观点出发，我觉得在这两个人物之间存在两个特别重要的差别。当吉斯卡尔外出访问时，第一个差别就尤为明显。带有群体特征的热烈和充满激情的场面几乎没有，他主要的演讲对象是对舆论界的领袖、文职人员、代表和新闻工作者。他试图通过这些人去影响国家，争取公众。他的演讲总是经过精心策划，并且经常包含大量的数据资料，以展示其让人信服而不是动摇的愿望。与戴高乐相比，他更善于与他的对手们周旋，而不是违背他们的意愿，用他自己所代表的集体信仰去影响和包围这些人。这也许是性格问题，但也可能是能力问题，因为他的统治不是建立在与法国民众接触的基础之上，而是建立在靠法国人民投票而获取统治权的基础上。

像任何一个重要国家的总统一样，他的周围也不乏奉承者。他的风度得到了称赞，所有人都想方设法让他高兴，令他陶醉，这一点在杜亚美的文章里表现得尤为突出。“法国是在一位选举出来的总统、一位共和主义者的最高统帅、一位开明君主的统治之下。”[注46]

但是此类奉承并不能激起民众对领袖那种发自内心的崇拜和由衷的尊敬，这种崇拜和尊敬是自由法国的领袖曾经得到过的，仅靠这种崇拜和尊敬，领袖就足以把群体吸引到自己的周围，就像磁石吸引铁屑一样。尽管吉斯卡尔不断努力，最终成为政府统治阶层的杰出代表和许多伟大事件的幕后指挥者，但他身上却一直缺少一样东西，使他无法超越自由法国的领袖，这样东西就是个人的超凡魅力。

第二个差别与吉斯卡尔的做派有关。戴高乐总是以一个战争领袖和预言家的身份出现在公众面前，人们从他身上看到了群体领袖和国家奠基者的形象。他也的确把自己看成是群体的领袖和国家的奠基者。而吉斯卡尔却适宜做一个政治家兼老师。显然，凭他的能力，他可以在这两个方面光彩照人；而时间也确实证明了他的出类拔萃。当我们谈起一位军事领袖时，我们总是说他是一位男儿的领袖，意思是说他带领这些男儿走向战斗，走向辉煌，走向死亡，并且在恰当的时候，他还能发表英明而且鼓舞人心的演讲。然而，当我们谈起一位老师时，我们总会提到教导，意思是说他启发学生并且鼓励他们去接受知识，也许接受知识的程度并不一样，但至少他们有接受知识的愿望。

吉斯卡尔的个性与众不同。他善于传播而不是创造。因为没有经历过发明的苦恼和分析带来的怀疑，所以他体验过的只是被他人模仿的满足和拥有现成答案所带来的宁静安逸，更何况他拥有的一切都有现成的答案。持之以恒是他的个性之一。他忠于一种学派，一本教科书和一个哲学体系。一旦对某件事做出了决定，他就不愿改变它。看到他人有自己的观点或对一个问题有不同看法时，一般人所做的绝不是仅仅简单地予以否定。但对吉斯卡尔来说，不同的观点或对问题的不同看法甚至都不存在。他自己的推理有时会导致他得出相反的结论，但他决不会把结论颠倒过来或重新审视这一问题。这就意味着对话是不可能的。他只听到一种声音，那就是他自己的声音；他不理解别人提出的问题，因为这些人对问题的思考是基于不同的体系或体制，而这种体系或体制对他来说都不存在。因此，像老师一样，他只允许一言堂。他不喜欢反对意见，但喜欢偏离主题和重复，一个字一个字地重复那些他的观众早已知道的事情。

如今，经济学是一个颇受欢迎的话题。所有的语言、所有的学派，简单地说，所有的公众谈话都爱引用经济学——当然，还有自由经济学——这一学术分支强求一致的原则。如果反对派对此有什么分歧或冲突，那么与他们之间的对话就不是可有可无的，而是必需的。那些胆敢反驳的人会被看成是不明真相、遭受了过度理想主义伤害、缺乏责任感的人。不管这一判断是否正确，我们开始像塔尔德所说的那样思考和谈话："在他们的宦海游戏中，政府和反对派就好像是股票市场里的多头和空头。在公众事务中，政府的股票行情看涨，而反对派的行情则看跌。"[注47]

股票交易成为舆论的导向和反应的晴雨表这一事实，使这一比喻变得更为贴切。塔尔德把这一现象看成是一个规律。它实际上也是一个规律，但这一规律的创建是基于命令和把个人意志强加于人的少数人的观点，而不是基于服从和抵制他人意志的多数人的观点。

显然，在吉斯卡尔的公共演讲和外表上都具有教师的形象，因此他在各地发表富有哲理性的言论时所使用的语言就留给人一种高雅的印象。他所使用的那些抽象的词汇也只适宜高级文职人员，而且他的观察资料中充斥着数字和更为详尽的细节。整个体制的目的首先是教，然后是让人信服。在和平时代，在一个完全统一的政治阶层里，这种体制也许能起作用。但万一发生动乱，那么唯一需要做的就是等待另一位领袖的到来。这位领袖有能力将公众转变为群体，有能力动摇已精心建造起来的大厦，并且也有能力把法国再次引向群体的民主政体。

这两方面以及其他方面的差别表明了第五共和国的发展方向。很显然，它的发展方式对社会的基础以及就目前来看对经济的影响，要比它对群体形式的本质、行动和政治权力的影响要小。而我试图做的，只是着重强调那些在具体的分析中常常被忽略的心理学方面的因素，长期以来人们一直禁止考虑这些因素。[注48]况且，如果一个人能运用历史学和经济学的观点为人们的这种偏见辩护，那么他的辩护就可以成为一本畅销书。因此，把这些心理学方面的因素排除在外也就没有什么好奇的了。倘若一个人能为这样的知识倒退做贡献，能对现行的政治体制加以歪曲和篡改，他甚至有可能被看成是一位进步分子和改良主义者。

有一件事是可以肯定的。在过去十年左右的时间里，各政党一直在发生着变化。用塔尔德的话说，“群体”政党正在向“公众”政党转变。这句话有三种含义。第一种含义是指他们为拥有和控制交流媒体而参与的竞争。衡量他们对观众、听众和读者（*以及其他市民*）的影响是他们共同的当务之急。这就是他们喜爱调查的原因。一旦把握了公众舆论的脉搏，计算出某一节目听众的比例，那么他们就可以列举出可能投票的意向，衡量出对一些具体问题如流产、通货膨胀、移民工人等的态度，更不用说衡量出那些政要人物受欢迎程度的上下浮动情况了。所有结果都公布在每周的报纸上，取代了公众的争论，也为我们做出了决定。总之，面向不同公众而进行的舆论民意测验已经取代了那些既严肃又充满激情的公民投票，只有具有超凡魅力的领袖才敢于冒公民投票之风险。我们可以把这样的调查看成是简单的统计学练习，而把统计结果的表格仅仅看成是有关人们正在想什么的信息。吉斯卡尔的著作《法国的共和体制》让我们想起了舆论民意测验的真正意义，“公众舆论既能提供有利的信息，也能提供不利的信息，因而也能决定何处自由消失，何处动乱骤起。”[注49]

正如塔尔德所预言和极力主张的那样，政治市场正在不断的扩展，从而决定了候选人的出现和选择。对某些个体来说，他们的榜样所作出的判断和选择常常被用作对这些个体观点进行分析的基础，这些观点必须出现在其所属政党的宣言中。关于这位理想的榜样，公众的心目中有一个大概的样板，因此每一位想取得公众信任的人都必须朝这一样板去努力。但同时这也意味着他不仅要忍受精神上的转变，而且还要忍受躯体上的手术。就拿报纸上提到的几个人物来说吧，密特朗的牙齿改变了，希拉克和德布里的眼镜也都发生了变化。

其次，发起选举广告运动（正如我们了解的那样，社会主义者和戴高乐主义者都是这样做的）是广告专家们的事，而且还可以委托给那些曾对此进行过深入的市场调研的代理商。作为频繁选举的结果，一个完整的专门为人打造形象的行业出现了，从而使那些候选人能够向更大、更多样化的公众发表演说。今天，这已成为众所周知的事实。每一位公民都是读者或观众，并且在他作为一名投票者进行投票之前，他将一直保持其作为一名读者或观众的权利。候选人是根据他们可能的表现而选举出来的。对此，我们可以看一看法国民主联合会提供给欧洲议会的候选人名单。我们还可以拜读一下 1979 年 4 月 22 日的《费加罗报》，关于这种选举方法，报上美其名曰“是建立在科学之上的良好制度”。正如文章继续告诉我们的那样："个人之间的竞争，冲突的倾向，观点的差异都已被毫不费力地解决了。"就像法国民主联合会，当谈判被犹豫或野心等乌云笼罩时，它已决定依靠市场机制来进行选择。前 25 位候选人已经通过了民意测验，测验的结果会影响到他们在名单上的排位。"影响"似乎是"决定"的委婉词。我们知道这一策略已得到了回报。

最后，沿着交流的足迹，威望也正在国家、政党和许多机构内走向两极分化。有组织的群体随处可见，但他们正变得与领袖难以区分，因为每一个群体似乎都变成了领袖的个人财产。现在人们常常谈起的是马歇的政党而不是共产党，或者是希拉克的政党而不是大众共和党。选举制度，尤其是关于总统的选举制度，已清楚地表明：现在，只需要一个人就足以吸引和说服 5000 万观众或者听众；而在过去却需要几百甚至几千人。

事实上，如果我们想要直接通过公众的民主政体，那么在政治的这个棋盘上就没有更多的余地去容纳超过五个或六个主要棋子，剩下的那些兵卒之类也很快就会在游戏中被吃掉。观察家们用一种更为时髦也必定更为抽象的语言描述了这一发展，抢占了群体心理学的主题，尤其是那位一贯正确的未来预言家塔尔德的主题。

对候选人或领袖来说，控制他所属的政治团体的首要任务就是要形成一个权力个人化的趋势，这个趋势是所有政治家都能看得到的，并且还可以用一事实来为这种趋势进行辩护。这一事实就是：政治交流越来越多地依靠形象和象征价值的交换体制。通过媒体打造和传播的形象把选举领域转变成一个真正的符号世界。在这个符号世界里，巫师学徒打造的有关形象的隐藏含义取代了逻辑学家从笛卡尔哲学中推理而派生出来的含义。[注 50]

这些技艺略低于巫师的学徒认真地运用他们已熟练掌握的技能。他们没有被要求参加如此众多的思想或人类对抗，而是被要求参加数量惊人的形象对抗，所有的形象对抗都象征着庆典和典礼，而且大部分形象对抗都是靠媒体去运作。通过媒体，这些学徒不仅向群体展示了他们的伟大梦想，而且还希望借此能改变群体。但他们却并没有劝说群体去行动，而只要求单独一个人——一位天才的领袖和时事评论员——去说服群体，去吸引群体。

对从群体的民主政体到公众的民主政体这一发展过程可以进行更为详细的描述。在两种政体之间存在着一定的连续性，同时还伴随着从群体心理学向政治心理学的转换。但不管是群体心理学还是政治心理学，它们在许多方面都借用了勒庞和塔尔德的理论，因此也赋予了它们新的地位，就好像它们是同一块土壤的组成部分，从这块土壤里诞生了两种理论；也好像它们同是现实中无法逃避的一部分，这一现实是政治家所看到过的，从某种程度上说，也是他们所预见到的。

现在我们可以结束这一连串的实例，开始为我们下一阶段的调查做准备。基于其对群体的详细描述以及对“群体灵魂”的完美分析，勒庞创立了群体心理学。通过对模仿和交流的深入研究以及对领袖作用有关概念的进一步阐释，塔尔德拓展了群体心理学，使群体心理学涵盖了整个社会。机制设立起来了，内部结构也搭建起来了，零部件都经过了磨合和调整，用于加工的原材料也已挑选完毕。正如神话传说里那位布拉格先生手下的泥人，一切都已准备就绪，唯一缺少的就是生命的火花——它自己的原动力。现在，群体心理学需要投入运作，它怎样运作以及为什么运作都需要得到解释。这将是弗洛伊德的工作。

部分注释

注 1 G. de Maupassant, *Sur l'eau*, éd . Encre, Paris, 1979, p. 123.
注 2 G. Tarde, *L'Opinion et la foule*, Alcan, Paris, 1910, p. 85.
注 3 G. Tarde, *L'Opinion et la foule*, Alcan, Paris, 1910, p. 133.
注 4 G. Tarde, *L'Opinion et la foule*, Alcan, Paris, 1910, p. 126.
注 5 G. Tarde, *L'Opinion et la foule*, Alcan, Paris, 1910, p. 137.
注 6 G. Tarde, *L'Opinion et la foule*, Alcan, Paris, 1910, p. 157.
注 7 G. Tarde, *L'Opinion et la foule*, Alcan, Paris, 1910, p. 109.
注 8 G. Tarde, *L'Opinion et la foule*, Alcan, Paris, 1910, p. 7.
注 9 G. Tarde, *Les Transformations du pouvoir*, F. Alcan, Paris, 1895, p. 154.
注 10 M. Proust, *A la recherche du temps perdu*, Éd. Pléiade, T. III, 1978, p. 711.
注 11 G. Tarde, *L'Opinion et la foule*, Alcan, Paris, 1910, p. 103.
注 12 G. Tarde, *L'Opinion et la foule*, Alcan, Paris, 1910, p. 27.
注 13 G. Tarde, *L'Opinion et la foule*, Alcan, Paris, 1910, p. 76.
注 14 G. Tarde, *L'Opinion et la foule*, Alcan, Paris, 1910, p. 135.
注 15 E. Katz, and P. Lazarsfeld, *Personal Influence*, The Free Press, New York, 1965.
注 16 G. Tarde, *L'Opinion et la foule*, Alcan, Paris, 1910, p. 132.
注 17 G. Tarde, *L'Opinion et la foule*, Alcan, Paris, 1910, p. 17.
注 18 G. Tarde, *L'Opinion et la foule*, Alcan, Paris, 1910, p. 2.
注 19 G. Tarde, *L'Opinion et la foule*, Alcan, Paris, 1910, p. 5.
注 20 G. Tarde, *L'Opinion et la foule*, Alcan, Paris, 1910, p. 37.
注 21 G. Tarde, *L'Opinion et la foule*, Alcan, Paris, 1910, p. 3.
注 22 G. Tarde, *L'Opinion et la foule*, Alcan, Paris, 1910, p. 68.
注 23 G. Tarde, *L'Opinion et la foule*, Alcan, Paris, 1910, p. 71.
注 24 G. Tarde, *L'Opinion et la foule*, Alcan, Paris, 1910.
注 25 G. Tarde, *L'Opinion et la foule*, Alcan, Paris, 1910, p. 65.
注 26 G. Tarde, *L'Opinion et la foule*, Alcan, Paris, 1910, p. 24.
注 27 G. Tarde, *L'Opinion et la foule*, Alcan, Paris, 1910, p. 28.
注 28 G. Tarde, *Les Transformations du pouvoir*, F. Alcan, Paris, 1895, p. 159.
注 29 G. Tarde, *L'Opinion et la foule*, Alcan, Paris, 1910, p. 25.
注 30 G. Tarde, *Les Transformations du pouvoir*, F. Alcan, Paris, 1895, p. 14.
注 31 G. Tarde, *Les Transformations du pouvoir*, F. Alcan, Paris, 1895, p. 14.
注 32 G. Tarde, *Les Transformations du pouvoir*, F. Alcan, Paris, 1895, p. 218.
注 33 G. Tarde, *Les Transformations du pouvoir*, F. Alcan, Paris, 1895, p. 219.
注 34 G. Tarde, *L'Opinion et la foule*, Alcan, Paris, 1910, p. 10.
注 35 G. Tarde, *L'Opinion et la foule*, Alcan, Paris, 1910, p. 59.
注 36 G. Tarde, *Les Transformations du pouvoir*, F. Alcan, Paris, 1895, p. 263.
注 37 G. Tarde, *Les Transformations du pouvoir*, F. Alcan, Paris, 1895, p. 234.
注 38 G. Tarde, *Les Transformations du pouvoir*, F. Alcan, Paris, 1895, p. 236.

注 39 J. Michelet, *Le Peuple*, Ed Flammarion, Paris, 1974, p. 228.

注 40 J. Daniel, *L'Ere des ruptures*, Grasset, Paris, 1979, p. 173.

注 41 A. Duhamel, *La République giscardienne*, Grasset, Paris, 1980, p. 245.

注 42 V. Giscard D' Estaing, *Démocratie française*, Livre de Poche, Paris, 1976, p. 3.

注 43 R. Debray, *Le Pouvoir intellectuel en France*, Ramsay, Paris, 1979.

注 44 V. Giscard D' Estaing, *Démocratie française*, Livre de Poche, Paris, 1976, p. 45.

注 45 V. Giscard D' Estaing, *Démocratie française*, Livre de Poche, Paris, 1976, p. 152.

注 46 A. Duhamel, *La République giscardienne*, Grasset, Paris, 1980, p. 24.

注 47 G. Tarde, *Les Transformations du pouvoir*, F. Alcan, Paris, 1895, p. 144.

注 48 Todd, *Le Fou et le prolétaire*, Laffont, Paris, 1979.

注 49 V. Giscard D' Estaing, *Démocratie française*, Livre de Poche, Paris, 1976, p. 158.

注 50 M. Noir, L'utilisation des techniques de marketing dans une campagne présidentielle, *Pouvoirs*, 1980, 14, p. 71.

Chapter 6

第六章

勒庞和塔尔德最忠实的信徒：西格蒙德·弗洛伊德

第一节　弗洛伊德博士的著作引发争议

大凡天才有两种：学院天才和世界天才。涂尔干、韦伯等人属于第一种天才，他们完全是学术界人士，他们及其追随者都是学者。第二种天才如马克思、达尔文和爱因斯坦，他们凭借其思想和品格跻身最广泛意义上的天才行列。他们远见卓识，堪与我们的文化英雄摩西、亚里士多德、达·芬奇以及历史上所有传奇人物相提并论。弗洛伊德是其中之一，那便是他周围之所以有一批追随者的原因所在。这是一群忠心耿耿，爱追根究底的人，同时也像信徒拜倒在造物主面前那样拜倒在他们的信念体系缔造者面前。

他们都认为自己的任务是宣传弗洛伊德的思想，使之像一种信仰一样不受异端邪说的侵扰，达到这一目的的途径便是对大师的教义进行热情洋溢的评述。这种评述体现某种传统的观点，保持某种传奇的色彩，联合了那些赤胆忠心的追随者。于是真理变成了忠实的信仰，最后变成一种仪式，显然，后者在对伟人最为尊敬的时期最为严肃，这是因为谁都不会放弃思想自由，或在不剥夺他人自由的情况下成为又一个英雄人物的愿望。总之，弗洛伊德的信徒们确保了弗洛伊德的才能无与伦比。不可能有第二个弗洛伊德，就像没有第二个马克思、第二个耶稣一样，只有他们的信徒和效忠者。

然而，对这位伟人的崇拜并没有改变这么一个事实：虽然他的某些作品在他的研究中有着特殊的地位，但同时受到亲弗派和反弗派的指责。这些著作谈论了宗教起源、社会制度和政治权力，并笼统地谈了群体心理学。引起争议的作品有《图腾与禁忌》《群体心理学与自我分析》《一个幻觉的未来》《文明及其缺憾》《摩西与一神教》，还有《自我和本能冲动》一文，这篇文章对个性提出了新的看法。这些作品构成了一个整体，这个整体历来甚至现在仍被看作界限不清，正如罗伯特（M. Robert）所写的那样：

与其他领域相比，弗洛伊德在宗教心理学领域最有可能铤而走险，败坏自己在科学界的声誉，他对这一领域知识的好奇心以及他研究的总思路使得他多次冒险。《图腾与禁忌》《一个幻觉的未来》以及《摩西与一神教》反映了他冒这种风险的三个阶段，这使有关的人无法忍受，为此他失去了一些支持者，对于某些分析弗洛伊德的心理学家来说，这仍是一个棘手的问题。[注1]

如果我们在罗伯特所提到的书目中再加上我刚刚提到的其他一些标题的话，则会更加麻烦。可以看到，我们要处理的问题并非是寻找脱离火车头后方向不明的车厢，而是在寻找一整列连接牢固的火车，它朝着一个人们意想不到的方向驶去了。因为找不到共同点，便不能明白"宗教心理学"和群体心理学之间的联系，整个情况变得令人迷惑不解且忧虑重重。弗洛伊德不再是原先的弗洛伊德，为了掩盖这种迷惑，我们只得寻求最牵强附会的那种解释。

一种反应是把它们看作一位老者的作品，没有什么科学价值。正如马克思的早期作品，因其哲学性质而被长期排除在他的研究成果之外那样，弗洛伊德的晚年作品为人们所忽略，理由是它们荒诞无稽，不值得一读。弗洛伊德的后期作品一直没有公之于众（至于沉寂了多长时间则不得而知），一个极为适当的理由是，他写这些作品时年事已高。这就像把经济学、心理学与物理学等同一样，也就像认为我们可以从中确切地看到科学的始末，或者说，就像想象科学生产力与女性生育力一样，可以加以严格的限制。

还有一种说法是，弗洛伊德进行这样的研究是因为在用精神分析治疗神经（官能）症时遇到了麻烦。另外，据说弗洛伊德绞尽脑汁想通过写一系列非专业的作品来阐述一些非专业的、一般公众感兴趣的论题。这样的作品确保了在圈外的流传和成功，但和精神分析没有直接的关系，或者说，精神分析学家对此并不感兴趣。

此外（与其说是解释，还不如说是谴责），有人认为这是精神分析试图侵犯其他学科的危险信号，特别是试图将社会问题变成个人问题，将政治变成心理学。总之，它们被看成是一种知识领域的帝国主义，显然是为了占领马克思主义阵营。人们认为精神分析具有自己的阵营，即心理学阵营、个体阵营和神经（官能）症阵营，除此之外，别无其他阵营。

人们之所以产生这一狭隘观念，之所以将整个研究颠倒，是因为忽视了它产生的历史和科学环境，并且认为弗洛伊德不可能在特定的时刻放弃个体心理学，而关注群体心理学问题，这是难以想象的。一旦忽视这种社会心理学，弗洛伊德有关这一主题的所有研究著作就将属于他本人的秘密天地，属于他本性中不为人知的一面，就像牛顿的炼金术和开普勒的占星术一样。当然这样比喻并不确切，那种领域的东西还是少说为妙。

我绝对无意谈论并驳斥这样的解释，因为这些解释在我看来似乎是用来摆脱令人尴尬的事实，而不是为了说明问题的。一个人不可能因为知识内容空洞而对之加以批判。这是活生生的事实。它们应该受到指责的则是表现出了无知，以及不体面地、草率地将弗洛伊德及其门徒的作品中在某一特定的时间建立起来的精神分析和群体心理学之间的关系割裂开来。清教徒憎恨知识分子精英以及像勒庞、塔尔德和麦独孤那样打杂的知识分子历史学家，而因为不可避免地在知识上附庸风雅，在政治上抱有偏见，显然宁可亲近尼采、康德之类的人物。虽然弗洛伊德已读过，也谈论过，并解释过勒庞和塔尔德的作品，但却从没有读过尼采和康德的作品。那些未曾拜读过弗洛伊德作品而妄加指责的人，使我想起了一位生活在 18 世纪，参加过 14 次战斗的贵族，他曾说过诗人塔索（T. Tasso）比诗人阿廖斯托（L. Ariòsto）更伟大之类的话，而在临终前坦言，自己从未读过那两个人的诗。

所以，我不打算花时间研究这些不同的解释。我在此提及只是作为过渡，以便不至于将之忽略。在科学上也一样，尖端即价值。直接去找上帝比找他的圣人，或者他的代言人更有用。

让我们来看一看一些显而易见的事实吧。在 1921 年出版的《群体心理学与自我分析》一书中，弗洛伊德首次正式探讨了社会心理学问题。当他完成并推广了他的个体自我分析法时，似乎发现了社会自我的特征。这种社会自我不仅以个体自我形式出现，或者说，个体自我形式具有我们现在用来掩盖其具体身份的中庸和抽象的意义；而且以有组织和无组织的群众以及领导人的形式出现。当被群众赋予具体形式的领袖与个体抑制的东西保持平衡，并且使很难触及的人的另一面，即无意识，大白于天下时，这一社会规模就更引人注目，更令人不安了。

体现在群体中的无意识不仅令我们害怕，还令弗洛伊德害怕，他担心的问题和勒庞担心的一样。用罗伯特的话来说：

将对群体的恐惧感称为病态的恐惧感并不夸张，这种恐惧感似乎一直缠绕着他，他一直通过类比饶有兴致地对此作出解释。这种类比后来为他提供了有关社会学的论文主题。也就是说，群体和其灵魂深处处于同一水平，他们和无意识之间存在着一种默许的关系，几乎是同谋关系，那种关系威胁着意识的最高价值以及个性所习得的东西。[注2]

无论弗洛伊德感到恐惧的原因是什么，在此引用的研究主题无可否认地提出了一个新的科学观点，从群体心理学的观点来看，这是显而易见的。勒庞只是对这些原因进行了描述，塔尔德只是进行了分析，说明这是什么而已。而弗洛伊德则在他的《群体心理学与自我分析》中试图对此加以解释，并说明了原因。这是知识领域的一大进步。从这方面来看，这种延续性是十分鲜明的。为此，一位从未妄加评论过的评论者进行了很有说服力的概括：

许多人认为勒庞的理论是无可非议的科学真理。人们也许弄不明白，弗洛伊德为何以此作为他自己理论的出发点。正如赖因瓦尔德所说，当弗洛伊德的理论与勒庞的理论有矛盾时，便表现出与塔尔德理论惊人的相似之处。塔尔德所谓的效仿，弗洛伊德称为认同，在许多人看来，弗洛伊德

的观点似乎就是塔尔德用于精神分析概念的观点。[注3]

无论从总体还是从细节来看，都是如此。这三位思想家都对同一种现象的描述做出了他们独特的贡献。他们都帮助建立了一种理性的概念体系，寻找那些用一种认识进一步说明一种科学现象的理由。那是一个历史事实，正如大家希望的那样，可以认为是重要的，也可以认为是不重要的，但要否认他们的贡献却很难①。

以上我解释了你已经了解的东西。然而，我的主要目的并不是为了指导你，或令你惊奇，而是提请你注意这个问题的真实情况。你在阅读时当然会感到纳闷：弗洛伊德怎么会对群体心理学感兴趣，这似乎与他作为一个医生所关心的治疗精神病的问题大相径庭。但是，当我们仔细考虑这个问题时，便可看到，他关心这个问题自然有几个原因，所有的原因共同促使他对诊室外面的事越来越关注。这就好像在某一时刻，他不再过问病人如何了，而是关注世界如何了一样。

我们可以把那一时刻——这是他对群体心理学感兴趣的第一个原因——定在“第一次世界大战”末。毫无疑问，战争从未停止过，但它们是一场接着一场爆发的，而且并不相同。它们所涉及的国家并没遭到同一程度的蹂躏。1914~1918 年的战争爆发于一个很长的和平时期之后，这个时期长得足以使许多人抱有一种希望，或者说是幻想，即科学、工业和国际

① 许多书籍叙述了弗洛伊德、勒庞和塔尔德的关系。请特别参看 S. Giner, *Mass Society*, Martin Robinson, London, 1976；T.W. Adorno, *Gesammelte Schriften*, T. VIII, Suhrkamp, Francfort-sur-le-Main, 1972；M. Sherif and C. Sherif, *An Outline of Social Psychology*, Harper and Row, London, 1956；Bloch，Ernst，Maintenant，2，19 March 1979。《群体心理学与自我分析》吸引了如此大的注意力，以致匈牙利的马克思主义哲学家卢卡奇为此写了一篇完整的评论。见 G. Lukács, *Littérature, philosophie, marxisme*,（1922-3）, Presses Universitaires de France, Paris, 1978。

前景将把前几个世纪的那种激情推回，国家之间残酷的冲突和斗争从此一去不复返了。正如我们所知，社会主义者曾认为，他们能够动员工人反对战争；哲学家和科学家则认为，随着知识的增长和人类良知的萌发，人类将表明战争是荒唐的，从而消灭战争。此外，还有些人认为，战争无所谓正义，也无所谓非正义，而只是恐怖的东西而已。他们引用莫泊桑的话说："最令人惊奇的事是，人们不站起来反对这样的政府。君主政治和共和政治有何区别呢？真不可思议，整个社会甚至连战争这个词都不反对。"[注4]

乐观主义、绥靖主义和愤怒情绪都不能防止战争的发生。随着协约国的胜利，两个帝国衰亡了，那便是德国和奥匈帝国，随之出现了一系列的民族革命和社会革命。其中只有一个俄国革命成功了，其余都以惨败而告终。弗洛伊德为了自己的利益对此大失所望，因为他的天地被瓜分了。战争和革命对他来说似乎清楚地表明，怒火中烧的群众的力量是战无不胜的。

战火刚停息——这是第二个原因——受压迫的群众便又发动了运动。战争并未赋予人民以权力，人们梦寐以求的民主社会屈服于极权主义运动的压力。数百万人被煽动者的语言和思想意识所蛊惑，那些相信理性和能够明断的人则大为失望。正义被威力压倒。自由人接受了用暴力强加的奴役和统治[注5]。许多人竖着灵敏的耳朵倾听着，其中有像野兔一样竖着灵敏的耳朵的犹太人，他们首先听到了反犹主义的呼声，然后听到了纳粹游行队伍过膝长筒靴的嚓嚓声。在知识全盛时期的德国，涌现了一批科学、艺术和文学巨人，然而，它从世界最文明国家之一的一个地堡里发起暴虐攻势，冲击着脆弱民主的根基，并暗中进行破坏。从此，对自由政治和理性看待历史的最后希望，因这一放纵的野蛮行为而破灭。这些群众的呼声和愤怒之情激起了弗洛伊德等人的原始恐惧感。哪怕这些恐惧是莫名其妙的，他们也不安心，因为它们重又唤起愤怒人群的记忆，这些人群在一场接着一场的大屠杀中拉帮结派，四处活动。

弗洛伊德是犹太人，而纳粹是反犹太的。他拼命克制自己的恐惧感，但能做的只是搜索记忆，从正在发生的事情中看出一场大屠杀正在酝酿，意识到纳粹不可能作为一个党派而消亡。[注6]他和那个时代所有与他相仿的知识分子一样，潜心研究德国文化。他完全相信理性和科学的力量，希望融入这种文化之中，与之成为一体。对于他来说，反犹主义思潮的不断高涨意味着对他的不接受，因为他的种族出身，以及一朝为犹太人，永远是犹太人的事实决定了这一切。

这种弗洛伊德对斯旺之路的见解当然不能说明一切，我也不打算只探讨这个问题。另一方面，贬低这一方面的重要性，就好像一切都相似得不可区别一样忽略它，比轻率地假定这是唯一的解释更为糟糕。弗洛伊德从不否认他属于某个种族，也不否认他只有一种过去。与马克思不同，他不想解决犹太问题。爱因斯坦曾半开玩笑地说自己成了“犹太圣人”，而弗洛伊德则不同，他不认为自己肩负特殊使命，而认为自己的犹太身份只不过是写传记的资料，是他不得不接受的命运，对此毫无神秘感可言，要想割断一个人与他的犹太根源之间千丝万缕的联系，只会使这个人与之联系得更加紧密。

在希伯来文版《图腾与禁忌》一书的前言中，弗洛伊德写道，如果有人问他，当抛弃了曾和他的同胞共同享有的一切时（如宗教、民族感等），他身上还留有什么犹太痕迹呢？他会回答说，还有许多东西，也许是主要的东西。

当然，他对这样的问题做出回答并不十分乐意，也不是心甘情愿的。谁又会乐意呢？但显然，他是被迫带着内心的痛楚，使出害了一场疾病后尚存的气数来解答这些问题的。1930 年，他在写给茨威格（S. Zweig）[①] 的信中说得很清楚，他对人们的权力欲知之甚少，因为自己毕竟只是个理论家。他感到惊奇的是，过去几年所发生的动荡深深地吸引了他，并因而关注起周围发生的世界大事来。如果当今历史不是在模仿过去的历史，且不说重演他那个时代的历史，那么也许我就不会想到写

---

① 斯特凡·茨威格：奥地利作家，遭纳粹驱逐，移居巴西，后与妻子一起自杀。作品有短篇小说集《初次经历》《马来狂人》等，尤以《罗曼·罗兰》《约瑟夫·福煦》等传记作品知名。——译注

这本书，也不会斟酌弗洛伊德为什么会在晚年致力于群体心理学研究这个问题了。

第三个原因与严格的科学秩序有关。如你所知，弗洛伊德事业的重大转折点是他在法国注意到了催眠术。当时，这是用来治疗普通精神病，尤其是歇斯底里病唯一有效的方法。弗洛伊德为贝尔南和李厄保的研究结果所吸引，并产生了深刻的印象，成了倡导者和拥护者。然而，德国医学界对催眠术抱着敌对的态度，认为这是骗人的鬼话。弗洛伊德也采用过催眠暗示法，并十分尊敬其发明者。后来，他有了自己的发现——“谈话疗法”，治疗时，病人伸开四肢躺在长沙发上，讲述一切掠过心头的事情。这一自由联想法标志着精神分析成为治疗精神错乱疾病的新方法的开始。然而，在他积极倡导自己的理论和方法的过程中，却否定了催眠术，不管什么情况下，他都用自己发现的方法和观点来代替催眠术。

然而，他意识到在心理学的一个重要领域，即当时很时髦的群体心理学，暗示仍是解释的过程[①]，其中包含的思想直到今天在那个领域仍很流行。弗洛伊德比谁都清楚，精神分析从未妥协于因催眠术和魅力而产生的结果。（今天还是一样，人们只要看一看进行精神分析治疗所需的环境，便可确定这么一个事实，即分析家的办公室，他奉行仪式的说话方式，他和病人的口头交流和关系都成了一种仪式。）

暗示法沉默了二三十年后，又重新粉墨登场。弗洛伊德不得不考虑这一事实。他描述自己是如何持之以恒地思考这个问题的，他还提醒读者，自己于 1889 年形成的观点在 1921 年仍然是有效的。

因此，我们必须随时准备接受这样的说法，即暗示法（或者更确切地

---

① 弗洛伊德和勒庞的关系远不止是一本书或者一个共同的工作领域。玛丽·波拿巴公主从 1925 年起就是弗洛伊德的病人和受信任的朋友，并且知道弗洛伊德许多至今不为人知的思想秘密。然而，她从很早的时候起就是勒庞的一个朋友和崇拜者。她还把她最后的一本书《岁月拾零》献给了勒庞。

说，易受暗示性）实际上是一种不能复位的初始现象，是人类精神生活中的一个基本事实。贝尔南也这么认为。我曾在1889年目睹了此人惊人的艺术……在我告别它30年后，又再一次接触了神秘的暗示法，我发现并没有任何变化。（对于这种说法要排除一个例外情况，以及一种可以确切证明精神分析所产生影响的情况。）（弗洛伊德语）

因此，斗争又在新的基础上重新开始。一个人能够面对并敢于正视自己那个恶魔般的过去，也许是恢复青春活力的方法。毕竟，这一情况说明了精神分析是群体心理学的基础[①]。

第四个，也是最后一个原因便是人的本性问题。这一点弗洛伊德本人曾证实过。他年事已高，没有目睹过从左翼到右翼的斗争，但谁又知道，他的年迈竟为不只一个竭尽诬蔑之能事的人提供了一个诽谤其1920年前作品的机会。有人把他对群体的看法归为老年人典型的保守主义，把他的悲观情绪归为癌症带来的痛苦。所有对这种悲观情绪作出解释的人，很可能将这看作他所处的客观情况的影响所致。人们像里维雷（J. Rivière）评论普鲁斯特一样来评论他："普鲁斯特看待生活不含丝毫的形而上学观念，对建设性意见没有丝毫的偏见，最不倾向于给予安慰。"他们也很有可能记住，只有相信迷信的庸人才会认为，对于现实世界可以闭目不见，而去想象一个更美好的地方。弗洛伊德永远不可能采取鸵鸟政策或以不同的方

① 弗洛伊德在这方面给自己设定的任务是，通过运用贴切的比喻，把心理分析的图像转变为群体心理学。他所使用的方法就是英国物理学家麦克斯韦尔极力推荐的"科学隐喻"的方法（或者用我们现在的话来说就是"模型"）。然而这不是一个"大众心理分析学"的问题，因为在这个领域中，人们不可能区分"正常"和"病态"，至于寻找任何一种治疗方法那就更加不可能了。这样的一种转述与弗洛伊德下列的观点也是一致的，他说："心理分析学也就是心理学，是心理学的众多组成部分之一。人们无须为在涉及深层心理事实的心理分析研究中运用了分析方法而进行辩护。"参见S. Freud, W.C. Bullitt : Thomas Woodrow Wilson, Houghton Mifflin Company, Boston, 1967。

式看待事物，他的话已被证明是悲惨的预言①。

其他评论者都认为他的智力在衰退。两方人士都不知道，那种自由是相对于社会约束，相对于冷眼相看活人所谓的死亡屈服于高尚心灵的观点而言的。

在每个年龄段，在心理承受能力和抵制压力以及社会诱惑的精神力量之间存在着一种平衡。某些老者倚老卖老，认为自己堪与年轻一代媲美，而弗洛伊德却抱怨说他的科学动脉已开始硬化。但年龄确实带来了特别的庇护。他一边希望有人听信于他，一边一再强调，自己从事医学事业和临床工作是不得已而为之，曾受到外界对他的奴役，忍受了挫伤他激情，抑制他青春本能的羁绊。对他而言，过去已消失，工作已做完，任务业已圆满完成。由于所有的限制都已消除，没有什么能够阻止他回到青年时代的理想和想象中。[注7]年轻时，他曾梦想过当律师，或从政，或致力研究社会和文化问题。[注8]

成功无所谓迟早。1935年，在《自传式研究》一书的附言中，弗洛伊德特别提出，在他过去几年的作品中，可观察到一种“重大变化”。对此，他解释如下：

在我阐述过程中理不清的头绪，现在开始理清了；我后半辈子产生的兴趣业已消退，而很早以前那最初的兴趣却再次显现出来……我一辈子走过许多弯路，从事过自然科学、医学和精神疗法，在此之后，我的兴趣回到了很久以前曾吸引过我的文化问题，当时我尚不谙世事，还不会思考问题。[注9]

① 弗洛伊德在群体心理学中的悲观主义成了他的传记作者和评论家的笑柄，他们认为这种悲观主义表明了弗洛伊德的保守主义，甚至还说明了他对社会的真相缺乏理解。当然，这个问题的性质是，科学家的任务是应该去面对并且揭示不为人喜欢的事实真相呢，还是去为人类迄今为止所面临的，有时似乎是不可解决的问题寻找使人宽慰的解决办法？总之，这是一个科学家应该是一个真正的思想家还是一个牧师的问题。参见 T.W. Adorno, *Gesammelte Schriften*, T. VIII, Suhrkamp, Francfort–sur–le–Main, 1972。

换言之，他此时正对当时时髦的群体心理学感兴趣。

每一个原因——战争带来的失望、极权主义和反犹太派的出现，用催眠术作为雏形以及他个人兴趣的失而复得——都说明了他转而研究群体心理学的原因。资产阶级的出身也决定了他的这一兴趣趋向，这一点是显而易见的，无须进一步谈论。然而，当黑夜正在慢慢笼罩那些再次走向战争的国家的时候，这不可能是唯一的原因。

如果我没说错，当我把他的名字与群体心理学联系起来，以给经历过荣耀和突然黯然失色的一门科学增添新的光彩时，并没有滥用他的名字。尽管你也许有各种保留意见，我还是想让你接受这种假说，即弗洛伊德对群体心理学的兴趣是他研究中，也是精神分析法中的一个激进的转折点，是一场真正的革命。我经过再三思考，得出了结论。一旦迈出了这新的一步，便可产生两个截然不同的理论。正如人们通常认为的那样，并不是原先理论的扩展。

我能想到的，可用来很快说明这一假说的唯一方法是，将此与爱因斯坦的两个理论相比较。第一是狭义相对论，事实上解决了一些已知的问题，也是人文科学的制高点。第二是广义相对论，一开始就将电和地心引力结合起来，解释宇宙法则。这仍然是我们无从解释、无法证实的知识突破。它唯一的结果（但这是个糟糕的结果）是给一门有所衰退的科学，即宇宙学以新的动力，给它提供一个完整而星光灿烂的星空来作调查研究。

同样，面对我们所观察的一线青天，人们也许会说，有一种狭义精神病学理论，它研究个人和家庭、精神病和梦，这标志着传统精神病学和心理学发展的制高点。在它第一次接触催眠术时，便引用了三个主要观点。即力比多——解释了个体内的宇宙；无意识——为精神生活提供了分析方法；恋母情结——确定了父子竞争产生的矛盾区域，试图向我们说明孩子的行为方式。自由联想的方法成了这一新学科的标志。

后来，狭义精神病学第二次遭遇催眠暗示法，这一次是发生在群众心理学中。于是，广义精神分析学理论便由此而生，对此，只有一个问题值得关注：如何当父亲？然而，随之出现了一系列的问题：人们如何建立一个派别，统治一个国家呢？文化的起源——实际上是人类的起源——究竟是什么呢？后来，它又莫名其妙地从关注个体世界转而关注起群体世界了。这一改变揭示了人类灵魂中未知而可怕的转变。

因此，我们发现弗洛伊德在所有为此忙碌的哲学家中第一个放弃了对家庭问题的研究，而是站在整个文明的高度勾画了一个反俄狄浦斯者的侧面轮廓，这一侧面轮廓到底应该是某位预言家的（实际上是摩西的），还是某个国王的，则又成了问题，且成了一个广泛而复杂的问题。由爸爸妈妈和孩子来扮演的一场家庭剧，现在只具有形象或类比价值。只有政治惨剧和文化悲剧才有典范的价值。这便是领袖与世长辞，斗争不可调和的悲剧，在他和群众之间没有真正意义上的和解。

从弗洛伊德提出儿子杀死家庭暴君的假说那天起，一切已经消失的东西又出现在另一个方向。他本人也知道这一点，并写信给最得意的弟子弗雷齐（Ferenczi）说，本来只想寻寻开心，但却发现自己在这么一把年纪还不得不重新找个妻子，结果娶了多么烦人的一个妻子呀！她让他死守着宗教，采用一些对宗教来说根本没有定论的观点，例如，认同观点和超我观点。打从他搬进这里，就接触到了那些观点。那段时光既不能给他以信心，又不能使他产生避开这些观点的愿望。他对付着一件件发生的事，从总体来说，发生的不是好事，而是坏事，如一系列没有定论的革命，失去的自由和战争的阴影。他看到强大的社会科学没有一丝希望，因为，社会科学就像当时的政客一样，正在发掘一些魏玛式的学说和受到冷落的观点，认为当人们陷入最终将毁灭他们的暴虐时，解救办法来自人类不可莫测的本质。

在《一个幻觉的未来》《文明及其缺憾》《摩西与一神教》中他着重论述了这些“好像”理论。人们感到，在每一本书里都有东西消亡，也有东西产生。似乎那里有某个冷酷而荒芜的东西，也有探索所有人性秘密的坚强决心，尽管在那儿肯定会发现令人不愉快的事实。虽然弗洛伊德痛苦不堪，但还是用自己的聪明才智充分地、无情地讲述我们心灵的苦恼。在他那些作品中，我们逃脱精神病这只狼，却又遇到了宗教这只虎。弗洛伊德当然犹豫不决，举步维艰。正如他自己承认的那样："我们发现自己置身于群体心理学的领域，在这儿我们感到不自在。"[注10]

不管怎样，精神生活领域让位给了宗教生活领域以及使之突出的信仰。在此，时间本身具有爱因斯坦相对论的特点。我们不再处于第一种理论的线性的、绝对的时期，这一时期分为两个阶段（从出生到5岁，从5岁到12岁），而是处在人类发展的周期性的、相对的时期。在此时期，人们有时服从他们的大师，有时反抗他，依次交替进行着。

为了简单扼要地说明这一点，我们可以尽快做一观察，在从精神分析学狭义理论转变为广义理论的过程中，我们从一个宇宙转向了另一个宇宙，感到正在离开天文学（对各个行星体系的研究），而进入宇宙论领域（对于日月星辰，以及我们可在明亮的夜晚看见的银河外星系的生死问题的研究）。探索这一历史的相似物将是十分有趣的，但历史不是本书的唯一论题。

第二节　从经典群体心理学到革命群体心理学

简言之，一切都是为了把群体心理学归为漠视和忘却，弗洛伊德的研究亦如此。对此我们不再明白，但似乎又是简单而重复的东西。有一种显而易见的解释是，弗洛伊德与他的学生和继承者不同，他为一部分人著书，这部分人不仅没有被他说服，反而直接反对他的思想。这说明了他的分析有时简单浅显，他的作品中充满了人们熟悉的日常事例，说明了他急于使人们相信，在那种合乎逻辑的论点背后所能感觉到的东西。然而，不管怎样，这种解释绝没有降低他研究的新意和重要性。

对我们说这些特点，无非是白费笔墨。由于他面对的是一群受到鼓动的公众，因此，他们似乎不得要领。当今时代弗洛伊德的追随者只是想使已经转变思想的读者变得更加坚定。他们为研究选用了优美的语言，他们卖弄知识，选择特殊的情景，以激发真正的信奉者的情感。一些精神分析作品完全是为精神分析家和那些，比如说，不屑一顾的哲学家而写就，作品中充满着凑合的默认、深奥的程式和巧妙的习语。我们也不得不回到一些基本的观点以及用普遍接受的语言来表述的艰难的分析工作中。不管怎样，必须保持概念的简单明了。通常情况下，必须清楚地表达一些用朦胧手法写就的东西，因为弗洛伊德和其先驱的群体心理学还不为我们所知。我们对它表示怀疑，因此并不了解它，唯有通过基本的和熟悉的东西逐渐了解。这既不排除对该书能够使我们发现的一些新的东西采用批评的方法，也不排除表示认可的方法。

首先，我们必须接受一个基本事实：弗洛伊德、勒庞和塔尔德都认为，一切都取决于精神因素，也可用精神因素来作解释。坦白地说，只有心理学一种科学可以触及现实的中心。弗洛伊德在思考伟大的社会问题、世界宗教和社会运动时，想到了各种各样群体方面的问题。我们也许会问社会学在其中扮演什么样的角色。在弗洛伊德看来，社会学只是一种应用心理学。

因为社会学也是研究社会中人们的行为的，它只能是应用心理学。严格地说，只有两种科学：心理学（包括理论心理学和应用心理学）和自然科学。[注11]

到此已很清楚，心理学不是一门和其他知识学科分享真理这块蛋糕，试图夺取最大、最好份额的学科，它包容了人类整个现实世界，包括历史和文化在内，那个现实世界的任何一部分都与它紧密相连。也就是说，与人们普遍认为的正好相反，弗洛伊德的各种研究并不是对某一门知识学科做出了贡献。《图腾与禁忌》一书并不是对人类学作出的贡献；《一个幻觉的未来》不是对宗教研究的贡献；《摩西与一神教》也不是对历史的贡献；《群体心理学与自我分析》也不是对社会学的贡献，等等。当然，他研究了这些学科收集起来的证据，谈论了时下对这种证据的解释，目的只是把这些证据与心理学，特别是群体心理学联系起来，证明每一门学科都是群体心理学的一个方面[①]。一位研究弗洛伊德的美国作者总结说，弗洛伊德和尼采都声称，未来主要的学科不是历史，而是心理学，并且历史将变成群体心理学。至于宗教的神经质现象：

弗洛伊德认为，唯一真正令人满意的类比可见于精神病理学，即人类精神病的起源；也就是说，可见于属于个体心理学的一门学科，而宗教现象当然必须被看成是群体心理学的一个部分。[注12]

因历史原因，首先是合理原因，我刚刚提到的所有著作都属于那种心理学作品。它们的出现是神秘而绝妙的，既说明了一部作品的问世，又讲述了一部描写心理的故事，这个故事有几个不同的开头，它就像散文《芬尼根守灵夜》一样，永远得不出当然永远都不可能有的结论。然而，就像我们在听一曲最后的交响乐，或观看最后一阵精彩纷呈的礼花绽放一样，可以从中看到群体心理学所有主要的主题：个体融入群体；领导者的权力；信仰和宗教的起源，以及它们在群落“无意识”中的留存；人类臣服之谜和统治民众的艺术。对于我们来说，此处我是指所有对那种心理学感兴趣的人，这一切都值得用一整篇的论文来加以论述。这是我们必须看到的前景，我们也必须对它们作进一步的了解，即使这只是一些初期的作品。

群体心理学的作用是解释所有过去和现在的政治、历史和文化现象。这早就为人所知了。然而，如此明确规定其任务还是破天荒第一次。只要它仍处于原始环境中，便只关注政治现象。它是开明的，又是保守的，其

① 因此，讲述弗洛伊德的社会学、人类学或者历史学是一种错误，更不用说用心理学词汇来界定它们了。反过来也是如此。

任务是维护现有的社会秩序，并非因为它是最好的，而是因为它是最可容忍的。尽管弗洛伊德疯狂地批判抑制说，指责强加在人类群体的条件，特别是强加在那些受屈辱、受剥削最多的人的条件，但他仍离不开那种传统。

弗洛伊德以最不信神者的传统观念，使《一个幻觉的未来》成为对宗教毫不怜悯的控告，并提出了解决人类生存问题的假定方法。在此书中，他表明了宗教和强迫观念性精神病之间的相似性，它们都是通过一些仪式和重复行为，摧残个体的生命，使他们与世隔绝。应当记住，对于他以及勒庞和塔尔德来说，宗教是所有集体信仰的最初结构。完全可以说，他指责宗教便是指责所有对世界的看法，无论它们的具体内容是什么。

有几篇文本，其中最早的是《群体心理学与自我分析》，似乎主要是为了揭示领导和群体之间关系的现实问题。领导人物通常是邪恶的，是躲在作为他原型的催眠师背后的一种多面的，然而是可以辨认的赤裸裸的力量。催眠术是一种用于对付个人的强烈的吸引形式，群体中如此明显的压入趋向，是必须为之付出的代价。在弗洛伊德看来，最大的诱惑者不是唐·璜和卡萨诺瓦（Casanova）[①]及他们的效仿者（引诱数百位妇女算不上什么成功），而是拿破仑和戴高乐之类的才能出众的领袖人物，他们能使所有群体心甘情愿地干着一件件蠢事，就像骗子挪用资金一样，使之为自己所用。大批大批的人群聚集在一起为他们喝彩，听到他们讲话便疯狂起来，想方设法效仿他们，为他们的利益去杀人或去牺牲。这样的领袖生前是他们崇拜的对象，死后能激起人们对他们的怀念之情，大家仍想念他们，纪念他们。弗洛伊德说得对，如果这不是暗恋，又是什么呢？

弗洛伊德在这个时期所写的著作中都有一种无情的叛逆情绪。他把各种思想和实际情况坚决地排除在一边。群体心理学一直是一门用来辩解的学科，突然间却变成了一种批判武器。他和他最初的追随者一样，也许是“老派的自由主义者”，但却以反传统观念的人的态度对待那个时代所有在

① 卡萨诺瓦（意大利浪荡公子）：指喜欢在女人中间厮混的男人或乱搞男女关系的男人。——译注

知识上骄傲自满的情绪，他代表了那种最为人赞同的观点，同时把群体心理学的观点融入另一个社会环境中，这一社会环境是典型的，充满了革命思想。

在此之前的一代人，也就是勒庞和塔尔德时代，就曾强调群体中的保守主义倾向，视之为革命的绊脚石。那些继承他们的人亲近起弗洛伊德来，也关心那种保守主义倾向，因为他们也认为这是革命的障碍。他们开始对此作出解释，也开始发现，甚至在进行革命的社会条件和经济条件都已成熟时，群众也不会投身于革命的原因。他们的结论是，必须从心理学方面来作这种解释。[注13]

在弗洛伊德有关群体心理学的研究公之于众之前，该学科就已经受到圈内人士的关注，他们还提出了几个有待深究的新主题。他的门徒中一些更有创见的人被吸引到其中，寻找更好的方法以对付政治危机和文化危机。他们的作品和行为证明，精神分析涉及许多方面，其中包括群体现象，而不仅局限于个人诊所发生的事。

在欧洲之外的美国，甚至英格兰，知识分子并不是非要对这类问题感兴趣，然而，在德国和奥地利，其关注的重心在社会主义政体和纳粹威胁之间摇摆，但摆幅并不太大①。结果，不仅革命失败了，反革命倾向也在滋生。欧洲各地群众赞成的呼声很高，而他们的领导者束缚了他们的手脚。

---

① 不管这些肇始者是否意识到这一点，大多数汇总马克思主义和心理分析学的尝试都是在群体心理学范围内进行的。弗洛伊德至死都反对任何这种联系。这并非像人们以为的那样，是由于弗洛伊德坚持其关于个别的人的观点，而马克思主义则把社会看成是一种终极的实在。真正的解释倒是在于他们这两种思考和表述社会的方法之间的差别。就算是把弗洛伊德作为群体心理学家，他的社会模型与马克思关于阶级社会的模型也是不相容的。然而，赖希、阿多尔诺、马尔库塞等人只是试图调和这两种方法。所有的区别都来自他们分别附加于各自方法的重要性。赖希喜欢民众社会的思想，马尔库塞喜欢阶级社会的思想。而阿多尔诺则把每一个都当成批评另一个的工具。弗洛伊德也反对为了其他理由而把它们联系起来，尤其是在思想现象的自治方面。但是，此处所给的第一个理由也是主要的理由。

雷奇也许并非第一个试图在左派的政治机构内达到进行精神分析目的的知识分子，但他当然是最为热情的一个，他提出的问题是群体心理学已经提出的有关其他领导者的问题：

一个希特勒，怎么能够至高无上地统治如此多人呢？这怎么可能呢？早在1927年，我就从社会学的角度提出了这个问题，并对弗洛伊德详细地谈了这一问题。[注14]

这种双向交流值得关注。雷奇（和弗洛姆、布洛赫、阿多尔诺一样）为弄明白希特勒和纳粹运动而沉浸在群体心理学中。当然，他不知道希特勒为了发动运动，为了成为真正的希特勒，已经掌握了这一主题。雷奇对此感兴趣只是想弄懂社会现实，而希特勒则是为了将此应用于那种现实。雷奇很快就看到，精神分析法和马克思主义经济以及政治理论相结合可提供一种解释，因为这两个体系是互为补充的。

因此，有关群体心理学的一连串问题，确切地说，始于这样的时刻，即有关社会经济的直截了当的解释引起了广泛的关注。这是不是说，群体心理学和社会经济的服务目的不同呢？不是的，因为与当前社会经济形势相矛盾的群众的思维和行为，比如说不合理的思维和行为，本身就是前阶段社会经济形势的产物。[注15]

这与他导师的理论相悖，表明了家庭本身是经济形势的产物，它通过抚养孩子，创建一种角色结构，以维护整个社会的政治和经济秩序。其结果是压抑性欲，折磨身体，以遵守社会的各种清规戒律。从我们告别童年时代开始，便循规蹈矩起来，期待某个领导来指挥我们。

必须承认，从某种意义来说，雷奇主张的观点也以某种方式出现在勒庞和塔尔德的作品中，甚至更清晰地出现在弗洛伊德的作品中。但是他一手炮制的大杂烩以及他认真的假设，即德国纳粹主义的征服不能仅用希特勒的超凡魅力或德国资本主义的阴谋来作解释，而且也可用德国群众的精神面貌来作解释，这一假设意味着这一混合状态是极易引起争论的。

我们必须从另一个角度来理解并解释我们这个时代的专制和极权现象。雷奇断定："法西斯主义将被视为群体心理学问题，而不是希特勒个人或纳粹党的政治问题。"[注16]这一断言为好几代人所铭记，我们这代人也不例外。我们还可以看到从中反射出死刑宣告的火焰，以及他目睹过的许多庄严的仪式。事实上，大多数弗洛伊德的得意门徒把性压抑视为政治统治的主要机制之一，把家庭视为产生极权观念和保守人格结构的场所。[注17]

他们的思想使我们关注起马尔库塞来，他从事这些主题的研究，并用现代化的方法进行分析。他与雷奇背道而驰，从马克思主义到精神分析主要依据著名的法兰克福学派。该学派把阶级社会学说与群体社会学说相结合看作其任务，它试图从无个性特征而孤立的群众这一现实问题来批判阶级社会学说，通过指出其剥削的事实和马克思主义中所表明的那种阶级内容来批判群体社会学说。这说明其涉及的种类繁多，范围极广。不管怎样，弗洛伊德的《群体心理学与自我分析》一书是法兰克福学派引用最多的一部作品[注18]，该书为其成员的写作提供了框架。他们所有的作品都表达了同样的观点，即群体心理学是我们这个世界的主要论题之一。

那种关键的革命的一面强调了群众解放和抵抗当局的可能性。他们应该能够克服性压抑和经济制裁，这是一种他们一直未曾得到的力量，应该能够砸开阻挡他们反抗社会秩序之门，这是一种似乎一直难以预料的能力。一些领袖人物，特别是其名字，并不能解决大众的心理不幸问题，因为他们本身也不幸。

这一观点的采用意味着群体心理学正在改变方向，宣布自己是左翼的。它使群体社会合法化，然后成为其评论者和指导者。但并非仅此而已。由于弗洛伊德有创见的门徒（其中雷奇最突出）以及那些受他启迪的睿智者（主要是阿多尔诺和马尔库塞）的共同影响，由于他们最近对欧洲和美国社会运动的影响，群体心理学再次对历史产生了冲击力，表明了它不仅为领袖人物服务，还为群众服务。弗洛伊德的作品是这些变革的基础。正如一位带来变革的人所写的那样："最后是具有现代化深度的心理学给勒庞的群体心理学的发现洗去了不白之冤。"[注19]当然，发生这一切并不是弗洛伊德的本意，甚至与他的愿望相悖。

在最后的分析中，大多数人类科学——人们只消看一看经济学、历史学、社会学或人类学——都经历过类似的变化。它们是以研究有关社会秩序的分科而开始的，后来成为研究革命的学科。然而，方向的改变在任何情况下都不会歪曲积累的传统思想①。如果我们想全面地在群体心理学领域寻找这些思想的踪迹，那就必须回到弗洛伊德的作品中。那将是我们这个旅途中最后也是最长的一个阶段。

第三节　群体心理学的三个问题

勒庞的名字和弗洛伊德的名字常常会恰到好处地连在一起。当然，这两个人是分开的星体，但仍同属于一个太阳系，正如弗洛伊德从一开始就认识到的那样。他在描述群体时，用了"勒庞非常著名的作品《群体心理学》"所提供的调色板和颜料。其主要特点大家已熟悉：在一个群体中，个体没有了他们自己的观点和智能，不再能控制自己的情感和本能，而是开始以一种令自己和那些了解他们的人惊奇的方式行事。概括地说，他们转变成群体的主要特点是有意识人格的丧失，思想和情感在暗示和影响下被引向某一个方向和趋向，从而实现被暗示的思想。

所有观察者对这些现象的看法是一致的，但他们仍提出了三个问题。群众是什么？它对个体怎么会有如此大的影响？个体转化的实质是什么？回答这三个问题是理论群体心理学的任务。弗洛伊德一开始就回答了最后一个问题：一个个体如何在其他个体面前改变他的思维方式、情感和行为

① 这在经济学中也是正确的。李嘉图关于劳动价值的经典理论成了马克思理论的基础，尽管在马克思手里它具有了革命意义。

方式呢？其步骤首先是自我强迫，因为第一步必须是确定症状，描述效果。只有做到了这一点才有可能开始寻找原因。但是我却抢先了。简言之，可以说这样的症状反映了代表群体中各个个体的精神退化状态。这以许多方式体现出来。在群体中，对无意识趋向的抑制越来越少，道德抑制消失了。本能和情感更强烈地表现了出来，同时，相当陈旧的价值观和风俗习惯代替理智来确定每个人如何表现。然而，由于这些是共有的，因此行为变得整齐划一。各个个体行为一致，没有各行其是，就像由同一位钟表匠调好的钟表都同时报时一样。群体就像一只自动装置，受着无意识力量的控制，没有自由意志，这表明了文明的退化。群体是冲动和易怒的，也是轻信的、没有鉴别力的人。它既不知道怀疑，也不知道否定，它是教条的，因此，无条件地、盲目地相信了权能。

一个群体必然是守旧的，对新奇和进步深恶痛绝，而对传统无比尊重。弗洛伊德这样评价他们：

从没有如饥似渴地追求真理。他们需要幻想，没有幻想是万万不行的。他们经常认为不真实的东西优于真实的东西；他们受到不真实的东西的影响几乎与受到真实东西的影响一样强烈。他们显然倾向于对这两者不加区分。[注20]

如果我们想描绘社会生活全貌，就应该对弗洛伊德观察到的一切进行思考和评论。若孤立地随意翻看他其中任何一篇作品，等于从一整束线中理出一根线来。把它们分开意味着将真理的范围缩小。但是我们不应对弗洛伊德的类比太不重视。从某种意义来看，他显然是说（我们不妨用传统的词汇来表示），群体是原始的、幼稚的、疯狂的。但我们宁愿这样理解，他所说的原始是离我们1000英里以外的某个地方。他们不是印第安人，也不是非洲人，他们就在我们中间，嘲笑文明的作品和理性的法律。我们自己也是他研究和了解的原始人。

显然，所有这些类比的目的就是向我们表明，群体现象说明了人类在情感、知识，有时甚至是道德上的退化。在意识之外，当屏障消去，出现了一个黑暗而古老的世界，它已在我们的身体和记忆中留下了痕迹。只消一个小小的闪失便足以使其报仇雪恨，扰乱正常的心理和社会秩序。

这种剧变通常发生于民族节日、暴动、宗教仪式、战争、爱国庆典的高潮时分。在所有这样的场合，人们会感到无意识自由自在地在大街上行走，群众则是它的躯壳。它利用他们来高喊，疯狂地挥舞着臂膀，利用他们推翻戒律，侮辱上司，散布谣言，提出抗议，并且使他们失去理智而采用极端的暴力行为。现实被推翻，群众生活在天真的梦想之中。

诚然，对一个群体进行精神控制的过程，就像在梦中和催眠状态下，检验事物真相的机能与随着他们情感精神专注而充满渴望的冲动力量相比，处于不令人注目的地位。[注21]

很难想象，当弗洛伊德解释勒庞思想时不知其所为；也很难相信，他不知道自己的理论和理论所需要的群众观点之间有何关系。比较两者意义并不大，但它确实暗示了两门毫不相关的学科之间仍有着神秘的关系。那种关系在于：两者都发现了无意识。勒庞曾写道，“知识生活可以比作小岛，那是暗藏在海底的大山之山巅。大山本身是无意识的。”[注22]弗洛伊德本人认为这种无意识是把两人真正吸引到一起之物。

我们通过介绍的方法，利用了勒庞的描述，因为他强调了无意识精神生活，这非常符合我们的心理。[注23]

然而，从不同时期的角度来看，他本可以说自己倾向于勒庞的观点。但是那并不重要。在这个阶段，我们应该关注某种至关重要的东西。勒庞被他的社会仇恨迷住心窍，不知不觉中，他相当随便地利用这些仇恨和直觉，却对主要的和次要的东西不加以区分。因此，在他谈论无意识时，清楚而明确地假设这一观点从未从陈词滥调的浮渣中浮现出来。我们已经在无意中发现了其中的一个方面。一旦个人成为群体的一部分，那他有意识的头脑便失去了对不断加强的印象、思想和行为的控制。简言之，勒庞事实上已清楚地意识到了无意识的威力。那么这种无意识是如何展现自身的呢？显然，它不再作为一种隐藏的、无形的力量或作为一种由冠以个人理智的强制性的原始模型和象征符号构成的集体无意识形式出现。在任何稳定的群体中存在着很大的差异，以致不允许这种原型继续保持下去。所以，唯一的办法便是符合事物真相，这可用一种程式来归纳，即“群众是无意识的”。群体心理学是无意识心理学，但两者在方式上又是不同的。群体表面上一目了然的东西被压入个体的心灵深处，便存在于此了。如果那一切有几分真实的话，那么无意识便是解释个体精神生活的一种思想，但只是对群体的精神生活进行描述而已。可以看到，在理论概念中，甚至在弗洛伊德的学说中，或多或少地避免了这一观点，因为理论倾向于用内在的原因来解释明确的结果。

事实上，弗洛伊德与勒庞有分歧之处也是他与荣格的分歧之处，正如你想象的那样，麻烦就在于集体无意识问题上。这是一个难点，因为正如我提出的那样，勒庞不太注意逻辑性和严谨性，他使得这其中的每一个角度都令人迷惑且没有重点。因此，弗洛伊德认为，对于勒庞来说，无意识是民族或种族的残余，它从世世代代的人那里获得力量。每一代人都为之作出了贡献。然而，用精神分析的术语来说，无意识主要包括每一个体自我强行推入无意识的被压入的内容。这解释了用同一字眼表示的两种现实之间存在着很大差异。

另一个分歧是围绕以下一点展开的。在勒庞看来，我们已经观察过的群体特点的范围并不为个体所拥有，而只有当他们与一个群体中的其他个体紧密相连时才能获得。然而，正如我们刚刚看到的那样，弗洛伊德认为事实并非如此。每个人都有这些特点，但都是以一种受到压抑的形式出现的。一旦我们成为群体中的一部分，就会变弱，个体便归向群体。

他表明的这些显而易见的新特点，事实上是无意识的体现，人的头脑中一切邪恶的东西都是作为一种天性而包含在无意识中的。我们不难理解，在这些情况下良知和责任感会消失。[注24]

当个体互相联系时，结果并不是勒庞声称的个人意识丧失，而是他们回归到了精神生活更原始的阶段，通过每一次联系，“人脑中一切邪恶的东西”都暗暗地但不可避免地占据其中。这解释了在群体中观察到的知识退化和情感夸大的现象。

最后的分歧与个人的理解更有关系。在许多方面，勒庞被视为群体心理学家，他强调领导者的角色作用，并十分详细地对此加以论述，他的许多书都有许多章节论述这个主题。在他看来，如果没有领导，群体就不可能行动起来，他把现代社会最为不幸的错误看作因为缺少领导者，群体失去了幸福生活的一个基本要素而造成的。在这点上，弗洛伊德也步了勒庞的后尘，但他比较含蓄地认为勒庞的分析并不十分完整。在他看来，勒庞有关群体领导者的解释并不十分明了，也几乎不能帮助理解控制这一现象的规则。原因是：

勒庞没有留给人们这样的印象，即成功地使领袖作用和威信的重要性完全符合他对群体心理生动的描绘。[注25]

有人说，弗洛伊德对群体的描述比他对领导者的描述更生动，其实不然。弗洛伊德对勒庞的评论相对于通常给予他的无力的赞美和羞辱称得上是效忠了。但那样并没有使他的描述看起来更恰当些。显然，弗洛伊德宣告了这一新理论真正的依据，在这一意义上他的评论言之有理。在弗洛伊德所研究的群体心理学中，群体很快就要从研究的领域消失，取而代之的是该领域占据主导地位、中心地位，最终占绝对地位的领导者。有一点是清楚的，在研究了家庭、把父亲定为家庭的轴心后，用精神分析法分析得最多的主题是权力和领导者。

如果说弗洛伊德批判了勒庞的思想观念，那么最终的目的便是给他自己的研究范围下个明确的定义。因此，对他的反对意见作翔实的观察则是迂腐的做法。他和前人一样，决心弄清楚在智力上群体是否低下，是否像勒庞声称的那样没有思想。也许就知识的伟大创造、艺术和科学的发明而言，确实如此。弗洛伊德认为，在这样的情况下只有孤立的个体才能取得巨大的进步，但那并不是说群体没有任何创造作用，我们的语言、艺术、民间创作等都说明了群体具有创造作用。同样十分清楚的是，在过去，集体的创作先于个体的创作。为人们广为传诵的口头诗是高雅诗歌的先驱和雏形。民间宗教也先于耶稣、穆罕默德、摩西及释迦牟尼这样的圣人传播。在勒庞的断言和现实中所见之物之间，存在着鲜明的矛盾。这一矛盾如何得以解决？群体究竟是迂腐的还是有创见的？

为解决这个问题，我们只消弄明白勒庞的断言是否只适用于某些群体。还有一些群体显然具有创造力和不同的心理。这就是说，弗洛伊德可以沿用自然群体和人为群体之间的区别（我们已经知道这一区别）来说明。以下便是他的观点：

> 许多很不相同的机构可能都被称作“群体”，因而需要加以区分。歇格勒、勒庞和其他人的断言都涉及了具有短时特点的群体，这是一种凭一时兴趣由各种类型的个体匆匆凝聚而成的群体。革命集团的特点，特别是伟大的法国大革命中革命集团的特点准确无误地影响了他们的描述。之所以产生相反的观点是由于考虑了那些稳定的集团或团体。在这些团体中，人类度过他们的一生，这一点在社会机构中得以体现。第一种集团和第二种集团的关系就像波浪滔滔的大海和海潮的关系一样。[注26]

弗洛伊德借鉴了勒庞对群众的描述和塔尔德对他们的分类。他得出的结论和塔尔德一样：一方面有必要区分有组织的群众；另一方面有必要区分无组织的群众。对前者的研究极为有趣，他通过分析一系列独立的理智作用，得出了有关等级、传统和学科方面的观点，这些观点塔尔德曾采用过。简言之，是有关组织作用方面的观点。

问题在于如何准确地为该群体获得个体特有的，并且因为群体的建立而在个体身上消失的那些特征。[注27]

当然，他谈论的是智力问题。

因此，问题解决了。人们也许会说自发性的自然群体一定总是没有思想的，而人为的、受纪律约束的群体，如村庄或政治派别则是思想丰富的，且在文化方面卓有成效的。前者退步的地方便是后者进步的地方。弗洛伊德优先给自己安排了研究人为群体的任务。这些群体有稳定而持久的特点，通常由一位领袖带领。它们与家庭有相同的特征，因此可以建立精神分析和群体心理学之间的类比，一方可以转变为另一方。那是弗洛伊德选择的真正原因，这与勒庞作品中所谓的缺失毫无关系。

在人为群体中，那些最类似家庭的机构是教会和军队，两者都仿照家庭而建立。它们甚至在最细微的心理学细节上也与它相像，即大规模地做家庭在小范围内做的事，也就是说，成为一个受到保护的父子世界。教会和军队与家庭一样，其成员必须受到外界的限制。不管是否愿意，成员身份是强制的。

通常，对于他是否想参加这样的群体并不征求意见，也不给予任何选择；凡是想逃离它的人通常会遭到迫害或重罚，或用相当明确的附加条件加以限制，弄清这些群体为何需要这种特殊的保护则不在我们现在关注的问题之内。我们只为一种情况所吸引，这种情况就是，在其他情况下要隐蔽得多的一些事实在那些高度组织起来的群体中可以十分清楚地观察到，这些群体以刚刚提到的方式受到保护，不受困扰。[注28]

通过选择，弗洛伊德使得群体心理学领域与社会和文化领域得以共同推广。但对此我们并不过于惊奇。相反的情况要令人惊奇得多。在谈到弗洛伊德所知的那个现实世界时，人们可能会提到博尔赫斯（J.L. Borges）①说过的 Tlön 的虚幻世界。

毫不夸张地说，在 Tlön 这个传统文化中，只有一门学科，即心理学。所有其他学科都附属于它。我曾说过，那颗行星的人把宇宙看作是一系列心理过程，其发展只能被理解为时间序列。[注29]

提及弗洛伊德是不言而喻的。即使不提及，这样的描写也恰到好处和准确无误。我们很快就将看到他大胆的想法。

第四节　群体和力比多

上一章提出的观点只是前奏。它们的含义在于，许多观察者生动描述的大多数变化，实际上只能归为一种，即群体精神生活的退化。我们已看到这种现象的体现方式：有意识个性退去，情感占据上风。群体倾向于通过不停地采取行动来表达一直萦绕在心头的一个观点。每一成员的思想和情感被引向同一个方向，群体在心理上达到了统一。

我们可以接受这一点。但下一步便是寻找对此的解释。为什么一些人被另外一些人包围或成为一个群体的成员时会发生深刻的变化呢？我们又为何在不知不觉中在非自愿的情况下接受我们的朋友、邻居、领导或同胞的意见或情感呢？我们这些形形色色各不相同的人在成为一个群体的一员时，又为何会变成同样的或大同小异的群体人呢？

① 豪尔赫·路易斯·博尔赫斯：阿根廷诗人和小说家，曾参加西班牙极端主义运动，作品基调孤独、迷惘、彷徨、失望，带有神秘色彩，代表作有诗集《面前的月亮》、短篇小说《交叉小径的花园》等。——译注

迄今为止，群体心理学通过暗示的方法解释了各种不同的退化现象。俄国心理学家别赫捷列夫（Bechterev）写道：

一旦一个群体聚集起来，便有一种共同的心理冲动使得所有构成这个群体的人联合了起来，暗示和相互暗示便成为后来发生的事件的决定因素。[注30]

但是，是否可以认为暗示法是一种解释性的观念，是在所有人身上产生心理反应的一个基本的、不可低估的现象吗？当然，我们知道这是催眠术中的一个决定因素。但为什么会这样？只是因为大多数个体或多或少具有易受暗示性。显然，这是使他们让自己受到影响，执行下达的命令，从清醒的状态进入睡眠状态的东西。事实就是事实，无论它是临床观察到的问题、实验室的实验，还是统计数字都不例外。事实只允许我们说一句话，即易受暗示性是所有社会人的特点，就像下落运动是所有重物的特点，繁殖能力是所有生物的特性一样。

发现一种特点具有普遍性至关重要。然而，暗示法并没有对此作出解释，而只是做了描述。发现所有物体都有下落的趋势，而没有上升或向左右移动的趋势只说明物体具有重力，而没有解释为什么或它们是根据什么定律运行的。为达到那个阶段，我们必须懂得重力作用，能够用公式表示牛顿定律。弗洛伊德探讨了暗示之谜，并特别提到，大家所做的只是对此作了描述，表明它的普遍性而已。

但对暗示法的本质还没有作出解释，也就是说，在没有恰当的逻辑根据的情况下，产生影响的条件还没有得到解释。[注31]

我引用这一段的目的是要提醒大家，在确定暗示的定义、已证明的功效，以及弗洛伊德对群体心理学感兴趣的这段时间里，暗示法为人们普遍使用，而它以何种方式运行却不为人们所知。换句话说，它根本没有取得任何进展，在科学的问题上，重复意味着退步。在那种情况下，暗示犹如具有诱眠特点的鸦片一样，是激发一种神奇力量的字眼。但是弗洛伊德没有再用暗示两字，而是很快提出了力比多以解释群体中的个体和他们的心理变化之间的联系。

它之所以更为人们所熟知，是因为更为具体地论述了性爱，包括各种爱的形式，如自恋、对后代的爱、对亲朋好友的爱、对一个人思想的爱，等等。但这一字眼以及所表达的概念令人生畏，尤其是当用来表达把个体联合成群体的关系实质以及社会关系的黏合特性时。正如大家所知，塔尔德有着同样的看法，认为爱、性欲、一个人喜欢另一个人等，是一切社会的基础。然而，弗洛伊德系统地将之推进了一步，他使力比多成为群体心理学的一个原理。

对此的反对意见是意料之中的，但他并不打算屈服，也不求助于不十分可靠的妥协方法，不用颓废的或高雅的词汇代替日常用语，就像一两个其他研究人员一样，他们不用恰当的术语，还劝他不要用。他评论说：

我本可从一开始就这样做，这样就可以免遭许多反对意见。但我不想这样，因为我不想屈服于怯懦心理。谁都说不清结果如何；倘若首先在言语上让步，那么便一点一点地在实质上也屈服了。[注32]

也许，几乎没有人希望看到力比多这一术语如此快地从当代精神分析语言中逃离，消失在低级的拉丁语或较高级的严格释义中。

再以弗洛伊德的观点为例，正是爱激发了个体联合的冲动。每一种关系，如战士和军官、信仰者和牧师、学生和教授或工人和工人之间的关系表面上都是不明确的、抽象的和一般的，但实际上隐藏着强烈的情感——可恰当地称之为错乱——它在我们不知不觉中起作用，在我们最无意识的方面最为强烈。力比多正是群体的灵魂，是将群体团结起来并赋予内聚力的那种力量，因为这是一种必须存在的力量。

在催眠大师和被催眠者的关系中，在暗示法的本源中力比多也起作用。医生和心理学家宁可忽视这一点，而给它蒙上科学的面纱。“与它们（情爱关系）相应的东西显然掩藏在暗示这一屏幕后。”[注33]

事实上这是很奇怪的逆转现象。一个多世纪以来，从梅斯梅尔时代开始，那些首先反对动物磁性说，继而又反对催眠术的人声称，这些方法实际上只不过是骗子的计谋和迷信的做法。他们也指责催眠师用治疗的方法来掩盖医生与他（她）们的男（女）病人之间的性关系，指责他们滥用了女性情感轻信的特点，并一直声称这种方法实际上并无用处。采用这些方法的人拼命为自己辩护，反对这样的指责，强调他们所用的方法具有非个人因素的、客观的、与性无关的特点。

一方面，弗洛伊德说催眠术的反对者言之有理，暗示并不重要，一切都是为了情欲。他还一再坚持没有必要为此辩护或掩饰。然而另一方面，还是那个弗洛伊德却对这些评论家不屑一顾。他的一席话实际上要表明，应该承认力比多是必须的、基本的需求，并且具有科学价值，不应该指责力比多或要求他来指责。因此，他从一名医生和心理学家的角度从事研究。在那种研究的关系中，和其他所有关系一样，力比多使得建立一种社会关系成为可能。

为了弄明白力比多如何运作，我们有必要回到一个具体的科学环境中。人们普遍认为，人首先是社会人，为满足其需求，具有与他的同事来往，具有工作和创造的自然倾向。然而，群体心理学并不这样看，它把人想象成反对这种联合的、受反社会趋势支配的个体。每一个集团和群体如果要建立持久永恒的社会关系，就得攻克这一切反社会趋势。

社会上存在着两种反社会趋势。第一种是自我陶醉，即自恋，也即对自我或自身的绝对的爱。这使得个体竭力抵御其他欲望，对自身以外的一切都不能容忍。如何来理解这一点呢？个体为自己保持着力比多，不愿与别人分享或转让给他人，自我尊敬和自我赞赏欲膨胀而变得虚荣。从广义上说，这种从自我和自己身体的主体所得到的满足感发展成为对更广泛范围的绝对的爱，如一个城市的居民对他居住的地方的爱、一个足球队员对他俱乐部的爱、公民对他的国家的爱、法国人对法国的爱及斗士们对他们那个派别或他们的领袖的爱，等等。一方面，对其同胞兄弟或同氏族人或对持相同观点的人具有积极而强烈的同胞之情；另一方面，对其他国家的民族、邻近城市的居民，对那些信仰不同宗教的人或对外国人具有同样积极而强烈的憎恶情绪。

对“我们”的友情和对“他们”的憎恶感相结合必然产生一种感觉，即“我们”是高人一等的。人们经常只承认那些属于他们自己种族、语言或民族集团的人为好人，而把其他人视为不合人道的人。许多美洲印第安部落的名字只有“人”“肉”或“人民”的含义，希腊人称所有外国人为野蛮人已经够友善的了。

这既是无礼的傲慢，又是狭隘的地方观念、种族主义、仇外和阶级偏见在作祟，这些都因自我陶醉而起。它们助长了反感情绪和轻视倾向，阻止了社会关系的形成。绝对的爱必然要求摒弃一切异己的东西。

我们不再感到惊奇的是，更大的差异会导致一种几乎不可克服的偏见，诸如高卢人对德国人，雅利安人对闪族人，白种人对有色人种的偏见。[注34]

有自恋的地方便有对别人的憎恶。

对愿望和本能，尤其是性欲和性本能的直接满足，是建立社会关系的第二个障碍。诚然，性冲动使个体相互吸引，并结合在一起。然而，一旦欲望得到满足，他们便再次分离，随后更换伙伴。问题很清楚，如果每当欲望得到满足后便更换性伴侣，那就不可能有稳定的关系，那么群体只能暂时存在。弗洛伊德认为：

那些直接体现为性欲的本能每当得到满足后便筋疲力尽，必须等到重新激起性欲才能得以恢复，与此同时，性对象也许已经改变了。[注35]

欲望的动摇不定，与机构和群体生活所要求的稳定性正好相反。缩小这种不定范围唯一的方法便是转移欲望，不去满足它，从而使个体建立一个持久的群体，这个群体是有组织的、有较高理想的。这是从观察中得到的合乎逻辑的结论。

由此可见，自我陶醉和冲动的直接满足是形成任何集体的主要障碍。让我们尽力弄清楚这些障碍是如何被克服的，首先来看一看欲望的直接满足问题。为此，我们必须简单地回顾一下力比多的性质。它起了主要作用的这一假说表明了一种广泛的二重性。一方面，显而易见的是，一种内向性的自我陶醉力比多就像一个不可分离的影子一样附在我们的自我和躯体上。它从性爱力比多中产生，不断寻找其他人，不断更换对象，进而成为伴侣，以获得满足感。正如西班牙一条谚语所说，爱欲无限。这其实是情欲的规律，它只能通过一个个不同对象，一个个不同伴侣来产生。它可以越过具体的界限，扩展到所有女人或男人，到其崇拜之明星或追随的某位领导。宣布自己愿为其领导牺牲生命的人是在表白爱，是在实施爱的行为。有许多东西可以表明这是一种获得替代对象的能力，这些是爱情过程的一部分，其中性欲核心问题是第一方面。

被唤起的性欲、结合的愿望克服了自我陶醉欲望。和许多其他情况一样，这里说的爱使我们能够越过由自我陶醉产生的障碍，阻止我们作为个体所经历的反社会的，而后成为利己主义的倾向。用弗洛伊德的话说：

利己主义的本能通过性欲各个组成部分的掺和，被转变成了社会本能。我们学会把被人爱视为一个优势，为此我们愿牺牲其他优势。[注36]

当然，对于弗洛伊德来说，爱不是一种自发的感情，也不像切合实际的想法那样，是世界上最广为传播的东西。我们每个人都发现爱别人不容易，被人爱同样不容易。我们坚决拒绝接受别人的感情，不是蔑视那些对我们情意绵绵的人，就是藐视我们自己，认为自己不配得到这份感情。因此，大多数人期待同事那里会有某种他们知道自己不可能接受的东西，这种“不可能”令他们之间的关系十分脆弱，但却别无选择。只有产生了爱的愿望，才能迫使自己走出自我，产生社会心理的第一个原子。

整个人类的发展过程与个体发展过程一样，爱作为文明化的因素，是从它使利己主义变为利他主义的意义上而言的。这既适合于对妇女的性爱，具有包括不伤害对妇女来说宝贵的东西在内的种种责任，也适合于在共同的工作过程中对其他男人产生的非性欲的、升华了的同性恋关系。

因此，如果说群体中自我陶醉的自恋倾向受到了一些限制，而这些限制只有在这个群体中才会起作用，那么这有力地证明了组成一个群体的实质在于该群体成员之间的各种新的性欲关系。[注37]

当我们想起弗洛伊德对自发的慷慨行为和同情心是多么不相信时，就会觉得他的断言十分奇怪。但是我们必须弄清他所用词汇的意思。在上一次的分析中我们得知，爱等于性欲，个体内部的一切变化和个体间的一切关系都以此为标志。就像大家认为的那样，它们不是某种神秘而必然发生的暗示的产物，而是由一种情爱状态所带来的，这种状态把我们从自我陶醉或独立沉思中吸引了过来。这正是确定群体概念的状态。

如果一个个体在一个群体中放弃他的独特性，而受到其他成员暗示的影响，便会使人产生这样的印象，即他之所以这样，是因为他觉得有必要与他们和睦相处，而没有必要与他们反目成仇，也许毕竟他这样做是“出于对他们的爱”。[注38]

历史的寓意是简单的。人类生活在社会上，不是来梦游，而是来感受爱的。然而，在两种情况下，他们都会不知所措。我们当然看到了结果，但迄今为止，一直误解了其中的原因。

我们经过随意的观察发现，与自然群体相比，在诸如教会或军队这样的人为群体中更能了解力比多所起的作用。然而，要对其重要性作一明确的评价却有困难。其他如力量和兴趣等重要因素起了一定的作用也不能忽略，但是人们之所以对研究工作，特别是对心理学的研究感兴趣，是因为它具有永无止境的特点。其实，我们是凭着想象，根据相对来说少量的事实来设想某样东西的，这很像古生物学家从几根骸骨、几把工具以及对某一勘查现场进行地层学方面的分析，使史前文明复活一样。

人为群体对于我们来说似乎是受纪律约束的人类群体。一端是领导者，另一端是群众。有趣的是，它们向我们展示了一个戏剧性的人格面貌，这一人格面貌是在两种爱情基础上形成的，这两种爱情为：自恋和他恋。根据以上所述，领导者是爱自己，而且是绝对只会爱自己的人，这也许可以解释为绝对相信自己的能力和思想，相信自己高人一等的人。在大多数困难的情况下，他都坚定地保持着自我陶醉状态。强烈的自恋情结意味着他无所谓有无别人的爱。弗洛伊德对有关古代群体首领的描写也适用于一般的领导人物。

即使孤身独处时，他的行为也极富理性和自主性，他不需要受到别人的鼓励就能意志坚定。他的坚定使我们认为他的自我几乎没有什么力比多；他只爱自己或其他尽量满足他需求的人。[注39]

作为一个独立的个体、一个离群索居的人，一个领导的一举一动不需要得到别人的许可，他孤芳自赏，也不需要征求他人的意见。他不关心我们这些凡夫俗子经常要从同事那里寻求的那种自信。我们是否要作出重要的决定或只是不知道晚上看什么电影，都要征求别人的意见。领导并不担心失去他人的爱，即使他人是朋友、同事或同胞也是如此，因此，用作家拉迪盖（R. Radiguet）的话说，他们“对自己形象的憎和爱都是那啬索斯[1]式的，但对别人则漠不关心”。

另一方面，一个群体是在个体理论上形成的，他们需要同事的亲近，也非常需要被人爱和爱他人。事实上，这样的人对自己的赞赏和认可与别人对他们的赞赏和认可的程度相当，而且常常取决于共同的情欲。这一对比以极端的形式表明，领导爱自己，而不爱别人；而群体中的个体则爱别人，不爱自己。

就拿政客为例，当他们谈到权力给他们带来可悲的孤独感，他们自己和他人需要保持一定距离时，是通过把掌权视为为大伙的利益而作出的牺牲来证明其合理性的，但却错误地看待了问题。正是因为他们有自我满足感，不依靠他人，甚至蔑视他人的能力才能够到达权力的顶峰。一旦到达那里，他们便孤芳自赏，不管什么情况都与别人保持距离，为的是能够在他们的特权位置上，更充分地利用这种情感过剩。

我们不妨回到一种当代的观点，也许结果是鲜为人知的，因为如果这种观点是站得住脚的，我们便遇到了矛盾的东西。原则上，群体是由已克服反社会心理、牺牲自恋情结以参与这一组织的个体组成的。然而，他们中间有一个唯一保留，甚至夸大这些倾向的人。群众看到了把他们捆绑在一起的纽带有一种奇特而可以解释的作用，他们不倾向于承认自己已放弃了领导者保存完好的东西，即那种成为他们关注的东西，也就是自恋情结。

总之，他们不愿承认那就是一种依赖状态的根源，一旦他们能够保留已习惯于没有也行的东西，这种状态便会终结。那也许是罗伯斯庇尔所说的，为了对正义和平等的爱，一个民族不需要什么高尚的美德，只要爱这个民族就行了。所有领导者都象征着一种处于社会小尖塔顶端的一个反社会个体的矛盾体，因为没有自恋情结的人也没有权力。

---

① 那喀索斯：希腊神话中的美少年，因拒绝回声女神的求爱而受到惩罚，死后化为水仙花。——译注

所有这些观察结果使我们更加了解群体心理学，即领袖是人为群体的基础，这些群体的成员对他都持一种爱恋的态度。弗洛伊德认为，军队和教会的每一个成员一方面对其至高无上的首领，例如耶稣，有一种性欲的依恋；另一方面对该群体的每一个成员也有着同样的依恋。但这些关系经常受到威胁，我们知道那种威胁来自何方。首先，正是冒了风险，才有可能感知我们刚刚描述的那种矛盾体，才有可能发现各种关系并非相互作用的事实。其次，有这么个事实，即群体中的人开始怀疑他们的领导会厚此薄彼，爱一些人胜过其他人。于是，使现实世界变得温暖和快乐的道德准则不足以平息其恐惧心理。人人都把自己看作平等的，要受到公平的对待。那种共同的愿望又反过来使他们幻想一种没有偏心的爱。人人爱领导，领导爱人人，绝不偏爱任何人。

不仅在军队，而且在教会（我们首先以天主教会为例），无论两者在其他方面有何不同，对于有一个领导的幻想是相同的——在天主教会是耶稣，在军队是总司令——他们对本组织中的每一个人都赋予同样的爱。一切都取决于这一幻想，一旦放弃这一幻想，那么，在外因允许的情况下，教会和军队都会土崩瓦解。[注40]

因此，作为性欲关系的爱便成了凝聚群体，使之具有活力的力量。教会知晓这一点，把基督教会说成是一个大家庭，在这个大家庭中，忠实者情同手足，共同沐浴着基督的爱，基督或他的代表也是那种爱的见证人。他和组成教会的每一个基督徒的关系属于那种兄长取代父亲的关系，这是团结信徒们的关键。同样，在军队，领导应该像一个父亲一样，对所有战士都给予同样的爱。这说明了那种战友关系。显然，一个派别也一样，在那里，每一个成员和其领导的关系也可以看作是成员之间的关系。

因此，力比多提供了解释群体心理学这一主要现象的方法，并且，我们也已经知道那是何种方法。首先，留住所有个体，把他们凝聚到一起的正是团结的力量，实质上是不同程度上的情欲作用。第二，群体对领导有一种顺从性，它的产生是由于它抛弃了自恋，转而成为他恋。然而，那种顺从一直是脆弱的，而且受到威胁，因为领导从群体中得到了一种随意的情感，这是他不愿回报或不能回报的。为减少那种不利因素，社会等级的两端之间一种真正的非相互关系被转变成了一种虚幻的东西。与之有关的人便想象，他们的付出正得到回报，就像一位工匠或劳动者想象他拿到回报他工作的工资一样。在社会情感经济学中，就像普通经济学一样，非平等的交换表面上是平等交换。每个人都认为他得到的与付出的相当，提取了一份公平的情感工资，而事实上绝非如此。领导的统治需要价值的提高，需要额外的、绝对的爱。但是这种对公平的情感交流所抱的幻想是以什么来维持的呢？是情欲本身的性质，因为它具有相互的特点，这与以自我陶醉性欲为典型的利己主义形成鲜明的对照。

甚至在今天，一个群体的成员还需要这样的幻想，即他们能受到领导平等而公正的爱；而领导本人则不需要爱他人，他也许品性蛮横、充满自信、独断专横，绝对是自我陶醉的。我们知道爱给自我陶醉树碑立传，要表明它是如何通过这样的方式成为一个文明因素，并非不可能。[注41]

力比多，即爱欲，具有双重而又独特的性质，这大大地增加了它的力量。比如说，在一个群体中，个体沉浸在他们彼此之间以及与领导之间的过分亲密的情感关系中。但每当他们独处一身，感到平静和安全时，便能够推理，能够作出独立的判断。一旦他们被这些情感所征服，其智力活动便迅即减少。这时，过度的轻信和极端的行动便开始起作用，他们的流动性大大地表明了情感冲动之强烈和富有感染力的性质。情感冲动任何不合时宜的发泄都具有极端的一面，都会引起恐惧心理。因此，群体令我们害怕是不足为奇的，因为他们带来了一个陈旧的过去。正如弗洛伊德所说：

勒庞的作品中生动描写过的群体的一些特点，准确无误地表明了精神活动退化到一个更早的时期，我们在原始人和孩子身上发现这一点是不足

为奇的。[注42]

但显然这也是向前迈进的一步，因为有一种解释可以帮助我们理解他所描写的内容。我们曾看到其过程，现在知道了原因，哪怕这是采用了管快不管好的方法。一种差不多直接的性欲似乎容易产生使意识模糊的力量，它指向并砸开最原始的、反社会冲动之门。但是，在最后的分析中，它被证明是唯一能够克服利己主义、吸引极不相同的人，使他们进入一个群体的力量，在那里就像恋人争吵一样，一切以拥抱而告终。

第五节 社会中情感依恋的根源

在上一章中我们注意到，需求和冲动的即时满足是产生群体中恒久社会关系的第二个障碍。我们也注意到，特别是没有性欲的爱多多少少是一种能够使个体摆脱自我陶醉的利己主义的因素，就像强大的能量能够将原子中的电子拉出它们的轨迹，使之运行起来一样。但那种力量不足以保证社会原子的稳定。阻碍它的东西只是它自己的本质，这种本质有它自己的高峰和波谷，性行为的前奏和后续，有自身感情的充电和放电时期。也有可能在不同的时期有接连不断的不同的性伙伴。经验表明，性爱本能是重复之敌，重复又是性爱本能之敌。从中可得出一个理论上的结论。

但是，任何社会或文化都不会建立在像心血来潮那么虚幻以及其成员变化无常的感情的基础上。然而，社会已经建立，并将一如既往地存在下去，这是因为它们已经找到了使人们摆脱性欲的即时满足，以及把他们安置在稳定的关系中的方法。文化的纪念碑成了许多牺牲爱情的祭坛。我们可以为之辩护说，这并不是想方设法在这方面愚弄百姓。

社会用了什么方法呢？首先是抑制。人们否认了力比多，似乎它不存在一般。这种压抑的首要基础是规定人们如何，以及和谁建立关系的禁令，例如与表妹，而不是女儿；与同信一种宗教或同属一个阶层的人，而不是不同宗教、不同阶层的人，等等。

第二种方法是使之放弃对某一已知的对象，如对父亲或母亲的欲望满足，放弃对更高的理性渴望的满足。这就是说，个体使一种禁止或外部抑制成为个人品性的一部分，从而自愿接受曾经不愿接受的东西。换句话说，社会生活中一种强制的规则现在进入了精神生活。

我们称这种对父亲、朋友或教师的依恋为认同作用，它替代了对那个人的情欲。这种欲望成为个人品性的一部分，情人的性质变得类似亲人的性质。效仿带来了控制作用，心甘情愿的牺牲使我们能够驾驭自己，驾驭我们与别人的关系，用歌德的话说：我们只拥有我们已经放弃的东西。运用这么一条至理名言的结果便是，社会的原子变得稳定。我们必须完全接受这一观点，即力比多限制了自我陶醉的利己主义；模仿则巩固了感情关系，两者对人类群体的产生都是必不可少的。迈蒙尼德（Maimonides）[①] 在他有关《圣经》的一篇评论中声称，两个卫士比一个好。两种力量都以自己的方式执行各自的任务，一方点燃了火焰，另一方阻止它蔓延或阻止它烧毁房屋。

我们现在必须懂得的是如何掌握它们。在此，我也要采用弗洛伊德的观点，但他对这一问题的论述从未得出结论。这就是说，我要对他的话进行推断，对他的作品进行删减，以使之更加精辟。一位瑞士作者通过观察，总结了塔尔德理论和弗洛伊德理论明显相似的认同作用和模仿作用，为此我将对这两个概念之间的相似性进行斟酌。[注 43]

大家都听说过认同作用。我们也许熟悉这一词语，但却不明白其含义。我们面对的是深奥心理学的最神秘的东西。该学科使我们习惯于把我们似

① 摩西·迈蒙尼德：犹太教法学家、哲学家、科学家，出生于西班牙，定居埃及，著有阿拉伯语《密西拿评注》、希伯来语《犹太律法辅导》及融合宗教、哲学和科学的《迷途指津》等。——译注

乎明白的思想弄得难以理解，只是因为我们误解了它们，因为对它们感到好奇或者因为把各种思想联系了起来。从这一点看，认同作用打破了所有的先例。任何详细的临床记录和无数没有涉及其在群体心理学中所起作用的评论都不能消除这团疑云。

然而，我还将尽一切可能把这一概念从其模糊的上下文中清理出来，哪怕这需要费很大的功夫才能使之浅显易懂也在所不辞。最棘手的是要知道入手处。为了使我们的大脑清醒，我提出区分不受力比多和本能冲动约束的普通认同和受这方面牵制的限制性力比多。前者体现在作为整体的大批人群中，后者与家庭相关。从某种程度上说，这种区分可被看作是弗洛伊德式的，因为他在许多“特别常见和重大”的情况下考虑了那种区别，值得注意的是，在这些认同作用中，自我有时模仿不爱的人，有时模仿所爱的人……

> 它可能是在重新感受到与并非性本能对象的其他人共有的特点时产生的。这一共同特点越重要，这种偏爱的认同作用就越成功，也许它表示了一种新的关系的开始。[注44]

如果你接受我有关区别的提法，那么便可触及该问题的中心。我们就从最为显而易见的部分着手，这是理论和事实触及的东西。我们本能地知道普通的认同作用是以模仿行为或重塑典型来表示的。它也包括一种依恋感，一种与被模仿和被重塑的人的交流。这种依恋的基础便是我们所称的认同作用，这是“一个自我成为另一个自我的同化过程，因此，前一个自我在某些方面表现得像第二个自我，模仿它，从某种意义来说，把它融进了自身”。[注45]

与此同时，这一过程使我们的感觉范围从触觉扩大到视觉，因为观察起了至关重要的作用。模仿者仔细观察并查探出他的模仿对象的详细情况，对此加以描摹，并以此充实自身。就像一名演员对着镜子不断练习角色一样，他要确保把已观察到的所有特点模仿下来，确保成功模仿他的扮演角色，成为他的翻版。那种检验甚至可以带来快乐。视觉是认同感觉，是非同一般的社会和艺术感。“看”即“要模仿”，普鲁斯特在论述那种视觉认同作用时就说过类似的话。

让我们来仔细斟酌一下它的不同方面，首先，看一看纯粹只是重复别人的手势、话语和行为的方式。一旦一个人或一群人在我们面前做出一个动作或发出一个声音，我们就会产生无意识模仿这个动作和这种声音的倾向。俄国心理学家别奇捷列夫写道，塔尔德曾十分清楚地阐述过的模仿作用，是复制某人自己或他人的行为，执行一个动作，在神经系统留下痕迹，以使重复变得容易，并促使重复发生的自然结果。[注46]

塔尔德确实写到过犯罪倾向，在想象中重新体验犯罪的感觉或回到那个现场重复这一犯罪行为。他也特别关注更为广泛意义上的重复倾向，即有意无意地重复一些行为和我们历史上的情况。[注47]弗洛伊德在1907年写给荣格的一封信中说到，人类具有不断重新制作心理图像的倾向，这是他理论的要点之一，他常常重申这一点。[注48]

事实上，重复的作用是通过模仿别人的声音、动作，甚至观点以恢复一种破碎的和谐。它努力使重复主体回到以前曾有过的真实或想象的状态。于是，他和别人的差距消除了，拥有了从前完全属于别人的东西，因此便产生了控制他们的想法。当一群孩子玩着模仿一位初来乍到者的奇怪态度和言语的游戏时（就像福楼拜著名的历史小说《萨朗波》的一章中反映的一样），他们是在联想从前经历过的场面和做过的事。

同样，重复总具有证实并改善一种关系的价值。节日、纪念活动和庆祝会便是这样。为加强共和国或一种地方传统的永久性，年复一年地重复着同样的话语、同样的歌曲、同样的手势和同样的游行队伍，等等。那些奉行某一种思想的人重复着同样的观点，群众无数次地高呼着一条口号。这是保持认同连续性和控制群体成员的一种方法，也是使之摆脱一直存在着的分离恐惧心理的方法。在成人身上可以观察到的那种顽固的、不知疲倦的重复行为在儿童身上要突出得多。

孩子们也不厌其烦地使得愉快的经历得以重复，他们坚决认为重复的都是同样的经历。[注49]

这就是说，他们使这些经历永恒，并且多次利用了它们。他们也会感到正在摆脱纷繁复杂的世界为他们设下的圈套，从而在变化不断而混乱的艰难困境中发现一种井然的秩序。世界上留下了他们以往的足迹，具有他们陈规老套的痕迹，因此，他们认为这个世界是属于他们的。当他们长大时，社会的一些礼仪习俗需要由他们来接替，需要他们来加强已有的规章制度。

认同也是一种描摹做法，它旨在驱逐危险或人类的敌人或自然力。你常常会注意到某位本能地走进一个房间或一个会议室的人是如何寻找某个群体的，比如寻找某个与他年龄相仿的人群或那些与他工作相同，观点相同的人群。正如谚语所说以及实验室的实验所证明的那样，物以类聚，人以群分。但是为什么人们会这样做，而不是随意地接近其他人呢？一方面，个体通过寻找熟悉的面孔，做出人们常在与认识的人打招呼时所做的手势，显然是在减少麻烦。另一方面，他在保护自己不遭到别人有可能给予的拒绝，不遭到他不认识的人的白眼。也许还可避免自己对别人怀有敌意。他看似与别人相同以及与一群人有共同点这一事实对他来说其实是一种保护面罩。

伪装是为整个动物王国所采用的一种艺术。某些哺乳动物身上长有斑点，为的是与阳光和阴影融为一体。某些螃蟹如此巧妙地“伪装”或“掩饰”自己，以致直到我们坐在它们身上才注意到它们的存在。人类无论是正确地还是错误地把他人看作一种危险的时候，总会伪装自己。在下属、孩子或外人看来，他们的头上似乎总挂着一把达摩克利斯①之剑。

外国人倾向于认同并夸大他所生活的那个国家的特点、语言习惯和习

① 达摩克利斯为叙拉古暴君迪奥尼修斯的谄臣。达摩克利斯之剑比喻即将临头的危险。——译注

俗，他们常常比法国人还像法国人，比美国人还像美国人，比国王还像国王。这与防御需求是相适应的。它预防了被排斥的危险。我们所戴的社交面具也是如此。个体在与别人打成一片的同时总在寻求一种使他们缴械，把他们推走的方法。他的目的便是转变源于自恋的那种敌对情绪，那是加强自我陶醉感的一种情绪。

对此，我们还可作进一步的论述，一系列模仿诀窍和模仿游戏都有着相同的目的。小丑（我们中有谁从未在生命的某一时刻成为小丑呢）把紧张甚至悲惨的情境变为嬉戏性的情景。爱说笑话的人能将责备化解，搞笑地说出谄媚者甚至不敢低声说出的真相。卡通画家以犀利的笔锋逗趣地重现了不可能以其他方式嘲笑的观点和人物。福楼拜为反对家庭的轻视通过使自己显得比实际上更为古怪而创作了“小男孩”这一角色，萨特在谈论这个小丑时说，敢笑的人是强中之强。[注50]

各种形式的假面戏剧、蹩脚的模仿戏、滑稽模仿和化装舞会以及所有幽默剧都属于这一范畴，它们都是用来反对群体中有权威的个体的。孩子的游戏也是如此。弗洛伊德写道：

模仿是孩子最好的艺术，是他们大多数游戏的驱动力。孩子的雄心远非在其同伴中出类拔萃，而是模仿成人。孩子与成人的关系也是庸俗滑稽剧的基本素材，这与成人在生活中对待孩子所采取的屈尊态度相关。[注51]

这一典型的例子表明，认同可以消除来自我们上级或同事的群体排斥或冒犯态度。与别人同化，无论是隐姓埋名还是与其同名，都常常是一种自我保护形式。有时它帮助我们避免出场的尴尬，有时又帮助我们创造出场的机会，这倒并不十分重要。重要的是出场是必须的这一事实。否则，社交生活便子虚乌有了。

认同还常常具有真正适合于另一个人的形式，以此控制他，控制与他的关系。它最为直截了当的表达方式便是使他成为自己一部分的愿望，实际上是将他吃掉，这样我们就可以说，我们是另一个人了，我们是父亲，我们拥有了他的胸部，他的右臂；正如路易十四所说："国家？朕即国家。"这是完全的认同。爱有时会让人产生认同的幻想，而有时恨也会产生认同的幻想，许多公开和秘密谋杀的动机正是为了实现这种无望的替代①。

说得文明一点、委婉一点便是：他占有了属于他人的东西——妻子、房子、汽车，等等。我们希望完善自身，便占有他人希望得到的东西。通过变得像他，拥有他的东西，真正成为或者把自己想象成为那个人。同样，占有一位富人的房子或赛车的人，如果梦想没有破灭的话，就会认为自己变富了或者像运动员一样了。于是，他企求更豪华的房子，甚至更高级的轿车。

人与人之间的这种关系是一种基本的关系，它确定了我们的选择目标。大多数时间里，我们宁要那些，因为那是我们的朋友已经要的东西或是因为那种目标标志着某种社会意义。成年人感到饥饿时就会像孩子一样找出别人带来的食物。在爱情上，他们寻找别人认为有吸引力的男人或女人，而放弃那些无人追求的人。当我们说某个男人或女人是理想人选时，其实是说别人想得到他们。这不是因为他们具有某种特殊的品质，而是因为他们符合当时的某种流行模式。

所有作者中，只有普鲁斯特对"心跳暂停"现象做了更好的描写，那是激情和冷静的交替，是对一位女人的爱的需要或别人认为那是他对所爱

---

① 重复的强迫性冲动可以更好地解释为模仿和自我认同的强迫性冲动，其目的是维护自身并保持原样。在那种情况下，一个人就是他自己的榜样，自认为比其他任何人都更好，更可取。那也就是为什么人们的生活中包含着被不断重复，没有矫正过的相同特征。一旦我们与某个人认同了，我们就以与我们自身的认同而告终，因为我们不再是简单地像那个人，而是就是那个人，并且到了这样的程度，以致我们甚至都忘记了这一点。这就导致了毁灭性的一面，因为我们可能会想除去那个人，而且还可能是想一劳永逸地除掉他。就上述约翰·列侬的谋杀者来说，人们可能会说谋杀的动机是要除掉原型，代之以复制品。在学术生涯中，剽窃和偷盗思想是常有之事。那里也存在一种类似的机制。无论如何，许多被归结为求死欲望的现象，尤其是那些包含了攻击性行为的现象，都属于这个类型。

的女人的需要；他疑虑重重，受尽煎熬，当得知别人在注视她、抚摸她、爱她时，他妒火中烧，然而，当她真的在身边时，却又感到不知所措。

我们便屈尊求她和我们在一起。有她在场，我们便不再想念她，不再想与她交谈，并且她的陪伴使我们感到单调乏味。但如果离开她，那种煎熬滋味便又重新开始……你一定还记得斯旺（Swann）的表白吧，他曾虚度了几年的时光，想一死了之，因为他最真切的爱给了一位不能令他快乐，也不是他喜欢的那种女人。[注52] 那么我们就该得出结论说，因为我们爱所以我们就妒忌吗？不，事实正好相反。应该说，因为我们妒忌所以我们爱。

另一种观点认为，无意识的模仿是一种从其他素材中重新塑造一位朋友、父母或同学的手势或场景的方法，也是占有和控制我们所忽视的一个人或某样东西的方法。为此，弗洛伊德举了一个例子对此加以说明，即一个孩子先扔一个筒管，然后将它拉回，连续重复多次的游戏。这表明他用自己能拿到的东西——筒管来玩着他母亲出门、回家的游戏。他的行为就像一位魔术师的行为，这位魔术师认为他可以通过唱歌或跳舞呼风唤雨。孩子以这一方式忍受着亲爱的母亲不在身边时的感受。

我们从孩子玩耍的例子中明白了孩子重复着不愉快经历的另一个原因，即他们能够积极主动地去驾驭一种强烈的感受，而这比只是被动地去经历的体验要全面得多。[注53]

最后，我们以不那么夸张或者更为明显的方式变得与我们想方设法充当的那个人相像。但仿制品毕竟不能长久。它们很快进入了我们的第二本质，从而成了我们真正的社会本质。

这些不同的方面（重复、模仿和占为己有）存在于与个人、群体或一个观点的每一认同中。这会带来什么结果呢？认同当然使我们有可能避免紧张或不快。就手势的重复、情感的模仿或目标的模仿，或承认我们习惯于与其他人享有同样的性格特点方面而言，都能产生令人愉快的结果。弗洛伊德写道：“人们似乎普遍认为，重新发现为大家所熟悉的东西，即‘认

出’是让人高兴的事。”[注54]

维吉尔意识到，记住痛苦的往事是甜美的。“记住这些也是甜美的”，这是维吉尔用来赞美英雄埃涅伊特的诗句。我们必须设想这样的快乐能够取代其他快乐，特别是性快乐，事实上它们能够克制性快乐。如果这种取代原则是建立在与某一共同的目标相似的基础上的，那么有关的人会屈服于某一压力而被同化，这是不足为奇的。每个人被引导着生产与原型尽可能相同的复制品，以另一个人希求的方式去希求。结果这两种方式都使得他们摆脱了目标，因此这一目标不是一个行为或需求的终极目标，而成了与某一个人或群体有关的手段。

正如经济学中所述，确定目标选择的东西是它在市场上的价值，而它的交换价值，则是某个人或某一物体对别人的价值。这不是它的效用，比如说，对自身真正需求的满足程度。如果我们采取我们榜样的爱好、愿望和观点的话，我们就会选择同样的目标，结果也就有了同样的爱好，喜欢同样的东西和同样的人。我们等待着有人告诉我们该欣赏什么，该喜欢什么，然后才想着拥有一些东西，不管是美国的大型小轿车还是英国的微型小汽车，想着去海边还是去山区度假，娶一个苗条女郎还是丰腴圆润的女子为妻。

我们可以把这类事总结为：认同把我们带到了类似于我们以前有过的情况，那时我们还不能认识我们自己的愿望，不能选择我们自己的目标；我们还没有形成自己的个性，成为与众不同的人。从那种意义上来说，认同即反对任何变化或创新，因为那会破坏集体的统一。它将每一种冲动转化为一种反射作用，从而表明了一种内部力量的存在，这种内在的力量走了一段迂回曲折的长路后，使个人成了社会人，迫使它再次成为别人的一部分而变得不能与之分离。在极端的情况下，认同可以导致完全服从，因为每个人都爱他人所爱，却没有自己的偏爱，也没有属于自己的激情。那将是唯一成为好儿子、好病人、好战士、好作家或忠实信徒的方法。个体变得一模一样，简直成了有着相同名字、相同脸蛋，穿着相同衣服的群体。

如上所述，认同会把我们带到一个比分裂阶段和个体表现阶段更早的阶段，我们也许会认为它也会将我们带回到我们理想中的地方，在另一种情况下希望改变的那个伙伴身边。它之所以这样是因为那个伙伴已为我们所熟悉，因此是我们欢乐的寄托。即使在我们想象自己正在改变时，认同仍会使我们再次作出选择，寻找一个与第一个相似的新伙伴。总之，假如我们对力比多的波峰和波谷毫无办法的话（除抑制它外），我们可以确保它有同样的目标，可以在调整我们与其的关系中寻找一种补充的满足感。这足以加强一种稳定的社会关系。

诚然，力比多和模仿之间的关系一直是紧张的。力比多并不知道如何回到同一样东西；模仿的目的是重新获得、重新建立现状。所有群体和个体都少不了经常在一起出谋划策和交换意见，结果，他们之间出现了分裂和合作的现象。分裂的出现是因为力比多好像给愿望的主体下了定义，确定了它的强烈程度，认同则确定了何种目标是理想的。例如，当然是对爱的需要把我们推向一个男人或女人，但是我们宁可要一个像母亲一样的女人或父亲一样的男人，而不是一个天真幼稚的女人或十多岁的青年男子这一事实，完全取决于孩提时代沿袭下来的认同父亲或母亲的精神压力。那种结合总会带来令人愉快的结果。因此，弗洛伊德对威尔逊总统的婚姻这样评论说：

> 他妻子越是像他母亲，他婚姻中所产生的力比多就越多。[注55]

现在，我们即使不能说已经十分清楚地了解一般的认同过程，也可以说是相当了解了。这一认同过程有助于社会关系的稳定。如果我们对它的特点加以考虑的话，便会明白它们不仅在模仿方面有许多共同之处（不用催眠术），而且在相当程度上在死亡愿望方面的看法也有共同之处。这一点弗洛伊德在他著名的“超越快乐原则”一文中作了描写。对此没有什么可大惊小怪的，事实上，他有关本能的看法已在论述模仿的过程中提及了。因此，实际上在他的论文中这两个词可以在不改变整体意义的情况下互换使用。

我们也许会猜想他所提及的死亡不是回归到无生命的生活，而是回归到社会生活的个体的死亡。这种回归的一个结果便是带来了破坏性和侵略性。因此，从与父亲、师傅或领导的认同中，孩子、信徒或下属也许会受到诱惑而产生摆脱他甚至完全取代他的想法。但我们这样说还为时过早。那种诱惑不是偶然的，我会努力表明其结果的。

认同首先要选择一个原型。这是一个社会问题。这个原型也许有必要从几个人或物中来选择。此外，每个个体可同属于几个群体，并在不同程度上与他们保持联系。例如，一位步入成人生活的青年人会与他那个年龄的群体和阶层认同，会采用他们的观点、生活方式和思维方式，并且还会与他的国家认同，在与其他年轻人的交往中成为沙文主义者，甚至激进主义者。从某种程度上来说，正是由于这种不定的特点和存在着这个问题，这种一般认同才能证明我刚提到的情欲的自发性。

对于家庭来说则是另一回事。在家庭中有的就是决定权，并且可预先作出选择。家庭是一个组织，在这个组织中，认同是有限的，在这里没有什么麻烦。孩子对父亲和母亲的爱是认同的基础。在此，我们可以更加紧跟弗洛伊德，和他一起进入一个每个人的生命始于此的社会细胞。我们暂且不说小女孩，而以小男孩为例。自他呱呱落地开始，我们很快就会看到他的处境很不舒服，一方面，他依恋母亲；另一方面又十分依附于父亲，佩服他，想模仿他，想成为他那样的人。这使得他想做一些不允许做的事，如与母亲亲近。同时，他亲生的父亲对他来说也是一个性目标，这是他通过力比多柔弱的部分以一种相当被动的方式向往的。在此还有小男孩想要却不能有的东西。他的欲望受到四面的包围，四面挫伤。他变得进退两难，一边依附父亲，一边对他有一种心神不安的感情。

首先父亲是孩子想成为的人，其次是孩子想占有的人。也就是说，其区别取决于这一关系依附于自我的主体还是客体上。[注 56]

小男孩吃亏后才知道父亲是他的竞争对手，便不让他发现自己对母亲那种乱伦情感的发泄方法，也不取代他的位置。他甚至自相矛盾起来。父亲作为一个榜样，是自己必须效仿的。而作为强大无比的个体和主要的对手，又预示着小男孩不能效仿他。人们最不愿意说的是，通常意义上的“父亲”要求他做的事和这位特殊的父亲不允许他做的事之间存在着很大的矛盾。面对如此多的不公平，他与父亲的关系染上了敌对色彩。如果能做到的话，他便会杀了父亲，然后取代父亲的位置，甚至取代父亲与母亲的关系。所以，甚至从我们刚刚开始步入生活时，我们和父亲的关系在某种程度上就有了矛盾，这是吸引和排斥，爱和恨的交融。若孤立起来看，感情是不存在的，一面总是掩饰另一面，掩饰它的对立面和阴暗面。

但是，如果我们的小男孩像成千上万的人一样，健康地成长起来，他便会寻找逃脱尴尬境地的方法，即吸引和放弃。一方面，情感占有的企图失败后，他改变了策略。那个小男孩想方设法吸引他的母亲。在东方色情文学中，模仿被认为是吸引的方法之一。例如：梵文用很大的篇幅来描写妇女模仿她爱人的服饰、表情和语言之技艺。这种模仿技艺在“因为不能与他亲爱的人结合而模仿他以分散思念之情”的妇女身上尤为明显。

孩子也用模仿态度、衣着等手段想以魅力吸引父亲或母亲，从而“分散思念的注意力”。认同意味着人们正放弃思慕之情，这是孩子用来迷住父母的一种诱惑力，同时，必须承认这也是他们为此而迷惑的一种诱惑力。群体也是如此，他们模仿领导，记住他的名字，重复他的手势。他们对他卑躬屈膝，但同时又无意识地布下陷阱来捕捉他。盛大的典礼和游行正是大众迷惑领导的场合，也是他们自己为此而迷惑的场合。

然而，另一方面，一旦孩子意识到了外力和其自身有限的力量相平衡时，便慢慢地不再想占有这位具体的父亲或母亲，而想拥有一位广义的父亲，拥有他的一部分品性，变成他那样的人。为达到那个目的，他想方设法效仿他，变得与他一模一样。于是，父亲的原型取代了父亲本人，成了爱与恨的客体。认同用理想的父母亲代替了真正的父母亲，即那种他视为父母亲却不是真正的父母亲的人。

因此，认同是一个人在生活中所建立的最重要的纽带，使他成为他必须模仿的那个榜样式的人物。通过这一过程，他学会了同化，并服从各种各样的榜样人物以及在他有生之年将遇到的所有代替父母的人。

在家庭中，认同是个双向过程，正因为如此，家庭才变得如此根深蒂固。弗洛伊德忽视了父母的反应，而只关注那些孩子的反应。然而如果有孩子，是因为他们想繁衍子孙，使自己后继有人。繁衍是他们共同的目的，也是人类共同的目的。因此，他们会使自己的孩子成为自己活生生的翻版，与自己心目中和社会所要求的榜样相一致。甚至在孩子还没睁开双眼的时候，我们就希望他像什么人，并且将一如既往地这样做。

如果一个小男孩主要模仿他的父亲，并且非常强烈地依恋于他，那是因为他父母的目的此时成了他自己的目的。因此，任何性关系只能是他们认为的可怕混乱造成的，这是因为他们愿望中有一种令人不安的因素。真实情况是，至少是有意识地，父母不愿与他们的孩子繁衍后代，而希望孩子继承自己。这两者绝不可等而视之。

因此，当一个孩子认同自己时，他不只是在放弃自己的愿望，还在实现他父母自我永恒的愿望。如果他继承了他们中一个或两个的特点，那是因为他相信，越是按他们的意愿行事，他就越容易被这个家庭所接受。例如，当父亲明确地说，他想被人模仿时，他是在表达一种连他自己也不明白的想法。为确保有人服从，他甚至使孩子与世隔绝，就像司汤达的父亲所做的那样。作者告诉我们，他只是得到了一个儿子应该得到的爱。“这个儿子的责任便是使这个家庭延续下去。”他还说这对他来说是痛苦的根源。他告诉我们，他生命的那个阶段“对于其他孩子来说是幸福时光，我却受到了虐待，我郁郁寡欢，不谙世事。总之，说得糟糕一点，我是一个奴隶，慢慢有了与奴役相随的感觉”。[注57]

许多孩子小时候就受到严格的约束，有些还继续受着约束。我强调认同的这一方面，因为这不仅替代了孩子受压抑的欲望，而且体现了父母痛苦的欲望，认识这一点至关重要。无可非议的是：由于他和社会细胞以及人类的繁衍有着深刻的关联，因此这是我们最早、最原始的关系。我们刚刚提到的所有行为和反应结合在一起便产生一个结果：我们对某位能够使我们与之认同的人的情感欲望减少了。

可以看出，这孩子在成长过程中处于哈姆雷特式的处境，他不知该像父亲还是该像母亲，他父亲的亡灵告诉他可以像父亲，也可以不像父亲。事实上，他整个人格都是由以下事实决定的，即一个问题有两种答案，不只是一种答案，就像俄狄浦斯好不容易破解斯芬克斯之谜一样。当小男孩犹豫不决的时候，便认同了他父亲的特点、观点和命令。

后者以一个权威的身份，即自我理想或超我，出现在精神领域。这是他的化身，弗洛伊德将此看作是我们天性中的道德部分，它对我们的行为作出判断，并经常给予评价，对我们父母、领导，甚至社会的一颦一笑、一言一行作出判断和评价。

因此，自我被分成两个不断发生战争的对立部分。一个部分是通过服从我们曾认同的所有人的判断和禁令而形成的，它用严肃而令人不愉快的评论迫害另一方。它总以检察顾问，甚至复仇之神那种无礼而严厉的语气说话，迫使人们坚定不移地走在那条笔直而狭窄的小道上。当他们看似偏离这条小道时，它便严厉地指责，告诉他们该做什么，并告知他们已走上了一条邪恶之道。良知之声正等待着我们，使我们不能为所欲为，而对我们印象中的榜样却言听计从。当我们听从他的独断时，它会偶尔赞同我们的所作所为。这时，只有在这时，我们才从超我获得某些满足感。弗洛伊德告诉我们说：

> 它慢慢地从周围环境的影响中收集环境赋予自我和自我并非总是能达到的要求，因此，当一个人不能对自我本身感到满足时，也许永远不能从自我中区分出的自我理想中找到满足感。[注58]

超我代表我们的父母，它有时赞同我们，有时鼓励我们，它给予我们的快乐和我们从性本能的满足中所得到的一样。经验告诉我们，这些是我们头脑中想象出来的人物。不凑巧的是，他们即使不是父亲、母亲或兄弟，也是领导。他们扮演了专横的角色，这正是可恶的戈林声称除了元首，对其他人他都不讲道德的原因。我个人也没发现他的话有任何特别惊人之处。这话是以前说的，从此之后在历史上常有所闻。

正如西塞罗所说，一旦有了那么一种超我，就像我们头上站着一位大师一样。它与许多大师一样不断斥责我们，偶尔也会像父母那样鼓励我们。当它强大时，能激励我们，也能令我们不安。

> 它不断告诫我们：你必须而且能够做不可能做的事！你是父亲亲爱的儿子！同时你自己也是父亲，是上帝。[注59]

或者说，至少它表现得像中年父母，因为传统慢慢消失，某些精神分析的说法现在看似有点无意义且过时，很像家庭影集中的一张照片：一个小男孩身着水手装，腼腆地笑着，身边站着一位头戴礼帽、手执拐杖、目光严峻、留着络腮胡、身材高大的先生，小男孩显得十分渺小。谢天谢地，他们既不是父亲，也不是超我。当超我宽容，不那么苛求时，便允许我们过着凡夫俗子的生活。

在此，我们慢慢触及了问题的中心。超我就像我们儿时的上帝——我们的父母一样保护我们，压制我们。它又像控制我们成年生活的天命一样，将命运之绳握在手中。从此产生了一种道德哲学和政治哲学，用神圣的阿波罗的话说："认识你作为人的位置，按照父辈的吩咐行事，那么到了明天，你就可稳操胜券了。"到了明天，你长大成人，不再玩乐，那时你也当了父亲，能够把你的意志强加给你的儿子了。

有关限制认同的论述还很不充分，因为它成为深奥心理学术语的过程过于迅速。诚然，弗洛伊德对这些问题的态度和看法有很大改变，这对于迷恋那种假说的人来说是不容易的，这一假说可明确地用三个简单的事实来说明。与他的前辈一样，他也说过孩子一定会跟随并效仿他的父亲，但他并不满足于重复这些同样的陈词滥调。他对这一思想作了改进，赋予它一种新的戏剧性的特点，而同时仍然忠实于与父亲或母亲简单认同的观点[①]。

然而，所有这些都表明了在认同父亲的同时也认同母亲。这两种认同在孩子心理成长过程中起了同等重要的作用，这意味着他参与了双重过程，既理智又充满情感地重新对父母的关系做了安排，在他介入这一关系之前，这对夫妻已有过一段夫妻生活，而现在他在其中担当了判官和有利害关系的一方。总之，他构想了“家庭小说”，但多少与现实相符。在这一过程中，他的自我得以发展，其变化程度足以同化这一家庭群体，并且从精神的角度来管理它。这使我们认识到超我不是以一个居高临下的个体形象——父亲而形成的，而是以至少有父母亲两个人组成的一个社会小团体的形象形成的。当我们倾听我们的良知时，便可听到好几个声音：一个是嘈杂声，它发表从过去到现在的观点和看法，其中父亲的声音常常最为有力，但却不是唯一的声音[②]。

这解释了个体如何在不同的时间属于不同的群体，并且在不经历严重的

---

① 我们知道，认同的概念首次被提出来是在弗洛伊德的1921年的《群体心理学与自我分析》中；而自我概念的提出则是在他的《自我与本我》。这篇论文紧随前一篇论文，并发展了自我的主题。我们受惠于第二篇论文，因为在西方社会中，每个个人都是由本我、自我和超我所组成。没有必要再补充说，后一个问题是该部分第一章研究的突破性成果的结果，也是普通心理分析理论的一个主要因素。我们还应该注意到，弗洛伊德反对与马克思主义的妥协正是由于他关于超我的自治的观点。

② 由于某些原因，许多对认同心理的分析性研究都是不完整的。他们忽略了这样一个事实，即《超越快乐原则》中所争论的显然就是一般的认同心理。此外，他们也把儿童描绘为家庭关系中的合作者或者中坚。而事实上，他不过是一个中间媒体，是父母之间的调停者。他与他们建立了一种爱与恨基础上的交互的联合关系。认同心理的两个方面，一个是驱动力的减弱，另一个是以其他方式对目标的追求，受到了忽略。本能的声音太强了，不可能使其沉默。

集体混乱的情况下认同这些群体的理想。因此，他们也许会寻找这些复杂的关系，以把它们结合起来并加以利用。弗洛伊德对当今人类进行了描写：

每个个体是许多群体中的一个组成部分，他被许多不同方向的认同纽带捆绑在一起，他把自我理想建立在各种各样的榜样上，因此，每一个体都分享了各种不同群体的观念，即他那个种族、阶级、宗派和国籍等观念……并且，他有可能超越这些观念，达到有点独立和独创的程度。[注60]

我们不妨总结一下这一演变过程。在开始出现社会关系的时候，出现了要求很高的认同过程，因为这些过程决定个体的生活。一方面，它们唤起了对性对象的欲望；另一方面，他们需要通过把外在的权能融入心理机能而对之加以分化。于是，心理机能被分成个体自我和主宰它的社会自我或超我。这些观点很重要，我将另作阐述。有趣的是，这一特殊的性格结构，被认为既解释了群体中存在的相似性，又解释了其对领导的服从性。弗洛伊德声称：

我们知道我们对于群体的力比多结构的解释所能作出的贡献是回过头来区分自我和自我理想，并且又有了一种双重关系——认同和在自我理想的位置上树立目标。[注61]

从这一点看，超我当然成了理论界的中心议题①。它是人类发展过程中的最高权威，也是人类社会、宗教和意识形态方面的可靠保证，它常常提醒我们应对我们文化社会的生存负责，不应将责任推给我们周围的世界、

① 心理分析家似乎是先发展了本我心理学，然后才是自我心理学。他们与群体心理学失去了联系，并且忽略了这样一个事实，它对于第二个主题是至关重要的，结果也就真的没有发展名副其实的有关超我的理论，而后者是弗洛伊德后期著作的主要关注，也是他的未完成的部分。

权力或压迫以及一切我们本性中应有的东西。超我就像《李尔王》中的埃德蒙一样，不允许我们“把灾难归罪于太阳、月亮和星星，好像我们是不得已而去抢劫，我们愚蠢的行为是受上苍指使；我们的流氓行为、盗窃和叛逆行为是天体主宰的结果；我们烂醉如泥、欺诈诓骗、荒淫无度都是天道所迫。总之，我们所有的邪恶都是天意——这是无赖巧妙的遁词，他把好色的品性归于星相之术”。这些人不愿攀缘理性陡坡。

第六节 情欲和模仿欲

在以上几章中，我们已经看到，那一连串的人际关系可用“爱恋”和“认同”几个字眼来概括。这与两种欲望有关，即情欲和模仿欲。前一种欲望的作用是将个体与自我分离，然后与他人结合；后一种欲望代表一种认同倾向以及对另一个人，即特定的榜样的绝对依恋。第一种欲望使得我们与我们想占有的那些人交往，第二种欲望使得我们与那些我们想模仿的人接近。原则上，这些观点对群体心理学现象作了适当的解释。

你也许会问，那对已经阐述的问题有何影响呢？从内容来看，几乎没有什么影响，但从理论的角度来看，影响很大。迄今为止，人们认为一切只需用一个动因来解释，这个动因即情欲。认同被视为仅仅是一种机制，是用来转移情欲以及从内心抑制本能的。有人认为，那是因为我们不能爱某人，如我们的父亲、我们的领导等，我们便与他们认同。然而，现在我们把它看作第二个动因，这个动因是自发的，同时也是不可或缺的。与其用模仿榜样来解释性爱问题，还不如用性爱对象来解释模仿问题更为明了，认识这一点，我们便明确了研究的方向[①]。每个人都努力解决由这些观

① 正如在心理分析中有一种倾向，要把模仿性的人物还原为爱欲冲动下的人物，最近有了一种相反的趋向（比如从爱欲型到模仿型的），致力于解释宗教的起源。参见 P. Girard, *La Violence et le sacré*, Grasset, Paris, 1972。

点而引起的矛盾，也就是说，许多力比多欲望之间，力比多和关系到社会现实对模仿欲的需求之间所存在的矛盾。

在我看来，性欲和模仿欲的双重性，似乎是将一种伟大的经济学用于我们对群体心理学的解释中。有时，各种集体关系以情爱形式为人们所熟知，它们将人类掺和在一起，结成同盟。有时，它们以重复和模仿的形式表现自身，迫使人们以榜样的形式来互相模仿，或互相对比。

严格说来，这种二重性使我们与弗洛伊德的理论分离开来，但受到它影响的范围却拓宽了。将两种精神力量和两种本能进行对比，以解释一些基本的现象，正是弗洛伊德的观点，也正是我要说明的一点。我们时时处处会遇到两个动因。然而，有一点是不同的。对于个人来说，好色倾向高于模仿倾向，而对于群体而言，事实正好相反。

我们不妨先搁置一下一般问题，而首先考虑一些具体问题，因为这可表明这些一般问题的重要性。群体中的个体成员如何变得平等？群体为什么不稳定？他们为什么从不能容忍恐慌转而不能容忍暴力呢？为什么不断从兴奋到沮丧，又从沮丧到兴奋呢？经常有人描写这些现象，但几乎没有人试图对此作出解释。

我这是提前告诉你，我们想做的所有解释是围绕一个程式进行的，也就是说，模仿欲的膨胀必然导致情欲的降低。这意味着我们最终总是模仿，而不是爱恋。群体心理学永久而普遍存在的法则便是，哪里有性欲，哪里就没有模仿欲。

令人沮丧的是，我对这种观点的种种解释有可能令你失望。因为它们没有考虑群众的历史和经济状况，也没有考虑他们是否属于一个社会阶层，是工人阶级还是中产阶级，是农村的还是城市的，而是预先假定了一些从未严格观察过的结果。这是影响已经描述过，还有待进一步描述的一切问题的一个弱点。那么为什么还要继续呢？为什么要求解释这种粗略的东西呢？难道是激发读者对这种鲜明现象的好奇心？那当然有这些因素存在，但我对这些解释只能提供这样的托词：别无他因。除了像许多调查人员一样，对社会现实视而不见，或者把它们当作徘徊在历史门口的傻瓜而打发它们离开外，我们还应偶尔设想一些假说或解决问题的方法。

在群体中，平等问题是一大压力，这是他们普遍承认的特点之一。为什么是这样的呢？在社会和家庭生活中，有许多人我们想与之建立一种独占的关系，例如一个女人，我们的父亲或一个著名的艺术家。只要有一个朋友、兄弟或邻居与之建立了这种关系，我们便会顿生嫉妒之心。在我们的整个生活中，会被为什么会是他们，而不是我们这样的问题弄得心烦意乱。我们从孩提时代起，就受到不安情绪的折磨，一直不知道我们的父母和幼儿园老师是否像喜欢我们的兄弟姐妹或班上其他孩子一样喜欢我们。同时，我们想成为唯一被爱的对象。当有人说，他喜欢约翰尼或约翰尼聪明，我们的嫉妒心会油然而生，好像这等于是说，他喜欢约翰尼胜过喜欢我们，或者是，约翰尼比我们聪明，哪怕本不想比较也无济于事。我们既向往一种绝对的爱，又希望认同并得到一视同仁的待遇，因此，便时刻戒备着，一刻都不能放松。我们想有别于他人，但同时也不希望别人有别于我们，或者说胜过我们。

我们暂且不谈一般问题，而看一看更为具体的情况。试想，当第二个孩子出生时，长子会有何反应。他会自然而然对新生儿产生嫉妒感和敌意，因为新生儿干扰了他和父母的关系。他不再是父母关心的唯一焦点，当母亲给新生儿喂奶时，除了感到那种类似性欲的嫉妒外，还不得不分享本来只属于他一个人的爱，以及所有的一切。再想一想越来越受欢迎的某个明星最早的崇拜者，他们也会对分享他们偶像感情的后来的崇拜者产生嫉妒之心。在这两种情况下，长子或最早的崇拜者都想摆脱这些横刀夺爱者，这些令人扫兴的人，而一心想与亲爱的人保持亲密的关系。那他们该怎么办呢？难道将这个婴儿扔进垃圾桶不成？难道用机关枪扫射这些后来的崇拜者不成？这绝对不行，因为那意味着违背父母多子多孙的愿望，违背明星想拥有一大群追星族的意愿。无论他们怎么想，父母对所有孩子，明星对他所有的崇拜者都要履行自己的职责，都不能给予其中的一个人特别的恩宠。

因此，由于孩子们和追星族不能摆脱令人讨厌的竞争者，独占他们亲爱的人，或者不能在没有威胁到与他们所爱之人（他们无法忍受这样的事）的关系的情况下，妒火中烧，敌意满怀，所以不得不调整自己的位置。我们看到，他们相互间的敌对情绪有所缓解，反而依恋起先前的竞争者来。冲突变成了联合。有的人放弃了特权心理和过去那种独占念头，有的人放弃了要在将来获得特权和独占的想法。结果，由于不信任和憎恨所产生的距离缩短了，随之产生了普遍存在的相互间的认同，模仿和重复，每个人都参与同样的活动，从这些模仿活动的乐趣中获得某种程度的慰藉。正如卡内蒂所写的那样：

只有在一起时，人们才能消除距离感；确切地说，这是群体中所发生的事。在消除距离感的过程中，大家没有了明显的区别，都感到平等……还随之产生了一种如释重负的感觉。正是在这一谁都不比谁伟大，谁都不比谁更好的值得庆幸的时刻，人们结成了一个群体。[注62]

然而，他们继续互相密切注视着，以确保没有人得到更多的或特别的恩宠。

距离感的消除预示着情感吸引为相互认同取而代之，这是凝结群体内关系的最好方法。这可用共同命运和团体精神感的产生来表示，这种共同命运和团体精神感首先要求：

为正义而奋斗，平等对待所有人。我们所有人都知道，这一呼声在学校里喊得多么响亮，又是多么不留情面呀！如果自己不能成为宠儿，那么无论什么情况下，其他任何人都无法得到恩宠。[注63]

同样，这种情况也见于影剧院里的偶像崇拜者，或流行歌手的追星族。

以前的竞争者，通过对同一对象表示相似的爱而互相认同。[注64]

因此，群体似乎符合消极民主原则或降低到同一水准的原则。如果有人看似好像是幸运的或好像可以从什么中获利的话，其他人的反应便是"为什么是他？为什么是他们？为什么不是我呢？"产生嫉妒感总是有原因的。没有人能得到一切，或确切地说，得到一切他想要的东西，所以，对别人愿望的普遍反应总是相同的。嫉妒带来竞争，平等则提供摆脱竞争的出路，但它意味着普遍放弃和丧失竞争权利。

公众精神和集体精神是在对此逆转的基础上产生的。我们放弃对我们希冀之物的需求，放弃我们的雄心壮志，为的是让每个人都作出同样的牺牲。这常常反映在伪善行为和愚人的交易中。不管我们幸福与否，关键是要团结在一起，没有一个人的命运会有别于他的同胞兄弟、左邻右舍和亲朋好友。用弗洛伊德的话说：

这种对平等的要求是社会良知和责任感的基础。当梅毒患者害怕将此病传染给其他人时，他出人意料地暴露了这种要求，这是精神分析法教我们懂得的东西。这些可怜的人所表现出的害怕心理，正是与将这种病传染给别人的无意识愿望进行激烈斗争同时并存的；因为为什么就他们应该感染，因此失去许多享受呢？为什么别人不这样呢？[注65]

要等同的压力变得如此之大，以致哪怕一点点的分歧都会成为对这个集体的一种威胁，因为这些人认为这破坏了其成员已达成的但并未言明的协议，是能够使长期抑制的敌意突然爆发的火花。我们应该记住，受到抑制的东西正在蠢蠢欲动。因为模仿我们竞争对手的缘故，我们压抑了自己的个性。限制我们自己这个任务是艰难的，但也得到了回报，那便是有了公正和平等。这一超越是一种挑战，它开始对那个艰巨的任务表示怀疑，那就是他们会对我们采用一些暴力行为的缘故，民主预示着一种严格的内部纪律，因为每个人对它都持有一种矛盾的态度，并随时都会对它表示怀疑。用奥威尔（Orwell）的话说，还有一些人想比其他人更加得到平等的待遇。

若从另一角度来看，随着群体中平等的实施，群体成为一个平静的港湾，一个避难所，在那里人们感到置身于同类人之中，有一种轻松感，好像已经放下了社会和心理障碍的包袱，发现所有人都是平等的，与别人相处没有异样的感觉。随之便产生了一种无序现象。群体中接连不断地发生一些运动，就像悬浮在液体中的颗粒的运动一样，但群体永远都在碾磨着，并被搅动着。

从那种意义上说，我们可以把群众描述成意志自由论者，因为他们的平等导致了无政府状态的出现。这种积极的民主非常有吸引力。每一次革命都使其重新振作起来，在每一个团体中，每个人都渴望得到世俗的王位。这在心理学中属于何种冲动力量呢？它认为那就在于一种乐趣和对彼此认同的想象，这种乐趣来自对同事、父母或某人的孩子的模仿欲。通常这种欲望不能轻而易举地强加。也就是说，我们必须作出牺牲。另外，它会引起不和。然而，在这个阶段，我们认为可以不受任何妨碍地享受它。

我们正在谈论的是模仿的乐趣，而不是性的欲望。它们之间是有区别的，因为前者意味着个体几乎消失在群体中，而后者则产生独享的伴侣。弗洛伊德对这一现象进行了如下的描写：

> 为了得到性的满足而走到一起，因而寻求孤独的两个人，是在表示反对兽性的本能，即集体感。他们越是相爱，就越能够满足相互的需要。[注66]

当添加了对平等的这两种解释时，群体便有了一种对人类极力限制的形式，一个自由和个人主义的无限领域。有的人退缩了，开始抵制并远远地离开这个集体。然而，其他人却投身于它，过着他们梦想的生活。在此，我们有了相反的目的。有些人迫切地回到那种古老村庄的群体中生活。但在那些同样的古老村庄里，却有人背井离乡，寻找某一个不知名的城市作为藏身之处，以避开家人、邻居，以及所有那些一边祝他们好运、一边伤害他们，并常常妒意大发的人。

这两种解释有一个例外情况，那便是领导。为使他与众不同，每个集体对其成员的要求应该是相同的，应有相同的生活方式和相同的前途。只有一个人是例外的。用弗洛伊德的话说：

然而，我们不要忘记，一个集体中对平等的要求只适用于其成员，不适用于这位领导。所有成员之间是平等的，但他们都想受到一个人的统治。许多平等的人能够互相认同，只有一个人凌驾于他们之上——那是我们发现在那些能够生存的集体中出现的情况。[注67]

因此，群体就像太阳系，有许多围绕它们的中心——太阳运转的行星。然而，如果我们要描述它们的运行规则，就必须弄清楚爱和认同之间的关系，就像弄清楚天文学上的相吸和相斥之间的关系一样。

现在，我们要描写另一类现象，即那些从恐慌到恐惧的变化现象，或那些在游离于退缩和采用暴力之间的现象。在一种极端情况下，是因为失去认同，在另一种极端情况下，是因为投入群体的个体过度认同。我们还是以人为群体为例。为明白无误，我们把领导看作整个关系体系的基石。如果基石倒塌了，整个体系有崩溃的危险，那会出现什么情况呢？对此，会有两种过度的反应——我的意思是与现实不相称的反应——那便是恐慌和恐惧。

在一个军队中（我们曾将此作为我们说明群体现象的一个例子），每一个战士都与他们的战友认同，也认同他们的等级制度。总司令受到他那个部队所有人的爱戴，部队的战士们也梦想着得到总司令的关爱。接着问题出现了。总司令讲话的语调，发出的命令中开始有些失礼。这有可能发生在一次失败之后，但一次失败本身并不足以使战士们惊慌失措，只有在领导撤退时才会发生。法国军队在俄国战役中战败之后，真正崩溃是在拿破仑离开大军回到巴黎之后。正如拿破仑的一位传记作者所说："他使这支'伟大的军队'处于失控状态。然而，甚至在这样的处境下，它仍然是一支军队，并且能够重振旗鼓，也充满希望。君主不在场，才可以不守纪律。这是每个人保护自己不受伤害的一个例子。人们不再服从命令，甚至在较高级的军官中，纪律也开始松懈了。"[注68]

你也许对以下状况并不陌生。离群索居，顾影自怜的人连最基本的规则和命令都不顾。当人们感到害怕时表明幻想破灭，也就是说，既没有爱，也没有相互的联系。虽然这种情况也许只持续短短一段时间，但也反映出与群体认同的丧失。于是个人便产生了被遗弃的感觉，行为举止变得像一个食欲不振的孩子，不知道吃什么好。随之，每个人也有了"他照顾了老大，我怎么办"的想法。因此，开始出现自我憎恨情绪，或者开始冒犯别人，与他人的关系就维系在共同的榜样上。个人和集体自我毁灭的诱惑无处不在。左拉在他的小说《崩溃》中论及普法战争时描写了这一点。在普法战争中，法国人的失败主要是由于拿破仑三世和军官们极其无能所致。"军队中士气十分低落。许多人想坐在那块湿润的、刚被雨水冲刷过的高地的泥淖里，等待死亡的来临。他们暗中嘲笑并辱骂领导。什么鬼领导呀！简直没有脑子，天下太平时，他们逛来逛去，朝令夕改，敌人来了便开溜。最后，士气沮丧，军队变成了没有信念，纪律涣散的乌合之众，偶尔派他们出征，却一路惨遭杀戮。"[注69]

当人们不再与其集体或国民认同时，所有这些人都成了陌生人，因而产生了敌意，因此，从前压抑着的恐惧心理再次出现。这种情况可见于战场上的许多场合，大街上的混乱场面和公共娱乐场所起火时——如慈善场所着火时的场景就是最好的典型。即使危险不是很大，每个人还是对哪怕是最微不足道的谣传十分敏感，群体的每一次运动都会引起忧虑，产生一种遭遗弃感。每个人都猜度别人，这是彼此产生敌意的预兆，最终将导致同志间相互不理睬和不信任。

1940 年，法国和比利时络绎不绝的难民中发生的许多事说明了这一观点。随着德国人的逼近，政治和军事权力几乎彻底垮台，人们开始互相不信任。间谍——那支著名的第五纵队，很长时间以来，我们接受的教育都是要对他们敬畏——到处可见。特瑞泼组成了一个反纳粹间谍网，他写道：

人们通过将精神病学家和群体心理学家也许能够解释的一些观点神秘地联系起来，猜想纳粹间谍也许被伪装成牧师。在5月11日，我在布鲁塞尔的广场看到了令人难以置信的一个场面：一群疯狂的、失去控制的人袭击了一位年轻的牧师，然后掀起他的法衣，看里面穿的是不是纳粹军服。[注70]

一个真正的间谍几乎从来都不穿制服，但是当群体，比如说，免去那位并未做出伤天害理之事的牧师的圣职时，也许从心理上剥去了邻里或领导的外衣，为的是看一看他们是否真的是敌人。

事实上，惊慌不会带来什么，仅仅是将潜伏于每个人心里的害怕心理和敌意暴露出来而已。一旦认同削弱，我们所熟悉的环境就会变得陌生，且令人害怕，好像一个孩子突然进入黑暗之中而吓得要命。这是民众凄凉而极端的悲哀心理，对此弗洛伊德这样描写道：

我们除了肩负着早有准备的限制本能的任务，还不得不注意一种危险的状态，不妨将其称为“群体的心理贫瘠”。这种危险并未威胁到主要在其成员互相认同的基础上建立的社会团体，在这样的团体中，领导型的个体并没有获得在建成一个团体时应属于他们的那种地位。[注71]

当个体牢固确立了自身，而后又退缩，而且是彻底地退缩时——1870~1871年间，拿破仑三世及其军事官员就是一个很好的例子——认同的压力减弱了。社会关系深受影响，群体甚至解体成无数个由之构成的个体自恋原子。弗洛伊德写道：

如果一个处于惊慌失措之中的个体只因自己的利益而担心，那么他就会证明这么一个事实，即使这一心理贫瘠危险会导致对他来说显得微不足道的情感纽带不复存在。一旦他自身面对这种危险，那他肯定认为危险性更大。[注72]

随着所在集体的垮台以及在情欲和模仿欲方面遭到了挫折，他便回归自身，回到那种排他的自恋中，认为这种自恋能够使他生存下去。

与此同时，不可抵抗的是最为强大的、最不可容忍的反社会力量占了上风，就像病毒一样传染开来。关心自我之声掩盖了其他所有内外的声音。个体由于只关心他自己的身体和财富，变得以自我为中心，而对别人的需求不闻不问。

在灾难和传染病引起极度恐慌的时期，无力对付灾难的权力机构放弃他们的责任，而沉迷于感官的满足，他们的做法令人们反感，我认为这并不是偶然的。认同欲消失得如此无影无踪，以致情欲乘虚而入。历史上中世纪爆发的那几次影响极大的瘟疫，是解释这一点的最好例子。求生的愿望在那些逃离藏着尸骨的屋子和发生瘟疫地区的人中极其强烈。他们寻求快乐，在宴会、舞会（跳的常常是死亡舞蹈）和性快乐中寻找乐趣。有些人则不忍心离开那些遭到破坏的房屋、火葬用的柴堆和许多人埋在一起的坟墓。那个色情故事杰作《十日谈》便是由那些认为自己能够逃脱色情恐慌的人讲述的。

十分偶然地，群众又胜利了。认同再一次发生，每个人都寻找受苦受难的替罪羊，声称知道谁是真正制造恐慌的罪魁祸首或罪行炮制者。遭人嘲笑的不是不履行职责的领导，而是他活跃而恶毒的替身。似乎人们普遍都是无能之辈，唯有由有罪的犹太人、穷人或别的什么群体中出现的全能者才是能人。

中世纪的绘画反映了这样的场面，给人以启迪。犹太人受到在水井里下毒的指控而遭迫害。他们受尽折磨，房屋被烧毁，而群体兴奋地高喊着，施刑的人用他们的武器拼命将那些想逃回家中的人推向地狱。我们刚刚从大屠杀留给我们的恐惧中走出，“第二次世界大战”又给我们带来了这样的可怕场景。

所有这些因素都使我们相信恐慌和它惊人的传播速度，从根本上来说，是自恋感染。这就像所有的感染都有病毒和细菌潜伏一样。当我们身体健康，生理状况好的时候，不会发生什么。但是，一旦我们由于饮食不当、过度疲劳或居住环境恶劣而导致身体不适时，病毒和细菌便会出现并繁殖。这便是恐慌感难以摆脱的原因。如果我们要求人们行为合理，那么仅仅使他们安定或给他们“清楚的”指示是无济于事的。唯有通过强硬的命令重新建立一个统一体和重新组成一个群体。

在一个认同一种信念，而不是一个人的宗教群体里，反应是不同的。因为这样的群体对领导的爱——例如对基督的爱深信不疑。随着那种认同信念的加强，它对有可能失去原有认同的威胁作出某种反应。我们没有发现群体的恐慌，却观察到同类人得到了提拔，而局外人被排除。例如，不信教者被开除，在战争时期，外来人被流放或拘禁。原先可容忍的变成了无法容忍的，那些威胁到联合忠实信仰者纽带的人都受到了迫害。弗洛伊德认为：

从根本上说，每一种宗教都一样，它热爱所有可容忍的人；而对那些不属于它的人表现出残忍和无法忍受，这对于每一种宗教来说，是最自然不过的了。[注73]

无法容忍状态具有一种恐怖活动的形式，它主要是针对那些被视为“敌人”或因信仰另一种宗教而不再属于这一群体的人。如果他们不存在，就有人来创造，就像领袖创建人民的敌人以恢复逐渐变弱的凝聚力一样。由这种所谓的敌人发动的侵略具有谋杀的所有特点，单单形势就可阻止其阴谋得逞。当然，当发动这样的暴力进攻，掀起武装袭击的浪潮，实施绞刑、五马分尸，蓄意烧杀，进行死刑宣告等各种各样的折磨时（且不说与之相随的审讯、掠夺、开除，以及其他所有打着基督、路德和其他神圣的宗教的旗号使骨肉分离的手段），社会便深受其害。那次（中世纪天主教审判异端的）宗教法庭和那次反宗教改革运动为欧洲建立了一种模式，这种模式在后来被多次效仿。

我们必须相信，各种各样支配社会的教会组织决不能没有这样的措施。在弗洛伊德看来，那种情况永远都不可能发生。他提醒我们说，我们不能被教会现时较能容忍的事实而误导，因为那并不标志着群体心理发生了巨大的变化，而至多只能看成是群体的宗教信仰削弱以及与教会的关系疏远，这并不是说我们的方法更温和了，而仅仅是我们的信仰不那么坚定了。

如果有另一种集体关系取代了宗教关系，那么，就会出现对局外人的无法容忍，就像宗教战争时代所发生的事那样；如果科学观点之间的分歧对集体来说具有相同的意义，那么，有了这一新的动力，便会重复产生同样的结果。[注 74]

不管怎么样，弗洛伊德表明的是，如果我们采用这样的假说，即所有社会运动都服从群众心理学的法则，而不是声明它们是在例外的基础上来接受这些法则，我们就更有可能正确地预言未来了。

恐慌和恐惧之间有何联系呢？在恐慌的情况下，个人害怕群体，盲目地毁灭群体。这一点可见于残缺不全的集体制度，那些人类集体的枝枝蔓蔓与这些制度紧密联系着。他们想象自己受到了威胁，好像要逃脱这场危险，但实际上他们在又害怕又愤怒的情况下，迎头而上了。在恐惧的情况下群体害怕个人，个人哪怕有一丝一毫的背叛他们都会暗中探出，并对那些抵抗的人采用暴力。当恐惧心理居高不下的时候，群体也会牺牲一些人，这些人在他们消灭那些一直不积极、不热情的人时无动于衷。无论暴力是对一个人，还是对更多人的一种压制措施，都源于受到威胁的群众的痛苦，不是由爱而生，就是由认同体而致。只有消除那种痛苦，才能制止暴力，使人们团结起来。那么这需要多长时间呢？

有人说，群体就像女人，两者都反复无常，情绪不稳，喜欢从一个极端转向另一个极端。事实上，他们都服从一个周期性的循环运动，经历悲喜交加的情感。他们的情绪与个人一样会突然改变。例如，列宁对一个群体的情绪变化十分敏感，他常常谈到这种变化[注75]。在以下章节中，我们不再将此与女人的怪想作令人怀疑的类比，而与忧郁病和狂想症作一更为确切的类比。

当然首先在自我和超我之间作一区分。通常，超我负责监督、要求并强制执行其纪律，防止任何越轨行为，限制自我的本能享受。人们从符合要求，超前预见和认同的压力中获得某些满足感，但谁都不能永久地忍耐如此多的牺牲、自我和超我的分离以及超我对自我不断施加的压力。换言之，模仿欲不断对好色倾向的抑制，要别人所要的这种需求，显然最终使人疲惫不堪、心烦意乱，从而变得抑郁消沉。一旦达到饱和点，便试图逃跑，试图改变这种状况。急于求和的自我试图与超我和解。如果它们像长期离开父母的孩子又回到父母身边一样聚到一起的话，就会出现一个心花怒放的甜蜜时光。超我不再折磨自我，并允许它既爱自己，又直接与该群体中的其他自我认同，和他们成为一体。这真是太好了。他们想起了自由放任，于是违反禁令，打破禁忌，就像处于狂想状态的人一样激动不已。狂欢节、政治集会或运动会，都是这种感情发泄的场合。在人与人之间、阶级之间、性别之间，几乎每一种障碍都消除了，这种混乱是可以容忍的，甚至是需要的。世界是一个五彩缤纷的地方，挑衅和爱的各种渠道对众人开放着。能够展望未来，并能关心其成员幸福的社会，规定每年的某些时候用来狂欢，并为他们提供合适的场所，如古罗马的农神节。混乱的场面、竭力的抗议声、挥霍一点一点积累起来的财富，也是提高以后对日常工作和单调乏味生活的忍耐度的一种方法。

但是，也许还有其他尚未预见到的体现方式，它们以同样的方式为人们所体验。在一些叛乱中，暴动和掠夺，狂欢和侵略的成分相结合，构成一种爆发性的混合体，这种混合体能够消除一切束缚，推翻现行的法律。

经常有人提到1968年的五月风暴，那是类似群众地位上升的情况，无论什么时候，无论什么地方，只要愿意，都可自由言论。通常并不熟悉的不同阶层的人聚到了一起，一种又成为一家人的感觉油然而生，他们互相打着招呼。当时的口号——如“取消一切禁令”和“禁止下达禁令”——成了生活信条。

过了一个月，普通的社会几乎消失了，另一个非同寻常的社会取而代之。一切似乎变得不可理喻，但并非不可解释。弗洛伊德写道：

但是，自我理想包含所有这些限制的总和，在这些限制中，自我只得默许，为此，理想的消失必然成为自我所庆幸的大事，于是，自我再一次有一种满足感。[注76]

但是，正如众所周知的名言所说，天下没有不散的筵席。激情消失了，音乐停止了，人们回到了清醒的状态。世界回到了它日复一日，年复一年的日常事务中。与一个社会部门、一份工作、一个家庭和一个阶级的认同又成了老生常谈。超我再一次与自我分离，并保持适当的距离，与之对立起来。它再一次开始从事发掘乐趣的辛勤工作。闷闷不乐，抑郁寡欢就像流行病一样传播着。群体受到病毒的侵袭后，逃的逃，散的散。

极度兴奋后，很快出现了郁闷的心情，情绪越差，集体狂热得越厉害，这无情地导致了个人防卫本能和自我保护意识的产生。[注77]

所有这些所谓的本能显露出来，迫使个人回到单调乏味的日常事务之中。

我们可以将此看作一种解释自然群体所属周期的方法。他们从酒神狄奥尼索斯式的兴奋回归到太阳神阿波罗式的平静。这种周期以潮涨潮落的规律性循环往复。阳光明媚的日子和灰蒙蒙的阴雨天互相交替，群体的情绪也同样交替变换着。如果我们被弗洛伊德的抑郁病和狂想症这一具有说服力的类比冲昏头脑的话，那是我们的一大疏忽，因为我们忘了一个基本的事实。那就是，当规则为某个节日而暂时停止使用或改变时，当孩子们不再服从他们的父母，或仆人不再服从主人时，那种混乱背后有着一种井然的秩序，只要有制定的规则和社会盛行的风俗，这种秩序便会随之出现。这一过程以一定的时间间隔不断重复着，因而满足了超我的需求。没有人会认为自己可以避免这一过程而逃脱严重的后果。就像星期日休息一样，节日是非过不可的。

所有这一切都不会使交替峰谷理论、情欲和模仿欲之间的斗争波谷理论失效。有些社会曾体验过那种斗争的重要性，并决定有条不紊地利用一种自发现象。

由于这些理论具有很大的实用价值，因此，设想其他一些解释来说明我涉及的一些事件也是可能的。我们应该尽可能多地检验它们是否与各种不同的观察结果相悖——经济方面的和政治方面等。但是，必须承认，群体心理学之所以能够取得进展，可能只是因为设想了这样一种解释，能够像勒庞和塔尔德那样描述群体的特点。不管我们有何保留意见，我们的观点比以往更加一致。

第七节　催眠的终结

我们的叙述越来越清楚了，涉及的范围也越来越广。也就是说，我们可以把群体的特性，如平等及其变化形式，如恐慌或恐惧，看成是两种欲望冲突的结果。后面我们将看到，同样的解释方法具有更为广泛，更为深刻的形式，它将对领导的心理做总的和详细的描述。

但是，应如何看待催眠术的作用呢？迄今为止，我们一直将其看作是团结群体中各个个体的方法。我们在开始的几章中看到，催眠术首先是将催眠师的思想和命令直接注入被催眠者的头脑。虽然在理论上几乎不能证明它有理，但它在实践中所取得的成功，赋予了它公认的权威性，并且，人们认为它能够影响任何人做任何事。其影响如此之大，以致曾目睹过它控制力的莫泊桑说，采用它的从医人员“曾玩过上帝的武器，即以神秘的力量操纵受到奴役的人类灵魂。他们称之为魔力、催眠、暗示，等等。我曾看到他们像天真无邪的孩子，用那种可怕的力量来取乐。我们，还有整个人类是多么可怜呀”。[注78] 如果他还活在我们这个时代，一个一切文明的东西都可证实他的担心是最没必要的时代，那他又会怎么写呢？然而，他没有看到，正当催眠术开始在实践中充分发挥它的作用时，却变得与群体心理学无关了。

爱恋状态和催眠术之间的相似性十分明显。

它同样受到催眠术的吸引，而且是心甘情愿地同样放弃一切判断，同样对受它控制的那个人的作用作过高的估计。最常发生的是：他竟然做一切被要求做的事，而且感到在为自己做事，为自己考虑，事实上只是在服从暗示罢了。他表现得像一个已经接受感情，接受爱人看法的恋人，服从着他或她的命令。他放弃了自己的看法和情感，而与对方求同。还是他发现自己在做梦或梦游，这也不足为怪。事实是：催眠师控制了他走向现实的捷径，管理着他具体的经验。除了体现在催眠师身上的超我让他看；让他感受的东西之外，他什么都看不到，什么都感受不到。催眠师成了他注意的唯一目标。这是一个要求他注视其眼神的烦人的目标。

传递这人力量的正是这种注视。语言具有吸引力，为此掩饰和搪塞，语言是辅助的，而非主要的。主要的是，这种注视一会儿把自己引向别处，一会儿又引向这个人，搜寻他的意识，悄无声息地到达那种古老而熟悉的观点、愿望和倾向。同样的情况有：

对于原始人来说，族长的眼神是可怕而让人难以忍受的，就像后来凡人眼中的神的眼神一样。甚至连摩西都不得不充当他的臣民和耶和华之间的中间人，因为这些人不能忍受上帝的眼神；当他从上帝那里回来时，他的

脸洋溢着神力，那是神传给他的，原始人中的中间人情况也是如此①。[注79]

催眠术也可以通过要求被催眠者盯着看一件发亮的东西，或者通过让他听单调的声音来实施。这种方法是将他的注意力从多姿多彩的外部世界和催眠师的安排中转移，从而对他传送各种思想和感情，就像过去发生在他父母身上的事那样。

催眠术通过他所采取的措施，唤起被催眠者身上一部分古老的遗传因子，这种因子同样曾使他服从父母，也经历了个人与父母关系的恢复；因此，被唤起的是一种至高无上而令人敬畏的人物的思想，对于这个人，只能采取被动而自我虐待的态度，对于这个人，只能放弃自己的愿望，而倘若单独与他坐在一起"正视他的脸"，那就似乎做出了危险的冒犯举动。[注80]

面对这种强有力的联合力量——他对催眠师和他所想象的父亲形象的感情和认同——自我意识到自己不可能赢。然而，它彻底放弃了所有的反抗，仍然当一场避免不了的游戏的旁观者。最后，它试图通过拥护超我的欲望和观念，获得超我的赞同。如果排除一切有效的性关系因素，那么大有把这位医生理想化，从而对他百依百顺的倾向。

催眠关系是恋爱中的人无限奉献的结果，但性欲满足除外；而在恋爱的实际例子中，这种满足只是暂时被压入，作为以后某一时刻的潜在目的而留在潜意识中。[注81]

这种关系类似于医学、教育学、宗教，当然还有政治上的关系。勒庞

---

① 在政治学中，凝视所发挥的作用一直不为人注意。戈林当然不是第一个，也不是最后一个在公众集会上命令民众观看元首那冷冰冰的目光的人。从这个观点来看，该问题的历史将引起人们极大的兴趣。

称之为吸引关系。我们现在知道了它的产生以及力量的源泉。如果这种类比成立，便可以认为，在所有这类情况下，都不允许领导和他的属下——一些他想施加影响的人——发生性关系[①]。

如果他确实发生了这种关系，或者流露出蛛丝马迹的话，那么，他的威信就将削弱，他的超凡魅力就会减小。教授、牧师、医生，显然还有政治领袖都不例外。那是他们利用权势，将脉脉含情的崇拜变成色情征服所付出的代价。俗话说，仆人眼中没有英雄，其真正含义也许是，情人眼中没有英雄。

虽然弗洛伊德一如既往地不断提出新的观点，虽然他的事业和生命都已日薄西山，但他从来都是极其认真地告诉我们，很不幸，他越来越相信催眠术之谜永远都不能彻底揭开。他将我一直在提出的种种假说看成至多不过是一门早已过时的科学分支理论，这也许并不错，因为这一分支只不过使我们在思考它的问题时，不用那么神秘的术语罢了。它以精神病学和政治方面人对人的影响为基础，确实非常有价值，只是我们不利用罢了。从心理学的观点来看，如果不考虑有关的数据，那么催眠术与群体便可等而视之。

我们可以说，催眠术只是解释群体中的每一个体对其领导所采用的行为模式的一个部分。

用数目限制来区分催眠术和群体形成，就像用缺乏直接的性欲倾向来区分它和恋爱状态一样。在这一方面，它占据了两者的中间位置。[注82]

---

① 我们时代最有代表性的领袖似乎都遵守这个禁忌。在当代法国政治家中，有一些人希望拥有魅力和特别的素质。至少这是他们给人的印象。而那种姿态限制了他们对民众的控制力。

我们可以联想到十个、一百个或一千个这样的部分，众多的联系就像一个车轮上无数的辐条，将一个轮轴连到轮圈上的每一个点上一样。随着群众中新成员的到来，一对一关系的数目也相应增加了。中间还是那个数字，但外围数字之间，那个社会车轮与轮圈相接的辐条的各个点有了变化。如果我们从个体催眠转向集体催眠，那么就有了注意力集中在领导身上的一个群体形象，这位领导所占据的位置与催眠师相对于被催眠者的位置相同。

塔尔德说得对：

这种复数关系，从根本上说，只不过是个对偶关系，无论一个团体或一个群体从人数上看规模有多大，也只是一种双人关系，在这种关系中，每一个体有时受到所有其他人的暗示，那是一种领导也参与其中的集体暗示，有时整个集体都受到领导的暗示。[注83]

但是，模仿欲变得比以前的性欲更强烈。每个人都想模仿他的左邻右舍和把他们招到一起的那个领导。最后，每个人都认为自己受人崇拜，同时自己也崇拜某位名人。通过互相模仿和模仿他们的偶像，群体中的个体成员都获得了统一的姿势和说话方式，这使他们能够互相辨认，并且被其他人归为这个或那个社会部门的人。

现在，我们不难理解群体的心理特征。从纵向来看，全人类都有一种倾向于领导的迫切心理。从横向来看，一群人都有同样的自我理想模式，因而互相认同。在他们中间，认同回归性地取代了性欲倾向。在一个群体中，甚至受到掩饰的性关系也不存在，并且是无关紧要的。弗洛伊德说：

男女间的性爱关系存在于这些组织之外。即使这些组织是由男男女女所构成，性别差异也不起任何作用。[注84]

那是一个形成的集体所反映的情况，在这个集体中，每个人都爱领导，并且与周围的人认同。我们应该记住人类情感分配不均的观点。每一种欲望可限用一个术语来表达：性欲寓于领导，模仿欲寓于群体。领导爱自己，也为他人所爱；而群体爱领导，模仿领导，却不爱自己。这是总体情况。唯一的一个例外情况是天主教徒，还有宗教信仰者群体。基督徒也许爱基督，并和其他基督徒认同，但教会对他们的要求远非如此。他必须像基督爱他们一样爱其他基督徒。但是，正如弗洛伊德指出的那样："这种附加要求显然超出了构成集体的要求。"[注85]我们在此列举的这一情况是真实的，它向我们表明了群体的基本特征。

那种情况并不包括催眠术，因为它已成为一种毫无意义的假说，也许仍是一个难解之谜，但没有它，我们仍可解释群体的运行机制。精神分析法是从催眠术衍生而来，它为群体提供了必要的概念和形象。在群体心理学中，我们不再谈论幻觉、梦游，一群白日做梦的人或聪明的自动机器，而是谈论欲望的现实问题以及聚集在一位领导身边那些情意绵绵、追逐模仿的个体问题。对于他们每个人来说，领导是一种意识，能够使每个人回归到童年那样的原始状态。

性爱和模仿之间无休止的冲突形成了明确的原理。有关这一原理的解释尚不充分，这我承认。但是其中的改变意义重大。群体心理学中自以为是的永恒魔力被消除了，就像在过去万有引力说将笛卡尔中心说从力学中消除一样。现在我们看到，取而代之的是有了更多明确易懂的观点。那是弗洛伊德使群体心理学能够取得的一大进步——我用进步这个词来形容感到很不踏实。这个进步如此之大，以致所有以前的研究和著作都过时了①。

---

① "'民众催眠'的表述通常是很含糊的。而弗洛伊德郑重其事地运用这个词汇，并且发展了与催眠状态中的模式相似的群体行为模式，其基础是被团聚来组成一个群体的个人的本能行为。通过这种方法，弗洛伊德的理论表达了这样一种社会状况，其中一个群体形成的基础被认为是人的原子化和异化。"参见 T.W. Adorno, *Gesammelte Schriften*, T. VIII, Suhrkamp, Francfort–sur–le–Main, 1972。

弗洛伊德对所有排斥理性的思想都表示反感，并拒绝接受这类思想，或者将它们与其他容易理解的思想结合起来。虽然他接受了勒庞的描述和塔尔德的分析，但他完全改变了当代群众的形象。他们的非理智性，即他们的屈服性和对现实所采取的奇怪的冷漠态度，是象征思维的结果，即莱布尼茨（G.W. Leibniz）[①] 所说的“盲目和静止的象征思维”的结果。

情况确实如此，但现在看来，这种非理智性显然不是一个无意识思维的问题。群体对于领导的那种近乎依恋的尊敬以及组成群体的个体因领导而互相认同的事实，便是那种思维所产生的观点。若从这一点来看，领导不再是一个事实上的现象，即与现实凑合的东西，而是群体的基本事实。领导似乎是群体的“缔造者”，但实际上只是群体中的一员。我们现在知道了为什么民众掌握着权力，但并不用它来统治人的原因了。

在群体心理学中，领导是共有成分，是人类普遍不可缺少的超我和社会自我，人们团结在他的周围。这一原理只是重复了一位伟人过去常说的一句话：没有领导总是不行嘛。

在民众的弱点和领导（还有政党、教会、军队等）的优点之间作出选择，当然不是在天堂和地狱或真理与谬误之间作选择。这就如同在两种罪恶之间作选择，孰好孰坏难以取舍，这也等于是在瘟疫和霍乱之间作选择，因为从个人自由方面来考虑，每个群体都是没有理性的，而每个领导都是专横的。但是，对于每一个能够清楚地看待事物的人来说，那是作出任何选择的实质所在。如果我们选择有优势的一方，便可克服弱点，以确保社会的生存。所有权威的群体心理学家，包括弗洛伊德在内，都采纳了那种观点。然而，弗洛伊德不同于其他人，他用有条理的理论框架来说明这一原理，他的评论是：

---

① 戈特弗里德·威廉·莱布尼茨：德国自然科学家、哲学家，微积分、数理逻辑的先驱，设计并制造了演算机（1672），提出二进制、建立单子论和神正论学说，主要著作有《神正论》《单子论》等。——译注

但是，甚至现在，我们都应该敢于对以前那些作者稍加指责，指责他们没有充分认识群体心理学中领导的地位。[注86]

我们还应该加上一点，既然一切都用爱恋和认同的术语来解释，主观性在群体心理学中肯定存在。李厄保和塔尔德笔下的傀儡，由于受到暗示的影响而消失了，它们被储存到像催眠术一样的橱柜里，代替它们的是群集在一起，激情满怀的人群，古典悲剧中的人物和莎士比亚戏剧中的主人公，这些我们很快就要看到。但是，这些变化对现实的影响，较之经过深思熟虑的整个计划对现实的影响要深远得多。那么为什么要费心考虑那么多呢?

在转化期间，政治平衡作为对群众非理性实质的理性利用的一种形式，随之十分明显地出现了。诚然，结果只能如此，因为这是用来对付两种交替出现的主要欲望的策略。

部分注释

注 1 M. Robert, *La Révolution psychanalytique*, Payot, Paris, 1964, T. II , p. 145.

注 2 M. Robert, *D'OEdipe à Moïse*, Calmann–Lévy, Paris, 1974, p. 81.

注 3 H.F. Ellenberger, *The Discovery of the Unconscious*, Basic Books, New York, 1970, p. 528.

注 4 G. DE Maupassant, *Sur l'eau*, éd . Encre, Paris, 1979, p. 61.

注 5 E. Lederer, *State of the Masses; the Threat of the Classless Society*. Norton, New York, 1940. 及 S. Newmann, *Permanent Revolution: Totalitarianism in the Age of International Civil War*, Praeger, New York, 1965.

注 6 M. Robert, *D'OEdipe à Moïse*, Calmann–Lévy, Paris, 1974.

注 7 C. Shorske, *Politics and Patricide in Freud's Interpretation of Dreams*, American Historical Review, 1973, pp. 328–347.

注 8 E. Fromm, *The Dogma of Christ*, Anchor, New York, 1962, p. 100.

注 9 S. Freud, *An Autobiographical Study*, Postscript, Standard Edition, T. XX, p. 71.

注 10 S. Freud, *Moses and Monotheism*, Standard Edition, T. XXIII, p. 70.

注 11 S. Freud, *New Introductory Lectures on Psycho Analysis*, Standard Edition, T. XXII, p. 179.

注 12 P. Rieff, Freud, *the mind of a moralist*, University of Chicago Press, Chicago, 1979, p. 225.

注 13 K. Korsh, *Marxism and Philosophy*, Johns Hopkins University Press, Baltimore, 1970.

注 14 W. Reich, *Reich parle de Freud*, Payot, Paris, 1972, p. 46.

注 15 W. Reich, *La Psychologie de masse du fascisme*, Paris, 1972, p. 42.

注 16 W. Reich, *La Psychologie de masse du fascisme*, Paris, 1972, p. 103.

注 17 P.A. Robinson, *La sinistra freudiana*, Astrolabio, Roma, 1970.

注 18 R. Jacoby, *Social Amnesia*, The Harvester Press, Hassocks, Sussex ,1975, p. 44.

注 19 M. Horkheimer et T. Adorno, *Aspects of Sociology*, Heinemann, Londres, 1973, p. 77.

注 20 S. Freud, *Essais de psychanalyse*, Payot, Paris, 1972, p. 96.

注 21 S. Freud, *Essais de psychanalyse*, Payot, Paris, 1972, p. 96.

注 22 G. Le Bon, *L'Opinion et les croyances*, Flammarion, Paris, 1911, p. 36.

注 23 S. Freud, *Essais de psychanalyse*, Payot, Paris, 1972, p. 89.

注 24 S. Freud, *Essais de psychanalyse*, Payot, Paris, 1972, p. 89.

注 25 S. Freud, *Essais de psychanalyse*, Payot, Paris, 1972, p. 97.

注 26 S. Freud, *Essais de psychanalyse*, Payot, Paris, 1972, p. 100.

注 27 S. Freud, *Essais de psychanalyse*, Payot, Paris, 1972, p. 104.

注 28 S. Freud, *Essais de psychanalyse*, Payot, Paris, 1972, p. 113.

注 29 J.L. Borges, *Fictions*, Gallimard, 1957, p. 43.

注 30 W. Bechterev, *Die Bedeutung der Suggestion im sozialen Leben*, J.F. Bergman, Wiesbaden, 1905, p. 130.

注 31 S. Freud, *Essais de psychanalyse*, Payot, Paris, 1972, p. 109.

注 32 S. Freud, *Essais de psychanalyse*, Payot, Paris, 1972, p. 111.

注 33 S. Freud, *Essais de psychanalyse*, Payot, Paris, 1972, p. 111.

注 34 S. Freud, *Essais de psychanalyse*, Payot, Paris, 1972, p. 122.

注 35 S. Freud, *Essais de psychanalyse*, Payot, Paris, 1972, p. 170.

注 36 S. Freud, *Essais de psychanalyse*, Payot, Paris, 1972, p. 244.

注 37 S. Freud, *Essais de psychanalyse*, Payot, Paris, 1972, p. 124.
注 38 S. Freud, *Essais de psychanalyse*, Payot, Paris, 1972, p. 111.
注 39 S. Freud, *Essais de psychanalyse*, Payot, Paris, 1972, p. 151.
注 40 S. Freud, *Essais de psychanalyse*, Payot, Paris, 1972, p. 113.
注 41 S. Freud, *Essais de psychanalyse*, Payot, Paris, 1972, p. 151.
注 42 S. Freud, *Essais de psychanalyse*, Payot, Paris, 1972, p. 143.
注 43 R. Fischer, *Masse und Vermassung*, G.Vehlin, Schopfheim, 1961, p. 24.
注 44 S. Freud, *Essais de psychanalyse*, Payot, Paris, 1972, p. 130.
注 45 S. Freud, *New Introductory Lectures on Psychoanalysis*, Standard Edition. T. XX, p. 63.
注 46 W. Bechterev, *La réflexologie collective*, Delachaux et Niestlé, Neuchâtel et Paris, 1957, p. 167.
注 47 G. Tarde, *La philosophie pénale*, A. Storck, Lyon,1890.
注 48 M. Moscovici, "Résurgences et Dérivés de la mystique" , *Nouvelle Revue de Psychanalyse*, 1980, pp. 71–101.
注 49 S. Freud, *Essais de psychanalyse*, Payot, Paris, 1972, p. 45.
注 50 J.P. Sartre, *L'Idiot de la famille*, T. II, Gallimard, Paris, 1971, p. 1223.
注 51 S. Freud, *Jokes and their Relations to the unconscious*, Standard Edition, T. Ⅷ, p. 227.
注 52 M. Proust, *A la recherche du temps perdu*, Éd. Pléiade, T. I, p. 382.
注 53 S. Freud, *Essais de psychanalyse*, Payot, Paris, 1972, p. 45.
注 54 S. Freud, *Jokes and their Relations to the unconscious*, Standard Edition, T. Ⅷ, p. 227.
注 55 S. Freud, W.C. Bullitt: *Thomas Woodrow Wilson*, Houghton Mifflin Company, Boston, 1967, p. 46.
注 56 S. Freud, *Essais de psychanalyse*, Payot, Paris, 1972, p. 127.
注 57 Stendhal, *Vie de Henry Brulard*, Éd. Pléiade, Paris, 1955, p. 119.
注 58 S. Freud, *Essais de psychanalyse*, Payot, Paris, 1972, p. 131.
注 59 S. Freud, W.C. Bullitt: *Thomas Woodrow Wilson*, Houghton Mifflin Company, Boston, 1967, p. 46.
注 60 S. Freud, *Massenpsychologie und Ich–Analyse*, Gesammelte Werke, T. XIII, p. 14.
注 61 S. Freud, *Massenpsychologie und Ich–Analyse*, Gesammelte Werke, T. XIII, p. 145.
注 62 E. Canetti, *Masse et puissance*, Gallimard, Paris, 1966, p. 15.
注 63 S. Freud, *Essais de psychanalyse*, Payot, Paris, 1972, p. 146.
注 64 S. Freud, *Essais de psychanalyse*, Payot, Paris, 1972, p. 146.
注 65 S. Freud, *Essais de psychanalyse*, Payot, Paris, 1972, p. 147.
注 66 S. Freud, *Essais de psychanalyse*, Payot, Paris, 1972, p. 171.
注 67 S. Freud, *Essais de psychanalyse*, Payot, Paris, 1972, p. 148.
注 68 J. Bainville, *Napoléon*, Fayard, Paris, 1959, p. 401.
注 69 E. Zola, *La Débâcle*, Livre de Poche, Paris, 1965, p. 108.
注 70 L. Trepper, *Le grand jeu*, Albin Michel, Paris, 1975, p. 51.
注 71 S. Freud, *Civilization and its discontents*, Standard Edition, T. XXI.
注 72 S. Freud, *Essais de psychanalyse*, Payot, Paris, 1972, p. 116.
注 73 S. Freud, *Essais de psychanalyse*, Payot, Paris, 1972, p. 119.
注 74 S. Freud, *Massenpsychologie und Ich–Analyse*, Gesammelte Werke, T. XIII, p. 56.
注 75 B. Porchnev, *Social Psychology*, Progress Publishers, Moscow, 1970, p. 27 et s.
注 76 S. Freud, *Essais de psychanalyse*, Payot, Paris, 1972, p. 160.

注 77 P. de Felice, *Foules en délire*, extases collectives, Albin Michel, Paris, 1947, p. 14.
注 78 G. de Maupassant, *La Horla*, Flammarion, Paris, 1924, p. 39.
注 79 S. Freud, *Essais de psychanalyse*, Payot, Paris, 1972, p. 153.
注 80 S. Freud, *Essais de psychanalyse*, Payot, Paris, 1972, p. 155.
注 81 S. Freud, *Essais de psychanalyse*, Payot, Paris, 1972, p. 139.
注 82 S. Freud, *Massenpsychologie und Ich–Analyse*, Gesammelte Werke, T. XIII, p. 14.
注 83 G. Tarde, *L'Opinion et la foule*, Alcan, Paris, 1910, p. 211.
注 84 S. Freud, *Essais de psychanalyse*, Payot, Paris, 1972, p. 173.
注 85 S. Freud, *Essais de psychanalyse*, Payot, Paris, 1972, p. 165.
注 86 S. Freud, *Essais de psychanalyse*, Payot, Paris, 1972, p. 118.

Chapter 7

第七章

有魅力领袖的心理学

第一节　威望与超凡魅力

领袖对于群体心理学而言，就像画出面积等于一个圆的正方形对于数学一样。所有曾想方设法揭开这个谜的人都感到迷惑不解，且踌躇不前。有人甚至引以为豪，竟引用帕斯卡的至理名言："别指责我们糊涂，因为我们是假装的。"这种态度是有害的，应受到责备，因为他们从未努力去解释这种他们所利用过的现象，因而困难接连不断地出现了。有些问题在本书中已提出过，现在该解决最棘手的问题了。

当我们仔细察看勒庞、塔尔德和弗洛伊德所勾勒的有关领袖的轮廓时，便会产生一种奇怪的感觉。从某种角度来看，它有点逼真。若从另一角度来看，只不过是一张注明日期的夸张漫画，反映的是过去岁月的偏见，而不是我们自己的一般观察结果。确实，领袖人物各有特点，这与多种多样的权力形式是相应的，因此，对他们一概而论并不合适。如果说他们确实具有共同特点，我们又怎么可以不首先确定他们的共同特点，而将他们所有人归为一种类型呢？

因此，我们仍感到迷惑，难道群体心理学所描写的那种领袖人物与社会学上所说的现实相符？或者只符合一部粗糙的小说中所描写的情形？如果我们不能回答这个问题，那么我们的调查就是多余的，就不会明白这些到底解释的是怪物还是奇想或别的什么，因为谁都不能解释不存在的东西。一种学说可能有真伪，大多数学说此一时彼一时。然而，如果它不是指某一具体的东西，便不足以成为科学的根据，神话本身更不足以成为科学的根据。

在社会领域，有一种权威能使我们形成一种观点，而在心理学领域，与其说是靠莫名的体力实施操纵形式，还不如说是靠个人和精神的影响，即超凡魅力的领导权力来实施的。从传统意义来说，超凡魅力指一个神圣的男人或女人解释某种宗教的信条，提供安抚痛苦的大慈大悲和抚慰信奉者受折磨心灵的福祉，以预言家生动的语言来感化人们的内心，总之，达到师徒内在的和谐。

德国社会学家马克斯·韦伯的作品表明，这种慈悲可见于那些吸引民众，成为他们崇拜对象的领袖人物身上。教皇约翰·保罗二世也具有这种慈悲为怀的心理，他对成千上万等待他，热情地聆听他教诲的民众的慑服力使观察者为之震惊。《费加罗报》记者在报道他的波兰之行时写道，他巨大的力量在于语言明确，魅力超凡。英国严肃周刊《经济学家》更为一针见血地指出，这种魅力便是权力。

现在，超凡魅力成为如此流行的字眼，甚至被发行量很大的报纸所引用，在此姑且设想这些报纸的读者能看懂。它的流行在很大程度上应归功于它的朦胧和不明确性。它神秘地回荡在我们心头。然而，负责推广使用它的人——马克斯·韦伯的观点要鲜明得多。他认为这种威信与要考虑的经济因素特别无关。无论它出现在哪里，都以这一字眼最为强调的意义构成了一个“呼声”，一种“使命”或一种“精神责任”。[注1]

换言之，这位领袖人物对民众的控制权既不取决于财富、工业，也不取决于军队。从它那个角度来看，这些似乎是次要的问题，只不过是日常管理中的一些事务罢了。恰当地说，超凡魅力表示一种天赋，表示信奉者或臣民和他们信任并服从的大师之间关系的某种特点，这种天赋或特点——例如那种从前被认为归属于君王的治世能力——被定义为一种信仰或对事物共同的看法。

这种天赋或特点一旦得到认可和接纳，便起到了象征安慰剂的作用，从而对那些与具有这种天赋的人接触的人产生预期的效果。它即使没有内在的物理或化学特性，也像医生开出的无副作用的速效镇痛剂。尽管我们看到了所有的科学进步，但还是被常常提醒，人类相互治疗伤痛，他们自身就是最普遍的医学形式。毫无疑问，与一个人的聪明才智相比，超凡魅力与民众的信念有着更为密切的关系，但个体的聪明才智是一个不可忽视的因素。并非人人都会成为一个巫医，不然为何在众多被招来的人中只有寥寥几人被选中呢？无论对这样的聪明才智下定义有多难，我们都似乎很快就会明白，这些是领袖的标志。莎士比亚很好地抓住了这一时刻。

李尔：汝知吾乎，伙计？

肯特：否，先生。但尔之貌已告吾，吾当呼尔大师矣。

李尔：此谓何言？

肯特：权威。

超凡魅力就像所有基本的和非理性的权力一样，既是一种魅力又是一种耻辱，赋予拥有它的人非凡财富的特性，也给了他过度的、不可忍受的暴力标志。它类似非洲首领的不同寻常的权力发出非凡的威力，也类似古希腊时代的国王“赢得胜利的护身符”，对他们来说，荣耀绝对应首先考虑。

这种天赋的共同特点是，它们既有吸引力，又令人畏惧。它们一边保护人民，一边令他们害怕。超凡魅力是超越理性的，就像上文提到的权力一样，它会引起爱与恨的矛盾感情，并且既有挑战性，又有排斥性。从太古时代起，它就使情感升华。它抓住处于麻痹状态的群体，刺激他们行动起来。在此我将重新论述那些对超凡魅力所怀的矛盾感情，因为这是一个基本问题。

人们认为超凡魅力的领袖具有非同寻常的优秀品质。但人们与他之间的关系则具有个人特点。当然这些关系具有主观性，它基于对相互关系的幻想，这使得群体中的每个人都能感到和自己钦佩的人有着直接的关系。要感受到这一点，哪怕只有一次，在战场或在某个人多的场合看到他，走到他的身边或走近他就足够了。然后，这个人会回来说“我见过他了，与他有了接触”，或者是“他与我说话了”，就像拿破仑的老卫兵讲述他与拿破仑的故事一样："我陪他去过埃及，到过奥斯特利茨，还到过拉贝尔齐纳河。"马克斯·韦伯对这个方面进行了强调：

超凡魅力权威以它纯粹的方式具有与日常事务结构无关的特点。从严格意义来讲，直接与之有关的各种社会关系是个人性的，它基于超凡魅力个人品质的合法性和实践性。[注2]

换句话说，领袖的权力凌驾于所有中间机构之上，如一些组织、派别和大众媒体，也凌驾于各种状态下的机构之上，这些机构将这种状态变成一个冷冰冰的、非人的怪物。一个充满忠诚和希望的集体在这位领袖的人格基础上建立起来，一个具有等级结构的机构中是不可能具有这种忠诚和希望的。在这个集体中，每个人都称自己是信徒、党羽或同伴，丝毫不感到自己渺小或无足轻重。

服从于超凡魅力权力的一个有组织的群体被称为超凡魅力群体。它是在社会关系的一种情感方式上建立起来的。[注3]

领袖和其党羽似乎互相进行了选择。前者的快乐建立在对情感随心所欲的支配上。他编织了将自己与自己的人捆绑在一起的纽带。而那些人相信他，把自己的命运交给他掌握，完全与他认同，却从来都不确切地知道自己为何这么做。他们根据深思熟虑的决定或个人意外的发现，要不就是两者兼而有之，证明为他牺牲自我是值得的，就像红衣主教召开教皇选举会议选举教皇一样，结果总是相同的，有一个人的超凡魅力得到大家的证实。正如韦伯所描述的那样：

这是那些受到具有决定意义的超凡魅力和合法性权力支配的人的褒奖。这一褒奖是随意给予的，并且得到人们心目中的证据和原先一直被认为是奇迹的东西的保证，它主要在于对相应的启示的忠诚，在于对英雄的

崇拜或对领袖的绝对信任。[注4]

正如你会轻易想到的那样，另一方面是服从。这显然源于一个共同的信念，因为它是自身的一种十分简单的天赋构成。心甘情愿受人支配的人期待的既不是回报也不是报酬。他的这种天赋甚至还会继续发展，因为他任人摆布，且放弃自己的意愿而投另一个人所好，这个人因此被尊为真正的大师。

这种权力所产生的环境也是特殊的，是在社会秩序一直混乱不堪，一些信念受到严重侵蚀，人们对一些濒死的机构感到失望之时产生的。在这样的时刻，群众感到他们周围的一切都在崩溃，感到一些不经意的势力威胁着要粉碎他们，感到这场风暴将他们逼进不安全的港湾。这时日常生活有一个非同寻常的特点，因为既没有和平也没有战争，而是处于一种两者兼而有之的情况。因此，这种生活因为一成不变而不再精彩。人们情愿被热情或愤怒的浪潮冲昏头脑，也乐意用一些简单明确的方法来解决一些因不断加强、欺诈诓骗弄得十分棘手的问题。但他们能够透过灰蒙蒙的雨雾看到五彩缤纷的彩虹。

你也许知道我们在谈论危机时代，谈论潜在的或剧烈不安的混乱状态。群众无意识地寻找能够把握事态发展，将理想和现实以及能够达到或不能达到的一些目标结合起来的人。这个人其实是一个能够推翻现有的混乱不安的秩序，将整个社会带回到它正常轨道的人。需要一种能从本质上改变事物的权威，而具有超凡魅力的领导正符合那种需要。

他们以一种或另一种方式结束了前领袖的统治，这些领袖是习惯恒定的生灵，他们将一种只要能保持鲜艳的色彩，利用想象力便可继续的权力变成某种无色彩的，且纯粹是理性的东西。超凡魅力产生的条件是社会结构中的一次突破，是那些顺从于他的人对他威信的认可。

韦伯认为，超凡魅力这个词从它最强的意义来说属于预言者，或者说属于某些英勇的战士。预言者成了社会新的角色。人们对他们既尊敬又服从，承认他们有值得学习的优点。每个人都发誓对那些历史人物永远效忠。黑格尔对这些人物评述道："他们都可称作英雄，因为他们不是现时社会秩序允许下所发生的事件的正常进程，而是根据总藏在表面以下，却敲击外部世界，就像小鸡啄开蛋壳一样，强行使之分开的那种内在精神的原动力，来制定目标，规定其天职的。这些人便是亚历山大大帝、恺撒和拿破仑。"

正如我所说，韦伯主要把一些预言家，特别是犹太预言家视为领导人民，赋予人民新的信念、新的意识形态，尤其是新的信仰的人。正如一位美国学者所写的那样："甚至在与该概念（*超凡魅力*）的主要依据——以色列预言也有最为直接联系的宗教领域，也出现了新的领导方式。"[注5]

有人也许会反对我们在以这种方式谈论这种权力时，忽视了经济利益。因为这些利益是真实的，根本不是预言的。他们还反对那些利益曾利用过、加害过并欺骗过领导的说法。对此的答案早已有之，但当然还应对这类事加以考虑。然而，为达到目的，大多数军事、经济和其他有关的行业都需要拿破仑式而不是富歇（Fouché）式，需要恺撒式而不是庞培式的人物。换句话说，需要具有特殊才能的人，也就是已掌握群体心理艺术的人。

再续前言，由于我充满疑虑，因此不知道群体心理学家所说的领袖是否符合某一社会现实。认为情况未必如此也不无道理。但是我们出乎意料地发现，超凡魅力事实上就包含那种现实。适用于超凡魅力的还有有关威信、威信本身的实质和象征的实质、魅力对于群体所产生的影响、自发的信念、自觉服从以及对领袖人物的钦佩等。在两种概念之间几乎没有多大分歧，只是超凡魅力更富预言性，威信更富情感意义，这意味着所有政权形式就缘于此。威信理论先于那些超凡魅力理论，事实上后者是在前者的激发下产生的。重要的是，这两种理论几乎在同时推出，并设法找到解决同一政治问题的方法，即群体社会中的政府问题和民主问题。[注6]

它们的相似性意味着我们可以在较为稳固的基础上进行，也意味着我们可以进行更广泛领域的观察研究。现在我们应该回到我们主要关注的问题，以解释超凡魅力因素的本质。它为何能吸引群体？他们又如何开始跟随一位领导的？又是什么诱使他们放弃自己的智谋、时间和自由，违背他们的社会义务，冲破其社会关系来帮助他获得预想的成功的呢？他研究的心理学有何感人力量？人们是从什么时候开始跟随他的？

这些是理论问题，但也是实际问题。大众媒体、广告商、新闻工作者和其他人不只在那些具有超凡魅力的人身上寻求那种超凡魅力，而是更加想方设法创造超凡魅力，有时他们能够取得成功。

如果我们观察得更仔细一点，便能发现一个问题。这种领导不仅是特殊的，而且似乎是守旧的，更多地属于以前那种机构的人物，因此，在我们这个时代的机构中，他纯粹是人们茶余饭后议论的人物。然而，我们却看到他出乎意料地继续生存下去，变得人人皆知。显然，在此我们并非为使他经受历史风霜血雨的洗礼而制造一种神奇的氛围，而是不得不把这样的人看作一个现实问题，然后以不带感情色彩的慧眼来观察他们。我之所以提出这种观点，是因为在群体和民众派别产生的萌芽时期，群体心理学已预见到了这种现象的产生，并站在勒庞一边，认为“这种受群众敬重的英雄将永远是长得像恺撒一样的人物。他的勋章吸引他们，他的威信震慑他们，他的利剑令他们恐惧”。[注7]

但是，大多数学者不仅以前，甚至到了今天仍然持有不同的看法。他们认为，现在具有超凡魅力的领袖人物只能存在于那种非人类的地域。这一地域介于以自发信仰为标志的短暂而关键的历史时期中的社会稳定阶段和无限制的敬仰阶段之间。他们还认为，随着民主的出现，特别是群众组织的产生，由于与经济生活联系了起来，那么领袖人物便会消失。哲学家兼意大利共产党领袖葛兰西坚持认为，集体组织（如派别）会从杰出的个人或米歇尔斯所称的那种“超凡魅力者”那里接过领导权力。[注8]

证明这些大胆妄言是错误的，正是他们所提到的共产党派别。当葛兰西在法西斯的监狱中写及这些时，留给他的只有死路一条了。当时，这个共产党派别正由那些“个体领导”带领着，而这些个体领导正是他们没有也无所谓的人。有预言称，他们所起的作用将随着现代社会的发展而越来越小。这一预言已为随后发生的事件证明是错误的。甚至更为令人惊奇的是，谁也不再为此感到惊讶。让我们共同来希望科学家，特别是政治工作者，能够更加关注为什么群体心理学有关这个问题的论断是正确无误的缘由。为此，他们将应用科学方法的一些基本规则。

第二节　群体心理学的基本假设

刚才约略提及了我们想解决的问题，以弄清它的棘手程度。一切都为了强调超凡魅力和群体心理学的关系。现在我们必须问的是，使那种关系成立的究竟是什么。只有这样，才能慢慢证明它。我们应注意超凡魅力的特点是，能够让人想起过去，唤起深藏在记忆最深处的往事，唤起传统的权能。领袖正因为牢记了这些往事，才会很快制服群体。这就好像他需要的只是演讲，好让群众感觉到，他是另一位领袖人物在不同的情况下，在不同的舞台上所扮演的一个角色。他似乎在他们身上唤起某种内在的幻觉，就像催眠师使病人想起一件往事一样。那种幻觉，即记忆，是人类具有的唯一真正的东西。

确实，超凡魅力和昔日的记忆痕迹之间的联系已由韦伯本人建立。他指出："在因循守旧时期，超凡魅力是伟大的革命力量。"[注9]如果我们能够想象这一联系的形成过程以及它在心理学上的体现方式，那么一切将顺理成章。事实上，要做到这一点是很难的。如果要克服这一障碍，那就不得不接受一种假设，然后设想有一种适当的机制存在，即第三个（另两个是情欲和认同）使我们能够解释群体心理现象的机制。这第三个机制与其他两个不同，它与集体关系的发展以及时间的推移有关。

我们不妨更加具体地谈一谈这个问题。对于群体反应（这些反应与客观事实不相称）和群体缺乏理性的解释，有一种说法便是不肯放弃过去的思想和情感，这些东西一旦出现在人们的记忆中便会麻痹人们的头脑。死去的人的思想沉重地压在活着的人的心头。瓦莱里说得好，过去多少有点不可思议，它以与现在相同的力量影响着未来。这已成为古老的真理。

也许什么都不会在精神生活中消失，一切随时都会恢复。我们常说有些人记性差，没多久就把一些英雄人物和发生的大事给忘了。事实恰恰相反，他们记性很好，总是回忆往事。对此勒庞和塔尔德深信不疑，他们作出这种明断时毫不迟疑。弗洛伊德也一样，但他发现不容易解释清楚。这其中有两方面的困难，因为它不仅关系到往事和传统习俗的流传，还关系到这些往事和习俗的流传方式。

事实是，一个人生活中发生的一切都会留下记忆痕迹并铭刻在他的脑中。但是我们又如何来谈论群体的记忆痕迹呢？当我们考虑把记忆中的事代代相传下去的时候，这个问题就无法解决了。这与我们考虑的是个体还是群体关系不大，因为如果没有继承已习得的特征，那就没有对该群体或该种族的记忆。自达尔文以来，当我们试图思考这一问题时，便会起来反对有关遗传学的否定论调。这意味着个体心理学和群体心理学之间可能没有有效的类比，或者说，它们间只有思想的传播。弗洛伊德认为：

> 从个体心理学向群体心理学的这种传播，有着更为重要的第二个区别，因为它摆出了一个基本的新问题。它提出的问题是：在人们生活中起作用的传统习俗以什么形式出现——这个问题不会出现在个体身上，因为它可以通过存在于过去记忆痕迹的无意识中而得以解决。[注10]

但是，一些事实显然意味着我们可以越过障碍，逃脱困境。语言似乎是一代代人之间传递记忆痕迹的最好媒介。我们从一出生便很快认知并懂得了语言表达的象征意义。另外，把很古老的思想和仪式收集并保存了几千年的神话和宗教都先于语言而存在。有了语言后，我们也有了极大的群体活动环境，它包括庆祝活动（基督的诞生、法国大革命、抗敌胜利，等等）以及群体本身的纪念活动，从而把这同样的情感重担代代相传下去。我们称之为“地球”的活的记载是一门臆想出来的地理学和变迁史。它们激发了人们对地球生存的幻想，建立了一种关系，将自从太古时代开始就居住在这颗行星上的所有人团结起来。在这种显而易见的事实上建立起来的关系只是一种假说，而不能得到证实。

这一假说便是，对过去的印象不仅以记忆痕迹的形式保存在个体的精神生活中，还保存在群体的精神生活中。在一些有利情况下，它们会重新组合并被激活。另外，它们越是古老，保存得就越好。

从科学上来说，这一假说显然是可笑的。它的意思是说，我们现在生活中所发生的一切都是由往事决定的，并且，我们行为的精神和内在诱因比物质的和社会的诱因更为重要。但无论它有多荒谬，我们都必须接受，因为“如果不这样，我们就不会沿着我们过去选择的小路——不是分析法，就是群体心理学——迈出新的一步。这一大胆的尝试是必做无疑的”。[注11]

以下观察极为简单，但并非无足轻重。这不等于说有这样的可能性，即过去保存在精神生活中，这种精神生活迫使我们赞同这一假说；而是说，过去是精神生活的结果，而且是最令人震惊的部分。也就是说，那段历史是一个周期运动。群体也经过一些周期，回到他们曾到过的地方，并且重复一些过去的行为。超凡魅力便是其中之一。我们可以从中看到一种古代保存下来的资料，当历史的车轮再一次将它带到户外时，它便定期露面，然后又消失得无影无踪。我们必须毫不迟疑地问一问这一过程是如何进行的。过去的人和情景在我们的心里形成了一种意象或者象征性的代表形象。它们就像旧时的照片，以简单的方式再现不在眼前的东西。这通常关系到我们已经认同的人和情景，如父母亲、我们的国家、印象特深的一次战争或一场革命。正如拉普朗什（J. Laplanche）和蓬塔利斯（J.B. Pontalis）所指出的那样，这种意象不仅以形象来表现自身，而且以情感和行为来表现自身。[注12]

大多数种类的意象在不同的时刻因为道德、政治或文化原因而具有受到过抑制的标志。它们产生于旨在把它们从一个民族的历史上消灭的选择过程中。谴责伽利略和处死路易十六，迫害犹太人和将基督钉死在十字架上，都是为了阻止人们与他们或他们的理想认同，这些理想将永远被废除。但是这些受到限制的违法分子代表远远没有销声匿迹，而是被召集到人们的记忆中重新加以组织。巴尔扎克在他的《运动医学》一书中以天才的洞察力生动地描写了拿破仑一世近卫队中的散漫分子和特工人员如何小心翼翼地将他们对“他们的”拿破仑的支离破碎的记忆重新收集起来，从而编写出（法国大革命后波旁王朝的）复辟时期连名字都不允许提到的那个人的传奇故事的。

由于印象深刻，这一记忆首先使最微不足道的思想和现实中最无意义的事实，以及每一个有关的人物都习俗化了。我的意思是说，它消除了其中一切不相容且复杂的东西，使它们固定不变，而且根据某些典型的固定形式来复制它们。英雄永远死得惊天动地，死得悲惨壮烈；伟大的领袖永远摆出一副威严的脸，俨然一位严肃而安详的父亲；预言家永远是留着飘垂的小胡子，以愤怒而正义的口气侃侃而谈，等等。他们被迫接近我们，为我们大家所熟悉。认同过程总是使他们的性格处于晕影效应之中，对此他们只能勇敢地忍受着。

于是，记忆赋予他们一种充满情感的力量。由于没有更好的术语，我们不妨称之为“怀旧的魅力”。我们的记忆通过将过去和现在进行对比，从而将周围的人和现实与我们头脑重新构建的他们的对等形象进行对比。我们将其中所有令人不愉快的、反面的和令人不堪忍受的东西都消除，而只保留那些令人愉快的、正面的而令人满意的东西。甚至当关系到历史上最残忍的暴君或我们自己生活中最悲伤的时期时，我们也总是重新构建一些更令人满意的、更符合我们愿望的记忆。

在大多数情况下，这种怀旧的魅力把所有恶毒的东西从过去的冲突中消除，就像我们想起我们的童年或我们国家的历史一样。它使得不相容的东西融合起来，甚至想尽办法使令人难以置信的东西变得可信。它根据对立统一的原则，即相反的观点、相反的情感和性格相结合，重新形成意象，结果是过去的事永远不会像它过去那样出现，而是经过了我们自己历史和文化主旋律的过滤，并且总是比在现实中更鲜明或者更模糊。其实，记忆这种东西并不真实。真实的只有传记，就像那些想证明自己的存在，想用他们的生平吸引读者，并使人相信他们讲的是真话的作者所写的东西那样。

谈到更为遥远、更为微妙的时期，怀旧的魅力越发不可抵御。弗洛伊德提出：

遥远的过去对人的想象力具有很大的、常常令人迷惑不解的吸引力。每当人们对自己现时的处境感到不满时（这种事是常发生的），便回忆过去，希望现在能够证实一个金色年华不可磨灭的梦想已经实现。他们可能仍沉浸在童年的幸福之中，这段未受破坏的幸福时光，通过他们带有偏见的记忆呈现在他们面前。[注13]

以这种奴役般的忠诚代代相传的东西，便是与广博而不可毁灭的精神世界相连的想象产物。

这些经选择的、受到限制的意象就像记忆痕迹一样保存着。它们不时地出现在我们有意识的大脑中。弗洛伊德认为，这些意象与带有冲动的思想和往事一起经个体愿望的删改、变形而受到抑制，从而保存在无意识中。然而，尽管它们是以这种方式被压入的，但却仍跃跃欲试，想沿着梦想、神经症状和所谓的身心失常那条迂回的路而回归。当发生这样的事时，无意识内容在不了解有意识心理的情况下，会产生一种引起成见的、不可避免的影响。这种令人不安的过程是压入内容的回归。然而，严格说来，这适用于个体心理学，但要应用于群体心理学则很困难。

首先，它预想一种无意识状态的存在，这并不是一种群体现象，也没有得到精神分析的认可。[注14]此外，压入内容的回归主要是抑制性冲动的问题，无意识中受压制、被遗忘的较大部分内容与这些性冲动有关。但是，很久以前的那些心理残余，民众的继承更多是模仿的结果。这是个与前辈、与爱因斯坦和拿破仑那样的伟人或与某人的出生地等认同的问题。每一代人都会遇到这样的认同。弗洛伊德在他的《摩西与一神教》一书的结尾对人种进化作出结论时说："我们在此所说的'压入'并非通常意义的压入，而是在一个民族的生活中已一去不复返、已为其他东西取而代之的东西，也是我们斗胆与个体精神生活中压入的东西相比较的东西。"[注15]

为避免莫名其妙地由心理学的一个分科向另一个分科转化，我们可以设想一个具体的过程——意象复活。这是以突然间，几乎是戏剧性地，总而言之生动地回忆起昔日的情景和人物的形式来体现的。这可用几种类似的情况来说明。如果刺激一个癫痫病人的太阳穴，他就会回忆起过去生活中所经历的事、见过的形象情景、做过的行为和感受过的情感。同样，当某人处于激动状态时，便会讲出一反常态的话，且语无伦次，以长久以来都未见过的方式作出反应。此外，过去发生的事以及与一个群体的初步认同有关的事会被不厌其烦地重复，并作为一种强制的典型强迫自己效仿。比如说，这就好像参加一场革命的人又再现了另一场革命，或者，好像一个皇帝，比如恺撒或拿破仑之类的人，不断在后来的每一个皇帝身上再生一样。

这产生了一个重要的结果。我们不仅在与目前有关的一切事物中看到了过去的复制品，而且用适合原事件的情感使之再现。因此，我们可以看到未来的社会将会是一个老式而完美的社会；在罗马教皇身上看到基督的影子；在戴高乐身上看到拿破仑或路易十四的影子，等等。有人使我们想起了伟大的阿拉伯哲学家萨达的精辟论断："帐篷里的妇女千千万，隔着面纱看是美丽的。但揭开面纱，你便会发现那是一张张老奶奶的脸。"

我说到过复活，因为这一观点由来已久。所有文化社会都有与之相关的信仰，还有推广它，表明其结果的典礼，特别是有一位具有超凡魅力的领导。马克斯·韦伯指出过，拥有神奇的超凡魅力预示着具有再生能力。这种再生便是群众承认的一种形象的再生。

另外，在这样的时刻，常会提到与另一个人的认同，尤其是与一个逝去的人的认同。后来罗马人把这一过程变成一个政治程式，缔造者再现在每一继位皇帝的身上。因此，这位皇帝便有了再生的称号，如屋大维再生。这种习惯做法还在继续下去。所有领导都是通过回忆过去一个复合的意象而牢牢掌握政权的，这种意象一旦浮出水面，便重新激起旧日的情感。波德莱尔清楚地看到了这一点："有史以来阶段性地出现的这些现象和思想每每再现，便具有了变化的以及当时情况的互补性质。"

我所说的一切似乎很难懂，也令人难以置信。很难相信许多大事和人物会以一种无形的形式储存在一代代人的记忆中，经过一段时间后，它们又常常成为新的肉体和社会人；也很难相信甚至最小的事件和群众最不足挂齿的情感在过去都有起因，并对使之再现的未来产生影响。总之，未来已成为过去的一个组成部分。因此，我们把意象的复活看作是一个假定的，也许是一个臆想的过程，很像物理这一神秘的学科。它只是使我们有可能想象历史进程中经久不息的认同理念，但仅此而已。

第三节　原始秘密

民众保存并恢复了他们过去生活和原始时期的痕迹。回归的和被恢复的东西（这一点我们真的必须弄清楚）是具有超凡魅力的领袖和人民之间的联系。在诸如教会、协会和古罗马的殡葬协会这样的群体里，我们可以看到对相同信仰和感情的庆典仪式是相同的。在塔尔德看来，这些仪式首先有：共同进餐，一起拜祖宗。他强调说，我们应该永远记住这些特点，因为它们解释了为何一些阶级、团体和古代城市会如此重视"共生现象"，也就是说，重视定期举办的兄弟会和共济会庆典，重视举行的葬礼。

这种庆宴，有人说是"图腾式的"，当然是为了纪念该群体的先父而举行的仪式，这位先父被他的信徒们效仿并奉为榜样。他死后被追认为圣人，永远活在他们的心中，就像基督永远活在他的信徒们心中，毕达哥拉斯活在他那个宗派领导心中一样。对此我们可以接受，并且仍然认为是正常之举。但很快就出现了问题，为什么故去的先驱与其继承人的超凡魅力有关联呢？当他真正成为一个虚幻的人物时又如何能对他们产生影响呢？是什么使他的控制力经久不衰呢？在一个科学技术时代怎么还会发生此类事情呢？对此弗洛伊德的回答简单明了，可以概括为几句话：共同进餐，为纪念一件大事的丧礼，儿子密谋杀害父亲。人类的发展就始于这些，人们至今仍为此赎罪，并定期追忆。人们也许会说，这是我们精神生活中不可缺少的，也是群体心理学的核心问题。弗洛伊德宣称，经过这场讨论，人类一直知道（*以这一特殊的方式*）他们曾经有过一位祖先，是他们把他杀害的。[注16]

这是原始秘密。我们将它隐藏起来，并用宗教、我们领袖的超凡魅力和我们的效忠宣誓礼将它掩盖起来。确切地讲，它就是包含在群体心理学假说中的东西。尽管也许是因为弗洛伊德在学术界遇到了种种阻力，他直到生命的最后一刻都认为这是真的，他在最后出版的著作的结尾阐述了这一点。

为什么会犯下这一罪行？弗洛伊德认为，在史前，人类生活在一个群体中，这一群体是由威严的父亲和他的妻子、儿女组成的。因为父亲的威力，甚至不能容忍他们对自由的哪怕是一点点的向往，或个性化竞争倾向，因此妻儿常常处于恐惧之中。一个人的想象力和愿望约束了所有的人，个人专制是社会习俗体系的基础。

同时，因为一些显而易见的原因，父亲得到他孩子的尊敬和爱戴。他代表了权力的顶峰，他是大家的偶像，人们只能设想他具有卡夫卡称之为“所有暴君都有的神秘性格”。这些人的权力并不基于理性，而是基于他们的人格。

他按照自己的意愿，通过强迫他人而统治。这位父亲就像猎人，他纯粹是用外在的体力来抑制别人哪怕是满足性欲的小小的冲动。不难想象，在这种情况下会埋下仇恨的种子。于是，这位古代暴君的足下酝酿着一场谋反。由于团结就是力量，他的儿子联合起来将他杀了。他们当然是在长期受尽屈辱的母亲的鼓励下这样做的。他们从小受到母亲的影响，仇恨越来越深。母亲一定参与了谋杀，因为她们也想自由自在，特别是在那妇女发明农业耕种的时代[①]。

整个密谋的结果是显而易见的。其中的一个兄弟，可能是最没希望篡位的最小的兄弟，执行了这个徒劳无益的任务。这位父亲一定像恺撒一样，倒在他的脚下，大声喊道："你也难逃此运！我的儿！"在我们的历史上，布鲁图代表了因参与谋杀而犯下罪行的那位儿子的形象。谋杀一成功，儿子们都来吃他们父亲的肉，用鲜血封贴他们的盟约，因为除了他们共同参与的犯罪外，其他任何事情都不能将他们凝聚到一起。自此以后，大家共享的图腾兄弟会、协会和其他人为群体的宴席，一直是这一原始宴席的纪念仪式。然而，这位父亲的躯体由一种动物，即他们的图腾取代。

那便是不相信上帝或大师，崇尚自由和平等的个体联合会的组成经过。

这也许会出现一种危险的情况：一旦冲破父权的约束，每个人就有可能处在相互毁灭的疯狂状态下，给自己的本能赋予放纵的自由。但是他们已从阴谋中学会了如何建立相互间新的关系，如何为了共同的利益而团结合作。他们积极地与女性人物——他们的母亲——共谋，为此产生了些许罪恶，这是不能恢复从前关系的又一原因。这双重的因素迫使儿子抑制本能，只在某些情况下与女人结合。

在那种方式下，代与代之间、性别之间的纷争中孕育着的东西——金

---

① 弗洛伊德的研究开始于这样一个假设，即原始部落内发生了一场由一个男性领导的两败俱伤的战争，就像达尔文所描述的那样。我把这个科学的神话作了一点扩展，把它与那场性别战争和劳动的性别分工相联系。这偶尔也意味着改变一两个有关法律起源和乱伦禁忌的思想，必须有某种程度的修改。因为一方面，原始部落的思想已经不再有效；另一方面，弗洛伊德从来都没有说明父亲遭到谋杀怎样导致了母权制。此外，在他的理论和其他阐述中，妇女的角色只是一个沉默的群体，看不见的影子。我在自己的《违背自然的社会》一书中已经探讨了其中的某些问题。（莫斯科维奇语）

苹果，即性占有——变成了男人间结成同盟的手段，以及和女人结成同盟的手段。男人放弃了成为群体暴君的一切愿望，女人不再是性对象，而成了伙伴。异族婚姻代替了对妇女的共同占有，提供了行动的自由和选择的可能性。乱伦始终不被允许，但这成了集体生活所必需的一种内在排斥的结果，而不是父亲压制的结果。与父亲竞争的蛛丝马迹此时成了与母亲联手的合约。儿子可以公开与她认同，而不是占有她，就像他们开始时与那位先父认同，而不是与他格斗一样。不管怎样，兄弟联合的形式改变了。基于本能和暴力的关系让位给基于价值和法律的关系。因此“我们便看到了权力是一个团体的力量”。[注17]

法律结束了专制统治以及个人统治。父亲主宰一切并具有赋予每个人参与这一团体管理的权力这一普遍现象一去不复返了。然而，法律也迫使兄弟们将那份权力用于该集体，用罗伯斯庇尔的话说，兄弟和公民都必须“将那份公众权力以及他拥有的人们给予的特权交给公众，否则，他就会被社会公约规定所排斥”。正是在这种情况下，才产生了以接受相互的职责，放弃本能，建立要求个人同意并自愿恪守的法律和道德制度为基础的第一种形式的社会机构。

可以看到，一种建立在宗规戒律、禁止乱伦基础上的全新社会取代了一种建立在专横独断基础上的集体。这使得男女能够结婚，能够和本氏族或兄弟会认同，这为男人和不同辈分的人之间的联合铺就了一条路。我们可以提出这样的假设，即这一法律观点是由母亲提出的，为的是对儿子的本能加以引导，结束对待暴政的种种叛逆行为，使反对暴政的阴谋受到法律的保护。事实上，除了妇女外，还有谁会对凭借一种反叛的心理力量和社会力量来防止不可遏制的暴力，限制体力这样的事感兴趣呢？也有可能是，由于她们掌握着该团体的农业资源，所以能够确保尊重体力。

正如你所知，法律是父亲不在场时的一种象征。每当父亲以一位领导人物的身份再次出现时，他便架空法律并将此附在他自己制定的无法无天的规则后面。此外——这似乎更加证明了这一观点——子女反叛后制定的第一条法则便是母权制。正如弗洛伊德所说：

由于杀害父亲而解放的一些至高无上的权力传给了妇女，便出现了母权制时期。[注18]

革命群众在他们的旗帜上写道：“没有自由、平等、博爱，毋宁死。”他们不妨这样写：“有自由、平等、博爱，死又何妨。”那个父亲，那个为人所爱，为人所恨的暴君一旦被打倒，并未从此销声匿迹，而是回过头来折磨那些曾谋害过他的人的良心。由于他不再凌驾于该群体之上，因此他回到群体中间。他的儿子一个都不听他使唤，但每个人，好比说，就像认同他的一部分身躯一样，认同他的一部分权能。由于再没有人当父亲，每个人都成了主人，父权不再是个体的事情，而是集体的事情。随着时间的推移，他的残忍为人们所遗忘，人们只记住了他的优点和过去的好时光。对童年和互助会的怀念平息了仇恨，缓和了批评意见。人们开始热爱这个他们曾恨之入骨的人的肖像以及对他的回忆。

最后，他们将他变成了神。整个宗教，更确切地说，宗教的全过程都围绕他发展起来，既掩盖了那次谋杀，又掩盖了谋杀的失败。因为如果儿子们杀害父亲以取代父亲在母亲身边的位置的话，那他们的目的就告吹了，因此他们曾不得不自愿放弃父亲阻止他们做的事——乱交，并且不得不用众人的暴行取代一个人的暴行。因此，为了满足愿望，他们希望在某一时刻掩盖杀父之事以及他们无用的谋反。

总之，这是整个宗教的训诫。他们从中建立了理想父亲的形象——一位受爱戴的上帝。他冲破一些阻力后，所有的儿子都对他毕恭毕敬。他活着时曾是暴君，一旦死去，便成了集体的象征，道德和法律的保证人。

直到那时，因为他活着而受到禁止的东西，也从此为儿子们所禁止，这与精神分析中我们很熟悉的那种称为“慢慢顺从”的心理过程相符。[注19]

父亲成了良知之声，常常威胁或提醒说，这是一个无法消除的罪过。就像席勒描写的瑞士的山民们那样，刚刚杀死统治他们的暴君便大声高喊着，要建立一个友爱的民族，这时久久回荡的一个声音则是，他们这个民族是由密谋杀父的逆子和忘恩负义的叛逆者组成的。

这也许是对塔尔德和弗洛伊德认为的人为群体特点所作的解释，以及这些群体服从于一位受到尊敬的，被奉为神圣领袖的理由。后来他们成员之间的关系，那种友爱的关系，部分是在法律赖以形成的母权制的基础上建立的；部分又是他们为掩盖罪行，安慰自己的良知，为父亲创建粗俗的或神圣的宗教的基础上而形成的。在现实和虚幻、习俗和神话、法律和权力之间存在的隔阂，反映了文化来源的两个极端的倾向，即父权和母权。所有有组织的群众（如教会、军队等）从一种倾向向另一种倾向演化，为自己准备必要的方法，以忍受那个双重同盟中有关的紧张关系。

以上观察到的重要事实说明了用弑君行为或谋杀行为谋害领袖是使自然群体变为人为群体的一个因素，其方式与通过谋杀父亲使原始部落变为有组织的社会相仿。我们还是要弄清楚，为什么他意象的复活向我们表明了超凡魅力的实质。这一问题将在人类觉醒的第三阶段和最后阶段阐明。

似乎社会不喜欢没有父亲，就像自然界不喜欢真空一样。一旦父亲遭到遗弃，他的儿子就会思念他，梦想代替他。随着时间的流逝，分裂的力量胜过团结的力量。这使得同谋变为手足相残，使竞争变为潜在的战争，直到其中一人鼓足勇气要求怀念父亲，像马克·安东尼向聚集在恺撒遗骨前的罗马人大讲恺撒的美德一样，极力为父亲声辩。他这是在对心灵，而不是对脑袋说话，是在重新唤起他们对死者的依恋，提醒他们这些子女小时候要顺从父母。同时，他宣称有必要让父亲以继承人的身份回到他们中间。他这样做很有说服力，以致大家感到没有他很恐怖。

确切地说，那便是意象复活的意义所在。被害先父的名声和思想被保存在记忆库里一定的时间后，便回来要求复位，要求恢复他的权力。然而，他是在其中一个儿子身上实现这一切的。这个儿子因参与了谋杀而当了英雄后，大家则把他看作是父亲的继承人。他一旦接替了父亲，便会让他所有的兄弟为他们长久以前共同参与的那次谋杀而赎罪。他以此将负罪感推给他人，并将类似杀害父亲那样的任何冲动扼杀在萌芽状态。用弗洛伊德的话说：

必须承认，被废黜后又复位的父亲有着强烈的复仇心理，他对权力的主宰达到白热化的程度。被制服的儿子们利用这一新的形势，以进一步减去他们的负罪感。[注20]

他们低着头（有些已人头落地），手脚被捆绑着，成为由一人操纵的同盟中的一员，他们反对其他人。这个人，就像恺撒一样，成为他同辈人的主心骨和首领，这样告诫他们："你和我一样，知道发生了什么事。讲这些古老的故事又有何用呢？难道你认为这个群体想知道吗？当然是不想的。它需要的是相信父亲的地位，服从我所代表的父亲。"然后，他当众宣布，大家的先父在他身上复活了，因此，他展示自己，运用那位无可比拟的，永远让人不能忘怀的集体缔造者的特点，如摩西、基督，他既为过去作了担保，又为未来描绘蓝图。

这位新领袖现在可以将以前分摊给大家的权力重新掌握在自己手中。他完成了任务，再一次在一群刚刚为平等而浴血奋战的人中建立了不平等。他的任务和拿破仑一样，法国大革命一结束，便恢复了革命前的军衔和职位；或者等革命一结束，便恢复了在那次历史的耻辱前所拥有的特权和荣誉。这些例子并不是用来证明什么，而只是为了阐明我的观点。

然而，这一演化过程并没有受到干扰。任何东西都不会恢复到与原先一模一样。无论这个取代父亲的人有何优点，他都是一个篡权者，盗取了父亲的权力和兄长的权力。但他必须接受现今氏族的法律，使行为和权力符合更高的要求。为了履行这一职责，他保持了那种法律的形式，却改变了它的实质，而仍然尊重平等主义的实质，因为法律对所有人都有约束力。

然而，这位复活的父亲赋予它禁止的性质，因此将之变成了一种外在的义务。但是，这一禁止性特点的应用涉及每个人的权力问题。虽说法律面前人人平等，但若论及其奖惩原则则并非这么回事了。允许上级做的事，不允许下级做。法律一旦传到当了父亲、法官和执行方的儿子们之手，便不再是权力和社会的约束力，而只是那种权力的工具，而且是具有双重标准的工具，一种是为那些统治者服务的，另一种是为那些被统治者服务的。这种急剧的变化只是有可能发生，因为儿子们现在都皈依同样的宗教，且在领导身上看到了真正与他们的父亲相似的东西。

这一认识过程成了权力和它的供认原则以及合法性的新来源。它代表着对平等主义革命的一种反应，也推翻了在此之前的许多生活方式和社会形式。总之，女性制定的法则受到了冷落，转而成为男性制定的法则——我们称之为制度——的母体。显然，我们谈论的是一种父权制，这种父权制是以等级和权力为基础的，它缩短了兄弟之间或兄弟和母亲之间没完没了的谋划和连续不断的商议，确切地说，制定了法律或对法律作了释义。所有那些浪费时间的场合，妇女们“闲聊”的场合，以及需要密切注视的宗教会议都被一扫而光，只留下了代替它们的东西，父亲化身的命令和决定，这些迅速产生影响的东西带来了肯定的结果。他和所有领导一样，认为唯有命令最好。他的话即命令，他的沉默也是一种力量。因此，在他生死攸关的权力的合法性和氏族的合法性之间存在着冲突，而败下阵来的是后者。“同时，”弗洛伊德写道，“发生了一场伟大的社会变革。父权制得以重新建立，从而继承了‘母权’。”[注21] 弗洛伊德清楚地表明了父权制继承母权制。

同时，社会被分成若干个大家庭，每个家庭由一位行使一种权力的父亲带领着，这种权力受到一小部分道德传统的制约。这位父亲既是一个继承人，又是一个接班人，他亲自将一个个四分五裂的职能联合了起来，于是，很快便成为立法者、法官和无可非议的领导。一切制度、严格的法律的两种不相容的本源，以及家庭建于此的合法性都在他身上融合着。他作为一家之主和家庭暴君，创建了帮派，即一个自然群体，在这个自然群体中，一切都是以人为群体的形式，即家庭的形式出发的。

超凡魅力是如何迫使他人认同的呢？把其他人召集到身边的那个人有何明显特征呢？他的权力工具是什么？超凡魅力意味着父亲死而复生，转世投胎在杀害他的一个凶手身上，但也意味着凶手本人就是英雄，因为他曾反对并征服这位暴君。因此，一个人身上会有两种人格特征，即神圣的父亲形象和个人英雄的儿子形象。领袖便具有那种超凡魅力，群众都认同他。他能够激起人们对先父的敬仰之情，同时使他们对突如其来的残暴行为十分害怕，因为这种残暴行为会带来可怕的后果，也就是说，谋杀父亲，征服与他竞争的所有同胞兄弟的那个人能够带来的后果。

赋予他强大力量的正是他超凡魅力的双重性。他似乎很快就能凌驾于他人之上，并且喜欢他们。他代表了父亲，是“父亲转世”在他身上，同时，他也代表了与他一起参与谋杀，现在已将权力交与他的所有兄弟。总之，超凡魅力，即以一个人的身份面对对立的人，从而有了它不可抗拒的魅力。

这便是麻烦所在。正如你可能会认为的那样，这种人类发展过程中的复兴现象与史料并不相符，我也并非是第一个指出这一点的人。在我看来，最奇怪的不是一群天才指出了这点，也不是辛勤的学者们已经推翻了这一点，而是正如人们所期望的那样，它没有在知识的海洋里销声匿迹，却存在了下来，且仍能激起我们的兴趣。因此，我必须对那种兴趣作出令人信服的解释，证明我在其他地方将此观点作为主要假说的原因。

这似乎引起了共鸣，打动了我们的心弦，让我们欲罢不能。这种弦音在莎士比亚所有作品里都可听见。他的悲剧作品里的每个人物都对我们讲述了同样的故事：国王被儿子亲手杀害，斗转星移，国王又附身于他人复活了。这一故事也回响在我们文化的中心，回响在尼采对上帝之死的疯狂证言中，它为我们所掌握，并且仍然起着作用。对此弗洛伊德反驳说，我们杀害的是父亲，是我们的上帝，并说，那是人类起源时的遥远的过去所发生的事，我们现在所做的一切是重犯过去的罪行，然后留下记忆罢了。

当代时常发生的叛乱和革命使人们想起那件事。此外，死亡和复活相连是每个文化的一个特征，它好像说出了某种无可争议的心理真相，即我们的假说反映在我们自己身上。（对意象复活过程和被压入内容的回归过程加以区分的理由之一，确切地说，是前者与谋杀父亲的特定内容以及预先确定的周期有关。）

另外，用图腾周期这一假说来确定的发展过程，是对超凡魅力控制群体心理学的实质所作的尝试性解释，否则的话，它将继续被人们认为是“某种不必要的、不可思议的和不合理的东西”。[注22]

这么说，这是一个富有成效的假说了？这个问题将在以后的研究中加以阐述。在这个阶段，我们至少可以看到，它以不同于其他任何假说的方式提出了群体心理学的问题，这当然说明了弗洛伊德有关本学科的作品有着重要地位的原因。事实上，这是本研究的主要主题。如果从本义来看，人类从群体时代到法律时代，后来到制度时代（经过群居、母权制和父权制）的发展路线图，与维科（Vico）① 追溯的从众神时代到英雄时代，再到人类时代的那条进化线路图正好相交。然而，与此同时，它把历史想象成是试图理想化的结果。

起初，他们过高估计了活生生的现实的力量，以此给人们施加压力，其方式与父权暴政从心理上抑制儿子和女人结合的愿望一样。于是，他们心中出现了磨难和联合时期，在此期间，他们发动社会反现实运动，本是为了表明不愿依从的心理，最后却表现出他们获胜的决心。例如，密谋杀害父亲。但最后被击败的力量又在每个个体身上恢复，转化成一种由往事和信条组成的心理实体。当然，人们服从它，就像服从现实一样，或者说就像服从残暴的父亲一样，但达到了代表其对立面、一种理想、自我理想或集体理想的程度。于是，对于宇宙的存在不再有直接的反应，但对被思

① 詹巴蒂斯塔·维科：意大利哲学家、美学家、历史学家，提出历史循环论，认为人类社会要经过“神的时代”“英雄时代”“凡人时代”三个历史阶段，然后又回到起点，循环不已，著有《新科学》。

想理想化了的存在，对宇宙赐予的复合“形象”却有一种反应。人们现在需要超越的不再是现实的力量以及对他的影响，而是他意识中的理想的力量。他摆脱了前者的桎梏，却成了后者的奴隶。

图腾假设给这个理想化过程赋予了意义，指出在文化和政治领域中都可以看到这种从外在世界向内在世界的运动。长期以来，人们在心中摒弃了本能和所有外部强制的东西，其形式就是像超我之类的心理权威。经济和技术领域发生的则刚好相反。那是一种外向的而不是内向的发展，并形成了一个唯物主义化的过程。在那个过程中，人们总是想以机器人、工具和机器等形式来外在地、具体地，并且带有修复性地重现人体器官（手臂、腿脚和眼睛）以及内在的思想和情感。我们一方面试图把物质世界变为人的世界，而另一方面又想把人的世界变为物质的世界。坚持认为这个发展源自一个记忆中的杀父弑母的罪行，这个思路真的几乎是简单，甚至说过分简单了。从来没有人想要从中推导出什么假说并把它阐述成一门学科，现在却有人完成了这一工作。

部分注释

注 1 M. Weber, *Économie et Société*, Plon, Paris, 1971, p. 251.
注 2 M. Weber, *Économie et Société*, Plon, Paris, 1971, p. 253.
注 3 M. Weber, *Économie et Société*, Plon, Paris, 1971, p. 250.
注 4 M. Weber, *Économie et Société*, Plon, Paris, 1971, p. 250.
注 5 B.R. Wilson, *The Noble Savages*, University of California Press, Berkley, Los Angeles, Londres, 1975, p. 56.
注 6 M. Weber, *Gesammelte politische Schriften*, Tübingen, 1958.
D. Beetham, *Max Weber and the Theory of Modern Politics*, Allen and Unwin, London, 1974.
注 7 W. McDougall, *Psychoanalysis and Social Psychology*, Methuen, Londres, 1936, p. 28.
注 8 A. Gramsci, *Il materialismo storico e la filosofia di Benedetto Croce*, Einaudi, Turin, 1952, p. 227.
注 9 M. Weber, *Économie et Société*, Plon, Paris, 1971, p. 252.
注 10 S. Freud, *Moses and Monotheism*, Standard Edition, T. XXIII, p. 93.
注 11 S. Freud, *Moses and Monotheism*, Standard Edition, T. XXIII, p. 100.
注 12 J. Laplanche and J.B.Pontalis, *Vocabulaire de la psychanalyse*, Presses Universitaires de France, Paris, 1967, p. 196.
注 13 S. Freud, *Moses and Monotheism*, Standard Edition, T. XXIII, p. 71.
注 14 S. Freud, *Moses and Monotheism*, Standard Edition, T. XXIII, p. 259.
注 15 S. Freud, *Moses and Monotheism*, Standard Edition, T. XXIII, p. 132.
注 16 S. Freud, *Moses and Monotheism*, Standard Edition, T. XXIII, p. 101.
注 17 S. Freud, *Warum Krieg?*, Gesammelte Werke, T. XVI, p. 15.
注 18 S. Freud, *Moses and Monotheism*, Standard Edition, T. XXIII, p. 33.
注 19 S. Freud, *Totem und Tabou*, Gesammelte Werke, T. IX, p. 173.
注 20 S. Freud, *Totem und Tabou*, Gesammelte Werke, T. IX, p. 179.
注 21 S. Freud, *Moses and Monotheism*, Standard Edition, T. XXIII, p. 83.
注 22 F. Alberoni, *Status nascenti*, Il Mulino, Bologna, 1968, p. 15.

Chapter 8

第八章

关于伟人的假说

第一节 摩西其人

只要一个事实就足以让我们看清前面的道路。这个事实就是，每当社会发生重大的动荡，就会产生一种新形式的政治权威。这个权威的教诲以及它的外在形象都是在神话中表现出来的。这意味着最抽象的理性思维在活生生的文化机体上留下了它们的印记。想想霍布斯的《利维坦》以及马基亚弗利的《君主论》吧，对于我们所有人来说，它们至今依然象征着完全统一的国家和人类的领袖。葛兰西写道，《君主论》的根本特征就是，它不是一种系统的研究，而是一部“活生生的教科书”，其中政治思想和政治科学被融入一种“神话”的戏剧形式中。[注1]

我们的时代需要自己的神话。群氓时代的领袖和其他所有时代的领袖无疑都有一个共同的特征，他们都是拥有权力并支配政府的人。但是，为了要吸引、驱使并统治我们时代的人民，他们需要一种与其他时代的领袖不同的专门特征，其中的原因是很明显的。他们活动的主要场所已经不再是国会、总理衙门、教堂、内阁或法庭，而是在街道、公共场所和讲坛。他们不再由于国会的任命，或者教会的委任而拥有权力。授予他们权力的不再是某个上级权力部门，而是民众们共有的某种思想的逻辑。谁是敌人的问题是决定一切的。对于他们来说，谁是他们的敌人是首要的问题，而现在敌人不再是上级、代表、君主或牧师，而是决定是否给他们授权的民众。这种关系几乎是决定一切的。如果领袖的权力与一种塑造了行动、思想和情感的信仰有关，那么，甚至在他们还在统治位置上时，他们的权力也只能在表面上受到强制力和法律的支持。如果没有这样一种信仰，或者这样的关联不够密切，那么他们权威的生命力甚至都不如一片落叶或者一棵被连根拔出的植物。

因此，这样的领袖必须是一个有思想、权力、信仰或信念的人。只有当这些素质被综合到一个人身上时，他才有机会达到他的目的。这对他来说意味着什么呢？那基本上是指一种能力，也就是以一个政党、一个运动，或者以今天更常见的一个国家的形式，把人民凝固为一个民众整体。他使他们有归属于某个特定人类团体的感觉。这个群体有其自身特有的生活方式，以及自身要实现的目标。他使他们相信，每个个人只有在群体中才能实现完全的自我。这种群体的特征有着自身共同的风俗、信仰和语言，有着共同的艺术和哲学表达形式，以及共同的宗族、阶级和种族群体的特征。个人除非分享了群体的这些特征、价值和目标，否则就不是真实的存在。在勒庞看来，当我们考虑领袖的思想时，我们看到每个领袖都必须有罗伯斯庇尔（创造思想的人）那样的热切信念，以及拿破仑（被思想塑造的人）那样的诱人魅力。他必须是那个世界的灵魂，民众在他面前顶礼膜拜，必须是受到哲学家和拿破仑时代的老卫兵同样崇拜的人物。

我们还能在这个清单上加上许多令人振奋，或者令人厌恶的例子，但是我们不会看不到他们与韦伯所谓有超凡魅力的权威之间的密切关系。有超凡魅力的领袖拿出信仰这一镇山之宝，去压制民众通过反思产生的思想，他的天赋与权力这种东西相交融。这就是我们会毫不犹豫地公开欢迎领袖统治的原因。然而，他这么做不过是由于他自已的信仰以及民众的信仰已经使他成了领袖。所有这些事实都使我们在脑海中产生一个预言和先知的形象，更准确地说，就是那个以色列先知的形象。正如米开朗琪罗从记忆中给他画像，那个德国思想家则从历史的角度对他进行了描写。除了摩西以外，还有谁能充当这类人的完美典型呢？《圣经》已经告诉我们，不再有像摩西那样的先知。岁月的流逝模糊了有关其禀赋和事迹的传统。我们也几乎不可能再发现任何新的文献证据。无论怎样，我们对他的了解是否周详已经无关紧要。他的这种情况就像其他每个伟大的男女一样，重要的是已经形成的以他为核心的神话传说。基本的事实是他从来都没有从历史和文化的舞台上消失。

我们可以相信，勒庞、韦伯和其他人发展了一种关于领袖的系统思想。尽管其专门术语很粗糙，只能勉强使用，但却很适合于我们的群氓的时代。我们需要他们所取得的成就。但是，这还很不够，还需要使领袖成为一个活人，使他成为一个人人都能触摸到的戏剧性化身。弗洛伊德完成了这项工作。我想讨论一下他最初称为《摩西其人》(*L'homme Moïse*) [①] 的著作。就像文艺复兴时期的名著《君主论》一样，这类书给我们提供了一个途径，来看清他们时代的政治。而《摩西其人》这本书则使我们得以认清我们自身的时代，即群氓时代的政治。这也就是该书的基本内容。它同时也解释了这部著作编辑方法上让人感受到的一些很古怪的细节。书中离题的阐述似乎让我们感到很肤浅、很荒谬，似乎与书的主旨毫不相关。但是，事实上它们却是贯穿全书的针对先知摩西的研究方法的直接结果。在我看来，《摩西其人》就是我们时代的《君主论》。它给人的启示应该得到由衷的赞扬，而不是使人瞠目结舌。这种比较可能会产生某种骚动和不安，但却会带来极其丰硕的结果。

我不想说，弗洛伊德是有意识地选择了他的英雄。在他整个人生中，其他人一直充斥着他的头脑。然而，一旦他识破了民众的心理，并且看到领袖是他们的痛苦以及他们自身这个谜团的关键性因素，他就被一只无形之手带到了摩西那里。弗洛伊德以他永不衰竭的生命力，全身心地施展其与生俱来的创作天才，对摩西进行了简洁而崇高的描述。一个消逝了的世界在他的书中复活了，而弗洛伊德也成了同那个世界的对话者。弗洛伊德用最直接的词汇表达了生活中的永久真理。这使得他在知识分子和普通读者中享有巨大的声誉，就像在他之前的笛卡尔、伽利略、马基亚弗利以及达尔文那样。摩西其人就是民众领袖的原型。我们时代的人对此已明白无疑。这就是为什么他能够从过去的岁月中突显出来，成为弗洛伊德个人的

① 《摩西其人》，法文书名原为 *L'homme Moïse et la religion monothéiste*，德文书名为 *Der Mann Moses und die monotheistische Religion*，也译为《摩西与一神教》。——译注

亲密暴君（tyran intime）。弗洛伊德以他为核心，就像迷上了自我存在的一个奥秘。在这个冒险事业中，弗洛伊德赌上了自己的生命和声誉①。

弗洛伊德进行分析以及塑造人物原型时运用的所有要素都取材于那些拥有权力和思想的人，那些民族的缔造者。总之是取材于那种先知。当然，这也并不局限于备受崇拜的宗教先知。弗洛伊德也是这样告诉我们的：

> 我们一定不能忘记，摩西不但是定居埃及的犹太人的政治领袖，他也是他们的导师，是为他们制定法律，强迫他们实践一种新宗教的人。这种宗教今天正是以他的名字命名，被称为摩西宗教。[注2]

某些直觉本能促使弗洛伊德去思考重要的原因和基本的问题。他以清晰的、不带伤感情绪的目光注视当代社会舞台，描绘了众多正在涌现出来的民族领袖和民众焦躁的脆弱状态。他返回到他们的心理根源，他们在历史和现实中所经历的心理变异，从中抽取完美的模型和理念，并把它作为典型。与它相比，民众和领袖都不过是蹩脚的复制品。

弗洛伊德从来都没有把自己当成道德说教者，或者错误的矫正者。对

---

① 要解释我为什么选择了摩西是不太容易的，因为这样做并没有单一的理由。我可以设想几个同样真实的前提。一个就是民众社会中有魅力领袖的崛起。第二个理由是基于这样的事实，摩西让当代的政治家着迷。我们知道希特勒就是如此。很可能他并不是唯一的一个。摩西已经成为那些缔造了一个国家的革命领袖的原型，埃卡特（Ekart）的著作对此有非常清晰的阐述，可供参考（D. Ekart, *Der Bolschevismus von Moses bis Lenin, Zwiegespräche zwischen Adolf Hitler und mir*, 1926）。第三个，也是最明朗的一个理由就是，弗洛伊德在从事阐述“伟人”应该是怎样的这样一个艰巨任务时，煞费苦心地编出了一个“诗意的神话”。他消除了摩西身上的犹太人成分，把他说成是一个埃及人，赋予了他一种普遍的价值。正如他所说的，通过剥夺犹太民族的一个儿子，他以为自己给了全人类一个父亲。我们当然完全可以再增加一个和弗洛伊德的个人生活有关的假设。在这个过程中，我已经再次说明了，选择摩西作为原型的理由是不能仅仅用一个“政治神话”来表达的。群体心理学被迫述说这样一个政治神话的事实本身就有着重要意义。

于野心勃勃者的铁石心肠，他们理性思考时的冷酷无情，他真是太了解了。他知道，在雷鸣般的欢呼声中绝对地控制权力，甚至连小丑弄臣们的嘲笑声都听不到，这些都无助于实现正义和对人的爱。然而，他也相信，民众的心理需要也并非只是人们的假想或者被发掘利用的对象。摩西就是这样一面镜子。民众能够从中看到他们的真实面目。

对于掌握政权的人来说，再没有比摩西更好的例子了。强制推行一套道德标准，保证了民众对其政治活动的支持和忠诚。他们信任领袖的那种愿望已经不止一次地玩弄了他们。那种愿望不但使摩西无需满足他们的幻想，而且还传播了真理。那种伦理道德锻造并保存一种人性的特征，胜利地度过了历史风暴洗礼。摩西反对冷酷无情，反对对同胞的蔑视，反对强力和魔术。他甚至走得更远，恢复了对它们的禁忌。铭刻在人们心中的少数几个规则产生了巨大的影响。与希特勒、墨索里尼之类流星般迅捷的沉浮相比，摩西在历史上持久不衰的存在就证明了这一点。弗洛伊德无疑会同意爱因斯坦在1953年所说过的话："分析到最后，我们发现人类所有价值都是以道德为基础的。摩西独特的伟大之处在于，他在古代就看清了这一点。相反，看看今天的人们吧。"[注3]

也许正由于此，在弗洛伊德所有著作中，只有他献给摩西的那一部才是可以在任何一页打开的。对话已经开始，但是读者感到他是受欢迎的。如果这部书，尽管有许多重复的开篇，还仍然可读的话，那是由于弗洛伊德给他的反思安排了他所应得的时间，甚至死亡也一直等到该书完成之后才降临。

说伟人没有创造历史，那是对的。另一方面，同样正确的是，历史也不是在没有伟人的情况下创造的。在群体心理学中，伟人是酵母，是主动的、有创造力的发酵因子。而民众只是面团，是伟人在其中发挥作用的物质。弗洛伊德认为，人类需要英雄。他还认为，始终忠于其使命的英雄能够提高人类生活的普遍水准；而背叛其使命的英雄则会降低这个水准。弗洛伊德的这个结论超越了现有的历史和社会学资料。事实是，它大大地超越了我们共享的资料和观点，甚至让人感到它好像是对良好判断力的挑战。当代的理论已经完全抛弃了那种认为伟人影响了人们命运因而值得注意的想法。在当代理论的最后分析中，最重要的是民众的行为以及那些事件。历史发展的轨迹不可阻挡，那些想把历史的成果和职责归属于某几个人的做法是在犯很大的错误。

因此，我们需要知道群体心理学在这些事情上的观点。群体心理学充分认识到，从技术进步、经济状况，以及直线上升的人口数量等外在客观因素中，我们可以看到人类社会的发展是怎样被决定的。与此同时，群体心理学还看到了人的主观因素，包括杰出个人所起的作用。这些人不只是历史剧目中微不足道的演员，对大多数人来讲，他们是历史的英雄。人们能够拒绝关于历史“伟人”的理论。但是人们必须承认，人类整体上已经接受了这种理论，并将继续如此。人们愿意相信一个有鼓动力的领袖，一个能够拨乱反正的人，一个民众能够平静服从的人。这已经是古代和现代社会中得到充分证明的现象。相信伟人及其杰出天赋的那种愿望已经对社会生活产生了相当的影响，并将继续如此。当然，它并不是导致变化的唯一因素，它与那些普遍的非个人因素总是携手并进。“原则上，两者都发生影响……因此，我们就在这个因果链条，或者说因果网络中，给‘伟人’保留了一个位置。”[注4]

群体心理学就是这样观察世界的。我们可以用一句话来总结这种观点：伟人是历史之父，民众则是历史之母。这种说法当然只适合于少数地位最高、影响深远的个人，比如拿破仑、恺撒、戴高乐、罗斯福或者穆罕默德等人。但是，这种理论对于其他人也同样有效。每个国家、部落以及村庄都有自己的伟人。用非洲人的话来说，就是他们的“大农夫”。伟人是设计师。他们把个人和群体聚集起来，把实质内涵赋予他的国家、部落或者村庄，并把他们自己的性格和使命持久地印刻在它们的形式上。每个民族都有它自己的万神殿。没有万神殿中的神，就没有民族。即使世界历史年表没有提到这些人物的名字，地方编年史仍然记得他们，并且以崇敬的心情怀念他们。有一些使他们不被遗忘的协会，还有一些给他们编写传记的学者。街角或者他们出生的房屋上的塑像和徽章表达了社会对他们的怀念和敬意。

所有这些都说明，那些光彩程度各不相同的伟人是一个松散的阶层。他们的共同点是，都有缔造者的特征，处于一个阶层的核心，是其文化的超我。

可以说，伟人恰恰就是那个权威，取得成就是为了这个权威，因为伟人有所作为正是靠着他与那个父亲的相似性。所以，如果在群体心理学中，超我的角色降临到他的身上，人们也没有必要感到惊讶。因此，这也适用于摩西其人与犹太人的关系。[注5]

至少在我们自己的文化中就应该如此。这就是为什么在说到理解伟人这类人时，就非常有必要去了解他是怎样成长发展的，几千年来是怎样塑造其民族特性的，并且为了其人民而成为伟人的。但是，我们一定不能把目标定得过高。在这种情况下，科学知识能够给我们部分真理。至于说到科学知识包含了全部真理，那是既无必然性，也无可能性的。

第二节　伟人的家庭罗曼史

我们可能会问，伟人的心理与普通人有何不同呢？迄今为止，我们所作的比较并没有给我们带来更多的东西。这丝毫不令人奇怪。这种人的智慧、雄辩和力量，都没有把他们从普通人的行列中划分出来。因此，我们将利用人类学家莫斯（Marcel Mauss）① 运用过的一些指标。他在对比双向

① 马塞尔·莫斯：法国人类学家、社会学家、民族学家。涂尔干的侄子，也是其学术继承人。对结构人类学创始人列维斯特劳斯有重大影响，最主要著作是《礼物》。——译注

度的人以及单向度的人时，运用了一些不那么专门，但又更社会化的指标。前者的分裂意识使他能够征服其本能，直面外部世界。而后者的理智和情感混合在一起。它的反应在任何情况下都是一个整体。一方面，正如莫斯所说的：

在我们自己的文明中，在其他少数几个东方文明，以及技术不太发达的文明中，只有那些上流社会的有教养者才能控制他们意识的不同部分。他们不同于其他人。劳动的分工使他们专业化。而劳动本身通常也是世袭的。然而，更重要的是，他们在自己的意识中被进一步区分，并对此都心知肚明。这就意味着他们都能遏制本能冲动，意味着由于其教育和教养，思想以及选择自由，他们能够控制自己的行动。[注6]

然而，另一方面：

普通人是分裂的。他感到自己有一个灵魂，但又不是自己命运的主人。现在，正常的男人——更大范围内还包括正常的女人——以及古代和落后社会中的几乎每个人，都是一个完整的存在。我的意思是说，他的最细微的感受和精神震动，都会影响他的整个存在。[注7]

在此，我们描绘了两类明显不同的人。第一类对应于我们文化中的个人观念。其中，被两个“灵魂”撕扯的浮士德就是最好的例子。第二类对应于群体心理学描绘的大众人。我们暂时似乎还不能改进这两个定义。但是我们也许可以添加一些心理学细节，来充实这幅人类学景观。我们可以假定，双向度的人有一个严加限定的超我，是高度自尊的。他最关心的是保存自我，满足自己的精神生活。他也是独立自信的。这就是我们理解的所谓某个人有意志力，其勇气以信仰为后盾。这样一个人尤其倾向于用行动“去支持别人，充当领袖角色，为文化发展注入新动力，或者是破坏现状”。[注8]他的身上有一种令人着迷的方面，还有那种不屈不挠的特征，

反映了一个显赫的超我。由此还产生了那种典型的使命感，使他成为一个乐于行动的人。[注9]

看看那个完整的人，我们发现，他也必须有自尊，并非常以自我为中心，才能在一个高度竞争的、各人都必须顶住其所受压力的社会中稳守阵地。然而，他最根本的特点还是力比多中的性欲成分较高。他最关心的是吸引其他人的爱，而失去这种爱最使他焦虑不安。这使他依赖于能够给他爱或者收回爱的人，使他易于屈从本能的驱使。寻求那个领域的满足使他的整个生命多姿多彩。把自爱与其他人的爱结合起来，也就是把自恋与情欲力比多结合起来。“是我们必须承认的所有人中最普遍的特征。它把对立的事物联系起来，使它们在其中能够彼此缓和。”[注10]那也就是为什么即使这类个人知道意识与后果之间的鸿沟，也没有区分它们，或看到它们之间的冲突。

运用关于他们心理构成的一般假说，我们还能描绘一幅有关这两类明显不同的个人的画像。如果我们马上要总结莫斯的分裂的人，就可以说，他在爱和认同，以及性欲和模仿欲这两种对立的力量之间是分裂的；他受到极端个性和极端社会性的撕扯，因为它们每一方都力图支配对方。这种紧张来自这样一个事实，即他已经完全自我认同于某个思想、某个群体或者某个理想人物，并且正如勒庞所说，受到了它们的迷惑。良知的声音不断地提醒他，他必须竭尽全力地追寻自己的目标，而不应该屈从于自己的本能。那个声音“产生了几个伟人，许多精神病人和神经病人”。[注11]

弗洛伊德这样表述了他的观点：

笨蛋、有幻觉者、妄想症患者、神经病人和疯子在人类历史上所有时期都发挥过重大作用，而且还不只是局限于那些生来就被授予了统治权的人。这种人在他们自己的时代以及随后的时代都产生了广泛影响。他们发动了重要的文化运动，提出了伟大发现。一方面，尽管有不正常的一面，但是，靠着人格的完整部分，他们仍然取得了如此重大的成就；另一方面，使他们能够吸引其他人，克服世界阻力的正是他们性格中有缺陷的部分，

他们发展的片面性，某些愿望的非正常强化，以及对单个目标不加鉴别的努力追求。[注12]

这幅景象不管多么夸张，多么让人惊讶，我们都得将其考虑在内。我们在探讨勒庞和塔尔德时已经看到，这是群体心理学中常见的现象。也只有在群体心理学中，我们才能意识到这种现象。它可能只是一种虚构，但是这种虚构与现实并非没有一点关系，不然它就不会在所有的文化中都有如此大的影响。无论如何，这幅景象确实投下了一些亮光，让我们看清那些群体，那些效忠于他们所代表的那个人的群体。

另一方面，那个完整的人结合了同一种力量的两个方面，也就是自恋和情欲力比多，就像吸引力和排斥力是同一个躯体的重力的两个方面。当然正是在这种意义上，我们才说它是简单的，也就是说，它是由某种单一的物质组成的，并且服从某种单一的力量，即爱的力量。另一种力量，即与某个人或者某个集体目标的认同，在他身上存在的强度是相当温和的。结果是他的良知——简单地说，就是他的超我——对他的要求甚至不如爱和其他因素对他的要求。这是一种温柔的声音。“对于发出声音的人来说，是一种愉悦的声音。但是，它的不足之处是，它允许一种极其平庸的人的发展。”[注13]然而，我们也不应该假定这个人头脑简单，或者只有贫瘠的内在生活。

这也就是我们正在寻找的分水岭。它假定情欲和模仿欲在一个分裂的人身上是严格区分，并且相互对立的。如果有一种冲突的话，那么模仿欲总是胜利者。另一方面，那个联合的，完整的人却充满着和谐。模仿欲总是尊重性欲的首要地位，并且竭力避免任何过激行为或者不力的措施。这也就是为什么这类人只能指望得到一个群体的服从，而这个群体的大小与他从中得到的，人们对他的爱是相称的。现在，我们必须来做我们任务中最困难的部分，也就是解释我们所讨论的这种分裂的根源。

为此，我将介绍一种思想，如果它真的可以被称为思想的话，也就是弗洛伊德所谓的关于“家庭罗曼史”的思想。通常，人们对此类现象并不怎么注意。但是，由于它在群体心理学中比在个体心理学中有着更大的作用（而且我们也必须运用现存的所有方法），因此，我会毫不犹豫地对此展开探讨。那么他的观点是什么呢？

心理分析认为，儿童，尤其是男童，会迷恋他的母亲，而反对他的父亲。他认为父亲是他的情敌，甚至希望他死亡。这种情敌思想影响了他的生活，并且决定了他的人格发展。儿童忙于为他与父母的冲突寻找一种解决办法，这是家庭中的一种典型现象，或者说是俄狄浦斯情结。这种努力影响了家庭成员之间的关系。与此同时，那个儿童试图逃离这些令人痛苦的紧张关系。由于他无法在现实中做到这一点，因此就在一个幻想世界中努力。这也就是为什么他为自己创建了第二个家庭。他或者幻想自己有了第二个父亲和母亲，或者迷恋自己的祖父。司汤达就属于这后一种情况，他憎恨父亲，而崇敬他的祖父。但是，这样做的成年人不是也同样很多吗？他们也是这样想象一种理想化环境，其中到处都是他仰慕爱恋的人，借此让自己逃离真实的生活环境。

随着那个儿童成长到了青春期，这种不正当的感受也就变得更加深刻，使他比以往更加反感他真正的父亲。他宁愿选择想象中的父母。既然父母是幻想出来的，他们自然都很强大，有保护能力。他们往往都是国王、著名艺术家、天才或者著名的科学家。这些想象的、租借来的父母，除了能够给他提供保护，让他逃避现实，还取代了他自己的父母，使他不再面临那个无法解决的难题，也就是他长期郁积的对异性父母的被禁止的欲望。正如弗洛伊德在1898年给弗雷斯的信中所说的：“所有的精神病人都给自己创造了一部家庭浪漫史（这在偏执狂病人中是很明显的）。家庭情结是真实的家庭历史交织混合的产物。家庭浪漫史就与这种情结相对应，并使这种情结增强了一倍。这种虚构的浪漫史奉承那些迷恋权力的自大狂，并且预防家庭内部的乱伦。如果你的姐妹不是你母亲的孩子，就没有人能够指责你；同样，如果你是别的父母的孩子，也就不会受到别人的指责。”

这个儿童通常会虚构一部完整的家庭浪漫史。其故事情节来源于他人性的最深处，并且与他的真实生活相并行。它反映了俄狄浦斯情结，也就是他的真实生活历史的构造，就像在远古时代，诗人们吟唱的史诗反映武士和国王的功勋和活动，把他们变成了英雄。这就意味着他必须在真实层面和虚构层面进行两场战斗，过双重的生活。

我们提出的梗概正在显露其形式和实质。它意味着，在每一个“自然的”家庭旁边，也就是那个真实父母的家庭旁边，就有一个“更高级的”“外国的”，而且通常是“贵族的”家庭。这也就是那个儿童想象和效法的家庭。他在前一个家庭中汇集了对父母和兄弟姐妹的爱憎情感。纪德（A. Gide）[1] 在其著名的（也是臭名昭著的）独白中描绘了它的气氛：“家庭啊，我憎恨你。你的庭园是不可进入的，你的门是封闭的，你的幸福被嫉妒地守护着。”与此不同，后一种家庭中全部都是受人羡慕、被人模仿的人。但他们与别人的关系相当疏远，关系的性质也相当抽象。这意味着，它基本上是满足了儿童希望拥有和其他儿童一样的父亲的愿望。而他所认同的其他儿童通常属于一个更高的社会阶层。他把他的父母与他的伙伴的父母相比较，结果发现自己的父母是不那么成功的，总之，他们不是他希望的“那一种人”。他非常希望能够有他想要的那种父母，就像他的朋友那样。这就成为一个足够的理由，使得那个少年处世挑剔，甚至敌对，随时准备牺牲他的“自然的”家庭，而选择那个在他眼里是完美无缺的“幸福”家庭。

所有这些开阔了他对家庭的认识。社会群体关系的规模和复杂也得到了内在化。有时候不停顿地想象出来的一连串父亲，形成了一个虚假的梦幻世界，以及他对成年人的批判意识。

但是随着知识的增长，他逐渐地、不可避免地发现了自己父母所属的种类。他开始了解其他儿童的父母，并且把他们与自己的父母相比较，从

---

① 安德烈·纪德：法国作家、文艺评论家，曾获1947年诺贝尔文学奖，对法国的文学创作和哲学产生了深刻影响。——译注

而获得正当的理由去怀疑他已经归结于自己父母的不可比拟的独特性。儿童生活中让他感到不满的细微事件使他开始批评自己的父母，并用所获得的知识来支持他的批判态度，认为其他父母在某些方面要胜过自己的父母。[注14]

这就很像成年人出国回来以后，用一种新的批判眼光观察他自己的国家，发现了它的缺陷和局限性。有些人甚至走得更远。他们把他们羡慕的国家变成了衡量自己国家的标准。比如，他们羡慕美国的、英国的或者德国的事物，并且幻想成为这些国家的公民。

总之，我们可以看到，每个儿童的生活都分裂成两个家庭中的生活。一个是其“自然的”家庭。其中性爱本能是最重要的。另一个是“美好的”家庭，其基础是对某个群体、个人、社会价值或者他自己的价值观念的认同。当然，就像在所有小说中，真实经历的成分也提供了素材。“自然的”家庭是真实的。它属于儿童真实的生活世界。而那个“美好的”家庭则属于理想化的世界，属于他所期望的生活世界。

在写给弗雷斯的信中，弗洛伊德① 正是在这一点上提到了罗曼蒂克化在偏执狂病人中的根源。此处所谓的偏执狂也就是各种宗教的英勇的创建者。但是，普鲁斯特对这种关系进行了最微妙的描写。在《追忆似水年华》一书的开头，年轻的马塞尔对查尔斯·斯旺怀有敌意。因为每当斯旺来和他的父母进餐时，他母亲就不来亲吻他，不和他道晚安。后来斯旺的女儿吉尔勃特成了他的朋友。马塞尔就有了一个理想的新父亲。斯旺家里的每

① 家庭罗曼史当然有两种类型，一种是上升型的，一种是下降型的。在前者中，“原本的”家庭地位卑微。而后一种家庭的情况则刚好相反。对于所有那些认同了穷困、纯洁、被迫害的和奋起反抗的父母的人，人们总是想到他们，并以他们为榜样。说他们这样做是因为看到了社会的不义和邪恶。但是我们不能够排除这种可能性，就是说他们童年时期创作的家庭罗曼史为他们作好了这种准备。即使他们忘记了这些罗曼史，它们也会在外在环境的压力下重新回到意识之中。从心理学的角度来看，家庭罗曼史，无论是上升型的还是下降型的，都对应着一种可以认同的客观环境。

一件东西，房子、餐饮、仆人都恰到好处。这个家庭所做的每一件事也都是正确的。而马塞尔自己家里的每件事则都是下等的、过时的、令人鄙视的。但是后来马塞尔对吉尔勃特和斯旺的爱也逐渐消退。他开始迷恋古曼迪斯公爵和公爵夫人。他们成了他的新父母，把他带进了上流社会，一个他非常期望进入的世界。

如果伟人有什么精神特殊性的话，它的根源就在于：两个家庭的生活历史发生了冲突，结果导致真实存在的家庭情结与虚构的家庭浪漫史之间永久的内战。当我们想要重新调整这两者之间的关系，以便获得内心平静时，我们大多数人可能会采取一种最简单、最现实的方法。这意味着把家庭浪漫史整合融化在家庭情结之中，因为虚构毕竟是虚构。正如俗话所说："双鸟在林，不如一鸟在手。"结果是，我们宁愿得到有血有肉的父母之爱，而不是去感谢那些与我们关系疏远的幻想中的人。

然而，我们能够想到，有一小部分儿童是非常自恋或者反社会的。他们不能相信自己父母的力量，立志要生活在虚幻中，要去实现他们的梦想。他们或者发现自己真实的家庭生活不可忍受，就像福楼拜的情况那样；或者认为拥有一个想象的父母是维持心理生存的唯一途径，就像卡夫卡的情况那样。在这两个人的情形中，他们在家庭浪漫史和他们认同的人物之上建立了一种非常不稳定的结合。具体说来，这种结合表现在两个方面。一方面是对真实父母的情欲依恋的弱化；另一方面则是虚构人物的内在化。在这些虚构人物中，有民族英雄、艺术和科学天才，以及其他此类的人。家庭谱系之间冲突的解决方法确实遵循了一种常见的模式，那就是心理认同得到强化，而力比多则逐渐消退。

我们发现那一种类的个人与人类的大多数不同。他们几乎牺牲了自己的俄狄浦斯情结，去实现他们进行统治、发现和创作的雄心壮志。比如，我们可以想一想那些有杰出才能的政治家。他们能够在一夜之间抛弃最亲密的朋友，又和新朋友组成联盟。我们也可以想想那些天才为了要专心工作，是怎样心安理得地抛弃所有的家庭责任和义务。巴尔扎克的著作《对绝对的探索》已经对此做了很好的阐述。他们在很小的时候就作出自我牺牲，后来又一再重复这种自我牺牲，因为他们希望成为，并且等同于他们模仿的那些超人。他们渴望能够进入社会精英组成的世界，为此，他们把自己与其他的一切分离开来。他们是能干而又野心勃勃的人，有着坚定的意志。他们把卑微的父母隐藏起来，免得自己难堪。这种人已经无可挽回地抛弃了他们出身的家庭。他们用自己所挑选的、虚构的家庭取代了原来的家庭。在他们人生的早期，这种虚构的家庭是一种批判的工具，是他们逃离社会的避难所。等到他们长大成人，虚构的家庭就成了他们行动的动力，创造现实的源泉，并且使他们生活和工作在家庭的浪漫中。

当他们作出这种选择时，杰出人物的生平就发挥了决定性的作用。这些人的生平为一个成功的家庭罗曼史，为某个成功者的故事，为某个他们渴望成为的人，提供了情节、插曲和事例。他们还激励了未来的革命家、先知、科学家和艺术家，敦促他们放弃正常的生活，想象自己生活和工作在一个受人尊重的环境里，鼓励他们预见自己成了这些精神之父的儿子，但同时又拒绝他们极其卑微的肉体方面。

所有这些人在活着的时候就建造了一个精神的万神殿。他们希望有一天能够在其中占有一个崇高的地位。我们可以在某些艺术家以及某些政治领袖身上看到这种思想的具体形式。像毕加索（Picasso）[①]、瓦萨勒利（Vasarely）[②]、恰加尔（Chagall）[③] 等艺术家，他们在生前就为自己建造了展览馆。而那些政治领袖，他们在做每一个姿态或者演讲时，都十分在意未

① 巴勃罗·毕加索：西班牙画家、雕塑家、诗人、剧作家，西方最有创造性和影响最深远的艺术家，其画作在世界艺术史上占有不朽地位。——译注

② 维克托·瓦萨勒利：匈牙利裔法国艺术家，被普遍认为是OP ART（欧普艺术，或者视幻艺术）的“鼻祖”和领导人，其30年代的作品“斑马”是欧普艺术的最早作品之一。——译注

③ 马克·恰加尔：白俄罗斯裔犹太血统法国画家、版画家和设计师。是现代绘画史上的伟人，游离于印象派、立体派、抽象表现主义等一切流派的牧歌作者。——译注

来历史学家的想法。他们甚至在活着的时候就安排好了自己的葬礼。这些人在活着时脑子里就装着自己的讣告和回忆录。他们的身份有一种预先确立的模型。这些事实，以及关于他们的神话传说，都表明了家庭罗曼史的强大力量，以及它们在伟人的一生中所发挥的关键性作用。他们经过努力，成功地把它们转变为现实，转变为一部历史的浪漫史①。

然而，那些作为民众领袖的伟人，他们的心理仍然是一个不解之谜。但我们已经取得了一些进展，因为我们至少已经开始对他们的探讨。正如我们已经看到的，群体心理学假定，伟人的心理存在一种内在的对立，一种对超我与自我，也就是心理认同和爱恋这两种对抗力量的控制。这种冲突来源于家庭罗曼史和俄狄浦斯情结之间的分离。这是儿童以及随后的少年生活中深刻的二元主义状况。父母的子女成了他自己的想象所创造的后代。对于这些迄今为止还不能完全解释的问题，我不知道我是否已经作出了任何有效的解释。我所能做的就是请求读者的谅解，并请你们想象这样一种解释可能包含的意义。用饶勒斯（J. Jaurès）②的话来说，在知识领域中，“人类进步的尺度也同样是智者对疯子梦想之宽容”。

“一方面我们看到，伟人的形象慢慢地具有了神圣的成分。另一方面，我们也必须记得父亲一度也是一个儿童。”[注15]传奇让我们了解他的童年。令人惊奇的是这样一个事实，他们都遵循我们已经追溯过的那个过程。群体心理学是一个银幕。一段家庭罗曼史的插曲被投射到这个银幕上。这些罗曼史放大了那个英雄的身影，并且解释了他是怎样成长发展的。摩西就

① 有些人由于担心自己从来都没有获得过成功，或者想象自己成了家庭情结的牺牲品，因此就没有自信。这些人无疑存在着家庭罗曼史的大量病症。它的征兆就是过分地关心家谱，论证它在历史上的地位，并且与杰出人物（拿破仑、弗洛伊德、爱因斯坦，等等）作比较。给人的印象是，他“原本的”家庭已经被他假想的“高贵”父母消磨光了。这些就是我们可能看到的过度迷恋罗曼史的征兆。

② 尚·饶勒斯：法国著名历史学家、哲学家和经济学家，法国社会党和20世纪初社会主义运动领导人之一。——译注

是一个典型例子。

他的出身是怎样的呢？正如我们所知道的，《圣经》认为，他是一个犹太奴隶的孩子。然而，弗洛伊德坚持认为，他出身于一个埃及法老家庭，所以不是犹太人。他引证摩西的名字作为证据，认为这无疑是一个埃及名字。然而，他的主要论据是建立在对他的出身传奇的分析上。我们能够作出的第一个观测结论就是，后者符合所有民族中都存在的原始模型。在这种模型中，那个英雄被说成是一对皇室或者贵族夫妇的孩子。正好在他出生前，发生了危机、饥荒或者战争。他的父亲觉得受到了威胁。他认为这个刚刚出生的继承人可能会利用这种局势，或者给他的敌人以某些帮助。因此，父亲就下令将他废黜、抛弃或者处死。为了逃避他的宿命，父亲采取了杀害婴儿的方法。这是他与其臣民完全不同的。

根据神话传说，其他被这样抛弃的重要人物还有居鲁士（Cyrus）①，罗慕路斯（Romulus）②，海格立斯（Hercules）③。然而幸运的是，本民族的某个人救起了那个孩子。他得到一个贫穷妇女或者一头母兽（在罗慕路斯的传说中，就是那头母狼）的抚养并且生存下来。卑微者的善良阻止了有权

① 居鲁士大帝二世：波斯政治家，阿赫美尼德王朝的开国君主，“波斯之父”。据传，居鲁士的外祖父是米底国王，他梦见外孙长大后会推翻他的政权，就下令将居鲁士杀死。然而，他的一位近臣却将他交给牧人抚养，居鲁士成年后起兵进攻外祖父的领地，继承了米底王位，后来更建立了规模空前的波斯大帝国。——译注

② 罗慕路斯，罗马神话中罗马城的建立者。传说罗慕路斯的外祖父被其弟弟废黜，其母也被迫去当祭司，罗慕路斯出生后，国王命令把婴儿扔到台伯河里，可是，载着婴儿的木盆却随水漂流到未来的罗马城所在地，一只母狼喂养了他，后来又被一个牧人收养，长大以后，罗慕路斯帮外祖父恢复了王位，并建立了罗马城。罗慕路斯做了多年国王，后在一次暴风雨中突然失踪，罗马人相信他已经成神，此后便把他当神来供奉。——译注

③ 海格立斯，希腊神话传说中的大英雄赫拉克勒斯（Herakles）的罗马名字，是主神宙斯与一个人间母亲所生的儿子，被认为是地球上力气最大的人。赫拉克勒斯的故事包含西亚和埃及的传说，传到意大利后又增加了他在意大利建功立业的内容，成为古希腊古罗马普遍知晓的大英雄。——译注

有势者的犯罪行为，为其命运助一臂之力。

那个儿童生活在收养他的家庭中，并且在身材、力量和勇气等方面都得到成长。他随后的生活危机四伏，充满冒险活动，显示了他的英雄本性。最终，他得到了其真实的贵族家庭的认可。他后来报复他的父亲，重新团结他的国家，并且登上了他出生之前就属于他的王位。正是由于他挑战并且打败了他的父亲，才成为一个英雄。他的家庭历史在所有传奇中都是相同的。“在那种典型的传奇形式中，他出生的第一个家庭是贵族家庭，而且多数情况下是皇室家庭。而那个儿童成长的家庭则通常是一个卑微的家庭，或者是已在不幸的日子里衰亡了的家庭。更重要的是，这种情况符合我们在解释这些传奇时所追溯到的背景情况。”[注16]

然而，这种典型的剧本说明还有两个例外。那就是俄狄浦斯和摩西。在希腊传说中，俄狄浦斯被皇族的父母抛弃，后来又被一对同样是皇族的夫妇收养。他的悲剧人生的每一个片段——他与他母亲的乱伦以及他的孩子遭到的放逐——都发生在半神人的金色圈子中。这意味着他并没有经受那些考验，使他得以展示其杰出才能，点燃他想象的火焰，并且突出他作为伟人的英雄本质。

在《圣经》里面，两种家庭的对比明明白白地存在着。但秩序却被颠倒了。摩西是卑微的犹太人的儿子，他出身于一个奴隶家庭。由于父母不能供养他，他们就像其他穷人一样，把他丢弃了。这个婴儿被一个埃及公主救了起来，并把他当自己儿子一样抚养长大。与通常的神话传说不同的是，第一个家庭不是贵族家庭，第二个家庭也不属于贫苦阶层。情况与此刚好相反。摩西在埃及法老的孩子中成长。当他发现自己的真实父母时，他已经是一个成年人。他没有去报复他的亲生父母，相反，正如我们大家都知道的，他成为先知和领袖，拯救了他的父母和整个犹太民族。

摩西的出身和人生经历次序颠倒，不合常规。弗洛伊德说，如果我们要使它符合常规，摆正顺序，那么这个传奇所隐藏的真理就会变得一目了然。他把《圣经》的故事放在一系列的类似故事中，最后得出结论说，像所有伟人那样，摩西一定是出身于一个皇室家庭。因此，他是一个埃及人。

为了使他成为一个犹太人，《圣经》使用了偷梁换柱的手法。用弗洛伊德的话来说：

英雄的辉煌人生通常都始于卑微。摩西其人的英雄人生却与此不同。他一开始就从一个崇高的位置走下来，屈身成为以色列人的孩子。[注 17]

实际上，并没有发生以色列人的起义。而是以色列人被解放了。他们的反叛不是来自社会底层，而是来自社会上层。弗洛伊德坚持说，摩西是个埃及人。他实际上是在告诉犹太人，他们从来没有真的起义反对过权威。他们不过是跟随一个埃及人，实现了他的主人、一个埃及法老的愿望，成功地使他们采纳了他自己的人民没有采纳的一神教。

指出弗洛伊德的论据及其所依赖资料的脆弱性，这并没有多大意义，因为这样的异议已经有很多。他们说，弗洛伊德颠倒了本来具有历史性的《圣经》叙述，认为他不是去揭示那个传说所隐藏的真理，而是为 20 世纪创作了一个新传说。正如阿哈德 · 哈阿姆（Ahad Haam）① 所说的，摩西对于每一代犹太人都有新的含义。现在轮到弗洛伊德来给自己创作一个新含义了。

我们现在能够提出一些暂时的结论了。首先我们看到，为了解释英雄是怎样被创造出来的，那些传说都遵循了关于出身和童年时有两个家庭的统一模式，其中一个是“自然的”，另一个是“高贵的”，还有他从一个家庭到另一个家庭的所有情节过程。这就像一部机器只有在存在冷热能源的差别时才会工作一样，一个人也只有在两个家庭存在社会阶层的差异时，才会发挥使他成为杰出人物的力量。他在真实的家庭中出生，却在幻想租借来的家庭中得到真正的或者假象的重生。难道印度教徒不是认为高种姓的人要“出生两次”吗？

① 阿哈德 · 哈阿姆：犹太复国主义领袖，生长在俄国犹太人家庭。——译注

我们说，杰出个人也是如此。唯一不同的是，他们不是两次都出生在相同的环境中。那个儿童属于两个家庭的事实，使他在自己和其他人的眼中都很伟大。用弗洛伊德的话来说："其中一个是他的真正家庭，那是我们研究的那个人（那个伟人）真正出生和成长的地方。另一个是虚构的家庭，是神话为自身的目的而杜撰出来的。通常，卑微的家庭是真实的，而贵族的家庭是编造的。"[注18]这种比较是有局限性的。但是，它确实给人一些启发，让我们看到他的与众不同之处，以及他成为分裂的人的原因。

我们也必须反思一下常见的传奇模式中的两个例外：俄狄浦斯和摩西。前者出生并成长其中的两个家庭社会地位相当，都是皇室家庭。而根据《圣经·旧约》，后者出生在一个贫苦的家庭，后来被具有高等社会地位的人收养了。奴隶的儿子在他主人的世界里得到了重生。

这两个例外，以一种想象的形式，提出了一些我们认为具有普遍心理学意义的解决问题的方法。其中之一是分解俄狄浦斯情结中的家庭罗曼史，并把虚构的内容带回现实。另一个方法则包括了相反的过程。其中被创造出来的个人取得了主导地位。他影响着人的性格和真实生活，并有变为现实的倾向。

通过比较，第一个方法使得俄狄浦斯成为那个单向度的人的典型，而摩西则成了那个双向度的人的典型。俄狄浦斯经受了严峻的考验，他与母亲乱伦，杀害父亲，触犯社会禁忌，因而受到了惩罚，但是他没有经受异化的悲剧以及人类和文化的反对。他是一个继承人，重建了他整个身心都归属的那个秩序。摩西则整个生活在异化和反对之中，他在反叛中，在与社会上层和下层的斗争中塑造自己。不管他是否出身高贵，他已经是一个叛逆者，一个篡权者，一个人民中的陌生人。我们知道，一个篡权者取得了被他篡夺了权力的人的地位。年轻人取代了老人，奴隶取代了主人，解放了他自己和人类。摩西建立了国家，创造了象征符号。他不是俄狄浦斯，因为在他的生活中，还有另一个因素在起作用。当家庭罗曼史打败了家庭情结后，灵性上升，取得了对情欲的胜利。因为情欲是一种即刻短暂的给予，被感官证实的事实；而精神却是一种意识创造，是观察和推理工作的成果。

第三节　缔造一个民族

家庭罗曼史可能解释伟人“更多的与众不同之处”。这样的假说并不是反理性的。如果对各个个案所提供的信息能够不抱偏见，那么可以说，它们一定是回应了某个文化事实。如果对此表示同意，我们就会提出一些问题，使我们对此有更深入的理解。哪些连环性事件会使个人成为人民的领袖呢？他又是怎样影响人民的呢？为什么他们愿意如此地追随他，直到把他当成他们的英雄呢？

所有这些问题都表明，“伟人”有力量把一个自然的民众群体转变为一个人为的、有纪律的群体。由此就有了弗洛伊德所说的那种感受：

> 一个人怎么能够具备如此出众的能力，使他能够把个人和家庭缔造成一个民族，给它烙上他的鲜明特征，并且数千年来决定他们的命运呢？[注19]

在此，我们面对的是更加熟悉的景象。与此相应的假说是所谓的图腾圈假设，它始于父亲遭人谋杀，止于父亲在取代其地位的儿子身上的复活。我们已经进行了足够的追溯，使得我们看清楚其趋向。它有助于我们分析整理现实并进行反思。但它没有能够给我们提供有关事情发生真实情况的详细知识。我们永远都应该承认，假设中的实质性内容并不比笛卡尔旋涡里的物质更多。然而，它也确实反映了某些心理事实，涉及民众行为以及他们是如何被影响操纵的。即如果没有死者的无形力量，生者的有形力量就不能产生任何结果。这就好像为了创造历史，每个实在者都必须在回忆过往的形式中行动，也就是回忆那些让人无处逃遁的影响力。至少就摩西及其对犹太民族的缔造而言，这是真实的。

让我们回到摩西那里，接受弗洛伊德的观点，认为他是个埃及人。他应该出生在基督之前 14 世纪埃及法老阿蒙霍特普四世（Amenhotep IV）的时代。这个法老皈依了对阿顿（Aten）的一神崇拜，并取名埃赫那顿（Akhenaten），以表示对他的尊敬。他开始铲除多神教，古代的神灵和偶像崇拜，甚至规定“神灵们”（dieux）这个复数的词为非法。他在远离底比斯和传统祭祀中心阿蒙城的地方建造了一个新首都——埃赫塔顿（Akhetaten），意思是“阿顿神升起的地方”。他在埃及本土及其帝国中建造了许多阿顿神庙。然而，在一个简短的胜利之后，这个努力失败了。埃赫那顿的继承人图坦卡蒙（Tutankhamun）法老重新恢复了对阿蒙（Amon）神的崇拜。他的名字中就有阿蒙的神名。阿蒙神荣耀至极，其祭司们的权威也如日中天。但是，其中有一个前法老的支持者——弗洛伊德认为他就是摩西——对阿顿神和他的主子都忠诚无比。他不愿意屈服回到多数人的宗教。这就意味着他背弃了他自己的阶级和国家。用弗洛伊德的话来说：“他只能作为一个罪犯或者叛教者留在埃及。”[注 20]

摩西是他自己族人中的少数派，甚至很可能就只有他一个。但是，他坚忍不拔，百折不挠，这些正是埃赫那顿所缺少的素质。通过研究这些积极主动的少数派，我已经表明，他们的作用取决于两个因素：他们在社会上从事一项遭禁止的工作的能力，以及在所有情况下行为的一致性。现代的摩西年表告诉我们，他完全符合这两种情况，因为他是一个贵族，一个杰出人物。而且，与埃赫那顿不同，他还是一个精力充沛的人。[注 21]

由于被自己的民族排斥，摩西决定向另一个民族宣传他的宗教，以此来弥补这种一神教的损失。他找到的是外国人，是闪族的希伯来部落。他们在几代人之前就迁移到了埃及，现在正居住在埃及帝国最边缘的地方做奴隶。

摩西，一个被排斥者，向其他的被排斥者讲述了新宗教的内容。他与他们合计，决定离开埃及，另找一个他们能够自由居住的地方。他们一起踏上了逃亡之路。总之，摩西做到了埃赫那顿没能做到的事。对这个外国王子及其同样奇怪的宗教，希伯来人无疑倾注了他们重获自由的希望。他们把摩西视为领袖，认为他的宗教证明了其起义的正当性。而在摩西方面，他“感到心满意足，因为他有了建立一个新王国的计划，自己找到了一个民族，可以让他们实践埃及人所抛弃的那种宗教”。[注22]

我们应该从中看到一种逻辑模式。建立一个新国家的前提条件是：一个遭排斥的离经叛道者与一个受压迫的、愿意用新教义和新思想团结起来的集体结为一体。当所有这些因素都出现时，一个活跃的少数派肯定就形成了。民众紧随其后，思想被付诸实践。历史上所有这些伟大创造和转变都是此类少数派的杰作，或者是生活在既有社会之外或之上的人的杰作。

根据弗洛伊德的观点，当埃赫那顿去世时，所有这些条件都满足了。一个坚忍不拔的狂热领袖，一种闻所未闻的一神教的发现，以及帝国边远地区一连串难以驾驭的部落。正是这些使得摩西选择他们作为他塑造新民族的人的材料。“摩西屈尊来到犹太人中间，使他们成为他的人民：他们是他的选民。”[注23]在他们之中，他把这些分散的因素融合成为一个整体。

我尤其要强调这样一种观点，即活跃的少数人是改变历史、缔造民族的工具。这种观点还可以被简化到对父亲的谋杀。父亲通常是在事件中出现的唯一人物。然而，那个谋杀是整个解释的一部分，也是这个解释的结果之一。因为父亲毕竟也曾经是反叛者。在这个特殊情况下，正是父亲教会了他的儿子们起来反叛。在第一阶段，一个或者一群领袖确立了在一群人中宣传并实行新教义的任务。这可以被称为启示阶段。

摩西启示给犹太人的宗教将使他们成为只崇拜一个神的民族。但是，有其主，必有其仆。他们可不是用比埃及人更高贵的黄金制成的。在一神教严格的道德和禁忌面前，他们畏缩不前。他们并不急于放弃自己的偶像和魔术。对于为什么他们的领袖摩西要把他们与其他民族永久地分开，比如，用割礼的方法；或者为什么要给他们规定比他的主子埃赫那顿更严格的教义，他们也不急于了解，因为摩西已经切断了阿顿神与太阳神之间的所有联系。他们用整个的身心、理智和情感，大声反对那种几乎不考虑人性的宗教戒律，反对舍恩贝格（Schônberg）① 的戏剧《摩西和亚伦》② 中所描写的“由于无形，不动，永恒，遍在，万能而不可思议”之神。

那当然还不是全部。但是，当一个教义还在启示阶段时，我的意思是说，它被外在地强加给一群人时，还只是个开端，因为这个教义还只是以强迫的方法加给他们的，并没有使他们真正地信服。他们不但拒绝这教义，而且很容易在相反的情感和信仰的压力下拒绝它，并将其抛弃。“然而，摩西就来自埃赫那顿法老的圈子。他运用的手段也正是那位法老所采纳的。摩西下达命令，把他的信仰强加给了人民。”[注24] 摩西也认为他能够强制犹太人接受一神教。然而，《圣经》描绘了由于宗教热忱以及宗教传播的局限性所激起的一系列反叛，比如崇拜金牛犊，以及摔碎摩西法板。在某一次反叛中，据说犹太人把摩西给杀了。弗洛伊德只是很简洁地写道，摩西和埃赫那顿一样，面临着每一位开明独裁者都会遭遇的命运。[注25] 犹太人曾经有一个父亲，然后又杀了他。他们以为这样就可以一了百了。但是事实上，这个事件不过是开启了一个漫长的，而且是非常漫长的历史。

就像那个最早的始父那样，去世的摩西比活着的摩西更有力量。他的突然死亡使他成为一个烈士。难道还有比为他所认同的思想献出生命更强有力的证据吗？牺牲本身被普遍认为是对其信仰的见证。民众确实对布鲁诺和伽利略的思想知之甚少，但是，前者被烧死在火刑柱上，后者遭教会谴责的事实使得他们的思想具有特别的吸引力。这对于摩西也同样是如

① 阿诺尔德·舍恩贝格：美籍犹太裔奥地利作曲家、音乐教育家和音乐理论家，二十世纪著名音乐作曲家之一，“新维也纳乐派”，即“表现主义”音乐流派代表人物。——译注

② 《摩西和亚伦》：舍恩贝格未完成的三幕歌剧，创作于1931至1932年间，一部无调性的十二音音乐作品，带有清唱剧性质，作品取材于旧约《出埃及记》，叙述了犹太人在摩西率领下出走埃及的过程。——译注

此。尽管“摩西的上帝之值得景仰的每个方面都超出了未开化民众的理解力”。[注26]

事实上，信仰者被处死是对他本人及其伟大的一种证明。在一种更普遍的方式上，少数人的行为，无论那是一群人或个人的行为，都是想要引起与多数人的冲突，并使对方让步妥协。宗教或政治上的少数派，或者某个个人，一个创造新艺术种类的艺术家，或者揭示新真理的科学家，他们所承受的迫害和痛苦是这种冲突所固有的。有些人想战胜所遭遇的情感抵制。对于他们来说，这种迫害和苦难是极其重要的。事实胜于雄辩。弗洛伊德在写到文化英雄时说：

> 我们还可以在许多事例中作进一步的类比。那就是，在这些人的一生中，他们——不说总是，说经常就足够了——受到其他人的嘲笑和虐待，甚至被残暴地杀害。事实上，那个最初的始父也是直到他暴死后很长一个时期才成为圣徒的。[注27]

以上所述也同样适用于摩西。

谋杀一旦发生，希伯来人就脱离了一神教。“摩西都死了，还有谁不死呢？”这就是哀悼仪式上的结论。它把一个犯罪行为变成了自然的死亡。他们重新建立了部落社会，崇拜以雅赫维为主神的几个神灵。他们还捡起了周围民族的魔术。他们也许还回到了父系社会。不管是否如此，他们并没有拥有父亲权威的杰出领袖。能说会道者，或者年长的兄弟掌管着公共事务，领导着部落民众。他们不过是些抚慰者，说的都是别人让说的话，或者人们想听的话。这个时期，摩西这个人及其教诲都隐没了，退回到了背后，似乎被所有人遗忘了。他们离开埃及时如此重要的事情，现在似乎完全被笼罩在沉寂之中。弗洛伊德宣布：“背叛摩西的一神教以后，有很长一段时间人们不再想到一神教思想，不再蔑视礼仪，也不再高度重视伦理。”[注28]

弗洛伊德相信这个时候民众的状态是一个潜伏期，就像那个将要脱离儿童期的个人一样。童年较早时候的大多数事情和愿望都被抛回到了记忆深处，好像都被忘记了。实际上，它们都留在了无意识中，等着回到意识层面。这就像一艘潜水艇在长期的水下潜行后将要浮出水面。然而，我们在此要再次注意避免混淆个人层面和社会层面所可能带来的差错。相似并非一致。我们不能从一端走向另一端。

我们现在要说，摩西的人格和宗教一旦被展现出来，它们就经历了一个酝酿时期。这种情况对任何从事研究的人来说都是很熟悉的。它是通向发明创造的基本前奏。数学家最早描述了这种现象，说在这个时期，他们努力寻求的思想或者答案正在潜意识中悄悄地、不知不觉地产生，并在最意想不到的时候突然显现出来。他们有时候也意识到这些都是他们已有的。后来它们被遗忘了，再后来，又回来了。摩西其人及其宗教也以完全同样的方式贯穿了希伯来人的精神生活，而他们对此甚至都浑然不知，或者根本就没想要寻找它。

播撒在他们心里的种子当然不会枯萎死亡。它们被牢牢地铭刻在民族历史上，铭刻在子孙心里。它们是不可摧毁的。这种思想情感与用流行语言表达的其他更加熟悉的观念情感混合起来，呈现出集体记忆的传统形式。但是，最令人惊讶的不是它如此之长的潜伏期，这是在意料之中的；不是摩西宗教为了躲过犹太人理智和情感的排斥而经历的不为人知的变异和重组；也不是它居然在严格的利未部落（Levitical）圈子里一代代地传承下来。

最令人惊讶的是这段潜伏期的后果。先知的箴言和思想变成了信仰和传统。“事实上，在幕后持续发挥作用的正是这个伟大的历史传统。它对人们的思想渐渐产生越来越大的影响力，并最终把雅赫维变为摩西的神，重新唤醒几个世纪之前就已经确立起来，但后来又抛弃的摩西宗教。”[注 29]

我们现在知道，为什么传统遭受挫折的那个时期是如此的重要。无论何种教义，其纯粹伦理或者理智的内容都不能影响民众。事实是，在潜伏期中，每一种教义都获得了心理力量和影响力。他们不知道的是，它成了他们具体经历和观点的一部分，获得了内在的明显性和最直接的明晰性。

它扎根于集体记忆中，成为最具严格意义的信念。它具有更加强大的力量，因为它是古老的，有时间与仍然存在于人类显性精神意识中的其他因素融为一体。

摩西的教义事实上从来都没有被全部遗忘。某些人还在宣传它。还有小部分信徒准备唤回它，证明它的好处，并复兴他们的大师所确立的牺牲仪式。总体来说，这些对于民众并没有明显的影响，民众们对此也没有直接的反应。[注30]犹太人中，首先是先知们带头承担了这项沉重的工作。他们“重振了消逝的传统——复兴了摩西所作的告诫和命令。他们一鼓作气，直至遗失的东西都被重新确立起来为止”。[注31]

他们努力克服了无数挫折和困难，并最终取得了持久完全的胜利。总之，每一种教义（摩西的教义也不例外）都是先像一颗地下的种子一样“死了”。它遭人抛弃，几乎被人完全遗忘。然后，它又萌芽并突然地生长。它作为一种传统显现出来，并作为一种信仰得到重生。最初被理智地拒绝，后来又被情感蔑视，但最终它留在了记忆中，并被作为信仰接受下来。

退潮之后即高潮。回乡病开始施展它的魅力并美化过去的历史。摩西的形象成了每一种美德的陈列室。犹太人被进一步吸引到他的身边。正是他使他们摆脱了奴役，并且坚定不移地展示了他们的宗教和他们自身。一个朝代的父亲、建立者以及祖先标志着一道分水岭。这是他们的特权。在他之前是一无所有，而在他之后则是无所不能。就像艺术家和科学发明家，缔造或者至少复兴了一个民族的人，他们往往代表了一个分水岭。我们可以偏离他们，逃离他们，但迟早我们都得重新回到他们那里，尤其是当我们像犹太人那样有一种负罪感，并且想弥补我们的罪恶时。

几个世纪过去了。在他们记忆中挥之不去的摩西形象逐渐变大，并且越来越多地出现在他们的想象中。他们因为遗忘他而感到的悔恨也变得越来越强烈。最后出现了这样一个时刻，某个人将给那个现在不存在的领袖一个血肉之躯，并把满腔的爱奉献给他。给一张老面孔戴上新面具，这可不是随便什么人都能做的事。然而，只要有需要，就会有合适的人。这次是一个犹太人。他有足够的能力去设想充当那个埃及人摩西的角色。他决心要完成他的使命。在一个杰出人物屈指可数的时代里，这样的人必须极其自傲，具有不常见的力量以及非同寻常的自信。必须强调指出，关于始父被谋杀的假说有一个推论。那就是，第一个领袖是选择了民众的外国人；而第二个领袖则是“土生土长的”。他对这个部落终身都满怀感情。从它面临的局势中，他也看出什么是它所关注的，什么东西能够影响并打动它。我们也必须认为他是这样一个人。他的思想足够深刻但又简明易懂。他在阐述其思想时不会遇到以往的那些抵制。当这些条件都满足时，开创基业的父亲的形象就在那个复活并取代他的儿子身上得到了再现。

我们能够假定，第一个摩西，即那个埃及王子，在第二个摩西，即那个希伯来祭司身上得到了重生。在这之后很久，《圣经》综合这两个人，塑造了一个复合的人物。这样就扫清了父亲被谋杀的痕迹，并在取代他的人身上复活了那个人，好像历史上真的有一个摩西。这就取消了别人对他的任何悔罪感，并把他们从悔恨中解救出来。那就是《旧约全书》所隐藏的，也是弗洛伊德自以为他所揭示的内容。

我们也知道，当那个形象被复活时，其中的古老和已遗忘的形象会对新的形象发生影响。这个过程是以对立面融合（coincidentia oppositorum）的形式完成的。他把两种信仰，两种感情，两个人或者两个冲突的神灵融合交织在一起，而它们本来是在非常不同的环境中形成，并且与不同形式的社会生活相关联。更具体地说，就是父亲无限权威所强加的一切，兄弟联盟所制定的一切，以及后者自己附和的母亲的权利。

毫不奇怪的是，摩西的一神教教义被重新实行时，综合了雅赫维崇拜的某些因素。而这些因素是犹太人在摩西被谋杀之后以及在他失宠时采纳的。弗洛伊德对于他在犹太人及其宗教的重新创造中所发现的二元论表达了坚定的信念，认为这是对他的解释的极其重要的证明。他说：

我们的发现可以用最简明的形式来表示。对我们来说，犹太人的历史是以二元论出名的：两个民族的人走到一起形成了那个国家；那个国家分裂成了两个王国;《圣经》的文献资料中也有两个神名。我们还可以加上两条：两个宗教的基础——第一种受到了第二种的压制，但后来又成功地在它的后面显现出来；两个宗教创始人，他们都叫摩西。但我们必须对他们加以区分。[注32]

弗洛伊德运用了许多他自己的信念来证明这个不足信的事实。很显然，第二个摩西克服了对偶像的信仰，把民众紧密地团结在领袖周围，而且似乎还让本来是地下的颠覆性教义取得了合法地位。如果没有源自他个人的恐惧、悔恨和权威，他就不可能在他前任的失败之处获得成功。然而，为了获得成功，他必须依靠现在已经成为传统的教义。他不再需要克服民众对摩西宗教的感情抵触。他必须做的是控制该传统的崛起，引导它对每个人的影响，因为这种力量比逻辑的论证和摩西规定的限制更加强大。他也必须使全体民众都意识到，他们真正的信仰在两个摩西的中间期已经发生了变化。对此，弗洛伊德是这样说的：

特别需要强调这样一个事实，从遗忘中归来的每一部分都以奇特的力量显示着自己，对民众产生无可比拟的强大影响力。它们还不可抗拒地声称自己就是真理，而对它们的逻辑辩驳却显得软弱无力，这就是所谓因荒谬故而信仰的一种。[注33]

这时的犹太民众，就像其他所有的民众一样，他们由于受悔恨记忆，也就是灵魂中有毒的、使人衰弱的病菌的感染，已经不再那么抵触了。他们没做任何抵抗就妥协屈服了，并且还狂热地接受他们一度坚决拒绝的东西。整个民族都从现在已经被认为是假宗教的多神教转向了一神教，即那种真正的宗教。这就是这个特别发展过程的第三个阶段，也是最后一个阶段：皈依。宗教最初由一个人从外界强加于身，并被少数人接受，现在它从内部重新涌现出来了。

就像科学家或者艺术家头脑中的一个思想，这种宗教在某个时期内得到了传播，并使人们的思想悄悄地，不知不觉地发生变化。在重生后，它得到公开的传扬，并彻底影响了人们的思想。[注34]每个犹太人都公开地认同摩西，那个重新回到他们中间的父亲，声称他们是他的儿子，是他的忠诚的追随者。当我们说一个民族从灰烬中复活时，我们真正的意思是说从记忆中，或者更准确地说，是从震撼它每一根神经的对罪恶的记忆中复活了。但是，没有这种罪恶，那就什么也不会发生。契诃夫很贴切地说过，地球上没有一件好事在开始时是不沾上一些丑事恶名的。在群体心理学中，这种丑事恶名一直就是谋杀父亲。

随着摩西的归来以及犹太人对其宗教的皈依，他们的史前史时期就此结束，而历史也就开始了。他们强烈地排斥本能的规则，不再把人作为崇拜的偶像，认为那就是奴役的根源。他们的神无形、无名，也无任何相似物。他就统治着人类的灵魂。他们对能够控制自己的本能感到很自傲。他们抛弃了他们一度接受过的金牛、偶像以及其他的宗教道具，认为自己这个民族是被神选定的。作为他们的传统以及服从其神灵的一个组成部分，犹太人从此以后就不很尊重权力的象征。如果说他们是倔强的，就像《圣经》上所说的，那是因为他们认同了摩西的不妥协的个性。他们害怕会失去他的恩宠。

有些结论在此需要强调一下。首先我们确实必须记住，按照我们的图腾循环假设，我们已经概略地叙述了历史以及我们自己是怎样演变的。更具体地说，我们已经看到了一个民族是怎样创造自身，以及其领袖（chef）又是怎样缔造这个民族的。这似乎是“伟人”（grands hommes）和活跃的少数人的特殊责任。如果我们追随弗洛伊德，看看犹太民族的情况，就会发现这个过程经历了三个阶段。

第一个阶段是出现了一种新的教义，一种新的视野以及一个精力充沛、意志坚定的人。我们把这个人称为摩西。他选择了一帮像他一样被社会排斥的人。后者把他看成是进入他们圈子的局外人，让他们看到了他的世界，并把那些东西灌输给他们。一旦他成为他们的领袖，他们就走上了起义的道路。国家的法律宣布他们是罪犯，或者是叛徒，迫使他们流亡各地。然而，每一样新生事物所遇到的反对和最终的拒绝都正好来自它想争取的民众。与它一起被拒绝的还有那个据说是丑闻之源的人。犹太人也不例外。他们杀害了摩西，从而摆脱了他；他们又转向他们的偶像崇拜，从而摆脱了他的教义。

在第二个阶段，犹太人由于他们的罪恶感而团结起来，就像原始的兄弟由于他们自己的罪恶感而团结起来一样。犹太人现在显然和别的民族没有什么两样。他们当然是游牧民族，四处迁徙，创造自己的风俗，更新自己的礼教。这些风俗礼教很可能是母系社会的。他们还在他们的宗教中增加了一两个神，包括雅赫维。一方面，大多数人转向了希伯来人的魔术信仰和仪式。另一方面，少数人仍然忠于摩西。他们以他为榜样，继续传播一神教，并把它与他们周围的多神教相比较。像所有的少数派那样，他们不是回避冲突，而是挑起并保持冲突。犹太先知就是这样。大量的犹太民众，他们尽管在看似肤浅的层次上追随流行的观念，满足既有宗教的要求，但是，在更深的隐秘层次上，摩西的思想贯穿并渗透到了集体记忆中，直到它们获得作为一种传统的地位。每个个人内在地发生着变化。他们外表看起来是多神教徒，但骨子里却变成了一神教徒。他们渴望摩西强加给他们的一致性，希望能够弥补他们一直承受的损失。

第三个阶段是那个人在第二个摩西身上的复活。民众在内心分裂的干扰和懊悔心理的折磨下，拥抱了他的宗教，并接受了他强加的禁令。大多数人认同了少数人，采纳了他们的信仰和生活方式，尤其是他们的独一之神。这两个部分都融进了同一个民族，完全信奉同一种宗教，并且承认同一个伟大的人物或开拓之父。

我们可以说摩西最初选择犹太人，就像是一个艺术家选择木材、金属或者纸张等原始材料一样。摩西给他们规定了一种生活模式，并且拥抱他们，如同他们是他自己的人民，自己的作品一样。弗洛伊德就说：

我们已经知道，上帝选择了犹太人并把他们从埃及人手中解放出来，而站在上帝背后的摩西所做的也正是这些事，并假装这是上帝的命令。对此，我们可以冒险地说，正是摩西这个人缔造了犹太民族。犹太人对生命的执着应该归功于他；但是他们曾经遭遇到，至今还遭遇到的敌意也要归因于他。[注35]

摩西可以被认为是缔造了犹太民族，就像罗伯斯庇尔创立了雅各宾派，华盛顿和富兰克林缔造了美国一样。那为什么犹太人要把他们激起的那么多的敌意归咎于他呢？摩西的情况很特殊。他要求他们接受一种极其理性的伦理，禁止他们及其领袖去寻求偶像和魔术的帮助。这就带来了一种非常特殊的权力格局。马克斯·韦伯写道，拒绝魔术意味着犹太祭司不能利用它来系统地控制民众。这与其他民族的情况是不同的。[注36]摩西也命令他们与其他的民族分开，并保持他们的特殊性。他们在服从命令的同时，也受到了他作为少数派人物的个性的影响。在有些人看来，他还是一个被社会抛弃的人，受到他内在理想和目标的深刻影响。他丝毫都不受绝大多数人命运的影响，并且只要需要就从来都不怕挑起冲突。换句话说，他为他们创造的精神世界属于那种活跃的少数人，也是那个领袖的精神世界。它是坚忍不拔、毫不妥协的，并且随时准备说不。

总体来说，摩西能够在他们身上打上自己的人格烙印，那是因为，就像现代的美国人一样，他们是流亡者，他们选择自己的国家并在那里创造了自己的宗教传统。而其他的民族却创造一种与传统一致的宗教。然而，有些犹太人，我是说那些基督徒，却不能接受这些要求并忍受那些敌意。他们出于一些良好愿望而决定与大多数人相融合，就像墨水滴进水中一样。他们决定改变他们的宗教，去获取他们所缺少的爱。在韦伯看来，这些变化意味着他们失去了《旧约》中犹太民族独有的伦理特征，尤其是决定了犹太人作为被排斥种族的那些特征。

毫无疑问，摩西及其缔造犹太民族的故事是独一无二的。长期以来，它也一直嘲笑着理性。但是，它还没有特殊到使我们无法把从中学到的东西应用到别处去。一种教义经历的阶段——启示、酝酿以及民众最后的皈依——也就是它成为一种宗教的过程，完全适用于任何民族的历史。但是，对于一种我一直认为不足信的脆弱假说，现在已经没有必要花更多时间去论证了。再说那种论证也超出了群体心理学的内容[①]。

第四节　摩西式领袖和图腾式领袖

领袖行使权力，这是由于他们具有杰出的才能和思想，也就是他们所宣传的世界观。它成了一个阶级、政党或者民族的主要情感。我们能感觉到这些天赋的存在。它们确实富有魅力。它们最常见的是在个人身上。假如那些话语和行为是其他任何人所说或者所做，那就会显得荒谬和不可信。但是，如果它们是出自那个领袖就根本不会显得可笑，或者不可思议。正因为这些行为举止是属于他的，所以它们才给人留下深刻的印象。我们也认为那是与他的思想和使命相符合的象征。

---

① 通过比较，这种循环往复的周期可能被延伸到人为群体中，比如像教会、军队和政党。以天主教会为例，第一个阶段就应该是世俗化的19世纪。那时，由意大利的红衣主教选出的永不犯错的父亲，即教皇，还是教会唯一的专制领导人。第二阶段就是他的儿子和兄弟发动的反对他的反叛，那是一场政务会议的反叛。其时，教会进入了一个相对民主的阶段，进行了充分的改革和协商，使自己直面外部世界的问题，并且动用了它自身的手段，尤其是大众传播领域。吉尔松（E. Gilson）已经指出，梵蒂冈第二次大公会议标志着一种新类型的政务会议的开端，历史学家将会看到它受到了民众社会及其方式方法的影响。（E. Gilson, *La Société de masse et la culture*, Vrin, Paris, 1967）自从约翰保罗二世当选以后（这应该是第三个阶段），我们已经看到了教皇这个教会唯一父亲的意象的复活，看到了教会回归到我们以为已经被社会进步清扫干净的心理自居和规则之中。应该指出，目前的教皇是个波兰人，因此他的当选也是对传统的一种背离。这也解释了为什么当他作为篡权者登上彼得宝座时，会得到宝座所赋予他的魅力。民众被吸引到他周围，献上他们所有的爱和敬仰。他们把这种爱和敬仰一直保留在心中，直到这样一位父亲般的人物出现为止。

但是，让我们来看看现代的各种领袖。我们可以把他们分为两类：摩西式的和图腾式的。对于第一类，我们马上就想到先知，共和国的建立者（比如在美国），以及社会运动和宗教运动的创始人，比如穆罕默德、马克思或者甘地。对于第二类，我们则马上就想到独裁者、大众演说家、巫师国王，或所谓信仰原始宗教的萨满教徒。

然而，仅仅将他们进行分类是不够的。我们也必须知道，对于这种选择的基础，群体心理学能够告诉我们些什么。毫无疑问，最主要的一个是禁止制造偶像。这是我们通常没有意识到的，但却是所有其他基础的基础。这也就意味着，反对求助于任何礼仪、魔术和教诲，因为这些东西会产生他们的神灵和领袖的具体形象。对于摩西来说，这是一个权威原则的问题："你们不可为自己雕刻偶像，也不可作什么形象仿佛上天、下地、水中的百物。"任何人只要遵循并敬重这禁令，就把他的眼光从暂时的形象转向了无形的实在，他的耳朵也转而去倾听这些话语的含义，而不是它们的声音。因为重要的还是所说的内容，而不是所说的方式。人们必须羡慕和尊重的是更高层次的思想，而不是叙述这种思想的人。他们真的不过是血肉偶像而已。摩西运用这些禁令是为了防止那些已经被他驱逐出去的人重新归来，也就是那些制造幻觉，并且麻痹人民的魔术师和拜物教徒。

摩西的宗教箴言中有一条，重要性比最初时要大得多。这就是禁止制造神像的禁令——强迫人们去崇拜一个他看不到的神。我认为，摩西的这种做法可能超过了阿顿宗教的严格性。他也许只是想要保持一致：那样他的神就不会有一个名字，也不会有一个面容。也许这是对付魔术泛滥的新措施。但是，如果这个禁令被接受的话，那它一定会有更深刻的影响，因为它意味着感官知觉居于抽象思想之下，只有次要的地位。这是理性对感性的胜利，或者，更严格地说，这是对本能的摒弃，并带有许多必然的心理后果。[注37]

弗洛伊德把禁止制作偶像作为文化和理智的进步，这也等于是把他们无数的偶像，奉承和虚伪的敬意看成是向着奴役本性的后退。我们在摩西宗教被取代的过程中就能够看到这种现象。他们不是非人格地服从宗教、神灵、社会教义，而是人格地服从领袖和他的名字。民众和领袖，如果他们想要部分地恢复失去的理性，就必须拒绝这些陷阱和幻觉。唯有如此，他们才能期望有一天会生活在一个他们所希望的世界里。专门解释《摩西五经》的犹太教神秘主义经典《光明篇》(the Zohar)[①] 就说："这将是一个没有偶像的世界，其中也就不会有偶像与其所代表对象之间的比较。"

我现在要进一步阐发对两类领袖的区分，以便更清晰地展现他们更丰富的本质，开展对他们之间的比较。那种对比的首要的，也是最重要的方面，就是他们或者禁止，或者鼓励以偶像形式来表现他们自己。这种表现方式他们可以拒绝，也可以用作权力的工具。摩西式领袖拒绝把它作为权力的工具，他们倾向于控制"伟人"耀眼的力量，抑制别人想要模仿他们，从他们的视角来看待真理的诱惑。他们希望这样就能防止宗教成为迷信，魅力成为魔术护身符，以及他们本人成为虚假的神灵和崇拜对象。在整个人类历史上，摩西禁令被频繁地更新重现可不是偶然的。马克思又做了这件事。他在写给一个战友的信中说，当他和恩格斯加入共产党组织时，他们明白，与盲目崇拜权威相关的所有事情都会被排除在章程之外。

与此相反，图腾式领袖在这方面则竭尽全力。他们鼓励对自己的个人崇拜。他们不停地想创造关于他们自己的看得见的神话传奇以及支持他们的思想。他们做了最容易做的一件事，就是吸纳和利用传统的风俗和思维方式。这就使他们能够在诱人的新陷阱里保持古老而熟悉的内容，比如，想象中的金牛。而民众对此都趋之若鹜。

这也是基督教教父们所做的。当他们努力使民众皈依时，就吸收了大

① 《光明篇》(The Zohar)，犹太教神秘主义思想的基本经典，包括对《托拉》的评注。——译注

量异教风俗，地方神灵以及改名换姓的圣徒。为了巩固权力，教会组织了那些令人炫目的排场，壮观的仪式和魔术性礼仪，从而得以牢牢地控制民众，而这些虚华浮夸本来属于被征服的世界。教会这是向它本该颠覆的法则折腰低头了。正如马克斯·韦伯所观察到的："群体性宗教尤其如此。为了取得预期的影响，它常常直接依赖于艺术手段。因为它倾向于对民众要求作出让步，而民众在任何地方都是喜欢魔术和偶像崇拜的。"[注38]德若古骑士①在更早的时候也做出了同样的结论：那些在所有时代都统治人民的人，他们总是利用绘画和雕塑，去更好地激发他们希望民众拥有的宗教情感或政治情感。

领袖一旦采取了这种步骤，他们就建立了一个活生生的万神殿，作为他们权威象征的储藏所。他们在其中占据着最重要的位置。他们使自己成为偶像，去捕捉大众的注意力，对他们个人及其作用进行幕后的安排，以便加强他们对民众的控制。他们要全世界都去制造肖像——他们的肖像，并对它们跪拜祈祷。他们的人格被烙刻到了群体身上，其途径是肖像的海洋以及被民众带到每个地方的徽章。这些东西在家里和公共场所都能看到。

至少那就是所发生的事，除非他们有本事把群体本身变成他们的形象。当出现了这种幻景之后，人们从四面八方蜂拥而来，汇入到领袖提供的镜子中。他们失去了批判鉴别的能力，任由感官主宰。那些知道如何使自己成为偶像的领袖，享受着一人统治其他所有人的绝对权力，因为他直接地控制着他们的记忆。

摩西式领袖和图腾式领袖的第二个区别就是，前者想使民众与一种宗教或者思想认同，并为此目的而压制自己；而后者试图把民众与他们自己相认同，并在其中占有核心的地位。因此，摩西式领袖力图消除权力的外

① 德若古，法国启蒙运动时期与孟德斯鸠齐名的学者，也是狄德罗主编的《百科全书》的最主要撰稿人之一，其所写条目约占全书篇幅四分之一，人称"百科全书之奴"。——译注

在象征，他们希望以谦虚的态度来证明自己不过是普通人中的一部分。他们这样做就好像是担心会冒犯他们为之奋斗的理想。他们的态度总是庄重而节制；他们行使权力时也总是考虑周全。他们试图贬低淡化自己的形象，并且明白他们所取得的成就的脆弱本质。对于任何人类事务的成功机会，他们都根本不抱幻想。《圣经》是这样说摩西的："现在摩西其人非常柔顺，超过了地球上所有的人。"

这种特征已经成为我们判断伟人能力的标准。这是成熟的标志，也是一个领袖抛弃权力享受的标志。他重新确保并满足了民众对纯洁性的期望，使纯洁与权力重新相一致。

"卑微"和"谦虚"这些词被应用到领袖身上时会让人感到那个人为这个事业投入了自己的雄心壮志，而不是相反。我们都看到这准确地标志了一种真正的信仰和财富。正如诗人鲁米[①]所说的：

> 结果，长满果实的枝条垂向地面，而一棵没有果实的枝条则高高向上，就像白杨树一样。当果实足够丰盛时，就有支架来阻止它垂倒在地上。先知穆罕默德（愿他蒙恩）就非常谦虚。他是最谦虚的，因为世界上所有的果实，从创始到终结，都汇集在他那里。

图腾式领袖则与此相反。他们总是表现自己的杰出才能。为了吸引民众的注意，他们创造出一种自己在所有事情上都无所不能、永无差错的光环。他们渴望自己想要的每一样东西，确实想变得无与伦比，并不停地重新想起这些事物。他们的自信是看得见的、有感染力的。他们开始是说服民众相信他们与其他人不同，然后就使他们自己也相信这一点。民众告诉自己，他们的领袖能够做伟大的事情，甚至能够创造奇迹。被如此标新立异的人似乎是由上帝、历史或者自然所指派的。这就使他成为这类领袖的

---

① 鲁米：最伟大的波斯诗人和苏非派神秘主义者，著名的"毛拉维教团"的创立者，其诗篇《训言诗》被奉为苏非派经典。——译注

一个杰出代表。

一个超人，被赋予了神一样的超自然的禀赋。这样的一个人被认为是无所不知，无所不能的，是为所有人服务，并且永远不犯错误的。[注 39]

不用说，这两类领袖只有在相互的对比中才能被理解。当然，我们没法判断他们对于一个社会的生活有多么重要。我们也没法说哪一类领袖更适合于哪一类群体。如果有需要，这类性质的问题总有一天会被解答的。然而，我们很容易看出来，摩西式领袖的道路更高尚。作为一条原则，他们首先要求民众放弃满足自己眼前的欲望和本能。这样做并不是为了服从权威，或者出于禁欲，而只是作为面对外部世界，约束工作和社会生活的工具。正是通过承认世界的局限性，并且以理想的方式将其内在化，我们才成了自己的主人。结果是，由于我们是为了他们的缘故才作出这些牺牲，我们对自己社区及其目标的认同也更加强烈。

总之，这类领袖对别人提出的要求也是他们对自己的要求。他们对自己约束到什么程度，对别人也约束到这个程度。这就意味着，他们的权威具有伦理的渊源。弗洛伊德就说：

但是，伦理是对本能的约束。先知们总是不厌其烦地强调指出，上帝对他的人民所要求的不过是一种公正而纯洁的人生——那就是远离每一种感官的满足，我们今天的道德依然把这种感官满足谴责为邪恶。[注 40]

但是，这种牺牲不但没有从心理上销蚀个人，反而使他们更加自信。为什么会这样呢？因为那些对他们作出这种要求的领袖，为每一个个人展示了一个超我的严格生活。那被认为是一个父母所要作出的表率。而对许多人来说，达到它的要求，符合它的理想，获得它的赞同，都使他们感到满足。他们感到自己的自我被转移和强化了，而这是至关重要的。“当自我带来了超我，即摒弃本能的牺牲，它就指望能够从它那里获得爱的回报。

而他感到配得上这种爱的意识又让他感到自傲。”[注41]

这也意味着他们自尊的强化。至少是他们感到比其他人优越，因为其他人还是本能的奴隶，而自己已经在他们失败的地方获得了成功。他们感到自己是特殊的，强烈地感到自己是为着某个专门的使命而被挑选的。就像早期的基督教徒，革命时期的法国。

毫不奇怪的是，图腾式领袖使自己适应民众的本来状态，他们并不对民众作出可能会打扰他们，或者可能是他们拒绝理解的要求。

实际上，他们做的刚好相反。他们不断地向民众保证，他们的本能和需求是正当的，并且保证要使它们全部得到满足。另一方面，他们又通过外在压迫的手段来限制这种满足。军队和警察是达到这种目的的最有效手段。这种一再的保证导致了两种后果。一方面是个人和民众都有点期盼奇迹，并且重新发现了童年时对一个万能的人或者魔法的信仰。这就印证了他们会被无限塑造的可能性，就像广告宣传每天所做的那样。他们就这样把民众封闭在一个幻想的世界里，一个富裕或者充满正义的乌托邦世界里。而事实上，那不过是一个魔幻世界。

这种领袖的权力来源于他们满足民众需要，或者保证满足他们需要的能力。就此而论，可以说，这种权力有一种经济属性。甚至思想本身也可以这样看待。比如，基督教满足了人们对永生和幸福的需要；社会主义则满足了人们享受舒适和世俗财富的需要。其必然的结果是个人和民众的自尊都削弱了。但是，与我们刚刚看到的理由不同，也就是说，并没有来自超人的期待中的奖赏。事实上，社会主义对每个人的行为都有严格要求，自我也相应地受到了削弱。总之，摩西式领袖只有在他们强化了自我的前提下才能统治，而图腾式领袖则必须削弱自我，至少在逻辑上是应该如此。但是，现实并非总是逻辑结构的同义词。

群体心理学的另一个事实是，它开始时主要是描写图腾式领袖，原型就是拿破仑。后来在弗洛伊德的著作中，它才有了对摩西式领袖的分析，其原型就是以色列人的先知。它们两者之间的对比在于，对民众是禁止他们设立偶像；对领袖则是禁止他们迷惑民众。群体心理学从一种分析到另一种分析的进展，就像是从一门带有魔术意味的科学，进展到了以理智为基础的科学；或者说，就像是从一个拒绝承认私人生活和公共生活之自治的社会，进展到了一个分裂的社会，其中自治确实得到了认可，并且还在限制领袖的伦理中得到了神圣化。正如弗洛伊德所说的：

> 回到伦理学，我们可以总结说，某些道德箴言在理性上是很正当的，因为有必要限制社会权利以保护个人；限制个人权利以保护社会；以及限制个人权利以保护他们彼此。[注42]

但是，在民众社会中，事情经常是相反的。那意味着还有些情况是我们所不知道的。比如说，为什么后一种情况，从历史的观点来看它是一种进步，却总是与精神的退化密切相关？我们不能解决这个问题。这个事实本身就表明，我们已经走到了自己提出的假设的极限。这个假设本来是我们为了对现实世界进行某种理性解释而提出来的，而现实世界也正对此有更多的期待。

部分注释

注 1 A. Gramsci, *Note sul Macchiavelli*, Einaudi, Milan, 1953, p. 3.

注 2 S. Freud, *Moses and Monotheism*, Standard Edition, T. XXIII, p. 18.

注 3 S. Freud, *Moses and Monotheism*, Standard Edition, T. XXIII, p. 54.

注 4 S. Freud, *Moses and Monotheism*, Standard Edition, T. XXIII, p. 108.

注 5 S. Freud, *Moses and Monotheism*, Standard Edition, T. XXIII, p. 117.

注 6 M. Mauss, *Sociologie et anthropologie*, Presses Universitaires de France, Paris, 1973, p. 306.

注 7 M. Mauss, *Sociologie et anthropologie*, Presses Universitaires de France, Paris, 1973, p. 306.

注 8 S. Freud, *Libidinal Types*, Standard Edition, T. XXI, p. 218.

注 9 S. Freud, *Civilization and its discontents*, Standard Edition, T. XXI, p. 84.

注 10 S. Freud, *Libidinal Types*, Standard Edition, T. XXI, p. 219.

注 11 S. Freud, W.C. Bullitt : *Thomas Woodrow Wilson*, Houghton Mifflin Company, Boston, 1967, p. 41.

注 12 S. Freud, W.C. Bullitt : *Thomas Woodrow Wilson*, Houghton Mifflin Company, Boston, 1967, p. XVI .

注 13 S. Freud, W.C. Bullitt : *Thomas Woodrow Wilson*, Houghton Mifflin Company, Boston, 1967, p. 41.

注 14 S. Freud, *Family Romances*, Standard Edition, T. IX, p. 237.

注 15 S. Freud, *Moses and Monotheism*, Standard Edition, T. XXIII, p. 110.

注 16 S. Freud, *Moses and Monotheism*, Standard Edition, T. XXIII, p. 13.

注 17 S. Freud, *Moses and Monotheism*, Standard Edition, T. XXIII, p. 15.

注 18 S. Freud, *Moses and Monotheism*, Standard Edition, T. XXIII, p. 14.

注 19 S. Freud, *Moses and Monotheism*, Standard Edition, T. XXIII, p. 107.

注 20 S. Freud, *Moses and Monotheism*, Standard Edition, T. XXIII, p. 60.

注 21 S. Freud, *Moses and Monotheism*, Standard Edition, T. XXIII, p. 28.

注 22 S. Freud, *Moses and Monotheism*, Standard Edition, T. XXIII, p. 28.

注 23 S. Freud, *Moses and Monotheism*, Standard Edition, T. XXIII, p. 46.

注 24 S. Freud, *Moses and Monotheism*, Standard Edition, T. XXIII, p. 47.

注 25 S. Freud, *Moses and Monotheism*, Standard Edition, T. XXIII, p. 60.

注 26 S. Freud, *Moses and Monotheism*, Standard Edition, T. XXIII, p. 63.

注 27 S. Freud, *Civilization and its discontents*, Standard Edition, T. XXI, p. 142.

注 28 S. Freud, *Moses and Monotheism*, Standard Edition, T. XXIII, p. 68.

注 29 S. Freud, *Moses and Monotheism*, Standard Edition, T. XXIII, p. 124.

注 30 S. Moscovici, Toward a Theory of Conversasion, *Advances in Experimantal Social Psychology*, 1980, vol.13.

注 31 S. Freud, *Moses and Monotheism*, Standard Edition, T. XXIII, p. 111.

注 32 S. Freud, *Moses and Monotheism*, Standard Edition, T. XXIII, p. 52.

注 33 S. Freud, *Moses and Monotheism*, Standard Edition, T. XXIII, p. 85.

注 34 S. Moscovici, *Bewusste und Unbewusste Einflüsse in der Kommunikation*, Bonn, 1980.

注 35 S. Freud, *Moses and Monotheism*, Standard Edition, T. XXIII, p. 106.

注 36 M. Weber, *Le judaïsme antique*, Plon, Paris, 1980, p. 304.

注 37 S. Freud, Moses and Monotheism, Standard Edition, T. XXIII, p. 113.

注 38　M. Weber, *The Sociology of Religion*, Methuen, London, 1965, p. 244.

注 39　B. Lazitch, *Le Rapport de Khrouchtchev et son histoire*, Le Seuil, Paris, 1976, p. 53.

注 40　S. Freud, *Moses and Monotheism*, Standard Edition, T. XXIII, p. 119.

注 41　S. Freud, *Moses and Monotheism*, Standard Edition, T. XXIII, p. 117.

注 42　S. Freud, *Moses and Monotheism*, Standard Edition, T. XXIII, p. 122.

Chapter 9

第九章

世俗宗教

第一节　宗教的奥秘

到现在为止，我们一直认为领袖是拥有魅力的人。他们的身上综合了两种个性：他们既是奠基之父，又是英勇的儿子。但是，他们的影子紧紧依附于某个主义，某个他们一开始就立志要实现的目标。即使提供的解释可能令人吃惊，但这一点却是非常清楚的。

另一方面，群体心理学告诉我们，领袖只有在能够招募到那些暂时脱离了其常规团体的个人的情况下，才能完成他们的使命。这些个人是某个群体的胚胎，通常都屈从于领袖对他们的支配，而这种支配会把他们的相遇转变为一种稳定的组织形式。塔尔德，尤其是弗洛伊德，都大胆地把教会和军队看成是任何此类群体的模型。在我们这样的社会中，居于统治地位的已经不再是家族、地方和贵族的传统。政党同时发挥它们彼此的任何功能。总之，在群氓的时代，政党既是教会，又是军队。这也就是为什么在每个政党内部，就像每个教会或者每支军队内部一样，总是有一个群体竭力要破土而出。政治、军事或宗教领袖最担心的就是，他的组织可能因为自己的某个错误而回到乌合之众的状态。他们对此的担忧超过了对失败的担忧，甚至还超过了对叛乱的担忧。因为一群乌合之众正是一支军队或一个教会的反面，把他们聚集起来的不是纪律，而是情绪或传统。他们容易受到强有力情绪的感染，并能导致其解体。士兵和政党成员都极其鄙视像甘末林（M. Gamelin）[①]、克伦斯基（A. Kerensky）[②] 和卡多尔纳（L.

---

① 莫里斯·古斯塔夫·甘末林：法国将军，“第二次世界大战”初期，任法国陆军总司令兼西线盟军司令，战略思想保守，单纯依赖马其诺防线进行消极防御，1940 年 5 月色当陷落后被撤职。——译注

② 克伦斯基：俄国临时政府总理（1917 年），十月革命后发动反对苏维埃政权的叛乱，失败后亡命伦敦，后转到法国，1940 年移居美国。——译注

Cadorna）[①] 之类的领袖，因为他们的军队或政党都在其手中分崩离析了。

所有这些人为群体以及表明其状态良好的证据，它们的共同特征在任何时候和任何地方都是一个信仰体系。它是把他们集合起来的凝结剂，使他们能够最大限度地动员民众，甚至可以要求人们牺牲其生命。缺少了这样一个信仰体系，没有一个领袖能够建立并管理一个其使命所需要的政党，因为只有信仰才能够打动民众；而一旦失去民众，信仰也就不复存在。这正好解释了为什么那些先知成为我们当代领袖的原型。简单的事实是，他能够在他周围的人中创造一种强有力的信仰。

对于一个信仰体系而言，宗教是最好的例证，也是最完整的形式。受到科学的影响，人们已经脱离了超自然的宗教。而此时，政治上的半神正以新形式展现自己，去集合他们周围的追随者并动员人民大众。葛兰西总结了这种发展。他说现代版的《君主论》应该有一个重要部分，专门探讨道德或知识改革问题，也就是宗教和世界观问题。[注1] 很显然，民众不可能生存在无神的空旷天际下。

我所说的当然是某种世俗的宗教。首先，它不是以神灵和死后生命为前提。你可以是一个无神论者并且信奉它。每个民族都为自己创造了一个这样的宗教。他们的行为让人想起左拉在《萌芽》[②] 中说到的“信仰的疯狂”。他们都有自己的教义，要求人们服从的圣典，以及有着圣徒品质的英雄。

这种世俗的宗教也能满足人们某些心理的需要，像对确定性的需要以及群体中个人回溯的需要。但此外就不再有什么了。它们从来都不是奠基

---

① 路易吉·卡多尔纳：意大利将军，在“第一次世界大战”期间最初三个月任总参谋长。——译注

② 《萌芽》：发表于1885年，描绘了法国北部煤矿工人的绝望生活，表现了左拉对社会政治问题的更加强烈的兴趣，是其现实主义达到最高成就的一部杰作。——译注

在某种人性固有的所谓宗教感受上，也不立足于某个神圣物对人间世事哪怕是隐秘干预的基础上。事实上，情况刚好相反。它们据说是建立在各种各样实体的基础上，如自然、历史、祖国、工业等，认为这些实体在客观上决定着我们的命运。重要的是，人们认为，借助于他们对价值——如自由、公正、革命等，或者团体——如法国、工人等的迷恋，世俗宗教就能够鼓动人类。“因为宗教是一种巨大的力量，它能调动人类最强烈的情感来为其所用。”[注2]

它们穿过民众社会的肌肤毛孔，成了人类生活的核心和空洞信仰的能量。否则，任何事物都会慢慢地死去。这种思想是法国革命的一大发现之一。罗伯斯庇尔第一个认识到它们是重建一个民族的有效方法。作为一种工具，它们也能使他用共和国来彻底取代专制王朝。法国革命的这个发现最终带来了对理性和超人的世俗庆典。

让我们忽略那些已描述过的壮观景象，来仔细地考察一下此类宗教①。它们是为什么目的服务的？首先，它们确立了一种对世界的总的观点，来掩饰所有科学技术的，事实上也是整个人类知识的支离破碎的本质。人类有一种根深蒂固的需要，想把我们感受到的所有互不协调、无从解释的事物综合为一个有意义的整体。如果我们不再有某种简单规律来解释发生在我们中间以及我们周围的事情，那么，我们就可能觉得受到了经济力量、心理问题和大量不可控事件的威胁，或者——这也许是个可怕的事实——觉得自己无能为力。没有了和谐性，我们将不再参加任何有意义的社会活动。对于社会中的个人来说，如果问题比答案还多，也就不可能有秩序和

① 在此没有提到意识形态的概念可能让人感到惊讶。我出于两种理由而特意避免了这个概念。首先，对于传统的群体心理学而言，意识形态既不属于它的领域，也不属于它的专业词汇。勒庞、塔尔德以及弗洛伊德都没有对此进行讨论。其次，世俗宗教与意识形态不同，它假定有某种信仰存在，由此也就假定了过去对现在的影响。而这种影响是部分地独立于经济因素的。换句话说，世俗宗教不同于意识形态，它不是一种上层建筑。

安全感。

科学家和技术人员确实能够容忍这种支离破碎的景象，在各种相互矛盾的解决方案和表面真理的不确定性之间不停地摇摆。然而，我们在日常生活中却不能这样。我们需要坚实的确定性和不变的真理，因为只有它们才能使我们控制眼前的力量并为将来作好准备。我们需要一种总的观点，它只有一个事业（社会阶级、种族等）、一个普遍原理（阶级斗争，自然选择）和一副人类和非人类世界的明确景象。世俗宗教所做的主要工作就是给我们提供了这样一种整体观点，给我们展示了这样一个世界，其中每个问题都能找到答案。这就是自由主义和民族主义的政治哲学所做的，甚至也是马克思主义理论所做的。

据说现代科学的持续发展使得自身愈加支离破碎，不能回答的问题也与日俱增，结果把上帝赶出了人类的心灵。与此同时，科学也使拥有某种世界观变得更加重要、有用和必要。这种世界观只是保留了科学的词汇、论据和形象并在需要的时候以新方式把它们组合起来。但是，也有一种基本差别。所有的超验宗教都提供一种物质世界的概念，解释宇宙的起源并预测其未来。世俗宗教却是以社会世界为核心，解释社会（民族、种族、阶级等）的起源，仔细地描述它实现其完美的，可能也是永恒的境界之前将经历的各个阶段。按照我刚刚提到的发展观，这种变化也是可以解释的，那就是我们已经把神圣的观念逐出了自然。现在它在社会中找到了避难所。

世俗宗教的第二个功能是协调了个人与社会的关系，和解个人身上存在的社会与反社会倾向。它能够做到这一点，是因为它用内在力量取代了外在力量，并且用个人良心的约束力代替了粗暴压制所施加的限制。这项工作需要细致的耐心，而这也正是文明的教化作用。它意味着通过对人类的关怀及其愿望的认同，我们就能得到以前通过威胁和暴力统治才能得到的同样东西。我们知道，它唯一可选择的方法就是仿同（认同）。而正如弗洛伊德告诉我们的，可供替代的选择是很明显的。

我们已经知道一个社区是靠两种东西维持的：强制的暴力以及成员之

间的感情纽带（我们使用“认同”这个专业词语）。[注3]

毫无疑问，有许多方法可以形成这样的附属和依恋，比如说家族体系，属于某个军团或者某个职业等。但是，在民众社会中，所有这些都已经不再受人尊重，从而失去了它们的影响力。只有宗教（及其传教团体）还能产生这种威望和影响力，因为它们敦促个人从心里接受社会对它们的要求。它们以一种更加大刀阔斧的方法，考虑并应对了每个人与其肉体的自我、疾病、死亡相关的恐惧以及他在物质世界的工作和面临的邪恶。宗教认可每个人自小就感受到的对幸福的追求以及对保护的需要。它们描绘了一幅邪恶势力威胁人类的最黑暗的图画，然后再指明一种出路。它们述说了一个清明的、安全的世界。那里没有疾病，没有争斗，没有阶级，没有仇恨，没有主人，也没有神仙。它们告诉人们，这样一个世界为什么一定会来临，以及会怎样来临。

因此，它们是希望的宗教。它们保证说，只要人们接受一种超越其自身的理想并且遵守拟定的规则，他们就能冲破痛苦的罗网，成为永远的胜利者。这就意味着他们能够提出一套价值体系，严格区分被准许的和遭禁止的行为、思想和感情。他们如果尊重这些戒规，就能避开那些会让他们与社会的关系尴尬的争斗。他们放下了选择的重担，避免了偏离平直但又狭窄的社会道路的危险，而这又让他们少受了许多精神和道德的折磨。弗洛伊德观察到，宗教“限制了这种选择和适应，因为它平等地向每个人指明了个人获得幸福，免于苦难的途径”。[注4]这就意味着宗教能够和解本来无法和解的东西。宗教赋予个人的存在以一种社会意义和人生目标，而这种意义和目标的获得要求个人必须放弃自己的欲望并通过别人的眼光，即集体超我的眼光，来认识自己的本质。而这个集体超我随后也服从于它其中的某个人。

我们认清了世俗宗教的两种功能：提出一种社会世界的概念，并且把个人和集体视为一体，但这并不是说我们在提倡它们或者发现它们有什么新东西。我们还得进一步阐明自己的观点。

宗教还有第三种很原始的重要功能，那就是隐藏一个秘密。每个宗教都有自己的奥秘。事实上，宗教正是凭借奥秘来提出戒规并发布未经解释的真理。事实上，宗教之所以要贬低和遮掩理性，也就是为了隐藏这些奥秘，不让任何人发现它们。所有的事都安排得天衣无缝，以确保信徒民众绝对不会知晓这些奥秘，即使是偶尔泄露也是不可能的。这奥秘有时候是仁慈的，有时候则是邪恶的，只有非同寻常的时候才会显现出来。而公布这个奥秘的人必须赎罪，有时甚至得付出生命的代价。那个泄露了直角三角形奥秘的希腊数学家就是如此。本来毕达哥拉斯学派对此是严加保密的。在这种情形下，整个信众团体都成了猛烈情感的猎物，并且根据所遭受的威胁的不同而沉浸在痛苦之中。

我们可以说，多数人为的群体（军队、教会、政党）都和此类奥秘有关。他们有一整套的礼仪、象征和口令来保护它们，并瓦解任何想破译它的企图。宗教奥秘对官僚体制起着辩护作用。在这个体制中得到升迁的个人越来越靠近那个众人远离的神圣区域。是什么给了它那种重要性以及禁忌力量呢？为什么泄露它的危险会引发如此强烈的反应呢？

面对敌对的环境、敌人和迫害者，我们可能会考虑其社会原因，进行自我防卫。大多数的社会运动都经历过此类迫害。它们的存在在某种程度上是不为人知的。早期地下墓穴中的基督教徒就是在逆境中求生存的例证。他们拒绝说出相互的联系，以殉道见证自己坚贞的信仰。这就是说，奥秘是和信仰有关的。出于对信仰的热爱，人们宁愿承受最残酷的迫害。确实，基督教的每个运动至今还既担心局外人发现其奥秘，又担心局内人会泄露其奥秘。

这种观点有一点道理，但是它没能解释为什么在双重威胁都消失以后，这种奥秘的思想仍然能够存在；也没能解释为什么在精心保守的秘密被公开以后会有如此强烈的反应。在这种情况下，人类历史的基石似乎就要崩裂，并会吞噬整个社会和政治大厦。奥秘可能会被公之于众，这让人极其心烦意乱。因此，即使是那些人们已经略有所知的秘密，人们也是很聪明地假装不知道。

事情的安排是这样的：承认那些错误和致命的谎言只能局限在沉默的围墙内，而报告存在本身就应该成为一个秘密。结果就有了那个关门的会议、沉默的媒体、局限于核心圈子的消息，以及会议代表不得做笔记或将报告传给外人的规定。这些措施的落实非常严格。

读者至此可能会以为我在解释这些怪异的公共现象时，对于群体心理学的能力也有一些奇怪的想法。他很快就会发现他的这种担心不是没有根据的。我们所说的每件事基本上都来自现有的历史和社会资料，但这并不是说他就不应该跟随我们走上某条将来别的证据将证明是正确的道路。没有这种学术上的冒险就不会有天文学、宇宙学或者化学。这个警示的目的是为了给返回关于弑父后的图腾时代的假说铺平道路。你对此是不会大惊小怪的。但是，每次我们重返于此，都有一个不同的角度和不同的出发点。

如果遭受父亲压制和奴役的儿子起来反叛，那肯定是因为他们凭借自身经历已经开始展望一种更加美好的社会。我们能够假定其最初的意图是平等的，容忍的道德也是相当开明的。但要实施这种意图，兄弟们就得密谋筹划。他们获取自由的手段就是谋杀独裁者。那种情形不难想象，因为所有弑杀君王、弑杀父母，甚至灭绝种族的大屠杀都是大同小异的。

后来发生了什么呢？弗洛伊德认为，这场阴谋的策划者饱受悔恨和恐惧的煎熬。他们决定神化他们的父亲，希望由此抹去他们犯罪的所有痕迹。但他们的悔恨也许只是一个借口，他们正好可以借此自我神化，使自己从篡夺者变为继承者，总之是使自己合法化。他们把暴死伪装成自然死亡。我们应该记住，“国王死了，国王万岁”的哭喊通常只是“他被谋杀了，杀人犯万岁”的一种更外交的说法。通过这些以及其他事实，我们能提出这样的观点：所有宗教的建立者都是那些搞阴谋者的儿子，而不是那些创业者的父亲。前者有心理和政治的理由来编织一张幻想之网去解释新社会的起源以及他们自己在其中的身份。

这种犯罪随后的影响是什么呢？它在兄弟之间创造了双重的纽带。让我来解释清楚。首先，他们戒绝了与母亲和姐妹的性关系，致力于尊重所有人的权利，建设适宜的制度。其次，我们必须牢记他们是犯罪同谋。他们的阴谋就是唯有他们才知道的秘密。他们只在某些场合才会以谨慎的话语提到。因为他们害怕触及痛苦的回忆，泄露已发生的事实。正如弗洛伊德所说的：

社会立足于同一种罪行的共犯关系中，宗教的基础则是内疚感以及与此有关的悔恨。而道德部分地是依赖于这个社会的迫切需要，部分地是依赖于内疚感所要求的忏悔。[注5]

正如每只眼睛都有一个盲点一样，每个社会也是如此，这两种盲点都是很难发现的。我们现在知道，社会中有一种企图或者说阴谋，目的就是要使天地翻覆，是非颠倒。最后的结局则是一个行凶作恶者自己都无法忍受的罪行。没有了恐惧和流血，他们的罪行将是没有意义的，也永远不会标志一个起点或一个终点。一旦犯了罪，罪犯就因为共同谋划而上了同一条船。把社会成员凝聚在一起的正是这种共谋关系，而不是支配这个联盟的利益或法律。那种阴谋，因为必须被掩盖起来，所以仍然存在。它可能也是所有社会制度的基础。

作了这两个观察结论以后，我们马上就能够结束这一章了。宗教是由“儿子们”创立的。他们是某个民族或社会缔造者的继承人。宗教的作用则是要仔细掩盖罪犯们的罪行，使得任何人都不再能发现他们就是罪犯。这样他们就开脱了共犯们的罪行并使他们合法化。

然而我觉得最重要的一点是，通过隐藏犯罪和阴谋的痕迹，宗教维持、重建并庆贺了搞阴谋诡计的人的关系，而同时也永远地纵容了法制社会中潜在的犯罪行为。这是因为犯罪分子犯下了一系列罪行后，如果都不想让别人知道，那么，这种共谋关系就会使他们紧紧地抱成一团。谈论已经知晓的以及泄露保密的事情将会引起兄弟们的愤怒，可能会使自己受到除名并永远失去他们。结果沉默就成了一个团体稳固的象征。为了留在这个圈子里，每个人都不愿意诉说真相，这就需要某种宗教来赋予它意义并阐明牺牲理性的正确性，它使得沉默成了对那些人的极端纵容的象征。这些也许应该被称为罪人兄弟的家伙以因荒谬故而信仰的方式狼狈为奸。真相将会带来混乱和焦虑，唯有共同的信仰才能将其压制。

第二节　父亲崇拜

在所有世俗宗教和政治宗教中，起作用的也同样是这些隐含的重要思想。民众的团结和行为都依赖于一个隐秘的普遍共谋关系。隐秘划定了民众的范围，凝合了它的一致性。真理存在于理智管辖之外，甚至超越了它的管辖。允许政党或民族内部产生对手和不同意见的不是共谋关系的存在，而是共谋关系的松弛。因为正是后者鼓励个人退出社会，弱化他们对集体信念的信奉。

我们在上一章已经看到，对社会下层隐藏共同犯罪事实的需要决定了此类信仰的形式及其内在逻辑。现在我说的是，根据图腾理论的假设，他们的内容有赖于两种现象：父亲的神话及其形象的复活。他变成了一个真正的民众的神灵，一个传说中的永无差错的神灵，一个能给予匍匐在其面前的人们以保护的神灵。同时，他还把新生命赋予所有附属的人和物，以及在强烈思念中想起的过去的认同物。戴高乐不但复活了拿破仑，而且复活了所有的法国国王，以致人们一直有一种恐惧，担心戴高乐正在恢复君主制。在某些地区，这种恐惧和一丝希望混合在一起。

也许没有必要重复，在把父亲转变为一个神的过程中，共谋犯罪的兄弟中有一个从其他人中分离出来，取得了他父亲的地位并装得也有他父亲那样的魅力。然而，对于人民来说，这两个人就是一个人。活着的领导和死去的领导已经合二为一。结果是奇怪的。在一个复杂的，科技和经济都很发达的社会，看到某个人具有如此的重要性是很令人惊讶的，因为他所做的是复活了领袖的基本原型，羡慕的人群环绕着他，还自以为享受着他的爱。事实上这就是个人崇拜的一幅蓝图。

当我们试图从他垄断国家权力的角度来解释这种现象时，我们就已经犯了错误。在世界上有一些纯粹的军事独裁制度。民众并不崇拜那个领袖或分享他的信念。当我们把这种现象看成是执政党和警察共同从事的政治恐怖的结果，我们的错误就更大了。这种解释忽略了一个事实，即权力的孕育有着一种相对民主的形式，没有考虑到某些崇拜远在国界以外的传播。

从群体心理学的角度来看，个人崇拜是把一种理论转变为带有强大信仰力量的世界观，也就是世俗宗教之间的纽带。对某个特定人物的崇拜是偶然的。每当宗教传播并占据某个民族意识的时候，此类崇拜就会阶段性地重现。

我们必须承认，违背理性而产生并顽强生存下来的个人崇拜，实际上与著名的“因荒诞故而信仰”非常相似。它可能会变得软弱无力，并暂时失去吸引力。但是它扎根并将在其中茁壮成长的土壤却得到了良好的治理和灌溉保养。

个人崇拜是随着那个人（如领袖）的精神与民众精神之间距离的增长而发展起来的。让我们做些更大胆的假说。在长期的协调一致和完全平等之后，兄弟之间的关系恶化了。其中有一个人凭借其独特的素质，像自尊、忍受痛苦的能力、俯视的眼光等确立了特殊地位。从最早的时候开始，这种人就投身服务于一种信仰，一个神话。因此，弗洛伊德写道：“神话就是从群体心理中分离出来的那个人所采取的一个步骤。”[注6]

对群体而言，宗教或者其前身神话，是确保团结一致的手段。但对于个人而言，它是获得解放的工具。每当它产生时，总是有两个主导性的因素。第一是对父亲的最严格意义的神化，运用的手段就是把他抬高到超越普通人的层面上，使他不受任何判断的影响，对他的教诲不容许有任何批评。他成为一个完全不食人间烟火的人，一个不朽的、完美无缺的、带着传奇色彩的、永不犯错的人。推动鼓舞这个过程的就是他那些参与了犯罪共谋的儿子们。他们以虔诚的情感围绕着他，崇敬着他，就好像他还在他们中间。甚至在他变得不朽之前，他就在民众心里的万神殿中占有一席之地，跻身那些民族缔造者、信仰创立者和崇拜对象之列，而这在他活着时是完全陌生的。"那个游牧部落最初的父亲还不是不朽的。但是后来他就被神化了。"[注7]

当出现这种本质的变化，某个个人被转变成为一个伟人时，我们从长远来看就很难说他是否就是个真正的历史人物。就拿破仑来说，我们能够确信——至少在某一个时候——他是历史人物。基督、摩西就比较复杂了。

领袖也许刚刚过世，人们就开始了神化他的举动。他书写和演讲的话语被认为包含永恒的启示，有着无比的权威，一个字也不允许改动，因为它们是绝对的真理。人们极其隆重而神圣地援引这些话，恭敬地对待它们。至于圣人也就是领袖这个人本身，用来描绘他的语言都属于传奇的词汇。他的形象则是宗教性的。他触摸过的东西，或者接触过他的东西都成了圣物。只有关于他的"儿子们"和继承人的遗嘱是例外，因为遗嘱被送进了由沉默主宰的集体记忆的深渊。

所有的"儿子们"，都参与了对领袖的神化。他们有同样悲剧性的愿望，需要使领袖超越卑微凡人难免一死的境地。他们庆贺他的方式极为隆重。他们把领袖厚葬，宣布他是大众的偶像。这样，他们就把一个为拯救人类世界而奋斗的人变成了神。

然而那只是许多可能目标中的一个。他们也许都受到了某种内在压力，要发掘某些古老的礼仪，或者利用它来加深印象。他们要尽情地表达对领袖的赞赏和钦佩。在他活着的时候，他们紧紧地跟随他，与他保持一致。他们惧怕他，对他的崇敬也被压制着。对领袖的谋杀要求有某个可以补救的杰出人物，并且消除任何可能落到他们头上的犯罪痕迹。他们需要一种深厚的情感力量，以便在全世界看来，这些铁石心肠的无神论者对待亡者就像对待神灵一样，同时也让公众去凝视他，就像他还活着那样，或者就像在等待他的复活。死人被做成木乃伊之所以是大众精神最强有力的倾向之一（如果没有木乃伊，雕像和纪念碑就是现成的替代品），就在于它否定了被崇敬者的死亡。它也使其继承者免于被人指控实施了对他的谋杀（而通常谋杀者确实就是他们），或者是被指控没能有效地制止谋杀他的阴谋。做成木乃伊可以防止他在人们心中的意象的消失，也是把这种意象永远定格的方法。总之，这种方法使得将来他在民众头脑中的复活更加容易。

随着仪式的不断重复，用来描述被神化领袖的语言也程式化为一种文化。

在人们创造一个神的时候，也创造了一个人名。这个人名把政党、教会和教义与某个人联系起来，使他们分享他的不朽。领袖一旦被从凡人的世界抬升到超脱生死的世界，就导致了一个全新的专有名词学的产生。他的名字成了所有东西的指称。许多其他的事物甚至都被冠以他的名字。从这个角度来看，加入领袖的团体并接受其思想就意味着成为一个半神人的仆人，成为一个信奉该主义者。我们在《圣经·旧约》中读到："他封住各人的手，叫所造的万人都晓得他的作为。"①

名字也能赋予人一个身份，给人一种认同，指明那个超人的声音将会占统治地位。名字的承受者对授予者心怀感激，觉得他自己是那个伟人的儿子，他的家庭的一员。每个人都不得不服从自他而来的任何东西。似乎存在的任何东西都带着他的名字，而任何带有他名字的东西都存在着。与大多数人相比，领袖显得更加无处不在。当提到领袖的名字时，他们都在意识中脱帽致敬，把自己奉献给对领袖的崇拜。对领袖的神化最初还是一种很罕见的事，但后来就成了传播世俗宗教的一个程序，就像封圣有助于传播一种超验宗教一样。这方面的例子还有许多。任何东西，如果它始自自发的创造，表达了不可遏制的冲动，那就没有办法阻止它自成系统。

① 参见《新旧约全书》。——译注

决定世俗宗教内容的第二个过程是由什么组成的呢？它用人像装饰（historie）来叙述了“儿子们”的阴谋以及事件发展的过程，直到其中一人从同伙中脱颖而出并占据“父亲”位置的模式。这是真正的权力斗争。这里最有趣的是它在许多可能的形式中所呈现的形式。根据《小罗伯尔字典》（*le petit Robert*），“historien”的意思是“装饰有人物的场景，尤其是《圣经》里面的与圣徒生平有关的场景”。这就是我们这里要理解的它的含义，有真实的场景并且极其生动地重现了过去的景象。结果，从它们产生的效果来看，真理就戴上了虚幻的面纱。人像装饰的事件可能是不可思议的，但是它们却把千百万人的热情带入癫狂状态。

在危机四伏、敌手频繁变换的时代里，这些领袖制造出一种永远焦虑的气氛，并把它和经济上的焦躁情绪交杂在一起。人们认为，一个有权威的人能够比大会和审议机构更顺利、更迅速地处理问题，作出决定，协调社会的总体事务。那就是为什么一个领导人去世后，民众会感到失去了带头人。他们会想念他，就像儿童有时想念离开了的父母，结果是“兄弟”中的某个人决心取得他的位置。他冒险打破了彼此心照不宣的协议，重新引进他们共谋要消除的每一样东西。对于“父亲”去世后事情的进程，弗洛伊德写道，被剥夺的感觉最终使某个人从群体中分离出来并担任“父亲”的角色。根据这种观点，是孩子们启动了所有的革命工作，因为当他们中的一个决定如此行动时，他就具备了所有人的优点，并为保持完全的权力而要消灭他们。

部分注释

注 1 A. Gramsci, *Note sul Macchiavelli*, Einaudi, Milan, 1958, p. 8.

注 2 S. Freud, *New Introductory Lectures on Psychoanalysis*, Standard Edition, T. XX, p. 161.

注 3 S. Freud, *Warum Krieg*?, Gesammelte Werke, T. XVI, p. 19.

注 4 S. Freud, *Civilization and its discontents*, Standard Edition, T. XXI, p. 84.

注 5 S. Freud, *Totem und Tabou*, Gesammelte Werke, T. IX, p. 173.

注 6 S. Freud, *Massenpsychologie und Ich-Analyse*, Gesammelte Werke, T. XIII, p. 153.

注 7 S. Freud, *Massenpsychologie und Ich-Analyse*, Gesammelte Werke, T. XIII, p. 138.

THE END

结束语

全球化的群氓时代

心理学发现群体能量之时，也正是物理学发现原子能量的时候。它们对历史的巨大影响也是类似的。我还能继续给出一些科学家和社会实践者都兴致盎然的假设。但是，出于某些考虑我最好还是就此打住。

首先，根据群体心理学的逻辑推理，我们必须大大偏离科学所遵循的正常道路。你对这个观点肯定会马上提出批评。如果群体心理学和科学之间存在如此大的鸿沟，那为什么还要从这个现象、观念和推测的大杂烩中拼凑什么理论体系呢？你的批评无疑是有道理的。我的回答看起来似乎太简单，但我认为这是唯一有效的答复。这个学科再次揭示的问题都是很重要，很实际的。相比之下，许多人文科学中常见的一些问题则都是抽象和次要的了。在群体心理学的各种假设重新得到系统阐述后，导致该学科产生的各种原因就会迫使我们反思它提出的各种假设。我已经尝试着这么做了，因为我确信，对于我们来说，它们现在仍然有着和以往一样的重要性。

但是那还没有完。群体心理学的大胆假设中不时会潜入这样一个真理。这个真理是任何其他科学方法都无法证明，也不会容忍的。我知道，让任何科学家去为这个真理辩护或者大胆地提出这个真理，都是近乎疯狂之举。这恐怕是不可避免的，因为这种真理说明，即使我们可能被带进神话般思想小道的迷宫，我们也仍然能够理性地考察群体现象，并且对其复杂原因大致形成一个有意义的体系。这个事实本身就是群体心理学的一张主要王牌。我们不应该让自己过分沉湎于流行的正统科学图景。事实上，它们也常常不过是半斤八两而已。比如，宇宙学和生物学的神话，按照某些科学家的信念，它们过去是，现在仍然是我们形成关于宇宙学理论和生命起源理论的前提条件。心理学神话还不仅仅是个神话的问题，它还能够产生关于民众宇宙的理论。

提出假设应该有所限制，这是有理由的。这些理由是明白无误的，我对此知之甚详。我没有想要隐藏下面这个事实：群体心理学对经济和社会因素关注太少。它甚至还自找麻烦地证明，所谓阶级、阶层以及组成群体者的文化对于解释群体行为毫无意义。这种观点与我们对社会的整体认识不相符，尤其是因为在实践中并没有忽视这些因素的正当理由。如果我们要进一步分析这种运动，它们就必须被考虑在内。社会和经济环境方面的知识对于科学家和社会实践者有着同等的重要性。与此同时，也是出于同样理由，群体心理学倾向于贬低它研究的群体的知识和人文价值。真理和必然性都不能强迫我们采纳那种态度。这种判断丝毫不能增进我们对群体的知识。由于它们毫无意义，甚至还有害，所以我没有提到它们。

最后的理由是，群体心理学对历史的看法也不同于其他学科。在群体心理学看来，独裁领袖和古罗马市民群体，教会里的神父和中世纪的农民群体，甚至我们时代的市民群体都基本上是一样的。他们属于类似的一系列现象，是由同一种原因产生的结果。这当然是个严重错误的观点，但要更改它也不难。某些致力于研究这些现象的历史学家正在进行这种更改。这并不是说群体心理学对历史不感兴趣（历史和它肯定是密切相关的）。事情刚好相反，群体心理学正是以它自己的方法，把历史视为影响群体思维和行为的重要因素。历史领域的大多数理论都面向未来，把人类群体的成长视为解决我们生活中遇到的困难的方法。它们把过去看成是一个需要克服的障碍，避免的深渊以及忘却放弃的对象。群体心理学却强调过去，强调人类在历史上发明的解决问题的方法是一再重现的。这是一种行为方式和活生生的记忆。没有它们，我们就将一事无成。在这个原则的基础上，群体心理学订立了一条实用的规则，那就是，无论现在发生了什么，你对复活的过去的参照，即使不多于，也至少要和眼下正在发生的未来的考虑一样多。这些就是群体心理学设立的某些限度，但它们不应该被用来作为拒绝群体心理学的理由。事实上，如果把它们视为我们能够用另一种方式重建群体心理学的基石，我们就能获益良多。

群体心理学受到了人们的误解，这最明显地表现在人们过去和现在从其假设中得出的结论上。人们认为群体心理学反对民主，赞成个人对大多数人的统治。我们已经看到不受限制的权力实际存在时，有的人被迫成了残忍的畜生。他们出于遵命、害怕或者忠诚而去屠杀，与此同时，一个民族陷于沉默，法律被颠倒了，知道真相的权利也被剥夺了。无辜者被判处有罪，自由人因为他们的宗教、种族和经济的原因而遭到囚禁，千千万万的人牺牲了。由于这些原因，我们必须竭尽全力去反对这种不可容忍的侮辱和谩骂。

群体心理学确实提出了一个其他多数学科永远都不会提出的问题。为什么我们发现领袖对我们拥有的权力是如此不受欢迎。在正常情况下，我们难道不能很干脆地认为它是生活强加给我们的许多痛苦之一吗？为这种权力找到某种社会论证，而且通常认为它是不可避免的，这在政治领域中似乎已经成了一种惯例。当我们提出这个问题时，我们也就以一种非常准确、具体和特别的方式接触到了权力的实质问题。我们说到权力（政党或者组织）时，也必然会谈到领袖。而当我们谈到领袖时，我们也就是在谈论权力。其他都不过是油嘴滑舌和思想的骗术。

群体心理学同样也确实预见了日益强大的领袖的崛起，而那时，我们大家正忙着排除这种可能性。但是，认为群体心理学应该对这类领袖的崛起负责，这无疑是要我们放弃自己的责任以及我们对文明的责任，是要批评它只是揭示了一个真理而没有与之作斗争。事实是，这种批评更加没有根据，因为群体心理学看到了民主的危机并力图预防它的崩溃。

群体心理学着手揭示这种危险的方法让人非常不舒服。我们对群体规律的信心以及我们能够控制未来的希望都衰竭破灭了。这是因为我们视为朝向进步和民主的步伐——城市人口的增加，传媒和生产的发展——在群体心理学看来，都附带着权威的更新及其在某个人手中的集中。群体心理学告诉我们，面对一个变化的现实，不断重复老一套的方式方法并不能拯救我们饱受威胁的自由。去刺激已经被大众的默默无声麻醉了的古老情感也同样于事无补。我们必须倾听它会说些什么，因为即使是其最让人疑惑的预测也已经得到了事实的证明。

群体心理学所说的并不是由于其新奇才正确。它给我们的教训简洁明了。在群氓的时代里，是什么东西剧烈地改变着权力？完全出人意料的是，领袖似乎成了民众心理痛苦的治疗良药。任何掩盖其重要性的企图都等于是拒绝面对社会中最基本的事实，把它变成一个非事实并重新处理成幻想假设。所以我们的选择是再清楚不过了：或者是第一种反应获得胜利，或者就是另一种情况，纯粹而简单的民主。但是我们不能在历史中倒退去重新获得其自由的形式。我们必须有另一种选择可以把领袖考虑在内并且为这种综合征找到一种良药。它必须能用各种手段重建集体生活的关系、价值和机构的心理影响。现在的民众已经没有了集体生活，但是它仍然萦绕在他们的记忆中。只有这类对应的心理因素才能激励他们去行动和管理。在某种程度上，我们已经了解这种民主的组成因素。它们包括使得国家的权力从属于民选代表，恢复个人自治（以及最广泛意义上的少数民族自治），将私人生活和公共生活相分离，限制媒体权力以便更好地利用一般领域的对话和公共对话。所有这些当然都不能忽略真正意义上的社会正义。教育当然要立足于民主传统。而民主传统也会在不可遏制的自发情感和记忆中复兴。这种种因素都自然地排斥任何魔术般或者偶像般的权力运作；而对于民众来说，这种权力运作形式可能会使权力变得无所不能和无所不知。从来就不曾有如此多的“魔术般的”统治权，它也从来不曾有如此多的技巧手腕。正是由于这些理由，我们现在对它的选择或者拒绝就变得与选择或者拒绝原子武器一样严肃，一样生死攸关。

群体心理学的科学性还是很粗糙的。但是它与当今时代的相关性却具有头等重要的意义。群体现象在世界各大洲正变得越来越明显，欧洲似乎有趋于稳定的倾向，但在拉丁美洲、非洲和亚洲，它们正变得更加引人注目。我们目睹了在世界的这些地方重演的19世纪末发生在欧洲的事情，只是稍稍有些变化而已。城市人口发生了爆炸。400万男女老少在围绕城市的临时住宅里勉强糊口，艰难度日。贫困、饥饿和战争把他们赶出了农村。现在他们就拥挤蜷缩在匆忙搭建的贫民窟或者满是茅棚陋屋的地区。城市提出了和平和富裕的幻想，这对他们就像是磁铁，使他们居住在人们做梦也不会居住的地方。这些人类星系的规模每年至少增长百分之十。它们与自己的传统失去了联系。陷于其中的人们不再和他们自然的传统保持接触。与他们出生地的关系也是这样。他们脱离了有机的社会生活。他们被赶上了偶尔才有工作的轨道。根据我们所谓的美国模式，他们还是大众传媒始终关注的对象。只可惜这所谓的美国模式对他们来说终究是陌生的。

我们知道这些迁移为什么会发生，但是对迁移的后果却还没有恰当地理解。卷入其中的个人在他们原本的环境里被连根拔起。他们在不经意中被抛入了大城市边缘的贫民窟中。他们是新的民众的祖先。新领袖将在这片肥沃土壤中孕育。事实上他们已经开始出现。总之，这种现象是将来世界范围的群氓时代的真正信号。因为相同的原因会导致相同的结果，所以有充分理由相信，世界范围的群氓时代的基础也就是我们讨论过的那一类原则。它会利用欧洲已经尝试过的暗示方法，但会调整到适当的巨大规模。对于群体心理学提出的解释，对于它已经在其他领域实践的方法，都将是严峻的考验。

就像公鸡在黑暗中报晓，科学也预告黎明的到来。群体心理学来得正是时候，因为它领先一步。这就解释了为什么它是如此价值非凡。对于行动者来说，他能够悄悄地攻击他的敌人，也就是那些更无知、更尊重传统的人。对于研究者来说，他找到了一个新领域，可以一展天赋并满足其好奇心。

这本书探索了人类知识的一个传统分支，讨论了我们新近的过去，它还展望了世界范围的群氓时代。如果这种展望真的对应了将要发生的事，那么，对于那些想要跟踪社会发展、理解未来某些特点的人而言，这本书将是大有裨益的。事实上，未来才刚刚开始。

1981 年 3 月 15 日　巴黎

鸣　谢

在弗兰克讲座（Chaire Franqui）安排下，我曾有幸在鲁汶大学开设一系列讲座。本书就是这些讲座内容的重述，当然文本有了相当大的扩充和整理。我愿借此机会感谢我的好友让－菲利普·莱恩斯（Jean-Philippe Leyens）对我的款待。我同样还要感谢那些关注并聆听讲座的研究人员及学生。他们还提出了宝贵的批评意见，使我获益匪浅。

自那以后，尤其是在剑桥大学丘吉尔学院的那段时间，我有幸填补了文献资料方面的一些空缺，熟悉了本领域内已出版的许多英文研究成果。

最后，我也必须对奈莉·斯特凡娜（Nelly Stéphane）表达诚挚谢意。她不辞辛劳地重读我的书稿，并提出了非常有价值的建议。

译后记

本书于2003年由江苏人民出版社在国内首次出版发行，出版后备受业界关注，也为许多大学图书馆所收藏，有的大学将此列入心理学专业学生的荐读书目。由于其内容颇吸引人，语言通俗易懂，因此也为普通读者所青睐。多年过去，虽经一版再版，仍不乏问津之士。鉴于该书作者在心理学领域的学术影响力和该书本身的学术价值以及读者需求，中国法制出版社决定再次出版该书。本次新版译者分别查阅了英文版和原版法文版，再次对译文进行了一些修改，某些法文人名及专有名词也按照国内规范做了修正。本译后记拟补充三方面内容：

一、关于作者

记得当时翻译该书时，译者还就有关问题联系过作者。遗憾的是，这次再无法遂愿，作者已于2014年11月16日与世长辞。为此，再版之际，让我们缅怀作者对心理学方面的贡献，以此纪念这位伟大的社会心理学家。

塞奇·莫斯科维奇出生于1925年，是一位罗马尼亚裔的犹太人。自1961年获得法国索邦大学心理学博士学位后，他留在巴黎潜心研究和任教。1976年，他开始担任欧洲社会心理学实验室主任，并长期在巴黎社会科学高等研究院任教。作为当代欧洲最著名的社会心理学家之一，他对欧洲社会心理学的发展作出了重大贡献，创新性地提出了社会表征理论、少数派社会影响理论，发展了集体选择与社会共识理论。莫斯科维奇潜心笔耕，研究成果丰硕，其中代表作有自然三部曲《论自然的人类历史》《反自然的社会》《驯化人与野性人》及《心理分析形象与公众对象》《社会影响与变迁》《欧洲社会心理学》《造神机器社会学与心理学》《社会表征：社会心理学探索》等，并先后创办《欧洲社会心理学》《社会行为理论》《社会心理学》《欧洲社会心理学研究》等多种杂志。

2003年，莫斯科维奇荣获全球著名的巴赞基金会社会心理学奖，该奖自1961年创立以来，心理学领域只有三人获得过此殊荣，莫斯科维奇便是其中之一。莫斯科维奇的辞世是欧洲社会心理学的巨大损失。虽然他已离开我们将近四年，但是他的经典理论和研究成果将永远是社会心理学领域的一个知识宝库，继续引领社会心理学研究向前迈进。莫斯科维奇对欧洲社会心理学的创新性发展是有目共睹的，他开创性地采用了社会心理学研究的新范式和新方法，确立了新的研究取向，他的贡献决定了他在社会心理学领域无可取代的地位。

二、关于内容

本书是莫斯科维奇的代表作之一，基本上属于一部学科史著作。该书一方面对群体心理学的发展作了历史性描述，另一方面分析了群体心理学的重大影响。本书系统地阐明了古斯塔夫·勒庞和加布里埃尔·塔尔德的思想，并令人信服地证明了这些思想对于西格蒙德·弗洛伊德提出的集体心理学的影响。莫斯科维奇教授通过对经典事件，如法国大革命引人入胜的评述重新检验了这些思想理论，也通过对群体现象的犀利剖析提出了一些根本性问题。

本书探讨了现代群体心理学的形成以及上述三位代表人物的思想理论，并且通过引用诸如法兰克福学派和芝加哥学派的许多大家对三位心理学家观点的关注和评述，反映了作者对现代群体心理学形成所起的作用以及后来对社会实践的影响。书中莫斯科维奇对勒庞开创群体心理学研究的历史背景作了描述，通过对勒庞、塔尔德和弗洛伊德有关群体的描述和分析，将群体和群体心理的特征剖析得淋漓尽致。书中介绍了在勒庞思想基础上确立的第一个群体心理学体系。勒庞的群体概念是："群体的基本特点就是将个人融入一种共同的精神和情感之中，从而模糊个体差异，降低智力水平。每个人都设法追随他身边的人。聚合体通过它的力量将他拉向它的方向，就像潮水将鹅卵石一并卷走一样。"他还强调了群体的无意识性以及具有女性的特点。勒庞的群体心理学常常被人放入现实世界进行评价和检验，因此，它不仅仅属于心理学研究领域，还应用于政治和军事等领域的实践中。塔尔德在勒庞思想的基础上提出了自然群体和人为群体理论，并进一步阐述了群体中模仿、暗示和交流的作用。莫斯科维奇对弗洛伊德有关群体心理的分析始于弗洛伊德《群体心理学与自我分析》一书，在该书中弗洛伊德首次探讨了社会心理学问题，他在推广他的个体自我分析法时，发现了社会自我的特征。在此之前，勒庞只是对群体无意识现象作了描述，塔尔德只是作了说明，而弗洛伊德则加以解释，说明其原因。弗洛伊德着重分析了人为群体，分析其与家庭相同的特征，从认同和效仿、力比多和本能、催眠和情感依恋、原始秘密等方面阐明他的观点。总之，这三位思想家都对同一种现象的描述作出了自己独特的贡献。他们都帮助建立了一种理性的概念体系。

三、关于翻译

一是有关翻译体例。译者针对中国读者的教育背景，对书中某些地点、人物、典故和书名做了解释性脚注，以便读者阅读理解。至于原著所附的参考书目，由于目前大多还没有中文译本，所以就由编辑按照各章中注释的顺序，照录原文，放在了每章末尾。

二是有关翻译工作。本书由江苏警官学院的三位教师承担翻译工作，具体分工为：许列民第一、八、九章，导论和注释；薛丹云第二、六、七章；李继红第三、四、五章。本书中文译稿曾经翻译者和出版社多次校阅，初版翻译过程中还曾得到中国人民大学、金陵协和神学院、中国社会科学出版社、江苏警官学院等单位许多专家学者的帮助。中国人民大学法籍专家M.Zoulin教授帮助校对了部分拉丁语、法语和德语译名。此次再版得到中国法制出版社各级领导和编辑的大力支持。本书策划和责任编辑吕静云女士还千方百计找来本书的多种版本，以供我们查阅校对。译者各自的家人也为本书翻译付出了额外辛劳。在此，我们一并致以诚挚谢意。

此次出版，自交稿至付印，时间将近两年。为促成其早日付梓，出版社厘定新书名，调整其版式，优化其内容，使其通过质检并获得法方出版社认可。为保证译稿和图书质量，译者也常常浸润法英中多种版本，反复斟酌，仔细推敲，作出了不懈努力。虽然，由于受时间、学识及行业生态等因素的局限，缺憾和错误依然难免，只好以待来日，也敬请广大学者和睿智读者不吝指正。

译者

2018年5月于南京

著作权合同登记号　图字：01-2016-5416

图书在版编目（CIP）数据

群氓的狂欢 /（法）塞奇·莫斯科维奇著；许列民，薛丹云，李继红译. —北京：中国法制出版社，2019.4
ISBN 978-7-5093-8382-7

Ⅰ. ①群… Ⅱ. ①塞… ②许… ③薛… ④李… Ⅲ. ①群体心理学—研究 Ⅳ. ①C912.64

中国版本图书馆CIP数据核字（2018）第182380号

策划编辑/责任编辑：吕静云（lvjingyun0328@sina.com）　封面设计：古涧文化

群氓的狂欢
QUNMENG DE KUANGHUAN

著 者 / [法]塞奇·莫斯科维奇
译 者 / 许列民　薛丹云　李继红
经 销 / 新华书店
印 刷 / 三河市紫恒印装有限公司
开 本 / 880毫米×1230毫米　32开
印 张 / 14
字 数 / 401千

版 次：2019年4月第1版 / 2019年4月第1次印刷
书 号：ISBN 978-7-5093-8382-7　定 价：69.80元

北京西单横二条2号
邮政编码：100031　传　真：010-66031119
网　址：http://www.zgfzs.com　编辑部电话：010-66054911
市场营销部电话：010-66033393　邮购部电话：010-66033288

（如有印装质量问题，请与本社印务部联系调换。电话：010-66032926）